湛庐CHEERS

与最聪明的人共同进化

HERE COMES EVERYBODY

CHEERS
湛庐

2024年 中国资产管理行业发展报告

巴曙松　周冠南　禹路　等著

中国财经出版传媒集团
中国财政经济出版社
北京

测一测

你了解中国资产管理行业的最新动向吗?

扫码加入书架
领取阅读激励

扫码获取全部测试题及答案，
一起了解中国资产管理行业
的最新动向

- 中国资产管理行业庞大的产业链，从资产和负债的两端展开，其中贯穿 2024 年行业变化的重要主线是什么？（单选题）

  A. 低利率

  B. 低风险偏好

  C. 规模收缩

  D. 并购

- 在资产管理领域，生成式 AI 落地进度较快的环节是什么？（单选题）

  A. 产品开发

  B. 产品交易

  C. 销售与客服

  D. 市场分析

- 中央金融工作会议指出，要做好科技金融、绿色金融、(　)、养老金融、(　)“五篇大文章”，为新时代的金融工作指明了方向。

  A. 普惠金融；跨境金融

  B. 地产金融；数字金融

  C. 普惠金融；数字金融

  D. 地产金融；跨境金融

扫描左侧二维码查看本书更多测试题

中国资产管理行业发展报告
课题组（2024 年）简介

课题主持人

巴曙松	金融学教授，博士生导师 北京大学汇丰金融研究院执行院长 中国银行业协会首席经济学家 中国宏观经济学会副会长

特邀行业一线资深专家（按姓名汉语拼音排序）

黄王慈明	香港投资基金公会行政总裁
李　琦	申万宏源证券资产管理有限公司董事长
陆　挺	野村证券中国首席经济学家
任志强	海富通基金管理有限公司总经理
沈长征	光大期货有限公司首席风险官
杨　峻	百年保险资产管理有限责任公司党委书记、董事长
姚文强	金鹰基金管理有限公司董事长
张昌林	民生理财有限责任公司总裁

课题协调人

周冠南　　华创证券有限责任公司

课题组成员

第1章	许洪波	华创证券有限责任公司
第2章	夏碧莹	中国东方资产管理股份有限公司
	陶小敏	FTI 咨询
第3章	刘蕾蕾	中国人民银行陕西省分行
	周锦鹏	招商银行股份有限公司零售客群部
第4章	李成林	四川财经职业学院
	王紫宇	华创证券有限责任公司
	田　震	云南大学经济学院
第5章	方云龙	中国人民大学博士后流动站
	王　彬	上海石锋资产管理有限公司
	邵　磊	天津财经大学金融学院
第6章	姚沁雪	XXR Capital
	韩　毓	南方基金管理股份有限公司
	陈焕燃	中信证券股份有限公司
第7章	苏华清	富国基金管理股份有限公司
	薛皓元	中国科学技术大学
第8章	葛建宇	中信证券股份有限公司
	李思源	北京大学汇丰商学院
	陈晓隆	中央财经大学金融学院
第9章	朱茜月	珠海华润银行股份有限公司资金运营中心
	何家榕	中国大地财产保险股份有限公司
	徐安娜	杭州银行股份有限公司
第10章	张昌林	民生理财有限责任公司总裁
	王宇哲	民生理财有限责任公司研究部负责人

第 11 章	姚文强	金鹰基金管理有限公司董事长
第 12 章	任志强	海富通基金管理有限公司总经理
	何　超	海富通基金管理有限公司产品与创新部总监
第 13 章	杨　峻	百年保险资产管理有限责任公司党委书记、董事长
第 14 章	李　琦	申万宏源证券资产管理有限公司董事长
	朱胜勇	申万宏源证券资产管理有限公司综合管理部
第 15 章	沈长征	光大期货有限公司首席风险官
	董　昊	光大期货有限公司资产管理部总经理
	王　骏	光大期货有限公司资产管理部研究员
第 16 章	黄王慈明	香港投资基金公会行政总裁
	黄　夕	香港投资基金公会
第 17 章	陆　挺	野村证券中国首席经济学家
	刘宇璠	野村证券中国经济学家
第 18 章	黄文礼	浙江财经大学金融学院
	邵杨楠	招商银行股份有限公司博士后工作站
	亓良宸	中信建投证券研究发展部
	曾　好	中国信托商业银行上海分行
第 19 章	江雅妤	国信证券股份有限公司资产管理总部
	余梦舸	北京大学汇丰商学院

低利率环境驱使中国
转变资金配置模式

巴曙松

北京大学汇丰金融研究院执行院长

中国银行业协会首席经济学家

中国宏观经济学会副会长

中国的资产管理（以下简称“资管”）行业庞大的产业链，从资产和资金两端展开：资产端近 400 万亿元规模的社会融资总需求，以信贷、FICC（即固收、外汇、大宗商品）、股票、期货和另类资产等多种金融资产呈现；资金端则是逾 790 万亿元的中国社会财富总额，以银行理财产品，保险类产品，公私募基金产品，券商、信托、期货资管计划形式募集起来。

在不同的经济金融格局下，中国资管行业对接、匹配、调整着资产和资金两端的关系。2024 年，资产和资金两端的配置出现了许多新的特征，其中低利率是贯穿行业变化的主线。

资金端：政策调整影响存款迁移，资管产品规模增长，但风险偏好整体降低

2024 年上半年，禁止手工补息、压缩利率较高的通知存款和限制协定存款利率等一系列政策推动居民财富由存款向资管机构迁移。

金融统计数据报告显示，2024 年上半年人民币存款增加了 11.46 万亿元，与 2023 年同期的 20.1 万亿元相比，增加额减少了 8.64 万亿元；与此同时，净值型理财产品存续规模为 27.84 万亿元，较年初增加了 18.93 万亿元，较 2023 年同期增加了 1.67%；公募基金存续规模为 31.08 万亿元，较年初增加了 3.48 万亿元，较 2023 年同期增加了 13.55%。

值得注意的是，仅《关于禁止通过手工补息高息揽储维护存款市场竞争秩序的倡议》出台的当月（2024 年 4 月），人民币存款就减少了近 4 万亿元，其中对公存款环比减少了 1.87 万亿元，居民存款环比减少了 1.85 万亿元，存款政策的边际收紧导致收益下降，大量存款流入资管行业，推动产品规模快速增长。

但是，从新增募集产品类型来看，公募基金和银行理财的整体风险偏好持续降低。以新募集的开放式公募基金为例，2021 年、2022 年、2023 年和 2024 年上半年，债券型资产分别占了总资产的 16.79%、20.09%、19.44% 和 23.41%。从银行理财来看，虽然受净值手工补息影响最大的是现金类等短期限产品，但 2024 年上半年，1 个月以下、1—3 个月、3—6 个月产品占比分别较 2023 年末增长了 3.3%、0.8%、0.7%。2024 年上半年，新募集的银行产品当中，固定收益（以下简称“固收”）类占比高达 99%。资金的快速涌入与风险偏好的持续降低，考验着资管机构的投资、研究和运营能力。

资产端：生息资产回报下降，资产利差持续收窄，促使投资者调整应对策略

净息差是金融机构盈利的基本来源之一，近年来，净息差持续收窄，已接近全面利率市场化地区水平。年报显示，中国工商银行、中国建设银行、中国农业银行、中国银行及交通银行2023年净息差分别为1.61%、1.7%、1.6%、1.59%及1.28%，均创下了2003年有完整数据记录以来的低点，同比分别下滑了0.31%、0.32%、0.3%、0.17%及0.2%。全国银行业平均利差约为1.6%，上海地区银行平均利差为1.29%，已低于多年前就已完全实现利率市场化的中国台湾1.3%的水平。低利差意味着中小银行盈利越来越少，从国际经验和金融稳定的考虑出发，中国金融行业的并购浪潮或在加速逼近。

收益率的持续下行与利差的大幅压缩，一方面源于经济转型升级过程中实体投资回报阶段性的下降，另一方面也由于固收类产品规模持续增长后，投资管理机构对于资产的追逐造就了当下“资产荒”的局面。需要注意的是，资产的收益下行与利差压缩会改变投资端的策略选择。根据中证隐含评级为AAA、AA+、AA、AA2、AA-等级特定债券品种的区分行业的信用利差统计数据，在36个子行业中，除煤炭、采掘、食品饮料外，其余子行业信用利差均在历史纪录分位数1%以下。票息回报的下降使得传统的信用下沉配置策略、加杠杆套息策略的收益水平下降，这时，投资者更为关注的是久期策略和交易博弈，市场的波动被进一步放大，这对投资机构的主动管理能力提出了更高的要求。

低利率时代，资管行业价值链亟待重构

2023年10月，第六次中央金融工作会议指出，防控风险是金融工作的永恒主题。会后，《关于加强证券公司和公募基金监管加快推进建设一流投资银行

和投资机构的意见（试行）》《关于加强监管防范风险推动资本市场高质量发展的若干意见》等政策的陆续落地，对资管行业产生了深远影响。

资管行业作为金融行业的重要组成部分，立足机构功能定位，专注主业发展，行业格局加速洗牌。其中，优质头部机构通过并购重组、组织创新等方式“做优做强”，中小机构根据资源禀赋和专业能力“做精做细”，形成了差异化的行业发展格局。2024 年 9 月，国泰君安证券和海通证券率先启动证券行业头部机构的合并重组程序，二者旗下的公募资管机构均处于“一参一控一牌”的布局上限，其资管业务一旦实现有效整合，将为我国资管行业的后续发展提供范例。睹影知竿，资管行业的牌照红利时代渐行渐远，竞争核心加速回归至主动管理能力、产品创新水平和投资者服务质量等方面。

防范化解系统性风险的方向不改，导致资管行业的资产端出现系统性变化。其一，在新形势下，资管产品正在逐渐与房地产行业“脱钩”。2024 年上半年，65 家典型房企的融资总量为 2 131 亿元，同比下降了 37%，房地产信托余额降至万亿元以下，占比约为 5%，资管行业进一步从融资类业务向主动管理转型。其二，持续化解政府债务风险，在《关于金融支持融资平台债务风险化解的指导意见》（俗称“35 号文”）及其补充说明（俗称“134 号文”）发布后，城投非标债务置换延续到 2027 年 6 月，境内城投标准化债券收益率大幅下行，而收益率相对较高的城投海外债和点心债则成为离岸市场的重点挖掘品种。与此同时，新的机会不断涌现，公用事业的市场化运作预期催生出高股息股票、公 / 私募不动产投资信托基金（REITs）、持有型不动产资产证券化（ABS）等一批低波红利型产品。

在逆周期和跨周期的宏观调控过程中，监管部门持续引导融资成本和广谱利率下行，金融市场进入全面低利率时代这一背景下，资管机构积极应对低利率带来的机遇和挑战，行业价值链亟待重构。投资端，通过综合运用高收益策略的固收投资、红利型资产配置思路的权益投资、出海寻找境外资产等方式来丰富解决方案；渠道端，资管机构需要通过持续创新投资者陪伴方式、降低投资者交易成本、开拓多元化分销渠道等方式多层次提高投资者的获得感；产品端，根据低利率发展的不同阶段，按照时间脉络及资本市场变化情况，灵活布局产品线。低利率初期阶段，要把握中低波动型固收类产品、高分红权益类产品、被动型和创新费率型产品的发展机遇。海外资管行业的发展经验显示，在低利率的后期阶段，固收类产品需要积极转型以应对增速放缓的挑战，权益类产品仍具备发展弹性，资管机构应适时满足具有不同风险偏好的资金投资需求，为投资者提供更加丰富的资管产品和金融服务类型。

低风险偏好资金的涌入与资产端收益率的持续下行，对于资管机构的募、投、管、退都提出了新的要求，中国资管行业在低利率环境中需要优化存量结构，并为增量资金寻找方向。未来的发展路径需要各类机构充分发挥自身资源禀赋来积极探索。作为行业发展的记录者，我们对此充满期待，并将持续跟踪这一庞大而又持续演进、持续革新的行业故事。

是为序。

目 录

第二部分

机构专题篇

第三部分

海外及中国香港地区资管篇

第一部分

行业格局篇

第 1 章

低利率时代促使资管行业探索新的应对方案

2024 年，10 年期国债收益率快速下行至 2% 左右的水平，各类利差大幅下行，中国资本市场进入低利率时代。在此过程中，存款利率的快速下调驱动资金从银行存款端迅速流向资管行业，与海外资管行业在低利率时代的初期阶段较为类似，固收类产品迎来快速发展，成为短期内中国资管行业规模增长的主要引擎。然而，海外资管行业在低利率时代的后期（零利率乃至负利率），固收类产品的规模增长往往会放缓甚至停滞，我国以固收类为主的资管产品结构在长期可能遇到考验。因此，我国资管行业可借鉴海外低利率环境下居民资产配置偏好以及资管行业演变的经验，结合国内现状，从投资端、渠道端、产品端等全链条维度积极应对低利率时代带来的机遇和挑战。

低利率驱动存款搬家，2023 年资管行业规模修复增长

2023 年，我国资管行业规模从 136.57 万亿元上升至 141.22 万亿元，修复至 2022 年“赎回潮”前的历史高点（140.22 万亿元）附近，同比增速从 1.01% 小幅回升至 3.4%。存款利率快速下调驱动资金从存款快速流向资管行业，助力银行理财加速走出净值化挑战的影响，主动管理能力较强以及负债稳定的子行业

仍保持规模增长，部分以资金池、通道业务为主的子行业在多年整改后风险加速出清，并迎来了业务发展的拐点，共同支撑资管行业在 2022 年的大规模“赎回潮”后迎来修复增长（见图 1-1）。

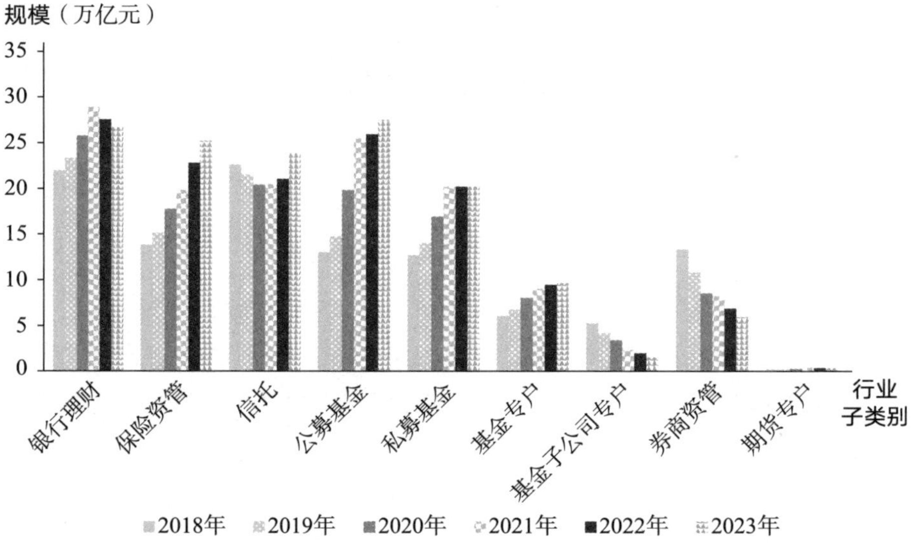

图 1-1　2018—2023 年资产管理行业规模变化情况

资料来源：银行业理财登记托管中心、中国保险资产管理业协会、中国信托业协会、中国证券投资基金业协会、万得资讯，课题组整理。

- **银行理财：低利率驱动存款搬家，加速走出“赎回潮”的影响**

2022 年，随着净值化转型的深入推进，底层资产调整使得银行理财净值出现大幅回撤，引发产品“赎回潮”。2022 年银行理财规模从 29 万亿元大幅下降至 27.65 万亿元，2023 年“赎回潮”余波逐渐消退，银行理财规模为 26.8 万亿元，全年降幅收窄至 0.85 万亿元。2024 年上半年，禁止手工补息的要求导致部分银行存款资金流向银行理财，助力银行理财规模修复至 28.5 万亿元附近，较“赎回潮”前的规模峰值（2022 年第三季度末为 30.6 万亿元）差距进一步缩小。

• 公募基金：工具属性愈发突出，规模仍居资管行业首位

近年来，公募基金凭借净值化管理能力和权益投资的优势，工具属性愈发突出。2023 年，公募基金资管规模达到 27.6 万亿元，较 2022 年增长了 1.57 万亿元，成功超过银行理财，位居资管行业首位；2024 年上半年，资管规模突破 31 万亿元，继续保持领先优势。2023 年末，基金专户资管规模达到 9.66 万亿元，较 2022 年末增长了 2.01%；2024 年上半年，规模基本处于维持水平。

• 保险资管：负债稳定优势突出，规模持续增长

低利率环境下，保险资金稳健收益的优势更为突出。2023 年，保险公司保费收入增速从 4.58% 上行至 9.13%；2024 年上半年，进一步上行至 10% 附近。由于保险资管管理的资金超过 80% 来源于保险资金，负债稳定推动规模持续增长。2023 年，保险资管规模①上升至 25.3 万亿元，相较 2022 年末快速增长了 10.47%。

• 私募资管：信托风险加速出清，券商资管持续整改

《关于规范金融机构资产管理业务的指导意见》（以下简称“资管新规”）发布以来，在穿透式监管之下，“多层嵌套”、通道业务、底层不清的资金池业务等规模迅速缩减。其中，信托行业风险加速出清后规模已重回正增长，2023 年，信托规模为 23.92 万亿元，较 2022 年增长了 13.18%；券商资管持续推动主动管理和公募化改造，但主动管理业务未能完全弥补通道业务的萎缩，行业规模仍在下降。2023 年，券商资管和基金子公司专户规模分别为 5.93 万亿元和 1.44 万亿元，较 2022 年分别下降了 13.8% 和 25.12%。

---

① 保险资管规模是在 2021 年中国保险资产管理业协会调研的 32 家保险资管公司（不包含处于风险处置阶段保险机构下设的保险资管公司，内购本公司发行的产品所产生的资管规模不含在内）资管规模的基础上，按 2022 年中国保险资产管理业协会调研的 32 家保险资管公司全口径资管增长率 15.11%，以及 2023 年保险资金运用余额增速 10.47% 来进行测算。

各子行业内部产品分布结构继续转变，固收类产品快速增长，单一资管计划规模持续压降。

第一，固收类产品成为资管行业规模增长的主要引擎。2022年以来，以货币类和债券类为主的固收类产品取代混合类和权益类产品成为资管行业的主要规模贡献品类。其中，在2023年及2024年上半年公募基金的规模增长中，货币基金和债券基金的贡献比例分别为147%和102%。2024年上半年，银行理财规模快速修复，固收类产品占比达105%，混合型和权益型产品规模仍有所下降；券商资管规模重回正增长，其中，固收类产品占比为102%（见图1-2）。

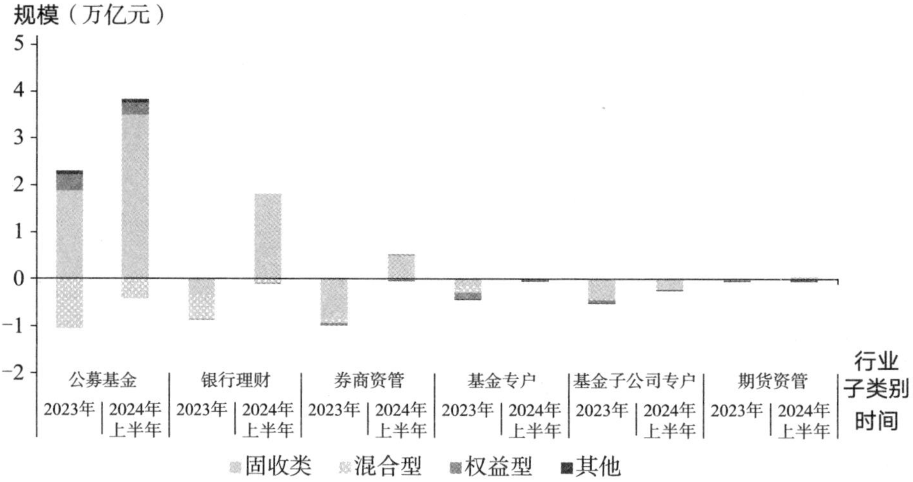

图1-2　固收类产品成为资管行业规模增长的主要引擎

资料来源：中国证券投资基金业协会、普益标准，课题组整理。

第二，私募类资管产品继续“去通道”化，具备“主动管理”性质的集合类产品规模占比提升。2023年，信托中具备“通道”性质的单一资金信托规模继续压降了0.17万亿元至3.86万亿元，而集合资金信托和管理财产信托分别上升了2.51万亿元和0.44万亿元，推动信托业整体规模呈上升趋势；券商资管加速向主动管理和公募化转型，2024 年上半年，券商定向资管计划规模基本处于维持水平，券商集合资管计划规模上行了 0.46 万亿元至 3.05 万亿元（见图 1-3）。

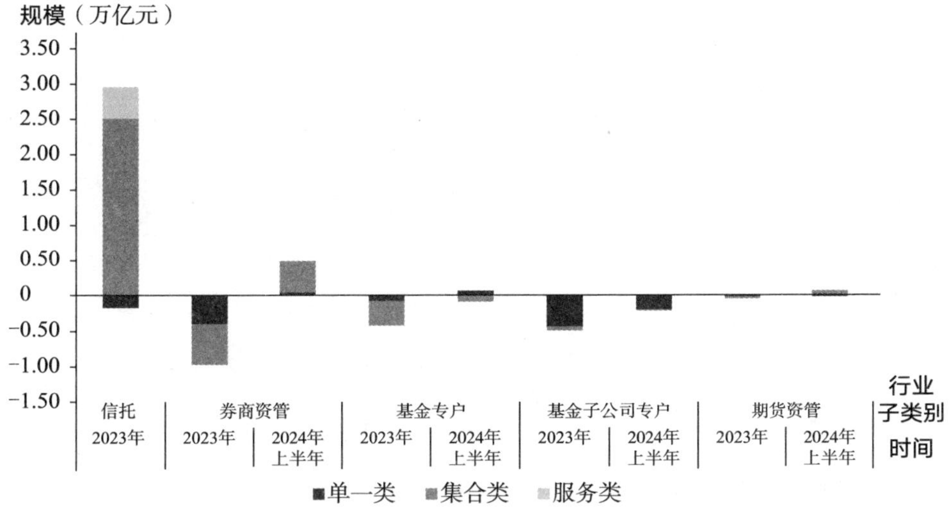

图 1-3　私募类资管产品继续“去通道”化，多数行业的单一资管计划规模持续下降

资料来源：中国信托业协会、中国证券投资基金业协会，课题组整理。

海外低利率环境下居民资产配置偏好变迁特征及其借鉴

全球发达经济体已经历了较长利率周期的演变，美国、日本以及欧洲国家等主要经济体的央行政策利率、债市利率、存贷款利率等广谱利率水平自 20 世纪 80 年代以来持续呈现出趋势性下降态势，低点甚至接近零利率乃至负利率（见图 1-4 至图 1-7）。他山之石，可以攻玉，理解低利率环境下海外居民资产配置偏好的变迁情况，可为我国资管行业的发展提供参考方向。

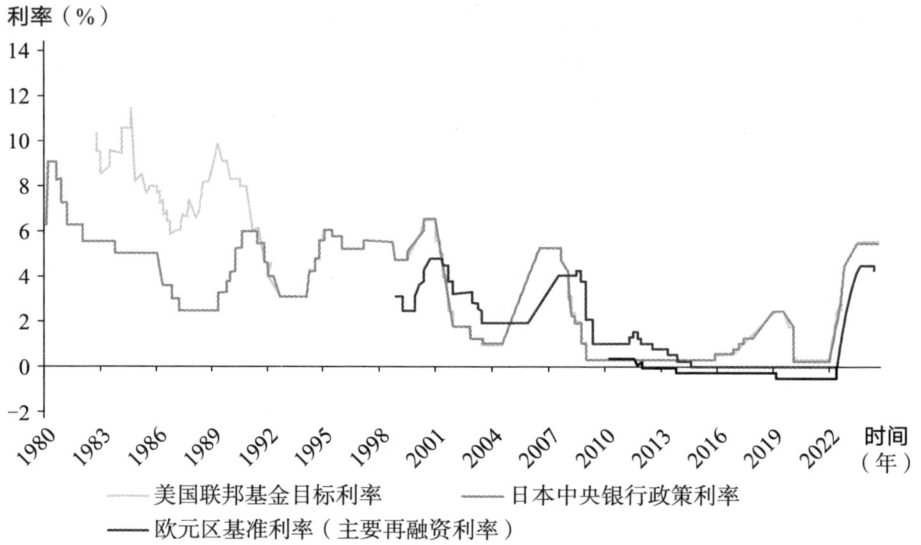

图 1-4　1980—2022 年全球政策利率变化情况

资料来源：万得资讯，课题组整理。

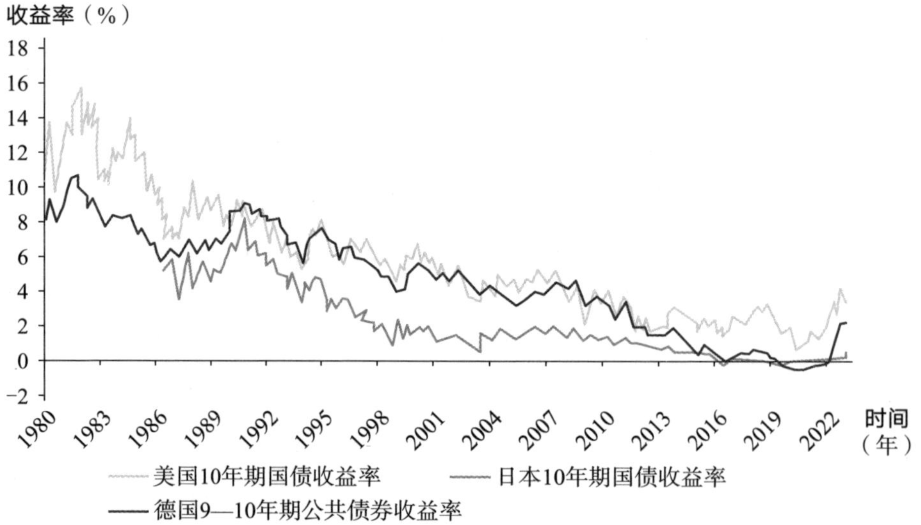

图 1-5　1980—2022 年全球债券利率变化情况

资料来源：万得资讯，课题组整理。

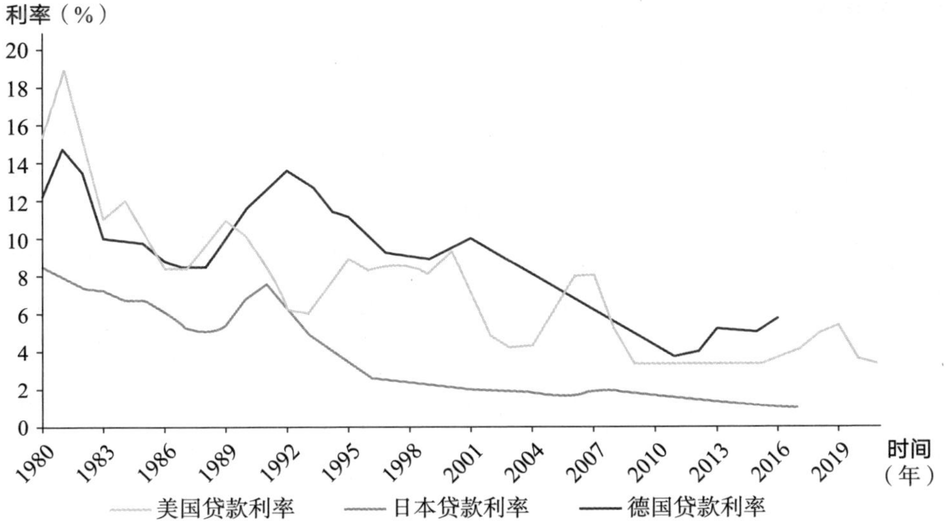

图 1-6　1980—2019 年全球货款利率变化情况

资料来源：万得资讯，课题组整理。

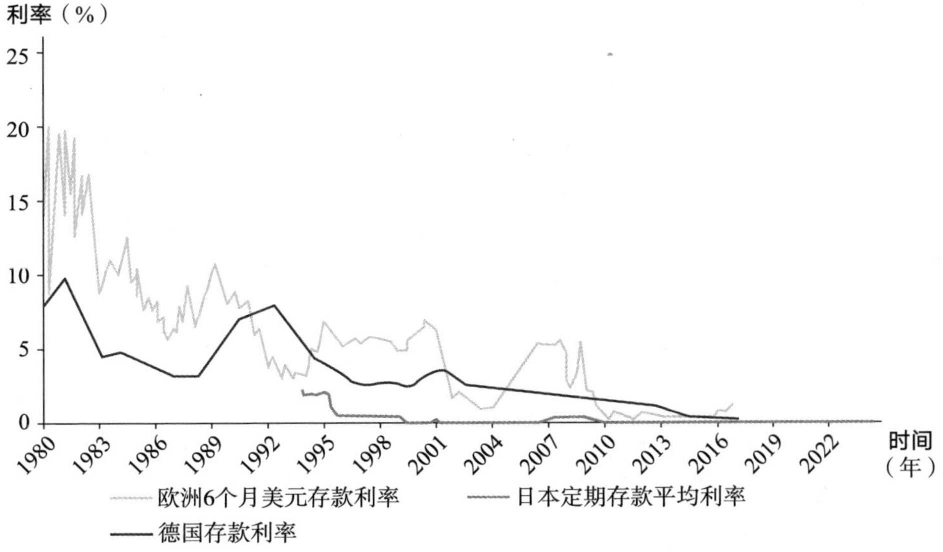

图 1-7　1980—2022 年全球存款利率变化情况

资料来源：万得资讯，课题组整理。

低利率环境的成因及理论基础

理论研究通常认为，低利率的影响因素主要包括中性利率、通货膨胀（以下简称“通胀”）预期、增长预期等，其中，中性利率是主要影响因素。中性利率（即自然利率）是指经济增长速度处于潜在增速时的实际利率水平。1993 年，约翰·泰勒（John Taylor）提出了“泰勒规则”，后来，该规则成为美国联邦储备系统（以下简称“美联储”）最常用的简单货币政策规则之一。泰勒规则构建出了一个联邦基金利率对自然利率、通胀缺口以及产出缺口之间的反应函数，认为央行应该根据产出和通胀目标制定利率政策。因此，中性利率对于政策利率的影响较大。

针对中性利率的影响因素，经济学家罗伯特·戈登（Robert J. Gordon）在一份报告[①]中认为，人口结构改变、收入差距扩大以及技术进步放缓等因素综合作用下，会导致国际金融危机，美国经济增长速度也会放缓。曾供职于华泰证券的李超在 2020 年发表于《中国金融》上的一篇文章《长期负利率源自生产要素困局》中指出，经济增长的长周期变量来自生产要素，包括技术水平、要素投入以及组织方式等。考虑到无风险利率与经济增长之间的正相关性，过去全球范围内的利率下行可以从生产要素维度得到较好的解释。

除中性利率之外，美国经济学家本·伯南克（Ben Bernanke）在一篇名为“*Why Are Interest Rates So Low？*”的博客文章中指出，对于未来经济增长的悲观预期会导致投资风险溢价上升，期限溢价会随之改变，从而造成利率水平下降。招商银行的陈得文在 2020 年发表于《中国金融》上的文章《发达经济体低利率的根源及启示》中表示，经济的低增长和资本市场的非理性繁荣会导致监管者不断降低货币利率水平，零利率（甚至负利率）是各国利率政策发挥到极致的必然结果。

---

① 即 *The Demise of US Economic Growth: Restatement, Rebuttal, and Reflections*。

我们从中国人民银行发布的《2020 年第二季度中国货币政策执行报告》中看到，导致全球呈现出低利率水平的影响因素有三个：一是极度宽松的货币政策因素，低利率政策向金融市场传导时，债券利率会大幅走低，负利率债券规模快速增加。与此同时，存贷款利率也会受到低利率政策冲击。二是经济潜在增速下降等长期结构性因素，包括技术进步放缓、全球范围内的财富分配不均、收入差距扩大、人口老龄化以及产业结构失衡。三是实施低利率政策后，发达经济体通胀水平仍长期低于中央银行的通胀目标。

全球主要经济体的低利率阶段

20 世纪 80 年代以来，全球广谱利率水平呈现出趋势性下降态势。一方面，发达经济体人口老龄化问题显著加剧。据世界银行统计，2023 年，美国、欧盟、日本 65 岁以上人口占比分别为 17.6%、21.5% 和 30.1%，较 1980 年水平分别上升了 6.3%、8.4% 和 20.8%，消费、投资意愿下降导致经济潜在增速下行，与之对应的实际中性利率水平相应下降；另一方面，长期通胀水平和通胀预期波动降低，这使名义利率出现了明显下降，降幅大于实际利率。2008 年国际金融危机发生后，主要发达经济体实施了大规模的量化宽松政策，部分经济体甚至实施了负利率政策，这进一步加剧了利率的下行速率，使其步入零利率乃至负利率阶段。2022 年高通胀背景下，美联储开启了加息周期，随后，海外经济体利率水平略有回升。

分地区来看，日本、欧洲、美国先后步入低利率阶段（见图 1-8 至图 1-10）。海外发达经济体的利率水平基本满足新古典经济学“索罗模型”下的“黄金法则”，10 年期国债收益率与名义国内生产总值（GDP）增速基本一致，利率的长期趋势由人口增长率、技术进步率主导的实际 GDP 增速和通胀水平决定。因此，当实际 GDP 增速长期处于低于 2% 的低通胀时期时，海外经济体的利率水平就会进入偏低阶段。回顾历史，日本于 20 世纪 90 年代（贸易条件恶化、股市和房市泡沫破裂、经济增速从 5% 换挡至 1%、亚洲金融危机）、欧洲于 2008 年（全球金融危机）、美国于 2011 年（第二轮量化宽松政策）先后进入了 2.5%

以内的低利率阶段，日本和欧洲的利率在 2011 年之后（欧洲发生了债务危机，日本开启了 QQE①）进一步下行至 1% 以内的零利率和负利率区间。

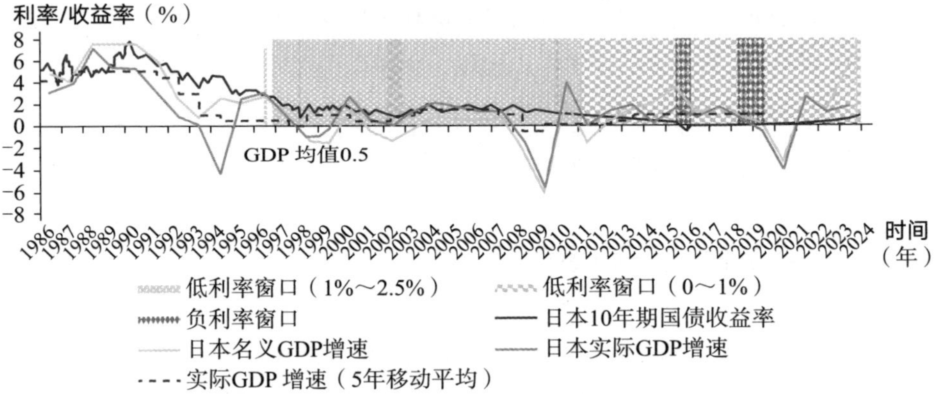

图 1-8　1986—2024 年日本利率走势

资料来源：万得资讯，课题组整理。

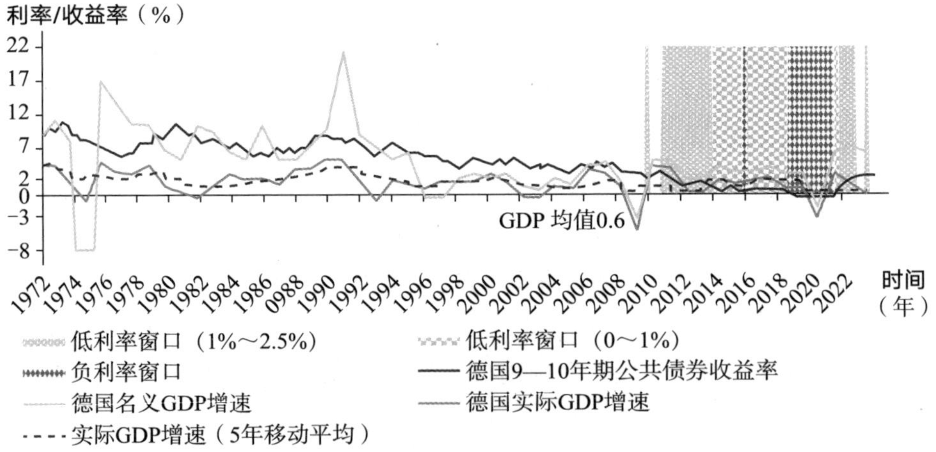

图 1-9　1974—2022 年德国利率走势

资料来源：万得资讯，课题组整理。

① Quantitative and Qualitative Easing，即量化和质化货币宽松政策。——编者注

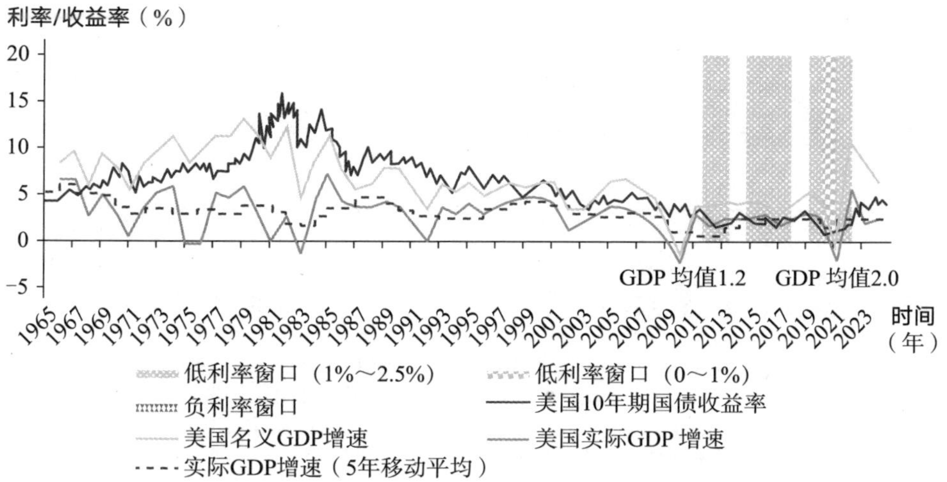

图 1-10　1965—2023 年美国利率走势

资料来源：万得资讯，课题组整理。

与海外发达经济体不同，我国由于拥有较高的储蓄率、中国人民银行采取“缩减原则”、利率市场化程度不足（为了降低社会融资成本、确保债务可持续）、低通胀等因素，利率水平长期低于经济增速水平，尽管实际 GDP 增速仍在 4% ～ 5% 附近。

在经济结构转型期，我国已逐步进入低利率阶段。但不同于日本和欧洲，我国在第四次工业革命的重要产业中仍然具备较强的竞争力，零利率和负利率并非必然结果。类比美国，长期来看，我国的利率水平仍具备向上反弹的可能性。

2001—2023 年的中国利率走势如图 1-11 所示。

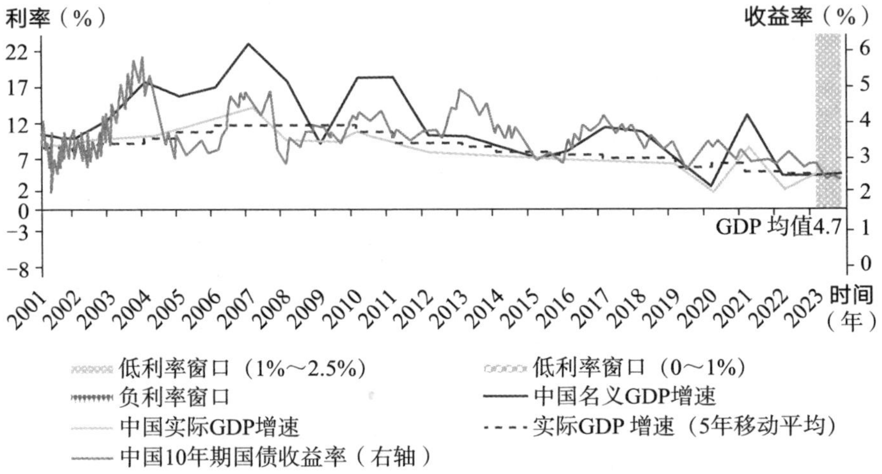

图 1-11　2001—2023 年中国利率走势

资料来源：万得资讯，课题组整理。

海外居民资产配置偏好的变迁趋势

低利率时期，在不同经济环境和货币政策的影响下，不同国家的同类资产表现有所不同，这进一步导致出现了差异化的居民资产配置偏好。

日本和美国

相同点：低利率初期均伴随着房地产泡沫的破裂，居民对房地产的配置偏好下降，对金融资产的配置占比有所提升。其中，20 世纪 90 年代，日本房价下跌了 38%，居民配置房地产的资产占比从 41.3% 压缩至 23.1%，配置金融产品的资产占比从 44.2% 大幅提升至 62.7%。次贷危机后，美国房价下跌了 23%，居民配置房地产的资产占比从 31% 压缩至 24%，后随经济和房价修复缓慢上行至 28% 附近，配置金融产品的资产占比从 62.9% 上行至 67.1%。

不同点：美国经济具备一定的韧性，居民财富持续增长后，风险偏好有所提高，更倾向于提升在股票和基金方面的投资占比来共享经济发展红利。2008—

2023 年，美国的产业升级、科技创新、宽松的货币政策带动美股上涨了 5 倍多，美国居民财富以 6.4% 的增速稳定增长至 176 万亿美元，显著高于经济增速，居民在股票和基金方面的投资占比从 24.1% 上升至 35.2%，在存款和债券等风险偏好较低产品方面的投资占比从 13.6% 下降至 11.3%（见图 1–12 至图 1–15）。

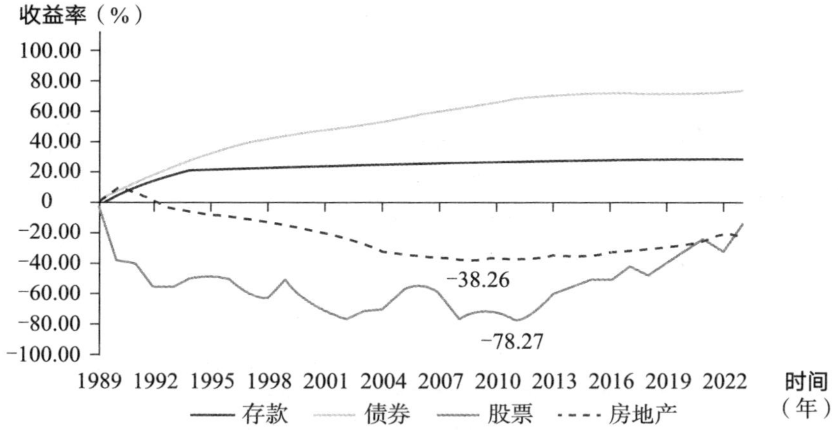

图 1–12　低利率环境下日本的资产表现

资料来源：万得资讯，课题组整理。

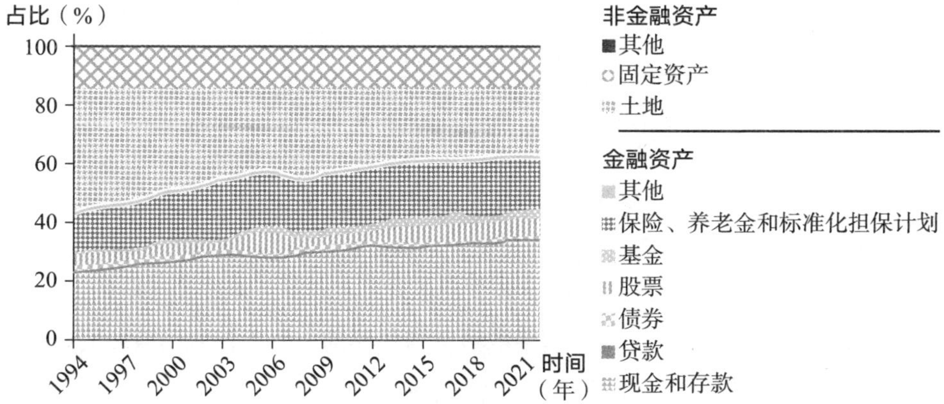

图 1–13　日本居民资产配置偏好

资料来源：万得资讯，课题组整理。

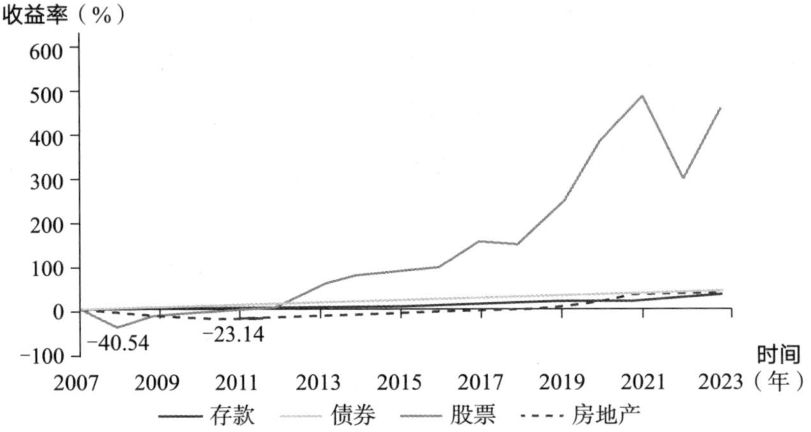

图 1-14　低利率环境下美国的资产表现

资料来源：万得资讯，课题组整理。

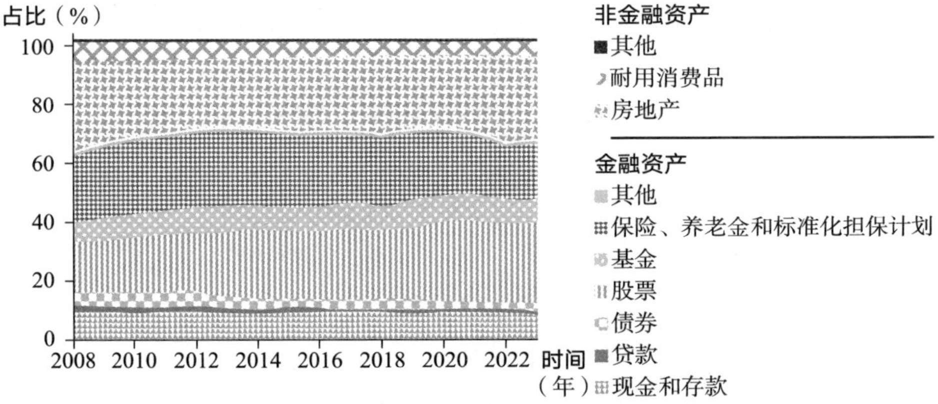

图 1-15　美国居民资产配置偏好

资料来源：万得资讯，课题组整理。

日本错失了信息技术革命，居民的财富增长停滞，所以普遍维持较低风险偏好，“现金为王”的观点深入人心。日本居民的财富增长长期停滞，1994—2022 年，基本维持在 3 000 万亿日元附近，年化增长率仅为 0.5%；日本居民在股票和基金方面的配置比例始终处在 10% 以内，在存款方面的配置比例则从 21.7%

上行至 34.5%。

老龄化背景下，日本居民在保险、养老金和标准化担保计划方面的配置比例也从 12.4% 上行至 16.5%。伴随零利率乃至负利率时代的来临，居民在债券方面的配置比例从 3.9% 进一步降至 0.8%。

欧洲：以德国为代表

房地产价格较稳定，德国居民的资产配置偏好结构稳健，整体变化不大。在全球金融危机时期，德国房价仅下跌了 5%，居民在房地产方面的投资占比基本维持在 33% 附近。

整体来看，2008—2022 年，德国居民在各类产品的投资占比方面的变动不超过 3%，其中，在金融资产的配置上占比小幅下降了 2.8% 至 36.3%。伴随着零利率乃至负利率时代的来临，居民在债券方面的配置比例从 2.5% 降至 0.7%（见图 1-16、图 1-17）。

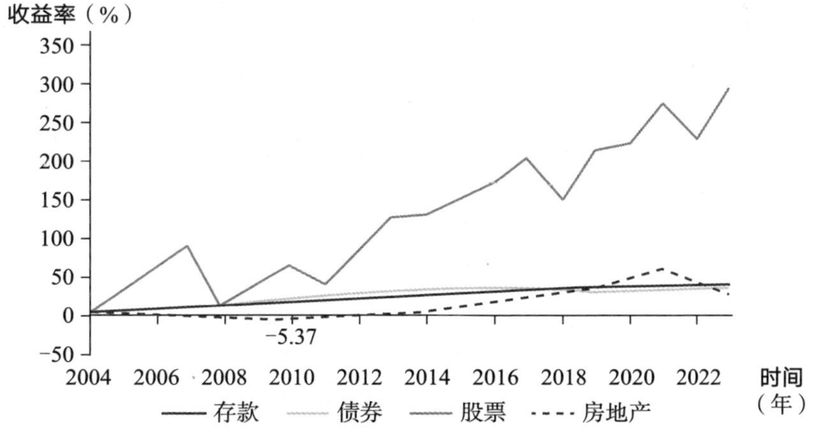

图 1-16　低利率环境下德国的资产表现

资料来源：万得资讯，课题组整理。

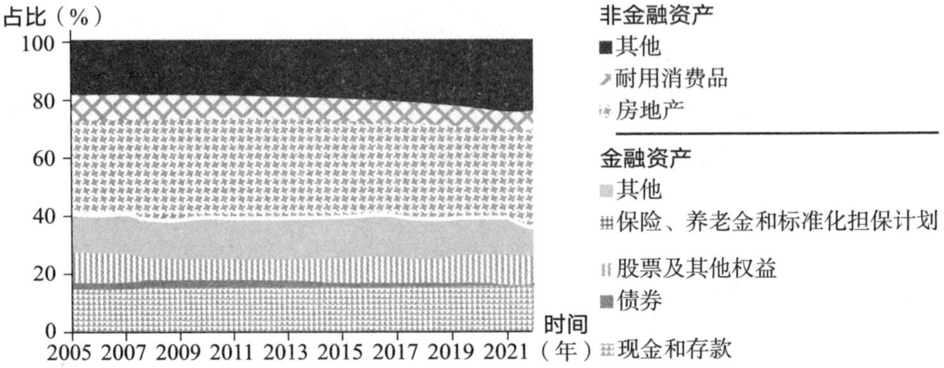

图 1-17　德国居民资产配置偏好

资料来源：万得资讯，课题组整理。

我国现阶段的情况与日本和美国的低利率时代十分类似，均伴随着房价的快速下跌，居民的财富增值需求由房地产转向金融资产，为资管行业的发展带来了机会。需要注意的是，美日因经济弹性不同而出现了差异化的风险偏好，后续演变路径迥异。在零利率和负利率过程中，日本居民对境内债券资产的配置需求压降至极低水平。目前，我国利率政策仍具备相当的空间和弹性，固收类投资需求依然强劲，但我国资管行业以固收类产品为主的结构在长期可能会面临挑战。

低利率时代，从全链条视角看待资管行业应对方案

投资端：提高稳健性收益的三条主线

低利率环境下，我国境内资产的投资回报率快速下降。低利率环境通常伴随着经济增长的减速换挡，由于境内权益、地产等风险资产表现偏弱，投资回报的不确定性在提升。债券资产短期受益于收益率下行带来的资本利得表现较好，但以货币基金为代表的现金管理收益和 10 年期国债到期收益率均出现明显回落，这意味着长期稳健的基础资产收益率在快速下降（见表 1-1）。

表 1-1　2015—2024 年上半年全球大类资产收益率情况

单位：%

大类资产	2024 年上半年	2023 年	2022 年	2021 年	2020 年	2019 年	2018 年	2017 年	2016 年	2015 年
现金	1.87	1.91	1.76	2.17	2.03	2.29	2.98	2.86	1.87	2.73
10 年期国债	2.21	2.56	2.84	2.78	3.14	3.14	3.23	3.88	3.01	2.82
中国债券	7.65	4.77	3.30	5.09	2.97	4.59	8.21	0.26	1.83	8.18
全球债券	−5.79	0.35	−14.00	−5.60	7.48	5.12	−1.74	−0.21	−1.40	−0.70
中国股票	4.22	−0.56	−16.19	−8.79	22.63	23.93	−17.66	29.88	−6.15	−0.62
全球股票	10.31	20.09	−19.80	16.80	14.33	24.05	−11.18	21.62	5.63	−4.26
黄金	13.62	13.45	0.08	−3.41	24.85	18.63	−1.88	13.32	8.66	−10.44
原油	10.22	−10.28	10.56	50.46	−21.64	22.73	−19.02	17.25	50.65	−34.74
外汇	1.36	4.55	10.81	−0.75	−3.15	4.53	7.36	−2.66	8.53	7.62
工业品	2.85	2.95	21.19	25.89	8.74	16.58	−3.28	11.68	60.89	−19.30
农产品	0.34	−5.19	10.33	15.11	12.23	3.77	−8.79	−6.81	20.61	−4.96
中国房地产	−8.25	−11.66	−3.52	11.99	11.78	−0.28	−2.56	7.89	31.58	25.59

注：2024 年上半年现金、债券资产采用的是年化收益率；现金资产收益根据万得资讯货币市场基金指数计算而来。

资料来源：万得资讯，课题组整理。

为提高稳健性收益，机构投资资产主要沿三条主线进行布局。**第一，固收类资产积极挖掘高收益的投资机会，初期极致交易，后期配置为主。**“资产荒”行情下，信用债市场高收益债券规模快速压降，估值中枢大幅度下移。截至 2024 年 6 月末，我国收益率在 3% 以上的债券资产较 2023 年末已减少 13.6 万亿元，仅剩 1.6 万亿元的可选空间（见表 1-2）。对于机构而言，为了获得更高的票息收益，拉长久期和信用下沉成为必要选择。另外，收益率下行初期，部分机构积极通过交易获取资本利得来增厚收益；但长期来看，若收益率下行至较低水平，这会挤压交易价差空间。例如，1999—2010 年，日本 10 年期国债收益率为 1% ～ 2% 时，交易价差带来的平均回报为 0.78%；2011—2023 年，日本 10 年期国债收益率为 0 ～ 1% 时，交易价差带来的平均回报进一步降至 0.32%，低利率后期配置盘或将逐步成为主要投资策略。

第二，权益类资产更加关注收益的稳健性，主要体现在两个方面：一是对于高股息红利股票而言，低利率环境下，高股息红利股票的表现较优。以上证红利指数为例，我们挑选了在上海证券交易所上市的 50 只现金股息率高、分红比较稳定、具有一定规模及流动性的股票作为样本，2015—2023 年，它们的平均年化回报率为 5.8%，具备长期稳健收益的特征。2022 年以来，上证红利指数相较沪深 300 指数超额收益的优势愈发突出（见图 1-18）。二是对于公募 REITs 等另类资产而言，日本的 J-REITs 因强制分红比例的制度设计，长期年化收益率稳定在 4% 附近，在低利率时代 J-REITs 迎来较快发展。借鉴海外发展经验，我国同样要求，公募 REITs 收益分配比例不低于合并后基金年度可供分配金额的 90%，因此也具备高分红特征。作为新兴品种，我国公募 REITs 在经历了发展初期存在的流动性偏弱、业务类型单一、投资主体风格一致等缺陷后，由于长期高分红资产的稀缺性以及长钱入市带来的估值稳定性，投资价值有望回归。

第三，出海寻找境外资产的配置机会。鉴于国内资产的收益率较低，低利率时代，日本出海配置了大规模收益较高的国际资产，包括持有外币存款、海外债券、海外股票、购买境外基金、通过利差进行外汇套利交易等。1996—2023 年，日本持有国外证券资产的规模从 109 万亿日元以年化 6.4% 的增速扩容至 617 万亿日元，其中，48% 为债券、42% 为权益资产、9% 为金融衍生品（见图 1-19）。

表 1-2　我国收益率在 3% 以上的债券资产规模快速下降

单位：亿元

分类	子类	2024 年 6 月 28 日 <2.5%	2024 年 6 月 28 日 2.5%～3%	2024 年 6 月 28 日 3%～4%	2024 年 6 月 28 日 4%～5%	2024 年 6 月 28 日 5%～6%	2024 年 6 月 28 日 >6%	2024 年 6 月 28 日 合计	2023 年 12 月 31 日 <2.5%	2023 年 12 月 31 日 2.5%～3%	2023 年 12 月 31 日 3%～4%	2023 年 12 月 31 日 4%～5%	2023 年 12 月 31 日 5%～6%	2023 年 12 月 31 日 >6%	2023 年 12 月 31 日 合计
城投债	重点省份（省级）	4 318	443	30	—	—	—	4 791	—	2 062	2 846	73	8	62	5 052
	重点省份（地市级）	1.171	1.182	1 037	460	51	55	3 956	—	167	775	940	675	1 414	3 971
	重点省份（区县级）	5 521	1 845	1 301	372	44	92	9 175	—	1 373	4 428	1 751	808	970	9 331
	非重点省份（省级）	10 199	837	10	5	—	—	11 052	509	7 578	2 180	68	7	—	10 342
	非重点省份（地市级）	43 078	3 927	701	44	—	—	47 750	469	22 494	21 792	1 959	416	146	47 277
	非重点省份（区县级）	60 320	8 886	4 023	445	10	12	73 696	81	26 665	37 060	6 350	2 675	1 100	73 930
	城投债合计	124 608	17 120	7 102	1 324	104	160	150 419	1 059	60 339	69 082	11 141	4 590	3 692	149 903
产业债	地产债（国企）	10 437	2 117	481	117	4	—	13 156	129	5 659	6 161	671	49	277	12 946
	地产债（混合）	—	—	—	23	—	550	573	—	—	—	—	—	759	759
	地产债（民企）	—	294	154	133	31	729	1 340	—	—	203	314	17	1 073	1 608
	地产债（其他）	17	—	26	—	2	188	234	—	8	16	14	5	505	548
	公用事业	19 946	531	30	24	—	—	20 531	3 115	13 418	1 534	65	26	12	18 169
	非银金融	18 133	1 540	289	49	4	120	20 134	1 693	10 446	5 228	599	149	324	18 439
	交通运输	10 893	1 114	53	5	22	33	12 120	2 040	6 822	1 839	48	28	141	10 918
	建筑装饰	8 650	853	294	42	11	17	9 867	233	5 264	2 358	303	69	125	8 352

续表

单位：亿元

分类	子类	2024 年 6 月 28 日							2023 年 12 月 31 日						
		<2.5%	2.5%～3%	3%～4%	4%～5%	5%～6%	>6%	合计	<2.5%	2.5%～3%	3%～4%	4%～5%	5%～6%	>6%	合计
	综合	6 394	1 291	63	28	—	—	7 775	355	4 591	1 739	89	69	48	6 891
	煤炭	6 378	543	132	17	—	15	7 085	255	4 206	1 864	109	85	57	6 576
	钢铁	3 426	142	49	—	50	—	3 668	150	1 966	1 051	53	16	20	3 256
	有色金属	2 688	184	52	5	—	3	2 932	263	1 747	562	79	47	62	2 761
	石油石化	3 671	163	—	—	—	—	3 834	1 444	2 109	293	—	—	—	3 846
	商贸零售	2 218	274	82	21	7	14	2 616	123	1 090	652	162	94	52	2 174
	其他产业债	14 996	1 282	908	267	196	130	17 779	952	10 168	3 488	629	311	647	16 194
	产业债合计	107 847	10 329	2 611	731	328	1 798	123 644	10 752	67 493	26 988	3 136	967	4 102	113 437
金融债	银行普通债	34 213	10	1	—	—	—	34 223	11 931	21 172	205	—	—	—	33 308
	银行永续债	24 414	437	493	127	—	—	25 471	—	15 597	6 684	828	397	66	23 571
	银行二级资本债	37 642	834	671	198	52	79	39 475	—	24 980	10 630	608	351	243	36 811
	券商普通债	19 508	87	39	—	—	—	19 633	5 940	12 838	1 769	49	—	—	20 596
	券商次级债	5 812	69	4	8	1	—	5 894	508	3 456	2 088	7	5	1	6 065
	保险次级情	2 504	299	111	8	9	228	3 158	—	1 498	1 534	130	101	121	3 383
	其他金融债	4 574	325	7	—	—	30	4 936	20	2 285	2 083	57	100	50	4 595
	金融债合计	128 666	2 059	1 326	341	62	337	132 790	18 399	81 826	24 992	1 678	953	480	128 328
合计		361 121	29 509	11 038	2 397	494	2 295	406 853	30 211	209 658	121 062	15 954	6 509	8 274	391 668

资料来源：万得资讯，课题组整理。

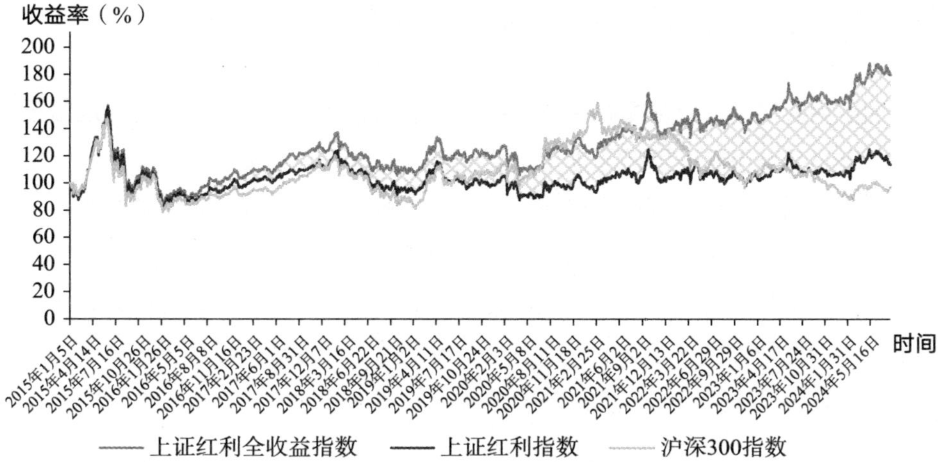

图 1-18　高股息红利资产具备长期稳健收益的特征

注：灰色面积代表派息带来的收益。

资料来源：万得资讯，课题组整理。

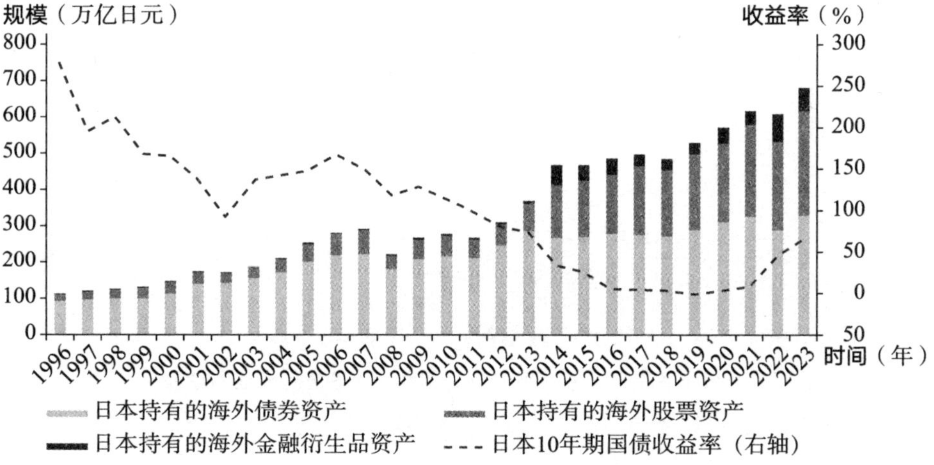

图 1-19　低利率时代日本加大了出海力度

资料来源：万得资讯，课题组整理。

渠道端：负债成本下降，多层次提高投资者获得感

由于银行的负债端成本存在刚性特征，低利率环境中，成本下降速度慢于资产端，在净息差不断收窄的压力下，降低负债成本成为当下的重点。在低利率经济环境下，银行的负债端成本存在刚性，下降的速度往往慢于资产端的收益。这种成本的刚性主要是因受合同约束的存量长期负债成本的调整较为滞后，以及机构的运营成本和合规成本等固定成本的存在而存在。资产端收益率的下降快于负债端成本的下降将导致净息差不断收窄，海外银行在低利率环境下均步入净息差压缩的过程（见图 1-20）。为缓解净息差压力，降低负债端成本成为长期趋势。

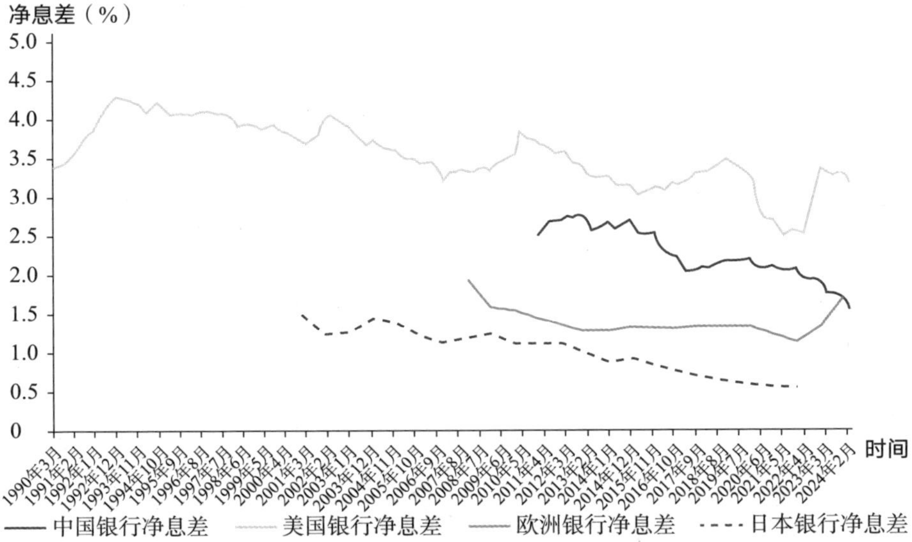

图 1-20　海外银行在低利率环境下均步入净息差压缩的过程

资料来源：万得资讯、彭博（Bloomberg），课题组整理。

降低负债成本已在我国多个金融细分行业步入实践阶段，主要体现在三个方面。（1）银行：截至 2024 年第一季度，我国商业银行净息差为 1.54%，创历史新低。为缓解净息差压力，2023 年以来，相关部门多次下调了存款利率，2024

年 4 月，进一步禁止手工补息操作，这有利于银行综合负债成本的下降。（2）保险：利差损风险下，2023 年第三季度，保险产品的预定利率上限从 3.5% 下调至 3%，2024 年 7 月下调至 2.75%、9 月进一步下调至 2.5%，并建立了预定利率与市场利率挂钩及动态调整机制。（3）资管产品：2018 年以来，资管产品开始打破刚性兑付，银行理财压降保本型产品；2022 年，相关部门进一步推动资管公司在估值层面的净值化转型；2024 年，监管部门对银行理财与信托合作平滑估值等方式进行了整改。

存款利率的快速下调将驱动低风险偏好资金从银行转向非银机构，这为资管行业的发展提供了机遇。在稳健回报预期下降的背景下，资管机构需要提高投资者的获得感以及开拓多元化投资渠道，以此承接好资金的需求。

一是持续创新投资者陪伴方式。有序发展投资顾问业务，从卖方销售模式向买方投资顾问服务模式转变，管顾结合，提升客户投资体验，增加客群黏性。另外，还要多途径加强投资者教育，培育长期投资思维。同时，加强客户经理教育，做好投资者全流程陪伴。

二是降低投资者交易成本。推进费率改革，降低行业综合费率水平，发展低费率产品，费率设置尝试从固定模式向与产品管理能力挂钩模式转变，优化客户投资体验。

三是开拓多元化分销渠道。过去，银行渠道端存在着主要对内服务本行理财公司的专属性特征，然而，在净值化监管要求进一步明确的背景下，银行理财的净值波动加大和频繁赎回将更加普遍，低利率环境下，低风险偏好资金在不同机构之间转移的情况或将更加频繁。一方面，银行渠道端存在拓宽代销渠道的诉求，在分散风险的同时可提高货架上的产品多样性；另一方面，资管产品也在与单一的渠道端解绑，选择更为多元。2024 年上半年，仅 3 家理财公司的理财产品由母行专属代销，28 家理财公司的理财产品除母行代销外，均打通了其他银行的代销渠道，有 18 家理财公司还开展了直销业务。除了银行渠道，资管产品还可通过互联网第三方销售平台、利用金融科技打造直销平台等方式不断拓宽渠道选择，从而降低对单一渠道的依赖度（见图 1-21）。

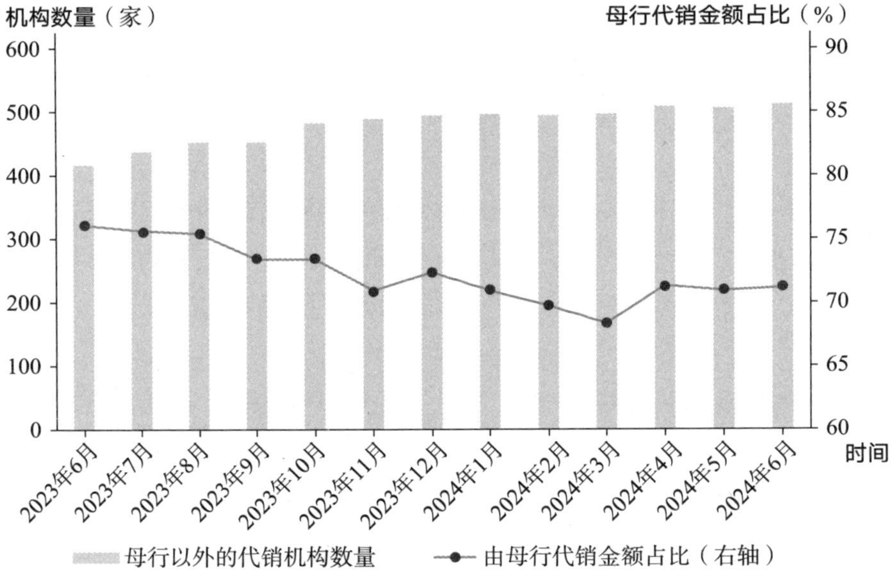

图 1-21　理财公司代销渠道发展趋势（2023 年 6 月—2024 年 6 月）

资料来源：银行业理财登记托管中心，课题组整理。

产品端：根据低利率的不同阶段和特性布局产品线

参考海外经验，我国的资管机构可以根据低利率发展的不同阶段，按照时间脉络及资本市场变化表现，灵活布局产品线。

低利率初期阶段，首先，要把握好固收类产品的发展机遇。海外经验显示，低利率初期，利率快速下行，这时的债券回报较为可观，海外固收类产品规模通常快速扩张。目前，我国处在房价下跌、经济结构转型、存款利率下调的阶段，这三者共同驱动资金从房地产、股市、银行存款等领域向保险和资管行业的固收类产品转移。资管行业应把握好固收类产品的发展机遇，从低波资产维度（同业存单基金）、大类资产维度（固收 + 基金）、估值维度（混合估值法基金）等方面继续加大中低波动型产品开发创设力度，承接低风险偏好资金的投资需求。

其次，权益类产品应布局高分红主题，突出稳健收益优势。具体来说，应关注具备高分红属性的红利主题股票基金、公募 REITs、定期支付型基金等产品的发展。近年来，我国高分红基金规模增长较快，截至 2024 年上半年，已有 275 只红利主题基金，规模合计达 2 982 亿元，数量和规模均较 2021 年翻了一倍；公募 REITs“从零开始”增长至 39 只，规模合计达 1 166 亿元（见图 1-22）。

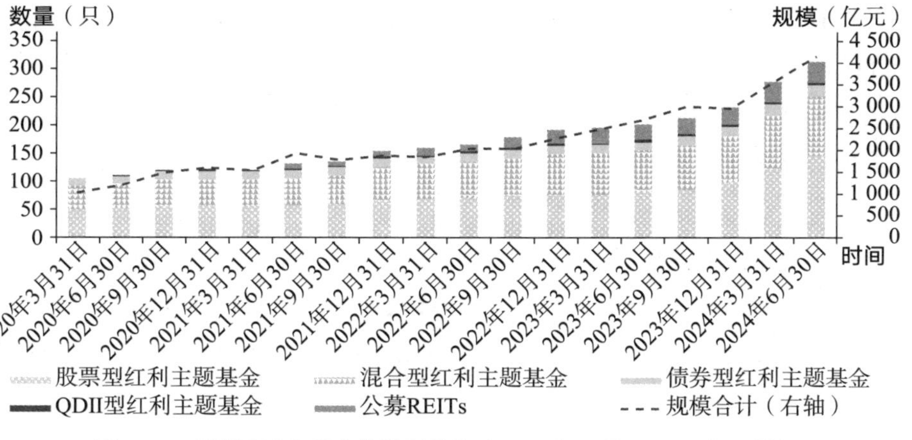

图 1-22　我国高分红基金的发展趋势（2020 年 3 月—2024 年 6 月）

资料来源：万得资讯，课题组整理。

在低利率初期阶段，日本权益类基金的主要存在形式是每月决算型基金，即会根据净值逐月分红而非进行复利再投资，作为主要投资固收类产品、适当投资股票产品来增厚收益的混合型产品，每月决算型基金可满足老龄人群的每月现金需求。历史上，日本权益型基金中每月决算型基金的占比最高达到了 67%。目前，此类定期支付型基金在我国仍有少量存续。在过去经济高速增长时，此类基金的吸引力不强，但未来，随着低利率程度的不断加深，不排除此类基金会“卷土重来”。此外，还可开发适配各类养老金长期投资的资管产品，通过不断承接长线资金来跨越发展周期。

最后，低费率的产品有望迎来加速发展。稳健收益下降的背景下，资管产品的费用利润比逐步走高，低费率的产品或将迎来加速发展。目前我国被动投资和指数化进程接近发达经济体在 2010 年时的水平。2010—2023 年，美国共同基金中被动型产品的占比从 15.7% 增长至 41.5%，日本股票型基金中指数型产品的占比从 13% 增长至 58.4%。截至 2024 年上半年，我国公募基金中被动型产品的占比仅为 12.7%，仍有较大发展空间。短期来看，可通过浮动管理费、费率创新型、管理人合理让利型等方式创新产品形式，在激励资管机构提升投研能力的同时，优化客户投资体验；长期而言，要进一步加强交易型开放式指数基金（ETF）在产品组合中的运用，例如发展 ETF 型基金中基金（FOF）、模型化组合（Model Portfolio）等一站式产品，与投资顾问相结合，为投资者提供高自由度的投资组合方案。

在低利率后期阶段，参考海外经验，固收类产品要积极转型以应对增速放缓的挑战，权益类产品和另类产品由于底层资产具有收益弹性，所以它们仍具备多元化的发展空间。海外经验显示，主要分为三方面。

就固收类产品而言，由于其中长期发展趋势与利率弹性较为相关，若票息压缩至较低水平，固收类产品规模增长将停滞甚至接近出清。例如，日本长期处于零利率乃至负利率水平，这种情况下，大部分固收类产品规模相继出清，仅剩与利率关系不大、用于管理证券账户闲置资金的货币储备基金（MRF）以及少量的长债基金，固收类产品规模占比也从高峰时的 46.9% 压降至 1% 附近；欧洲利率长期处于 1% 以内，2017 年以来，货币基金规模增长缓慢，而债券基金规模甚至处于停滞增长状态；美国利率具备一定弹性，货币基金和债券 ETF 规模持续增长，但主动型债券基金增长趋于停滞。

就权益类产品而言，由于权益类资产的回报具备较大弹性，长期来看，这类产品将成为主流发展品种。目前，美国权益类产品的占比为 63.4%，较 2008 年增长了 18.4%；日本权益类产品的占比为 89.4%，较 1997 年增长了 64.8%；欧洲权益类产品的占比为 51%，较 2008 年增长了 7%。在低利率环境下，主要发达经济体的权益类资产的长期占比均有提升，且均超过 50%，成为资管行业的主流品种。

就另类产品而言，REITs 产品在美国和日本逐步迎来发展，在欧洲，另类产品的占比尤为突出。2023 年末，日本 REITs 已达 15.4 万亿日元，占所有基金产品的 4.7%；而美国 REITs 也已达 1.37 万亿美元，占所有基金产品的 4.1%；欧洲另辟蹊径，另类产品成为新的发展趋势，占比达到 19.2%，显著超过其他经济体（见图 1-23 至图 1-25）。

从当前中国市场的发展趋势来看，低利率后期阶段，在票息水平较低时，固收类产品的增速可能会有所放缓。这种情况下，一方面，可通过布局长久期主题、信用债优选主题、可转债主题、出海主题等产品来增强收益；另一方面，可关注股票账户的流动性管理需求，发展短债 ETF、货币 ETF、同业存单 ETF 等场内流动性较好的产品形式。

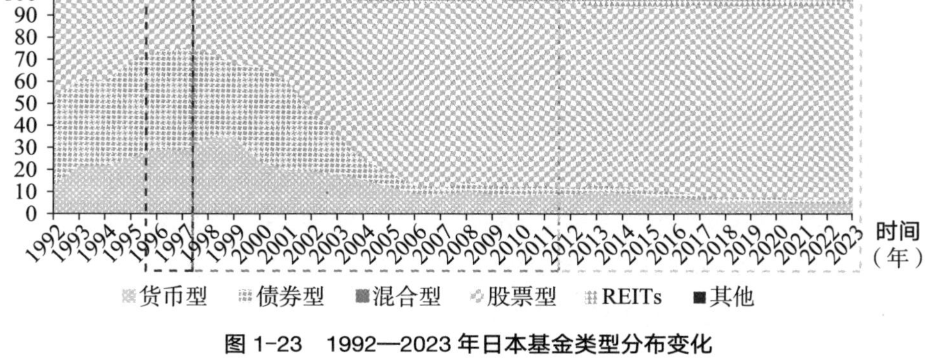

图 1-23　1992—2023 年日本基金类型分布变化

资料来源：万得资讯，课题组整理。

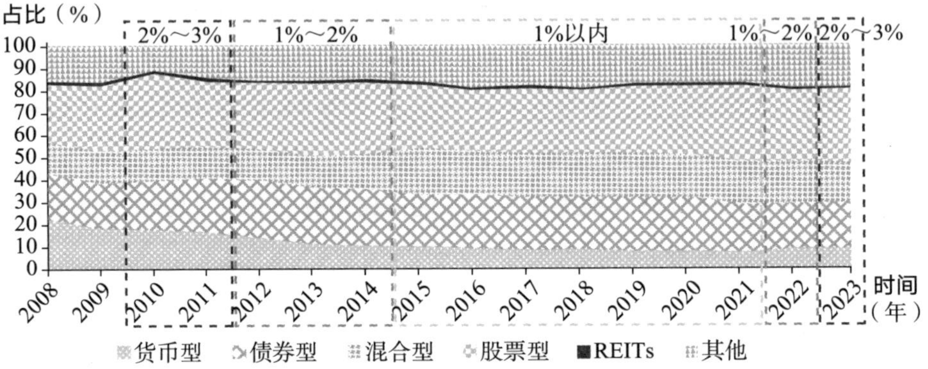

图 1-24　2008—2023 年欧洲基金类型分布变化

资料来源：万得资讯，课题组整理。

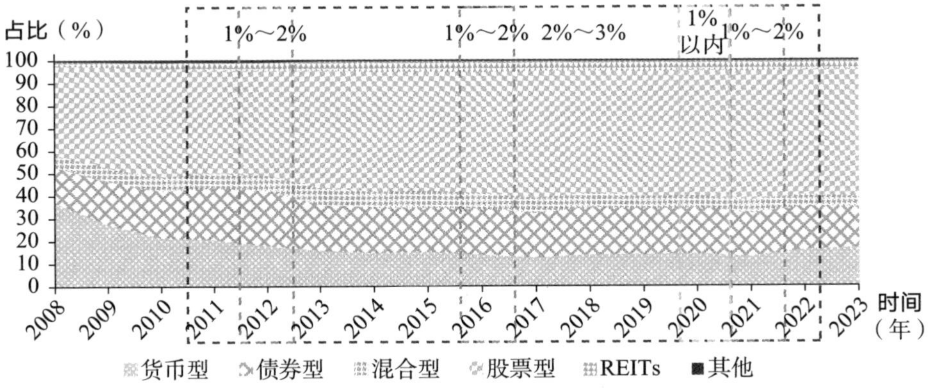

图 1-25　2008—2023 年美国的基金类型分布变化

资料来源：万得资讯，课题组整理。

由于我国经济尚处在向高质量发展行进的过程中，投资者对权益类资产和另类资产的投资需求仍具备一定弹性，所以相关机构要根据资本市场变化，适时丰富可以满足不同风险偏好资金需求的产品类型，开发出各类具有锁定期、服务投资者生命周期的基金产品，有效完善机构的风险收益曲线与产品谱系，为投资者提供更加丰富的资管产品和金融服务类型。

第 2 章

金融监管体制改革对资管行业带来深远影响

2024 年，继党的二十届三中全会提出深化金融体制改革后，中央金融工作会议作为“风向标”，为下个五年的金融改革指明了方向。就资管行业而言，从监管体制改革到各子行业监管细则的出台，整个行业都在自上而下贯彻落实监管精神。在新的监管基调下，资管行业将进一步专注主业、提质增效，形成优质头部机构“做优做强”和中小机构“做精做细”的差异化行业发展格局。与此同时，加强金融监管的方向不变，积极引导资管行业立足机构功能定位，做好防风险与促发展的平衡。监管部门在持续引导相关机构降低融资成本，资管行业应积极应对低利率环境，更好地发挥资金融通作用，助力优质生产力发展。

金融监管体制改革及对资管行业的深远影响

2023 年，金融监管体制改革进入部署之年，金融监管被提升到新的高度，这对资管行业发展产生了深远的影响。

金融监管体制新框架的特征

2023 年下半年，金融监管体制进入中央金融委员会和中央金融工作委员会领导下的“一行一局一会”新阶段。这是自 2018 年原中国银行保险监督管理委员会（以下简称“原银保监会”）合并以来的又一次大调整，呈现出强化功能监管、消除空白盲区、强化队伍建设的特点。

一是强化功能监管。此次改革充分体现了行为监管、功能监管的要求，新设立的司局基本上都是对口监管特定类型业务，对应特定金融机构的情况有所减少。例如，国家金融监督管理总局（以下简称“金监总局”）新设的资管机构监管司统一负责理财公司、信托公司、保险资管等机构的归口管理。这符合全面覆盖、统一规则的要求，实行公平的市场准入和监管要求，可以最大限度消除套利空间。又如，中国证券监督管理委员会（以下简称“证监会”）原来的非上市公司监管部改为了公众公司监管司，并纳入了对北京证券交易所进行监管的职能。

二是消除空白盲区。此次改革充分落实了既管合法又管非法的要求，消除了监管空白和盲区，健全了监管兜底机制，明确了由金监总局牵头打击非法金融活动、保护消费者权益和对金融控股公司进行监管。例如，将此前并入风险处置局的打击非法金融活动局再次独立了出来，旨在把所有金融活动全部纳入监管；新设立了金融机构准入司、机构恢复与处置司，旨在强化对金融机构由“生”到“死”的全程监管；而建立的各类机构的恢复和处置制度，可以妥善应对中小金融机构存在的风险。

三是强化队伍建设。此次改革充分展现了金融监管要“长牙带刺”的要求，此举可以不断提升金融监管的专业性和有效性。例如，金监总局建立了除货币、支付、征信、反洗钱、外汇和证券期货领域之外的金融稽查体系，强化了对重点岗位和关键环节的监督和制约，旨在打造“一支政治过硬、专业精湛、清正廉洁的铁军”。又如，证监会解决了稽查总队的编制问题，这加强了稽查部门的人员力量。

新监管框架对各资管子行业都具有深远影响

新监管框架下，按监管主体划分，资管子行业可分为金监总局监管体系和证监会监管体系两类（见图 2-1、图 2-2）。在强化功能监管、消除空白盲区背景下，对各子行业的监管尺度与监管标准将会逐步拉平，套利空间将不复存在。

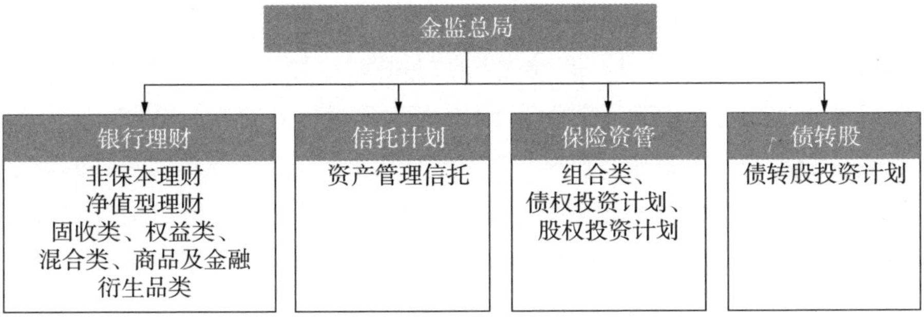

图 2-1　金监总局监管体系下的资管子行业

资料来源：课题组整理。

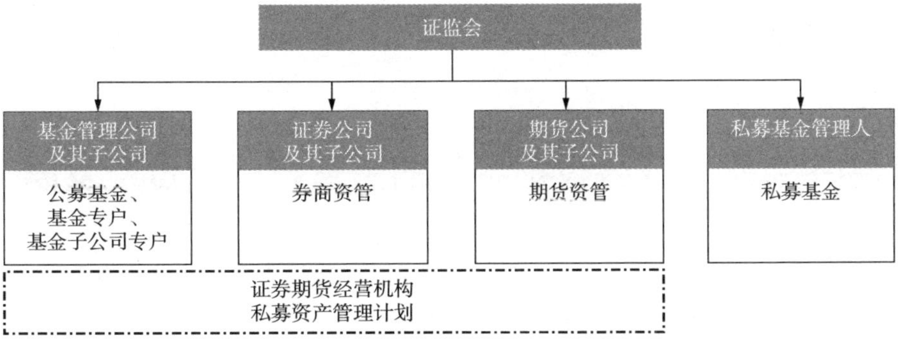

图 2-2　证监会监管体系下的资管子行业

资料来源：课题组整理。

一是“三不管”机构被全面纳入监管。过去，有一小部分监管部门不清晰的资管机构存在粗放式发展情况，此次改革对此进行了明确：统一由金监总局兜底监管。例如，非持牌机构中的地方金融交易所正面临着“关停潮”，这曾是各类非标资管产品的社会募资渠道之一。截至目前，广东、深圳、山东、吉林等多地金融交易所已被关停，关停数量已超总数的 70%，预计年末将会全部关停；同时，山东、江西、广西等多地的监管部门发布了“伪金融交易所”提示，集中开展的清理整顿工作成效显著。

二是引导各类机构规范发展。此次调整后，各类资管机构更需要立足于自身的功能定位、专注主责主业，有效化解存量风险，做好“五篇大文章”。机构端层面，《关于加强监管防范风险推动资本市场高质量发展的若干意见》（以下简称新“国九条”）等资本市场“1+N”政策体系逐步形成，投研能力更强的资管机构将会占得先机，努力向着建设具备国际竞争力与市场引领力的投资银行和投资机构的目标前进。资产端层面，存量资产需要关注与房地产、地方政府债务领域相关的底层资产的进一步盘活运作，进而缓释风险；新增资产需要关注与科技金融、绿色金融等“五篇大文章”相关的新领域，切实引导社会资金流向实体经济。产品端层面，受低利率环境的影响，银行、保险等机构的负债成本不断下行，以公募基金为代表的产品费率也在下降，这会推动 ETF 不断丰富产品类型，让利于普通投资者。

中央金融工作会议指导下的资管行业定位及发展

2023 年 10 月，中央金融工作会议召开，资管行业根据中央金融工作会议的部署进一步明确了其功能定位与发展方向。

金融工作定位与总体要求

目前看来，每次金融工作会议对金融体系的发展都影响深远。资管新规及其相关细则的研究和出台就是 2017 年金融工作会议的重要落实措施，资管行业自此进入了转型期。与 2017 年金融工作会议相比，2023 年金融工作会议在延续金融服务实体经济、完善金融体系建设、强化金融监管等基调的基础上，重点突出了以下方面：一是党对金融工作的全面领导，要求相关主体要深刻把握金融工作的政治性、人民性；二是全面加强金融监管，把防控风险作为金融工作的永恒主题，特别是在房地产、地方政府债务和中小金融机构等领域；三是金融机构应坚守服务实体经济高质量发展主线；四是推进高水平开放，深化金融供给侧结构性改革。对于资管行业来说，以上重点方面均有涉及，可以预见，未来行业将会面临新一轮转型。

资管机构行业格局与功能定位

行业格局上，资管行业积极践行中央金融工作会议要求，进一步优化大、中、小资管机构的行业布局。中央金融工作会议提出，要完善金融机构定位，通过并购重组、组织创新等方式支持国有大型金融机构“做优做强”，培育一流投资银行和投资机构，与此同时，要严格中小金融机构准入标准，立足当地开展特色化经营。资管行业作为金融行业的重要组成部分，在监管要求下，将形成优质头部机构“做优做强”和中小机构“做精做细”的差异化行业发展格局。

功能定位上，资管机构需要回归本源，专注于主业发展。资管机构涉及的子行业较多，要充分结合所在子行业的特点，立足功能定位，专注主业、规范发展。例如，银行理财要切实起到服务实体经济的主力军作用；公募基金要更多地服务资本市场和为实体经济提供投融资；保险资管要充分发挥长线资金优势，当好经济减震器和社会稳定器；信托、券商资管、私募资管等，需要在防风险、强监管的基础上高质量发展。

会议基调下资管行业的三大重点工作

会议指出，下一阶段的重点工作包括金融改革与高水平开放、金融监管与风险化解、金融服务高质量发展这三大方面。对于资管行业来说，要立足自身在现代金融机构和市场体系中的功能定位，在严格落实监管要求和防范化解风险的基础上，持续探索服务新质生产力的路径，畅通居民财富投资渠道，全方位服务高质量发展（见图 2-3）。

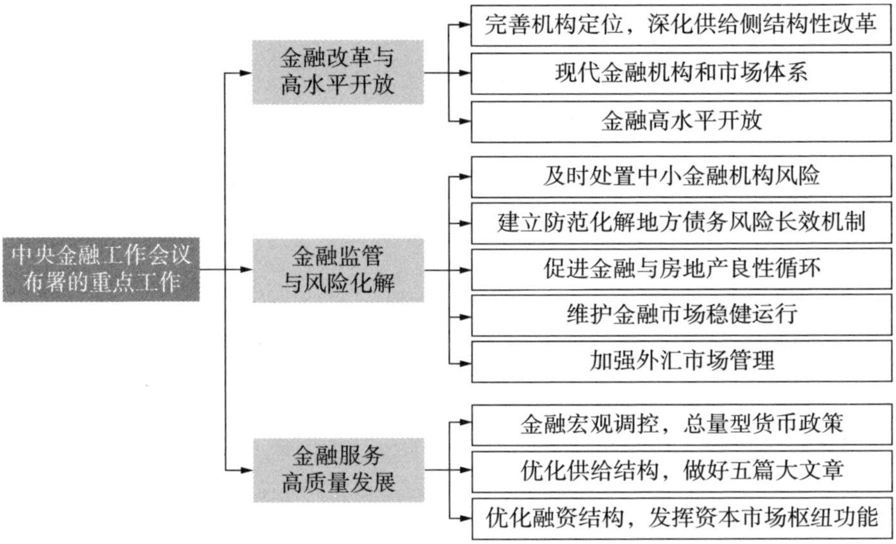

图 2-3　中央金融工作会议重点工作思维导图

资料来源：课题组整理。

践行金融改革与高水平开放

资管行业需要通过改革提质增效，并把握好金融领域制度型开放的机会，实现纵深发展。第一，中央金融工作会议坚持以深化金融供给侧结构性改革为主线，以金融体系结构优化为重点，推动其在规模、结构、区域布局上更加合理，进而更好地适应需求变化。经过 20 年的发展，我国资管行业规模迅速扩大，但其结构布局亟待优化，仍有部分机构在牌照优势下粗放发展，缺乏专业优势。未来，我国资管行业将会通过兼并重组的方式进行格局的洗牌，低效机构和中小机构将面临淘汰，从而使金融资源供需达到一个新平衡。第二，中央金融工作会议坚持统筹金融开放和安全，提升跨境投融资便利化，吸引更多外资金融机构和长期资本来华展业兴业，资管机构在服务跨境资本流通、人民币国际化、推动外资展业等方面仍大有可为；稳步扩大金融领域制度型开放，将为我国培育具备国际竞争力与市场引领力的投资机构提供土壤。

加强监管力度，稳妥处置重点领域底层资产风险

全面加强金融监管，针对资管行业监管的穿透性、全面性和有效性将会进一步提升。过程中，需要做好重点领域底层资产的风险化解工作。第一，加强金融监管是此次会议的重点任务。关于金融监管，2017 年中央金融工作会议的表述为“把主动防范化解系统性金融风险放在更加重要位置”；2023 年中央金融工作会议将其升级为“全面加强金融监管，依法将所有金融活动全部纳入监管，消除监管空白和盲区”。2017 年以来，资管行业就是金融监管的重点对象，结合本轮监管体制改革的落地，下一阶段，监管的有效性将会进一步提升。第二，有效防范化解金融体系风险是永恒主题。防范化解金融风险，特别是在中小金融机构、地方债务和房地产等重点领域，要坚持“稳定大局、统筹协调、分类施策、精准拆弹”的方针，把握好权和责、快和稳、防和灭的关系。资管产品中有较多底层资产涉及重点领域，相关机构要结合当前的内外部形势，稳妥处置存量资产特别是非标资产风险。

适应低利率环境，服务经济高质量发展

资管机构要建立适应低利率环境的投资策略和资产与负债结构，更好地发挥资金融通作用，助力优质生产力发展。第一，会议强调，将推动融资成本持续下降，低利率环境渐行渐近。会议首次提出要“充实货币政策工具箱”，加强货币供应总量和结构双重调节，加大政策实施和工作推进力度，保持流动性合理充裕、融资成本持续下降。总量宽松的货币政策下，广谱利率趋势性下行，资管机构需要调整投资策略和资产与负债结构来适应低利率环境。第二，服务实体经济高质量发展。会议提出，要坚持把金融服务实体经济作为根本宗旨。在打造现代金融机构和市场体系的过程中，资管机构应配合政策发展方向，疏通资金进入实

体经济的渠道，尤其是要做好科技金融、绿色金融、普惠金融、养老金融、数字金融“五篇大文章”。

高质量和低利率市场主线下，资管行业的监管重点

机构端：落实新“国九条”，促进行业高质量发展

2024 年，为促进公募基金行业高质量发展，一系列重磅监管政策相继落地，主要包括：（1）3 月 15 日，证监会发布了《关于加强证券公司和公募基金监管加快推进建设一流投资银行和投资机构的意见（试行）》，提出力争通过 5 年左右时间，推动形成 10 家左右优质头部机构引领行业高质量发展；到 2035 年，形成 2 ～ 3 家具备国际竞争力与市场引领力的投资银行和投资机构；到 21 世纪中叶，形成综合实力和国际影响力全球领先的现代化证券基金行业。（2）4 月 4 日，国务院发布了新“国九条”，指出要加强证券基金机构监管，推动行业回归本源、做优做强，要建成具有高度适应性、竞争力、普惠性的资本市场，使投资者的合法权益得到更加有效的保护。（3）为进一步落实新“国九条”的相关规定，4 月 19 日，证监会发布了《公开募集证券投资基金证券交易费用管理规定》，优化了基金证券交易佣金制度，降低了基金投资者的交易成本。

新“国九条”作为国务院层面第三次出台的资本市场指导性文件，对资管行业积极入市提出了指引，主要包括以下几方面：**（1）大力推动中长期资金入市：**新“国九条”修订了基金管理人分类评价制度，督促树牢理性投资、价值投资、长期投资理念；优化了保险资金权益投资政策环境，已陆续通过《关于优化保险公司偿付能力监管标准的通知》下调了部分保险投资股票的风险因子，将考核经营效益指标的“净资产收益率”由“当年度指标”调整为“3 年周期指标 + 当年度指标”，从而更好地鼓励投资者开展长期权益投资；完善保险资金权益投资监管制度，优化上市保险公司信息披露要求；完善全国社会保障基金、基本养老保

险基金投资政策。提升企业年金、个人养老金投资灵活度。**（2）促进资本市场高质量发展：**鼓励银行理财和信托资金积极参与到资本市场中来，提升权益投资规模；落实并完善上市公司股权激励、中长期资金、私募股权创投基金、不动产投资信托基金等税收政策。**（3）加强交易监管，增强资本市场内在稳定性。**《关于股票程序化交易报告工作有关事项的通知》《证券市场程序化交易管理规定（试行）》等文件的发布，完善了股票市场程序化交易报告制度，规范了各类主体和资金的交易行为，严肃查处了操纵市场恶意做空等违法违规行为。

信托、私募基金沿着 2023 年顶层设计的思路继续完善了监管框架，主要包括以下几方面：（1）信托：行业高质量发展的理念不断深化，继 2023 年 3 月公布的《关于规范信托公司信托业务分类的通知》明确了信托业务的新分类之后，《关于规范信托公司异地部门有关事项的通知》又要求信托公司不得在住所所在地以外设立异地管理总部，《信托公司监管评级与分级分类监管暂行办法》在监管评级中还体现出了新的监管标准和导向，加强了对信托公司的差异化监管。（2）私募基金：一是聚焦风险整治、加快行业出清。加快无展业能力和违规私募出清，集中整治私募基金领域突出的风险隐患，开展专项核查整改；拟对《私募投资基金监督管理暂行办法》进行全面修订、细化与完善，推动出台打击挪用私募基金资金等犯罪行为的司法文件；出台的《私募证券投资基金运作指引》，加强了自律管理。二是进一步畅通“募、投、管、退”循环，支持私募资管产品投资创业投资基金，开展私募股权创投基金实物分配股票试点等。

资产端：有效防范化解风险，服务新质生产力

本轮金融改革的重点旨在协调中央与地方之间、部门与部门之间的监管关系，依法将所有金融活动全部纳入监管，全面强化机构监管、行为监管、功能监管、穿透式监管、持续监管，消除监管空白和盲区。从资产端来看，重点是底层资产的“稳存拓新”，防风险和促发展是未来一段时期内资管机构资产管理的重点工作。

聚焦三大重点领域，做好风险化解工作

客观来看，房地产、地方政府债务、中小金融机构等领域的资产是资管机构重点布局的底层资产，它们之间的关联性依然较高。因此，这三大领域的风险化解相关政策对于资管机构存量资产的盘活、风险化解和新增续作都具备重要意义。

抓住房地产及地方政府债务政策机遇，加快化解相关领域风险。**（1）房地产领域，化解存量和优化增量成为本轮政策调整的重点。**2024 年 4 月召开的中央政治局会议首次提出了“统筹消化存量房产和优化增量住房的政策措施”等全新表述，这是中央结合房地产市场供求关系变化作出的最新部署，具有方向性意义。会后，个人住房贷款新政、中国人民银行 3 000 亿元保障性住房再贷款、政府收储、主流城市取消限购等系列政策纷纷出台，特别是 5 月 17 日召开了保交房专题会议，确保房地产稳定发展的重要性再次上升。资管机构要围绕系列新政，充分运用收储去库存、存量土地使用权转让等政策，加快底层资产处置，打好烂尾风险处置攻坚战。**（2）地方政府债务领域，一揽子化解债务风险系列文件相继出台。**2023 年下半年以来，《关于金融支持融资平台债务风险化解的指导意见》等系列文件相继出台，本轮化解债务风险工作主要围绕 12 个重点省份展开，特殊再融资债券以及各地融资平台债务置换案例正在加速落地，2024 年，仍有不少新增专项债券用于化解债务风险。资管机构要把握本轮化解债务风险的时间窗口期，稳妥进行债务风险处置。

中小金融机构通过改革化解风险，尾部资管机构应借机稳妥地处置不良资产。近年来，有一小部分中小金融机构积累了一些风险，其中，个别机构风险较高。对此，金监总局要求，要全力推进中小金融机构改革化解风险工作，积极谋划“一行一策”化解风险路径，并配套出台了一系列不良资产处置政策，取得了一定的阶段性的成果。那些一小部分存在风险隐患的中小资管机构如高风险信托等，要重点做好化解风险工作，通过兼并重组等方式加快改革步伐。

受房地产等行业下行拖累，信托行业经营承压，业绩分化明显。截至 2024 年 7 月末，已有 53 家信托公司披露了 2024 年上半年未经审计的财务数据，14 家公司延期披露或未做披露，未做披露的公司中不乏中融信托、雪松信托等风险较为突出的机构。后续，资产管理司很有可能会强化高风险资管机构的现场检查、风险分析和监管评价等工作，通过分类施策、兼并重组等方式，对风险相对较高的资管机构实施高强度监管，从而帮助其稳妥地化解风险。

围绕做好“五篇大文章”，引导社会财富服务高质量发展

2023 年 9 月，习近平总书记在黑龙江考察调研时，第一次提出了“新质生产力”。而后，中央金融工作会议首次提出了“建设金融强国”这一目标。具体说来，应以科技金融、绿色金融、普惠金融、养老金融、数字金融“五篇大文章”为抓手，这为资管行业从债权和股权两个层面服务新质生产力指明了方向。

债权方面，应引导银行业和保险业机构服务好“五篇大文章”。2024 年 5 月，金监总局印发了《关于银行业保险业做好金融“五篇大文章”的指导意见》，从总体要求、优化金融产品和服务、发挥银行保险机构职能优势、完善银行保险机构组织管理体系、做好监管支持等方面，明确做好“五篇大文章”的具体要求并匹配了相关监管机制。同时，配套的系列政策明确了科技金融、绿色金融、普惠金融及养老金融等方面可以实施的具体举措，如研发第三支柱养老产品、绿色信贷资产证券化、科技研发支持产品、科技项目研发费用损失保险、小微信贷产品等。

股权方面，不断提升上市公司质量，发挥投融资功能。2024 年 3—4 月，证监会和上海、深圳、北京三地的交易所陆续发布了若干配套性制度文件，共同推动资本市场“1+N”政策体系的逐步形成（见表 2-1）。“1+N”政策体系旨在提高上市公司质量，增强资本市场的内在稳定性，建设具有高度适应性、竞争力和普惠性的资本市场。同时，有效保护投资者特别是中小投资者的合法权益，更好地发挥资本市场投融资功能。

表 2-1　2024 年证监会围绕“1+N”政策体系发布的监管文件

发文时间	文件名称	监管要点
3 月 15 日	《关于严把发行上市准入关从源头上提高上市公司质量的意见（试行）》	全面从严加强对企业发行上市活动监管，压紧压实发行监管全链条各相关方责任
3 月 15 日	《关于加强上市公司监管的意见（试行）》	打击财务造假，严格规范减持，加大分红监管，加强市值管理等
3 月 15 日	《关于加强证券公司和公募基金监管，加快推进建设一流投资银行和投资机构的意见（试行）》	校正行业机构定位、促进功能发挥、提升专业服务能力和监管效能，进一步压实投行“看门人”责任
3 月 15 日	《关于落实政治过硬、能力过硬、作风过硬标准，全面加强证监会系统自身建设的意见》	推动证监会系统全面从严治党，推进党风廉政建设，使反腐败斗争向纵深发展
4 月 12 日	《关于严格执行退市制度的意见》	严格退市标准，加大对“僵尸空壳”和“害群之马”出清力度；拓宽多元退出渠道，加强退市公司的投资者保护
4 月 12 日	《证券市场程序化交易管理规定（试行）（征求意见稿）》	首次提及程序化交易，明确其定义和总体要求，加强高频交易监管，适用内外资一致原则
4 月 30 日	《科创属性评价指引（试行）》（修订版）	对申报科创板企业的研发投入金额、发明专利数以及营业收入增长率设置更高标准
4 月 30 日	《中国证监会随机抽查事项清单》（修订版）	扩大对在审企业及相关中介机构现场检查覆盖面等要求；提高问题导向现场检查和交易所现场督导的比例
5 月 24 日	《上市公司股东减持股份管理暂行办法》	提高文件的法律地位，以证监会规章形式发布。严格规范大股东减持、有效防范绕道减持、细化违规责任条款，在强化关键主体义务等方面做了针对性完善
5 月 24 日	《上市公司董事、监事和高级管理人员所持本公司股份及其变动管理规则》修订版	吸收整合原减持规定中有关规范董事、监事和高级管理人员减持股份的要求，防范绕道减持
5 月 10 日	《关于加强上市证券公司监管的规定》（修订版）	发挥上市证券公司推动行业高质量发展的引领示范作用，督促聚焦服务实体经济和居民财富管理等主责主业

资料来源：课题组整理。

“1+N”政策将上市公司全链条监管作为重中之重，覆盖发行、分红、减持、退市全流程。

发行端：压实各方责任，提高公开募股发行（IPO）财务指标和科创属性，强化现场督查。压实发行人及“关键少数”责任，重视信息披露质量；强化中介机构对资金流水、客户、供应商等方面的核查义务；提高在沪深交易所上市的企业的财务指标，强调科创属性；拓展现场督导适用范围，将首发企业随机抽取检查的比例由 5% 大幅提升至 20%，提高问题导向现场检查和交易所现场督导的整体比例至不低于 1/3。

持续监管：强化分红监管，全面规范减持规则。多年不分红或者分红比例偏低的公司将被特别处理（Special Treatment，ST）；鼓励分红回购；严查严防拟上市企业突击“清仓式”分红；严格规范重要主体的股份减持行为；将破发与重要股东的减持正式挂钩；防范绕道减持，禁止限售股转融通出借、限售股股东融券卖出；细化违规责任条款，对控股股东、实际控制人违规减持从自身和上市公司层面予以限制。

退市端：原则是“应退尽退”，畅通重组等多元退市渠道。拓宽重大违法强制退市适用范围，调低“造假金额 + 造假比例”的退市标准；新增控股股东大额资金占用且不整改、考虑内控审计意见、控制权无序争夺三种规范类退市情形；收紧财务类退市指标，主板组合类财务退市指标中的营业收入标准调整为“低于 3 亿元”；加大重组上市监管力度，削减“壳资源”价值；完善小额快速审核机制，提升并购重组质效；完善吸收合并等政策规定，鼓励引导头部公司立足主业，加大对产业链整合力度。这将有利于上市公司的质量提升，促进资管行业发挥资金融通功能，增强社会财富对实体经济特别是新质生产力的支持力度，有利于促进经济高质量发展。

产品端：降低成本，积极应对低利率环境下的挑战

当前，我国利率水平快速下降，但由于负债成本具备刚性特征，所以各类机构的资产端收益率下行速度快于负债端成本下降速度，导致银行的净息差压力、

保险的利差损压力、资管产品的业绩兑现压力明显增加。监管部门通过引导银行、保险等机构降低负债成本，打破银行理财刚兑，下调公募基金费率，鼓励发展低费率的 ETF 等措施来积极应对低利率环境（见表 2-2）。

表 2-2 2023 年 1 月—2024 年 8 月资管行业发布的相关监管文件

发布时间	发布主体	文件名称	主要内容
2023 年 1 月	证监会	《证券期货经营机构私募资产管理业务管理办法》及其配套规则	一是规定证监会基于审慎监管原则对经营机构私募资管业务实施差异化监管。二是放管结合，促进私募股权资管业务充分发挥服务实体经济功能。三是适当提升产品投资运作灵活度，更好满足市场需求
2023 年 2 月	证监会、中国人民银行	《重要货币市场基金监管暂行规定》	从风险管理、人员及系统配置、投资比例、交易行为、规模控制、申赎管理等多方面对重要货币市场基金的基金管理人提出了更为严格审慎的要求
2023 年 2 月	中国证券投资基金业协会	《私募投资基金登记备案办法》及三份配套指引	涉及私募管理人登记、私募基金备案、信息报送等要求，完善私募基金登记备案规则体系，优化私募基金登记备案和自律管理工作，引导私募行业高质量发展
2023 年 2 月	中国证券投资基金业协会	《不动产私募投资基金试点备案指引（试行）》	规范私募投资基金从事不动产投资业务，更好地支持盘活不动产，促进不动产市场平稳健康发展
2023 年 3 月	证监会、证券交易所	《保险资产管理公司开展资产证券化业务指引》	明确了保险资管公司申请开展 ABS 及 REITs 业务的制度机制安排，扩展企业 ABS 管理人范围
2023 年 3 月	原银保监会	《关于规范信托公司信托业务分类有关事项的通知》	将信托业务分为资产服务信托、资产管理信托、公益 / 慈善信托三大类 25 个业务品种，要求信托公司完善内部管理机制，做好业务分类工作，保证有序整改，设置 3 年过渡期
2023 年 3 月	证监会	《关于进一步推进基础设施领域不动产投资信托基金（REITs）常态化发行相关工作的通知》	共提出 4 方面 12 条措施，进一步推进 REITs 常态化发行工作
2023 年 3 月	原银保监会	《关于规范信托公司异地部门有关事项的通知》	信托公司不得在住所所在地以外设立异地管理总部
2023 年 7 月	国务院	《私募投资基金监督管理条例》	私募基金的首部行政法规，成为私募基金监管的纲领性文件

续表

发布时间	发布主体	文件名称	主要内容
2023 年 7 月	证监会	《公募基金行业费率改革工作方案》	分三个阶段稳步推进。在第一阶段，主动权益类基金的管理费率、托管费率将统一降至不超过 1.2%、0.2%；在第二阶段，主要是降低公募基金证券交易佣金费率，完善公募基金行业费率披露机制等；在第三阶段，主要是规范公募基金销售环节收费
2023 年 9 月	金监总局	《关于优化保险公司偿付能力监管标准的通知》	差异化调节最低资本要求，引导保险公司回归保障本源、支持资本市场平稳健康发展、支持科技创新
2023 年 9 月	金监总局、中国人民银行等	《优化粤港澳大湾区“跨境理财通”业务试点，进步推进大湾区金融市场互联互通》	一是优化投资者准入条件，支持更多大湾区居民参与试点；二是扩大参与机构范围，新增符合要求的证券公司作为参与主体，为“南向通”“北向通”个人客户提供投资产品及相关服务；三是扩大“南向通”“北向通”合格投资产品范围，更好满足大湾区居民多样化投资需求；四是适当提高个人投资者额度；五是进一步优化宣传销售安排，引导金融机构为大湾区居民提供优质金融服务
2023 年 10 月	证监会	《关于修改〈公开募集基础设施证券投资基金指引（试行）〉第五十条的决定》	将公募 REITs 试点资产类型拓展至消费基础设施，自发布之日起施行
2023 年 10 月	财政部	《关于引导保险资金长期稳健投资、加强国有商业保险公司长周期考核的通知》	将《商业保险公司绩效评价办法》中经营效益指标的“净资产收益率”由“当年度指标”调整为“3 年周期指标 + 当年度指标”相结合的考核方式
2023 年 11 月	金监总局	《信托公司监管评级与分级分类监管暂行办法》	共六章三十五条，包括总则、监管评级要素与评级方法、监管评级组织实施、系统性影响评估、分类监管和附则，从总体上对信托公司分级分类监管工作进行了规范
2023 年 11 月	金监总局	《商业银行资本管理办法》	首次明确了商业银行投资资管产品的资本计量标准，引导银行落实穿透管理要求，修订后的《资本办法》拟定于 2024 年 1 月 1 日起正式实施
2023 年 12 月	证监会	《私募投资基金监督管理办法（征求意见稿）》	为全面落实《私募投资基金监督管理条例》的要求，需要对 2014 年 8 月发布的《私募投资基金监督管理暂行办法》进行细化、修订和完善，推动私募基金行业高质量发展
2024 年 2 月	华南某省金监局	《关于保险资管公司存款填报口径的工作提示》	保险资管产品发行理财产品等募集的资金应计入“同业存款”科目，不得计入“一般性存款”

续表

发布时间	发布主体	文件名称	主要内容
2024 年 3 月	证监会	《关于加强证券公司和公募基金监管加快推进建设一流投资银行和投资机构的意见（试行）》	力争通过 5 年左右时间，推动形成 10 家左右优质头部机构，引领行业高质量发展。到 2035 年，形成 2 ～ 3 家具备国际竞争力与市场引领力的投资银行和投资机构；到 21 世纪中叶，形成综合实力和国际影响力全球领先的现代化证券基金行业
2024 年 4 月	国务院	《关于加强监管防范风险推动资本市场高质量发展的若干意见》	加强证券基金机构监管，推动行业回归本源、做优做强；大力推动中长期资金入市，持续壮大长期投资力量；推动债券和不动产投资信托基金市场高质量发展
2024 年 4 月	市场利率定价自律机制	《关于禁止通过手工补息高息揽储、维护存款市场竞争秩序的倡议》	银行不得以任何形式向客户承诺或支付突破存款利率授权上限的补息。此前违规作出的补息承诺，在付息日一律不得支付
2024 年 4 月	证监会	《公开募集证券投资基金证券交易费用管理规定》	一是调降基金股票交易佣金费率；二是降低基金管理人证券交易佣金分配比例上限；三是全面强化基金管理人、证券公司相关合规内控要求；四是明确基金管理人层面交易佣金信息披露内容和要求。行业机构于 2024 年 7 月 6 日前完成首次股票交易佣金费率调整
2024 年 4 月	中国证券投资基金业协会	《私募证券投资基金运作指引》	共 42 条，内容覆盖私募证券基金的募集、投资、运作等各环节，突出问题导向、风险导向，科学设置差异化规范要求。加强私募证券投资基金自律管理，规范私募证券基金业务
2024 年 6 月	上海金融监管局	《关于进一步加强信托公司与理财公司合作业务合规管理的通知》	要求信托公司对配合理财公司使用平滑机制调节产品收益，配合理财公司在不同理财产品间交易风险资产，为现金管理类理财违规投资低评级债券、违规嵌套投资存款提供通道，配合理财产品不当使用估值方法四类问题进行排查，要求信托公司认真制订整改计划，扎实推进整改
2024 年 8 月	金监总局	《关于健全人身保险产品定价机制的通知》	建立预定利率与市场利率挂钩及动态调整机制

资料来源：课题组整理。

银行理财方面，防止监管套利的举措使业务模式面临整改，主要包括以下几方面：**（1）银行净息差压力较大，存单利率不断下调。**自 2020 年压降结构性存款、2021 年整治互联网存款和现金管理类理财产品以来，2023 年又约束了协议存款等较高利率产品，2024 年发布的《关于禁止通过手工补息高息揽储维护存款市场竞争秩序的倡议》进一步叫停了“手工补息”操作，监管部门通过不断下调高息存款利率的方式，来缓解银行的息差压力。由于与资管产品的收益差距逐渐变大，这催生出了居民“存款搬家”的现象，不少资金流向以银行理财为代表的低风险偏好产品。**（2）银行理财存在着违规提高收益的问题，平滑估值的业务模式亟待整改。**2024 年以来，银行理财借道保险资管配置高息的一般性存款、利用信托产品的平滑机制调节产品收益等违规业务模式已受到监管部门的关注，对于部分地区未设立理财子公司的银行，监管部门要求其在 2026 年末前将存量理财业务规模压降至合理位置。

保险产品方面，建立预定利率与市场利率挂钩及动态调整机制，缓解利差损风险。低利率环境下，按照监管部门要求，保险产品不断下调预定利率上限。2023 年 8 月，保险行业下架了复利为 3.5% 的增额终身寿险，传统寿险的预定利率不得高于 3%，分红险的预定利率不得高于 2.5%，万能险的最低保证利率上限为 2%。2024 年 7 月，监管部门召开了一次闭门会议，商讨继续下调预定利率事宜。其中，传统寿险的预定利率降至 2.5%，分红险的预定利率不得高于 2%，万能险的最低保证利率不能高于 1.75%。2024 年 8 月，监管部门发布了《关于健全人身保险产品定价机制的通知》，建立了预定利率与市场利率挂钩及动态调整机制，强化资产负债统筹联动，可有效缓解利差损风险。

公募基金发展了低费率、高分红等“让利型”产品，具体包括：**（1）发展低费率产品。**2024 年 7 月 1 日前，公募基金完成了首次股票交易佣金费率调整，未来会稳步降低公募基金行业综合费率。新“国九条”提到要建立 ETF 快速审批通道，推动指数化投资发展。**（2）推动公募 REITs 等高分红形式产品的发展。**继 2023 年 3 月监管部门发文推进 REITs 常态化发行以及保险资管可申请开展 REITs 业务之后，2023 年 10 月，监管部门进一步将公募 REITs 试点资产类型拓展至消费基础设施。2024 年 4 月，新“国九条”提及要研究制定 REITs 管理条例，推动 REITs 市场高质量发展。

第 3 章

低利率环境下个人投资者选择偏好与资管产品创新

在过去的一段时间，个人投资者资产管理主要面临两大环境变化：一方面，利率持续走低，带动资管产品收益率持续下行。据普益标准统计，在债券收益率持续下行的带动下，2024 年，全市场存续开放式固收类产品（不含现金管理）的年化收益率首次跌破 3.00%。另一方面，资管产品从保本保息的预期收益型产品向非保本浮动收益的净值型产品全面转型，产品净值变化加剧，“破净”现象频发。因此，在低利率与高波动双重背景下，个人投资者对于收益的预期有所下降，对于资管产品稳健和安全的需求增加。

从 2023 年开始，各家资管机构持续加大“稳健”理财产品的创设和布局，通过严选优质资产、配置多元资产等方式，强化风险管理，为个人投资者提供长期稳健的回报。

理财产品方面，普益标准的数据显示，截至 2024 年第一季度末，全市场共存续理财产品 38 043 款，环比增加了 502 款。从投资性质来看，固收类产品环比增加了 668 款，成为理财规模增长的重要增量。当前存续规模排名前十的机构中，共有 9 家机构旗下低风险（PR1）与中低风险（PR2）产品规模总和占比在 90% 以上。基金方面，中国证券投资基金业协会的数据显示，2024 年第一季度，公募基金规模增长了 1.6 万亿元，其中“股票 + 混合”基金的规模小幅下降，债券基金和货币基金贡献明显。

课题组以问卷调查的形式，也发现了类似的现象。问卷显示，2023 年，有 42% 的个人投资者在稳健类产品上的投资占比与过去持平，有 50% 的个人投资者轻微或者大幅增加了在稳健类产品上的投资，在这些个人投资者中，存款产品、货币基金及现金理财产品、保险产品以及中低风险净值型理财产品的持有占比分别为 87%、63%、52%、38%，这一数据体现出了较强的避险情绪。

可见，在当前低利率、净值化环境下，稳健类产品受到个人投资者的广泛青睐，同时也成为资管机构创新的方向。基于此，本文在充分考虑当前经济形势和资管市场实际情况的基础上，通过分析个人投资者的行为选择来阐释该现象背后的原因，并结合海外低利率环境下个人投资者的选择和资管产品收益情况，为资管机构后续产品创新提供参考。

低利率叠加净值化，个人投资者青睐稳健类产品

2022 年末，理财产品发生"赎回潮"之后，资管产品回归净值化的趋势又进了一步，这使得风险偏好较低的个人投资者对于储蓄存款的热情持续"高涨"。如图 3-1 所示，从中国人民银行在全国范围内开展的城镇储户问卷调查结果看，自 2014 年起，选择"更多储蓄"的居民占比显著提高，而选择"更多投资"的居民占比显著降低。尤其是在 2020 年后，这一变化趋势更加明显。2024 年第一季度最新的调查结果显示，选择"更多储蓄"的居民占比为 61.8%，处于历史最高水平，而选择"更多投资"的居民占比仅为 14.9%，处于历史最低水平。这一方面反映了在当前经济弱修复的环境下，居民对未来的收入预期更加保守，相较于投资和消费，更倾向于储蓄；另一方面也反映出，在资管产品逐渐回归净值化的过程中，投资者对于资产安全性的要求进一步提升。

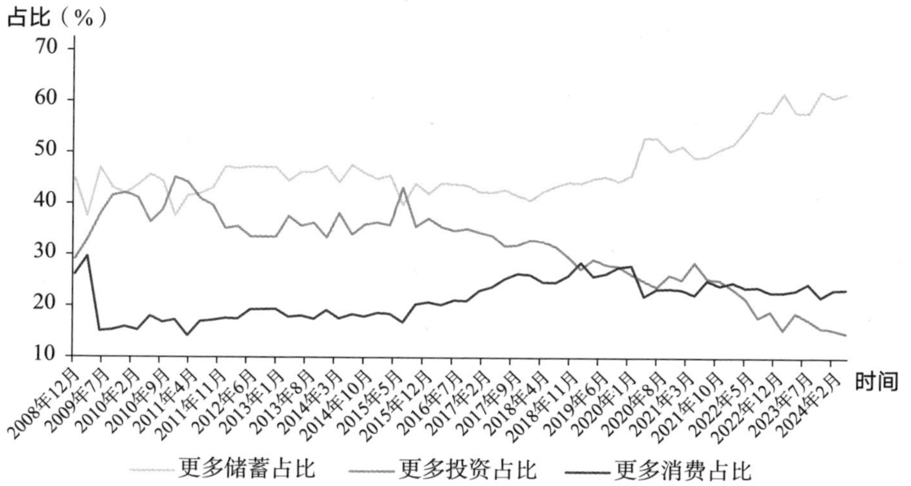

图 3-1　中国人民银行对中国城镇居民储户问卷调查结果

资料来源：万得资讯，课题组整理。

除储蓄存款外，资管产品的市场数据也反映出个人投资者对稳健类产品的青睐。银行理财产品方面（见表 3-1），截至 2024 年 7 月，全市场共存续理财产品 42 008 只，低风险和中低风险产品合计占比为 81.96%，高于 2023 年末的 80.75% 和 2022 年末的 77.07%；市场存续理财产品规模为 18.87 万亿元，低风险和中低风险产品合计占比为 94.58%，高于 2023 年末的 93.44% 和 2022 年末的 87.58%。

表 3-1　2022—2024 年 7 月银行理财产品存续情况

时间	全部		低风险产品		中低风险产品		中等风险产品		中高风险产品	
	数量（只）	规模（亿元）	数量（只）	规模（亿元）	数量（只）	规模（亿元）	数量（只）	规模（亿元）	数量（只）	规模（亿元）
2024 年 7 月	42 008	188 747.95	2 525	57 148.81	31 905	121 377.49	5 940	10 024.96	860	100.25
2023 年	40 967	205 559.36	1 947	67 649.22	31 134	124 415.81	6 494	13 286.08	722	116.97
2022 年	34 681	213 059.73	890	55 505.95	25 839	131 092.00	6 859	26 038.43	655	168.37

资料来源：万得资讯，课题组整理。

公募基金方面，自 2014 年起，债券基金和货币市场基金份额占比首次超过股票基金和混合型基金占比。此后，债券基金和货币市场基金份额占比开始显著增加，截至 2024 年 7 月，二者份额之和占比为 76.83%，而股票基金与混合型基金份额之和占比仅为 20.53%（见图 3-2）。

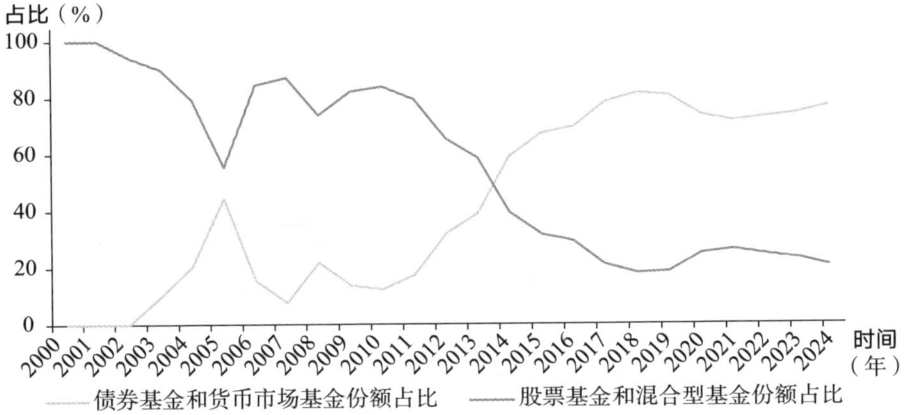

图 3-2　2000—2024 年各类公募基金份额占比

资料来源：万得资讯，课题组整理。

个人投资者青睐稳健类产品的主观原因

受投资行为及预期影响，风险偏好分化加大

对比 2022 年与 2023 年个人投资者问卷数据可以发现，个人投资者的风险偏好开始出现分化，低风险偏好的投资者变得更加保守。从个人投资者投资的权益类资产占比变化可以看到，持仓占比在 15% 以下的个人投资者比例明显上升，持仓占比在 15% ～ 35% 的个人投资者明显减少，持仓占比在 35% 及以上的个人投资者变化不大，这与个人投资者的风险偏好分布较为类似。进一步深入分析发现，权益类资产持仓占比在 0 ～ 35% 的个人投资者中，低风险偏好的投

资者[①]占比超过了 60%；而在权益类资产持仓占比为 35% 以上的个人投资者中，低风险偏好的投资者的比例仅为 30%，这说明，高风险偏好的投资者在风险资产的投资上，没有出现较为明显的预期变化，但是低风险偏好的投资者的投资偏好变得更加保守了（见图 3-3）。

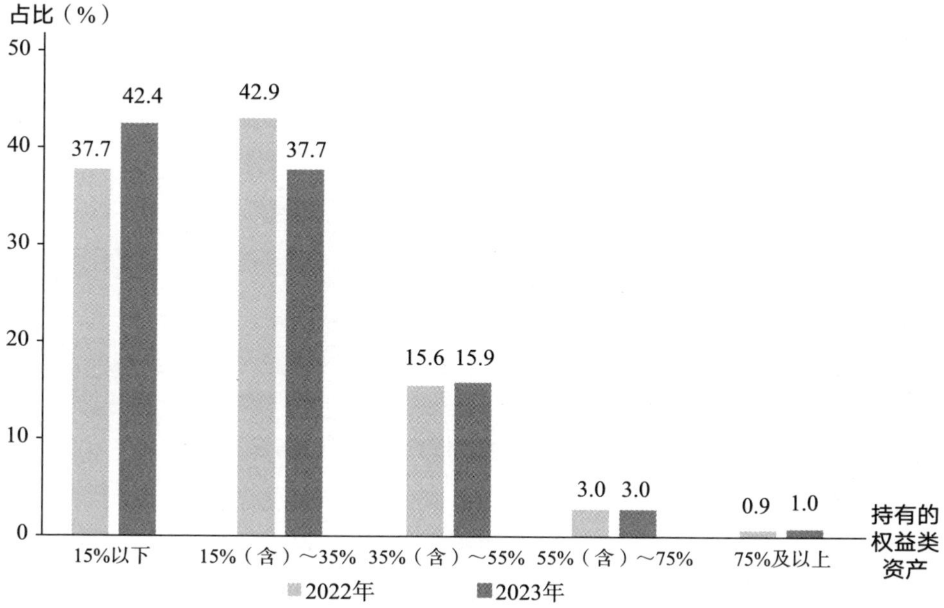

图 3-3　2022—2023 年个人投资者持有的权益类资产占比变化

资料来源：课题组问卷调查。

银行业理财登记托管中心发布的《中国银行业理财市场年度报告（2023 年）》显示，风险偏好为一级（保守型）、四级（成长型）和五级（进取型）的个人投资者数量占比较年初均有所增长，分别增长了 2.02%、0.14% 和 0.46%。该结论在本次问卷调查的另外一组数据中也可以得到验证：在 2023 年风险偏好变得

① 即在风险偏好上，那些选择“保守投资，不希望本金损失，愿意承担一定幅度的收益波动”和“厌恶风险，不希望本金损失，希望获得稳定回报”的投资者。

更为保守的个人投资者中，低风险偏好的投资者占比高达 74%，而在风险偏好基本持平或更加激进的个人投资者中，低风险偏好的投资者占比仅为 40%（见图 3-4）。这说明个人投资者的风险偏好分化现象在 2023 年尤为明显。

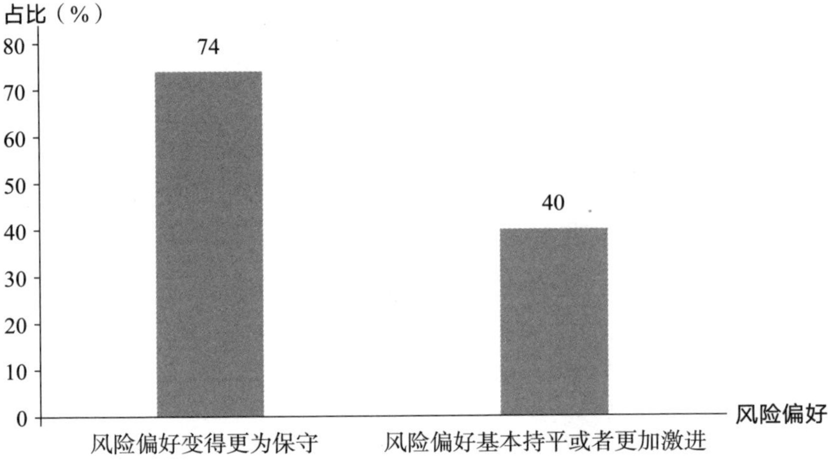

图 3-4　2023 年风险偏好不同变化下的低风险偏好投资者占比

资料来源：课题组问卷调查。

为什么个人投资者的风险偏好出现了分化加剧的现象？对比风险偏好更为保守以及风险偏好持平或更为激进的投资者数据可以发现，一方面，风险偏好更为保守的个人投资者在投资行为上，更倾向于增加操作频次，单只股票或基金的持有时间较短（见图 3-5）。这种非理性行为导致了投资收益不及预期。另一方面，风险偏好更为保守的个人投资者在收入预期上也更为悲观（见图 3-6）。有 21% 的受访者认为未来一年收入会下降，而在风险偏好持平或更为激进的投资者中，该比例只有 12%。因此，投资行为的不理性以及收入预期的下降导致了风险偏好的分化加剧。但与此同时，问卷调查也观察到，虽然存在风险偏好分化加剧的情况，但是对于稳健类产品的投资并没有出现分化，无论是风险偏好变得更为保守的个人投资者还是风险偏好基本持平或更为激进的个人投资者，均出现了较多的投资者增加稳健类产品投资的情况。

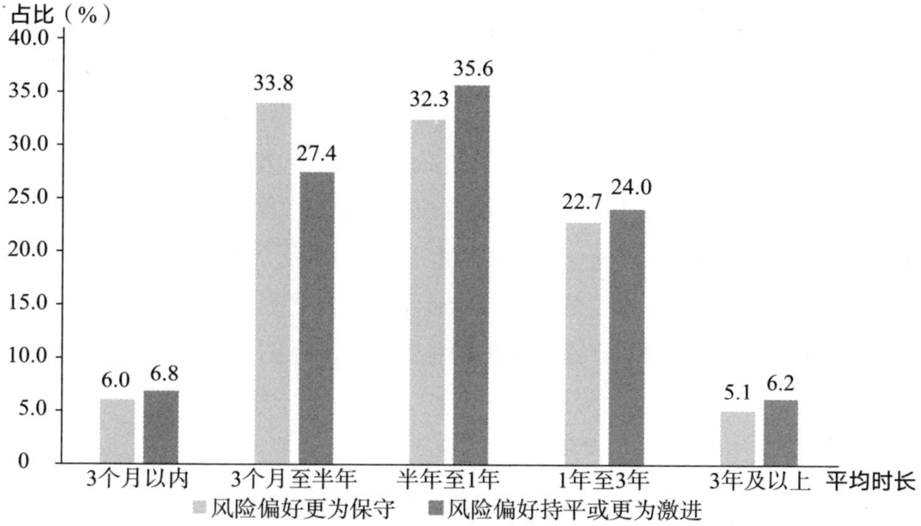

图 3-5　不同类型的个人投资者持有单只股票或基金的平均时长

资料来源：课题组问卷调查。

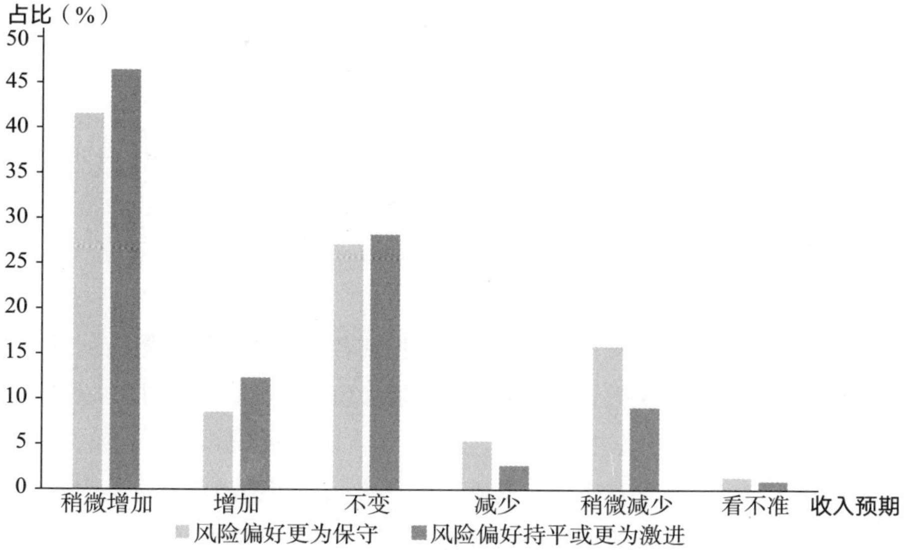

图 3-6　不同类型的个人投资者对于未来一年收入的预期

资料来源：课题组问卷调查。

个人投资者选择稳健类产品是主动作为而非被动调整

导致个人投资者增加稳健类产品投资原因众多。以占比最高的理财投资为例，分析问卷可以发现，在增加稳健类产品投资的个人投资者中，“自身风险承受能力减弱”以及“利率下行趋势下锁定长期收益率”是影响较大的两个因素，而“其他产品过去亏损太严重了”以及“想选其他产品，但不知道怎么选”这两个体现出个人投资者被动接受的因素影响较小，这说明个人投资者选择投资稳健类产品更多地是出于自身资产配置调整的主观原因（见图 3-7）。

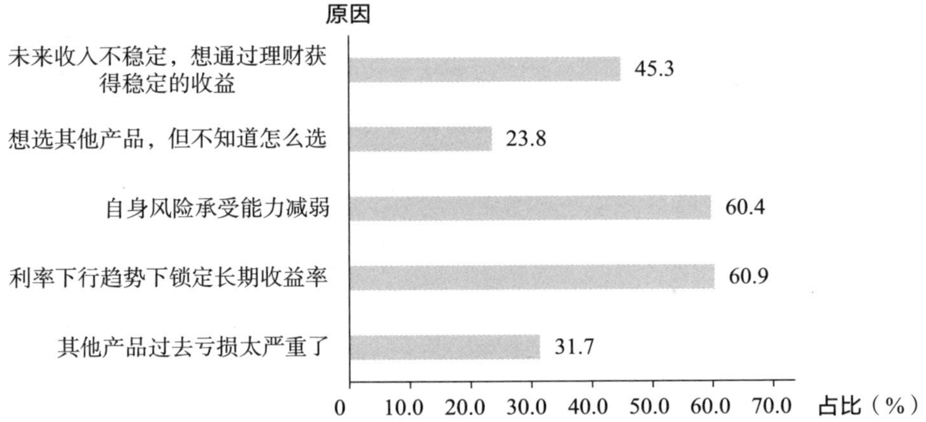

图 3-7　个人投资者选择稳健类产品的原因

资料来源：课题组问卷调查。

从另外一个角度看，对比全部银行理财投资者以及增加稳健类产品投资的个人银行理财投资者的相关数据后我们发现，增加稳健类产品投资的个人银行理财投资者平均投资年限相对较长，“没有经验”的占比明显下降，“有经验，但少于 2 年”投资年限的占比略微下降。这在一定程度上说明：随着投资年限的增加，个人投资者对于自身的风险偏好以及资管产品有了更为清晰的认知。因此，他们会根据自身需要，逐步增加对稳健类产品的投资（见图 3-8）。

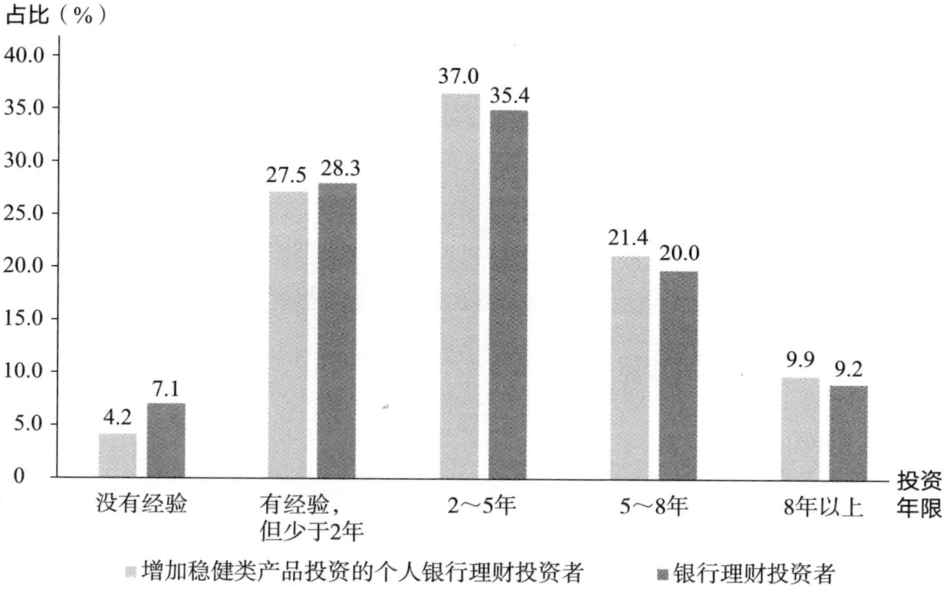

图 3-8　银行理财投资者投资年限分布

资料来源：课题组问卷调查。

投资者盈利情况显著改善，满意度大幅提升

从结果上来看，个人投资者的这种调整为其带来了较为可观的收益。问卷数据显示，2022 年，购买银行理财产品获得正收益的个人投资者占比为 71.3%，而 2023 年，在增加稳健类产品投资的个人投资者中，获得正收益的比例高达 77.5%。如果个人投资者在 2023 年减少了稳健类产品投资，获得正收益的比例仅为 52.7%，因此，对于个人投资者而言，增加稳健类产品投资较好地改善了盈利体验（见图 3-9）。

从个人投资者的满意度来看，增加稳健类产品投资的个人投资者均要明显优于减少稳健类产品投资的个人投资者。当然，这也与近两年债券等固收类资产持续上涨，权益市场表现偏弱的市场环境有较大关系（见图 3-10）。

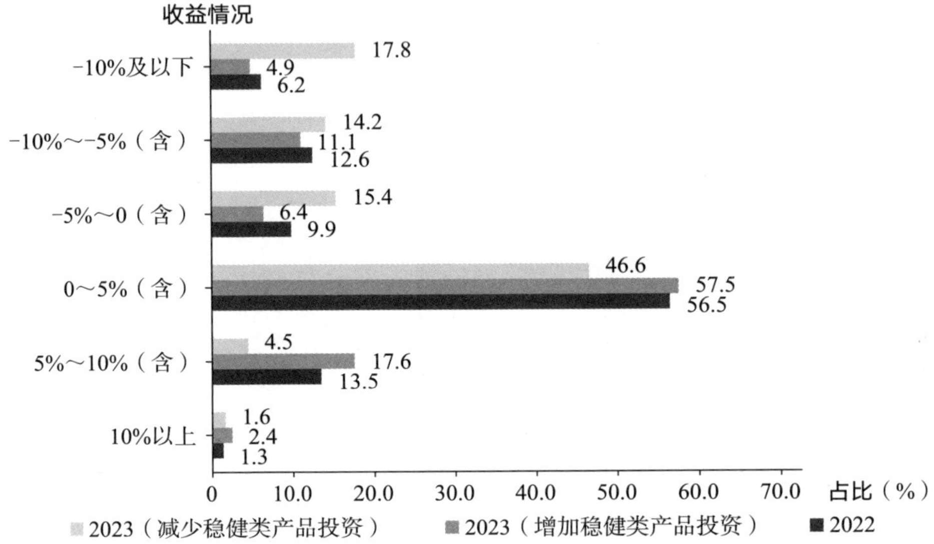

图 3-9　个人投资者的银行理财收益分布

资料来源：课题组问卷调查。

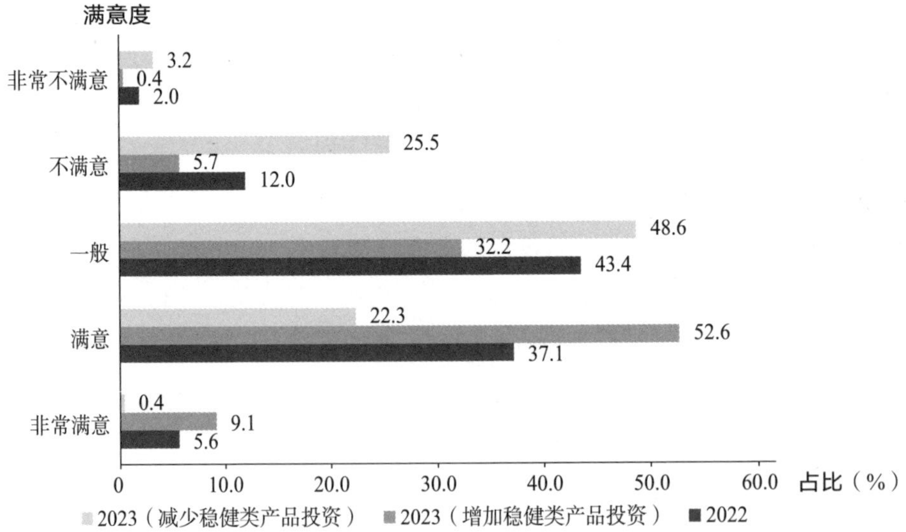

图 3-10　个人投资者对银行理财收益满意度情况

资料来源：课题组问卷调查。

从个人投资者对于未来的投资预期来看，增加稳健类产品投资的投资者更为乐观，他们中很少有人会在未来减少或维持在银行理财产品上的投资金额，这说明，稳健类产品的出现符合个人投资者的偏好，在一定程度上解决了过去存在的个人投资者预期与资管产品收益不匹配的情况，有效地提升了收益体验，并促进了投资热情。因此，资管机构可以进一步围绕稳健类产品加大后续的创新和供应，持续满足个人投资者的投资需求（见图 3-11）。

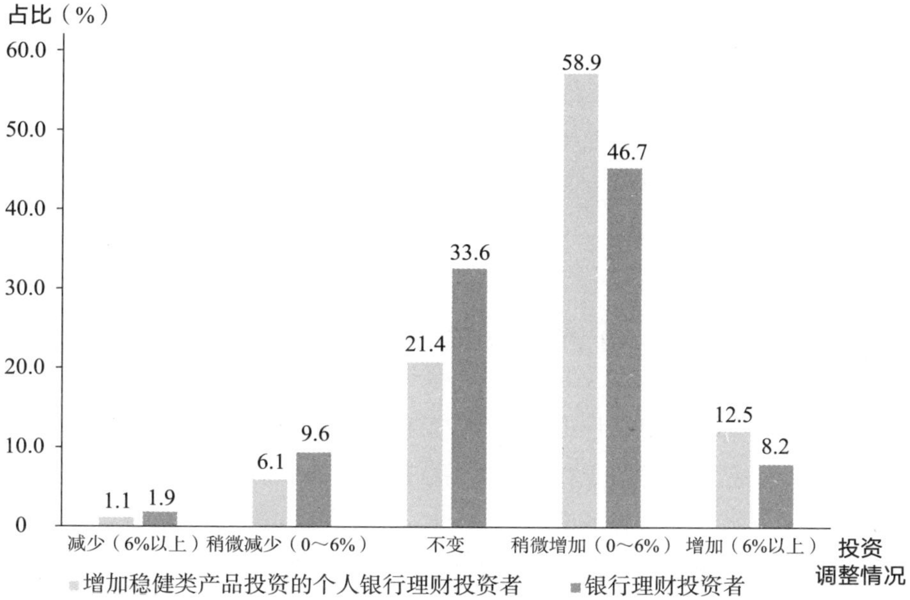

图 3-11　银行理财投资者对于未来的投资调整预期

资料来源：课题组问卷调查。

从本次问卷调查中可以发现，国内个人投资者对于后续的产品预期更多还是在“落袋为安”的功能上，60% 及以上的个人投资者希望能有一定的止盈和定期返还功能，可以在适当的时间增加权益类资产配置，以此来增厚收益。目前来看，个人投资者对于海外资产配置的需求较低（见图 3-12）。

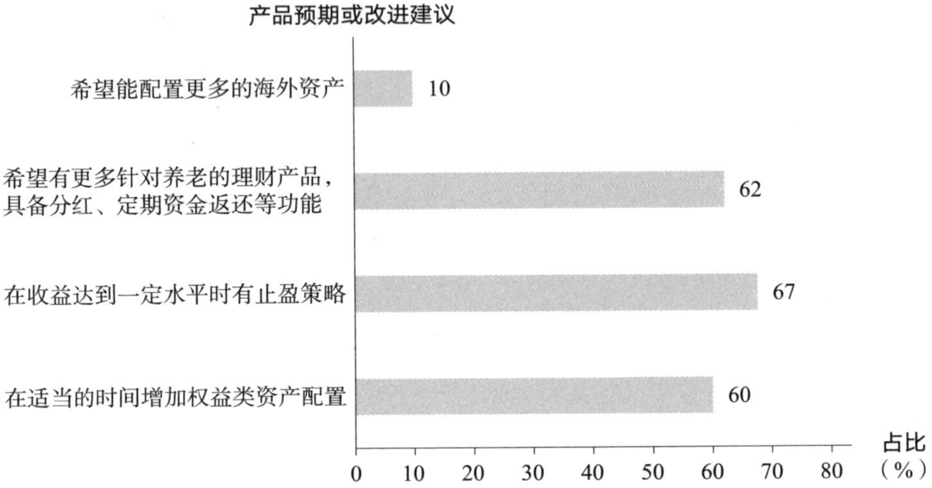

图 3-12　个人投资者对于稳健类产品的改进建议

资料来源：课题组问卷调查。

海外低利率环境下，个人投资者产品配置与资管机构产品创新

观察海外各国在低利率环境下资产收益情况和家庭居民资产配置的选择，我们会发现不同的特征和趋势。在面对市场选择时，这些经验对于当前我国的个人投资者而言，无疑具有宝贵的借鉴意义。接下来，我们将对日本、欧洲及美国等主要发达经济体的低利率环境及其影响下的资产表现与居民资产配置选择进行一番简要的梳理与分析（见表 3-2）。

表 3-2　低利率时代下主要发达经济体的大类资产年化收益率情况

单位：%

经济体	债券	股票	黄金	汇率	存款
日本	1.80	-1.60	—	0.90	0.30
欧洲	0.90	10.40	—	-1.30	1.70
美国	5.57	8.61	7.26	2.75	0.41

资料来源：万得资讯、彭博、华创证券、海通证券。

日本：债牛股疲，居民现金类资产配置攀升

日本的低利率时代自 20 世纪 90 年代持续至 2020 年。1991 年 7 月—1998 年 9 月，日本连续 9 次下调了政策利率，期间，日本 10 年期国债收益率从 8% 下降至 2%。1999 年，日本银行又将无抵押银行间隔夜拆借利率降至 0，“零利率”时代开启。1999—2016 年，日本 10 年期国债收益率从 2% 逐渐下降至 0。2016 年，日本又宣布实施负利率政策，直至 2020 年，利率中枢始终在“零”上下波动。

日本的低利率时代历经了 30 年，以 1990 年为起点，到 2019 年，其金融资产的整体综合表现为：债券优于汇率，汇率优于存款，存款优于股票。债券、汇率、存款、股票四类资产整体的年化收益率分别是 1.8%、0.9%、0.3% 和 -1.6%。分阶段看，在利率快速下行初期（1991—1998 年）以及零利率期间，债券收益表现都是最优的，尤其是快速下行初期，综合债券指数年化涨幅接近 5%；日元汇率虽然呈现较大波动，日元兑美元年化涨幅低于债券，但也实现了正增长；由于受经济衰退压力影响较大，股票在这两个时期的表现都不佳，尤其是利率快速下行初期，股票指数的年化收益率为 -11%。而在负利率期间，债券年化收益率稳定在 1.4% 左右，日元兑美元年化收益率为 2.6%，而受经济持续温和回升影响，日经指数触底反弹，股票指数的年化收益率涨至 5.6%。

从家庭或居民资产配置情况看，日本在低利率时代主要呈现出三个特征：一是金融资产配置提升。20 世纪 90 年代初，居民金融资产配置占比为 44%；而 2020 年，金融资产配置占比超过了 60%（见图 3-13）。二是现金与存款资产配置提升。整体来看，居民对于高流动性、高安全性的资产需求增加，在调整资产配置时，往往会增加现金或存款的配置，减少权益类和投资基金类产品的配置。20 世纪 90 年代初至 2020 年，居民现金与存款资产配置的比重从 49% 上升至 55%。三是对保险类产品的需求有所增加。尤其是在 2008 年金融危机之后，居民的风险偏好进一步下降，在保险类产品的配置上占比持续上升（见图 3-14）。

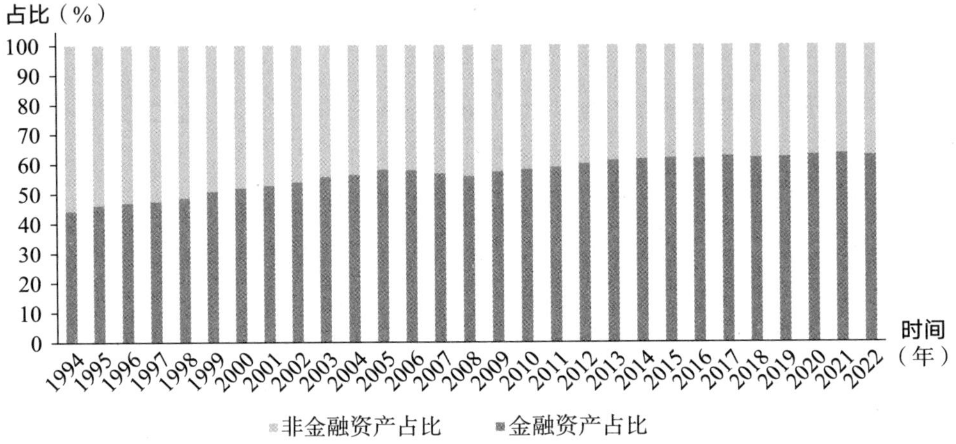

图 3-13　1994—2022 年日本居民（包括私人非公司组织企业）金融资产和非金融资产占比

资料来源：万得资讯，课题组整理。

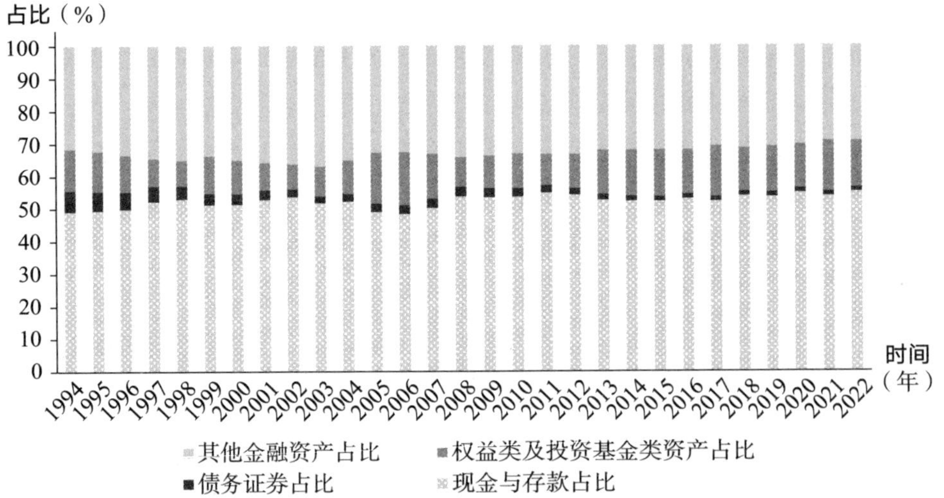

图 3-14　1994—2022 年日本居民（包括私人非公司组织企业）各类金融资产占比

资料来源：万得资讯，课题组整理。

欧洲：股票类资产收益较高，居民权益类投资增加

欧洲的低利率时代始于 2008 年，历经了两轮快速降息周期。第一轮从 2008 年 10 月—2009 年 5 月，欧洲中央银行（以下简称“欧洲央行”）连续 7 次下调了基准利率，将基准利率从 4.25% 降至 1.0%。第二轮从 2011 年末—2014 年，欧洲央行将存款便利利率降至 -0.1%。

欧洲的低利率时代远远短于日本，整体上不到 10 年。其主要经济体在金融资产上的综合表现为：股票优于债券或存款，债券或存款优于汇率。例如，德国的股票、债券、存款、汇率四类资产整体的年化收益率分别是 10.4%、0.9%、1.7% 和 -1.3%；法国上述四类资产整体的年化收益率分别是 8.5%、2.1%、1.8% 和 -1.3%。分阶段看，债券在两轮快速降息周期中均表现出牛市行情，欧元区 10 年期政府债收益率长期波动下行，从 2008 年 6 月的 4.8% 降至 2015 年 4 月的 0.78%。而股票在两轮降息中的表现不尽相同，在第一轮降息周期中，欧洲斯托克 50 指数从 2008 年初的 6490 点下跌至 2011 年的 3354 点，但在第二轮降息周期中，由于经济逐渐企稳，各国的股票市场开始了不同程度的修复。2011—2019 年，欧洲斯托克 50 指数年化收益率达 7.2%，其中，在 2013 年时，德国 DAX 指数就已超过 2007 年时的高点。

从家庭或居民资产配置情况看，欧洲的主要经济体在低利率时代主要呈现出三个特征：一是居民财富日渐积累起来。居民资产占 GDP 的比重从低利率时代开启时的低于 2，逐渐上升至负利率时代终结时的 2.4（历史最高水平）。二是居民金融资产占比有所下降。以德国为例，金融资产占总资产比重从 2007 年的 40.9% 回落到 2009 年末的 39.6%。自 2010 年进入利率低位震荡期以来，金融资产占比开始缓慢小幅提升，但直至周期结束时，该占比仍低于周期开始之初。三是在第二轮降息周期中，居民风险偏好逐渐上行。权益类资产配置占比提升，整个低利率时代，居民的风险偏好并未出现明显减弱情况，在第二轮降息周期中，随着危机影响的减弱，风险偏好甚至逐渐上行，股权和基金配置占比从

2012年初的23%上升至2021年的30.6%，而现金和债券配置占比则从2012年初的35.2%下降至33.3%。

美国：股、债、黄金轮动，居民在权益类投资上积极性较高

美国的低利率时代从2007年9月持续至2015年末。美联储在2007年9月—2008年12月一共进行了10次降息，将联邦基金利率目标区间由5%～5.25%下调至0～0.25%，这一时期为利率快速下行期。此后，美联储在2008年末—2014年先后出台了三轮量化宽松政策，通过大规模购买长期证券压低了长端利率，从而引导其他市场利率下行。其间，10年期美债名义收益率为2.6%，10年期实际利率均值也处在0.6%的低位，2012年甚至一度为负。

美国的低利率时代也较短，前后不到10年时间。其大类资产的综合表现为：股票优于黄金，黄金优于债券，债券优于汇率，汇率优于存款，上述各类资产整体的年化收益率分别是8.61%、7.26%、5.57%、2.75%和0.41%。分阶段看，在利率快速下行初期，由于避险情绪上升，黄金收益明显高于其他资产，年化收益率接近20%，债券市场也显示出牛市行情，年化收益率接近7%，而股指和美元随着经济的衰退，呈现出了下跌趋势；利率快速下行期之后，随着经济的逐渐企稳，黄金和债券的收益开始逐渐回归，而美股表现逐渐亮眼，股票资产收益开始领先于其他资产。

从家庭或居民资产配置情况看，美国在低利率时代主要呈现出了两个特征：一是金融资产配置提升。自2007年起，居民金融资产配置占比逐渐提升，从2007年的63.8%提升至低利率周期结束时的约70%。二是股票和基金配置增加。美国居民存款配置比例维持在危机前水平附近。但在股票和基金方面，资产配置的积极性显著提高，居民配置的股票基金占比从2009年的31.5%提升至2015年低利率周期结束时的42%，增长超过了10%。股票和共同基金也成为此后美国居民金融资产中占比最高的两个大类。

小结：低利率环境下，居民的资产配置依然与经济条件和资产表现高度相关

从资产走势表现方面来看，债券资产普遍表现出了牛市行情，但整体的收益水平较为平稳。股票资产的表现与各国经济企稳及回暖程度有关，在利率快速下行期，因经济衰退加快，股票资产均表现不佳，但当利率平稳保持在低水平时，由于各国经济恢复的程度不同，股票资产的表现差异明显。从居民资产配置方面来看，日本和美国居民金融资产配置均显著提升，但欧洲居民金融资产配置整体来看却有所下降。日本居民倾向于配置现金与存款类稳健类资产，而美国和欧洲居民却在权益类资产配置上显著增加，这主要与大类资产收益表现相关。

资管产品和服务应对低利率的相关建议

充分应对个人投资者风险偏好的两极分化

从课题组展开的调查中我们看到，2023 年以来，个人投资者的风险偏好出现分化，风险偏好较低的个人投资者变得更为保守，而风险偏好较高的个人投资者变得更为激进。与此同时，不同风险偏好的投资者均加大了对稳健类产品的投资。因此，资管机构不仅要时刻关注个人投资者的真实风险偏好变化，进行差异化应对的同时适当调整资管产品，针对保守的投资者要加大低风险产品的推荐，针对激进的投资者可以适当进行高风险产品的推荐，还应结合外部环境变化，准确把握个人投资者对于产品预期的主线脉络，适时提供适配的资管产品。

坚持稳健类产品供应，并加强功能类创新

稳健类产品的选择是个人投资者的主动作为，事实证明，这一选择也显著改善了个人投资者的收益水平，因此，在个人投资者收入预期下降的背景下，后续

应加大稳健类产品的供应。但与此同时，我们也发现，个人投资者对于稳健类产品有了新的需求，比如，部分投资者希望能增加“落袋为安”的功能，还有一些投资者希望适当加大权益类资产的配置比例，这种需求的分化在一定程度上也体现出个人投资者风险偏好的分化。因此我们建议：未来，资管机构可适当加大资管产品的梯次，避免产品出现严重的同质化现象，部分产品可以增加止盈策略，底层资产可以适当增加权益类资产的配置比例。在销售端，应做好个人投资者的分类经营，加强个人投资者与资管产品的匹配程度。

加强大类资产研判，适时进行差异化资管产品创新

在海外的低利率环境下，各国的应对方式以及个人投资者的选择均有所不同，尤其是在现金类和权益类资产配置上，日本居民更倾向于选择现金类资产，而欧美居民倾向于选择权益类资产，这其实与当时所处环境下的大类资产收益有一定关系。在低利率环境下，资管机构应加强大类资产的研判，根据资产的预期表现进行资管产品的差异化供应，例如，可以在债券久期、债券持有策略、底层资产配置比例等方面进行适当改造，以此来满足个人投资者在安全性的基础上，对于收益性的追求。

专题：稳健类产品如何服务银发投资者

截至2023年末，我国65岁及以上人口的比重攀升至15.4%，按照世界卫生组织的定义，我国已于2023年进入深度老龄化社会（65岁人口占比超过14%）。与此同时，2023年，我国人口自然增长率为-1.48‰，这是新中国成立以来，继1960年、1961年后，又一次连续两年人口出现了负增长，这样的趋势很有可能还会延续下去。毋庸置疑，未来，银发投资者将成为我国个人投资者群体中重要的“生力军”。2023年召开的中央金融工作会议也明确要求做好养老金融这篇大文章。

银发投资者的画像：“有钱”又“缺钱”的低风险投资者

从财富持有情况、风险偏好以及投资理财需求等几个维度进行画像后我们发现，银发投资者主要呈现出以下几个特点。

一是既“有钱”，又“缺钱”。一方面，随着城镇居民养老金标准的连年上调，中老年人手里的“闲钱”越来越多，作为“有钱”人，他们具备了投资的基础。另一方面，随着医疗水平的进步，人口的平均寿命逐步提升，2022 年发布的《“十四五”国民健康规划》显示，到 2025 年，我国人均预期寿命的目标是在 2020 年基础上提高 1 岁左右，寿命的延长意味着安定舒适的晚年生活需要财富的支持。

二是风险偏好较低，对于投资安全性要求极高。由于老年人的收入来源和资产积累途径都很有限，且他们的投资目的在于保障晚年生活质量，对理财产品的首要要求是能够保障本金安全。课题组调查发现，“厌恶风险、保守投资”的中老年个人投资者占比高达 61.54%。

三是要求流动性的同时也注重长期投资。中老年人的开支通常分为两部分，一部分是用于应对突发性的健康医疗支出，这部分支出要求理财资金具有一定的流动性；另一部分用于日常生活的支出，对于这部分支出，中老年投资者尤其是刚步入中老年的投资者会选择有定期稳定收益的长期投资。

服务银发投资者的稳健类产品现状

2022 年，我国启动了个人养老金制度，2024 年 1 月，国务院办公厅印发的《关于发展银发经济增进老年人福祉的意见》中明确指出：“丰富发展养老金融产品。”国家社会保险公共服务平台上的数据显示，截至 2024 年 6 月末，个人养老金产品共有四大类，全部为稳健类产品，其中，理财类产品共 23 只，储蓄类产品共 465 只，保险类产品共 82 只，基金类产品共 193 只。稳健类产品在服务银发投资者方面的具体情况如下。

一是个人养老金产品仍以储蓄类产品为主，但部分养老储蓄产品实际上无法购买到。从国家社会保险公共服务平台显示的数据看，储蓄类产品的最长年限为 20 年，最高利率为 4%，但平台显示的诸多储蓄产品在银行官网上无法找到。在个人养老金某试点城市，课题组成员也走访了部分银行的柜面，其中，中国建设银行、中国工商银行的工作人员均表示，当前已无法购买养老储蓄产品。

二是商业养老保险结算利率下行，两全保险和年金保险投资门槛较高。在养老保险产品中，商业养老保险产品共 17 只、两全保险产品共 26 只、年金保险产品共 39 只。商业养老保险具有投保简便、缴费灵活的特点。各家公司推出的商业养老保险产品均采取“双账户”管理模式，提供稳健型、进取型两种不同的投资组合。稳健型账户的保证利率水平在 2.5% 左右，进取型账户的保证利率为 0。在低利率时代，此类产品在 2024 年的结算利率整体上仍保持了 4% 左右的较高水平，但商业养老保险产品的结算利率普遍高于险资的平均收益率，所以，结算利率未来必然呈下降趋势。

与商业养老保险相比，两全保险兼具储蓄和保障功能，年金保险的年金领取具有确定性和长期性特点。但这两类保险的投保门槛相对要高一些，年缴保费更多且需连续缴费。

三是专属养老理财产品仍然较少。理财产品一直是中老人较为青睐的兼具一定稳定性和收益性的产品，但是目前仅有 6 家理财公司提供了 23 只专属养老理财类产品，可供选择性较少（见图 3-15）。

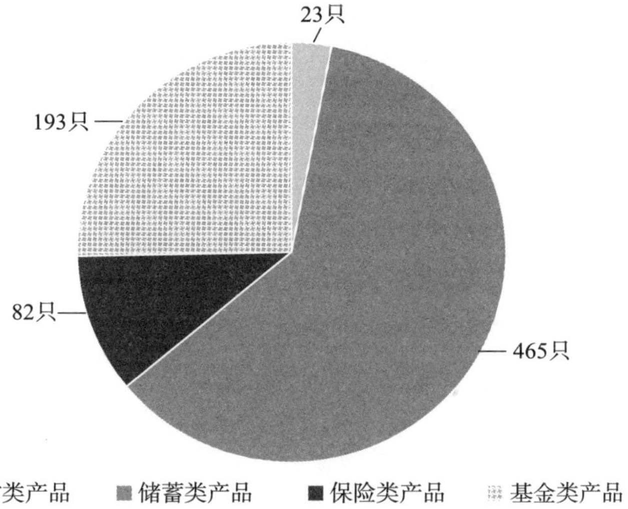

图 3-15　截至 2024 年 6 月可供投资的个人养老金产品

资料来源：万得资讯，课题组整理。

关于稳健类产品服务银发投资者质效提升的几点思考

综上可见，银发投资者需要稳健类产品的同时，稳健类产品也需要银发投资者。想要做好养老金融这篇大文章，资管行业可考虑从以下几方面入手提升服务质效：首先，丰富养老金融产品，创新出更多能满足银发投资者投资理财需求的产品，尤其是理财类产品和保险类产品。其次，改变产品销售方式。提升产品销售的适老性，以中老年人喜闻乐见的形式进行产品宣传和销售。虽然目前中老年人接触互联网的比率大幅提升，但使用的 App 多为视频和聊天软件，各类金融机构 App 的使用操作对其来说难度仍然较大，机构仍需在进一步了解中老年群体的基础上对销售和服务进行进一步适老化改造。最后，加大对中老年群体的投教力度，提升银发投资者风险识别能力。中老年群体比较缺乏投资理财知识，投教工作不仅可以帮助他们提升风险意识，还能提升该群体对机构的信任度。由于中老年群体的闲暇时间较多且爱好较为一致，各机构可以根据这一群体特点，通过其乐于接受的“线上 + 线下”方式提供丰富多样的投教内容，并将产品和服务带给中老年群体。

第 4 章

低利率环境下养老金配置新思路

2023 年 10 月，中央金融工作会议指出，要做好科技金融、绿色金融、普惠金融、养老金融、数字金融“五篇大文章”，这为新时代的金融工作指明了方向。随着中国人口老龄化趋势日渐显现，养老金融的发展成为实现金融强国战略目标的重要一环。因此，养老金融的快速发展和高质量建设尤为迫切。养老金融是围绕全社会养老需求的一系列金融活动的总称，其中，养老是核心目标，金融是关键手段。大力发展养老金融是积极应对人口老龄化、促进经济社会高质量发展的题中应有之义，在老龄化速度不断加快、老年人口规模巨大的人口老龄化进程下，做好养老金融这篇大文章正当其时、十分必要。

2023 年中国养老金市场新变化

养老金市场基本面：老龄化程度持续加剧

人口老龄化发展态势是推动我国养老金体系发展的决定性因素。统计数据显示，2023 年全年出生人口为 902 万人，与 2022 年相比减少了 54 万人，人口出生率为 6.39‰（2022 年为 6.77‰）；死亡人口为 1 110 万人（2022 年为 1 041 万人），人口死亡率为 7.87‰（2022 年为 7.37‰）。

人口总量进一步下降的同时，老龄化程度也在进一步加剧。截至 2023 年末，全国人口（包括 31 个省、自治区、直辖市和现役军人人口，不包括居住在 31 个省、自治区、直辖市的港澳台居民和外籍人员）为 140 967 万人，比上年末减少了 208 万人。从年龄结构看，我国 60 岁及以上人口数量达到 29 697 万人（2022 年为 28 004 万人），约占全国人口的 21.1%（2022 年约为 19.9%）。其中，65 岁及以上人口为 21 676 万人（2022 年为 20 978 万人），占全国人口的 15.4%（2022 年约为 14.9%），老龄化程度进一步加深（见图 4-1）。我国老年人口抚养比由 2013 年的 13.1% 上升至 2023 年的 22.5%，这意味着，2013 年，一位老人平均由 7.6 个年轻人赡养；而到了 2023 年，一位老人平均由 4.4 个年轻人赡养，社会整体养老压力进一步增大，家庭养老负担不断加重，我国现有的养老金体系面临着严峻挑战。

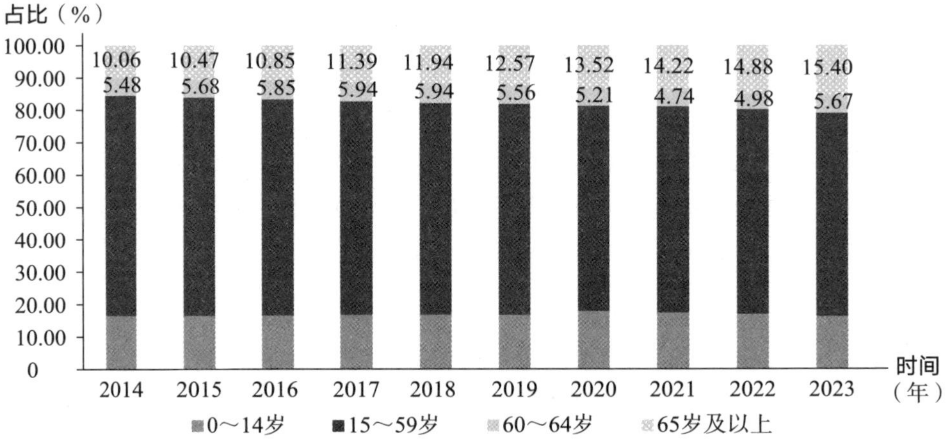

图 4-1　2014—2023 年我国各年龄段人口占比情况

资料来源：国家统计局，课题组整理。

养老金监管政策：制度体系不断健全

2023 年以来，国家持续出台了有关养老金融的政策文件，包括 2023 年 10

月，中央金融工作会议提出要做好科技金融、绿色金融、普惠金融、养老金融、数字金融“五篇大文章”。作为“五篇大文章”之一，养老金融成为国家金融工作重点，体现出了党中央对发展养老金融工作的高度重视。2023 年 12 月，财政部发布的《全国社会保障基金境内投资管理办法（征求意见稿）》指出，要提高基金投资灵活度，将社保基金可投资范围拓展至企业（公司）债、股票、股权投资、股权基金、养老金产品等 11 类，分别将股票类和股权类资产的最大投资比例设置为 40% 和 30%，并下调了管理费率和托管费率。2024 年，十四届全国人大二次会议上的《政府工作报告》指出，要在全国实施个人养老金制度，积极发展第三支柱养老保险，推进建立长期护理保险制度等。

养老金市场：覆盖面持续扩大

目前，中国沿用的是世界银行在 1994 年提出的养老金三支柱的概念，第一支柱是具有强制性的基本养老保险，第二支柱是雇主和员工共同主办的企业年金和职业年金，第三支柱是市场化的个人养老金。其中，第一支柱为现收现付制，第二支柱和第三支柱为完全积累制。

近年来，我国养老金融发展迅速，养老金制度的覆盖面持续扩大。第一支柱方面，根据人力资源和社会保障部（以下简称“人社部”）披露的数据，截至 2023 年末，基本养老保险参保人数超过了 10.66 亿人，占 2023 年适龄人口（16 岁以上）的 91.76%。其中，城乡居民基本养老保险参保人数为 5.45 亿人，城镇职工基本养老保险参保人数为 5.21 亿人。2023 年，全年基本养老保险基金收入为 7.67 万亿元，支出为 6.84 万亿元，年末累计结存 7.82 万亿元。其中，城镇职工基本养老保险基金累计结存 6.36 万亿元，城乡居民基本养老保险基金累计结存 1.45 万亿元，基本养老保险基金委托投资运营规模达 1.86 万亿元（见图 4-2）。从规模上看，我国第一支柱养老保险仍是迄今为止覆盖人数全球第一、收支规模全球第二的基本养老保险制度。但随着我国人口老龄化问题的不断加深，养老财政问题日益严峻，公共养老金如何保证我国未来老龄人口的养老需求成为当务之急。

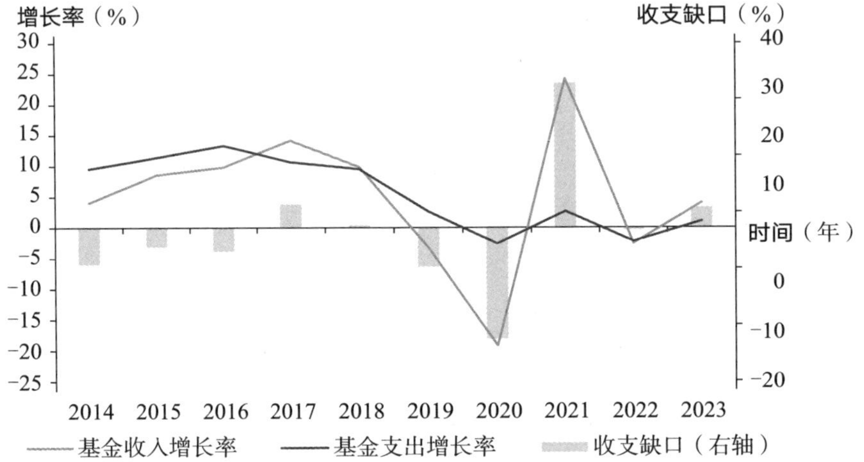

图 4-2　2014—2023 年基本养老保险基金收入与支出同比增长情况

资料来源：人社部，课题组整理。

第二支柱方面，一是企业年金，截至 2023 年末，全国有 14.17 万户企业建立了企业年金制度，参保企业职工为 3 144.04 万人，累计规模达 3.19 万亿元，同比增长了 11.15%；投资资产净值为 3.15 万亿元，同比增长了 11.15%，创历史新高；全年投资收益达 325.86 亿元，加权平均收益率为 1.21%。二是职业年金，截至 2023 年末，31 个省（自治区、直辖市）、新疆生产建设兵团和中央单位职业年金投资运营规模为 2.56 万亿元，同比增长了 21.32%。参加企业年金和职业年金的职工约有 7 000 万人，覆盖面有限（见图 4-3）。

第三支柱重在发挥个人自愿缴纳的作用，主要为个人储蓄性养老保险和各金融机构推出的养老金融产品。人社部 2023 年 7 月发布的数据显示，在个人养老金账户中的 4 030 万人中，只有 900 万人有实际缴存行为，实际缴存金额为 182 亿元，已实际投资金额为 110 亿元。截至 2024 年 1 月，可供投资的产品累计达 753 只。其中，储蓄类产品数量为 465 只，是目前数量最多的个人养老金产品；基金类产品数量为 162 只，总数排名第二；保险类产品及理财类产品分别有 107 只和 19 只（见表 4-1）。

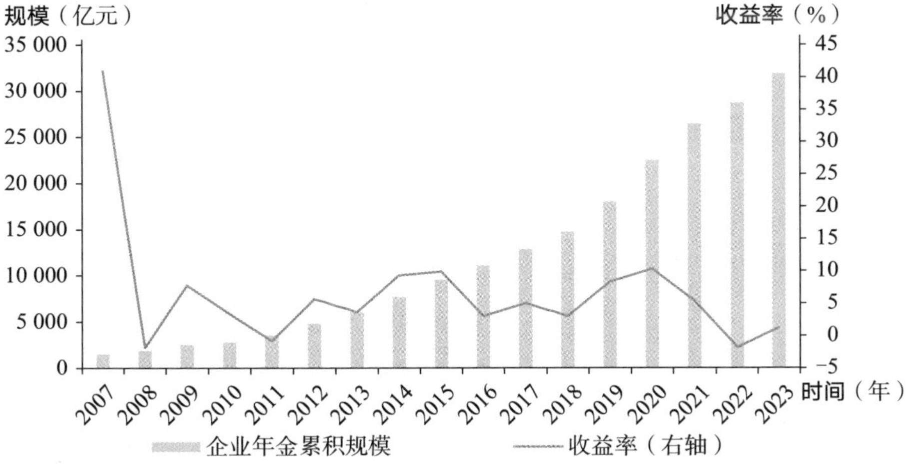

图 4-3　2007—2023 年企业年金累计规模及其投资收益率情况

资料来源：人社部，课题组整理。

表 4-1　2023 年我国养老金体系构成情况

养老金类型			规模（万亿元）	规模占比（%）	参与人数（亿人）	制度
第一支柱	基本养老保险	城镇职工	6.36	39.31	5.21	以现收现付制为主
		城乡居民	1.45	8.96	5.45	以现收现付制为主
		小计	**7.81**	**48.27**	**10.66**	—
		其中社保障基金会受托管理	**1.86**	**11.50**	—	—
	社保基金（储备基金）		2.60	16.07	—	—
第二支柱	企业年金		3.19	19.72	0.31	完全积累制
	职业年金		2.56	15.82	—	完全积累制
第三支柱	个人养老金		0.03	0.12	0.50（其中缴费人数为 0.10）	完全积累制
		合并	**16.19**	**100.00**	**10.66**	—

资料来源：人社部、全国社会保障基金理事会（以下简称“社保基金会”）、中信建投，课题组整理。

中国养老金资产配置的演变及现状

养老金投资监管：逐步实现市场化、多元化与专业化

随着人口老龄化程度日趋严峻以及养老金支付压力日渐加重，如何在兼顾安全性的前提下实现养老金的保值增值，已成为当下中国面临的关键性挑战和亟待解决的难题。世界各国的做法较为一致——通过基金的形式将结余的养老保费进行投资，以投资收益来缓解养老金支付压力。基于养老金体系在社会保障和国计民生中的重要地位及其低风险偏好，各国都将安全性原则作为养老金投资运营的首要原则，而将收益性原则作为次要原则，同时，建立起了相应的养老保险基金监管法律制度，以维护养老保险基金的运营安全。

改革开放后，我国开始探索养老保险制度的改革。1991年，国务院发布了《关于企业职工养老保险制度改革的决定》，提出逐步建立基本养老保险、企业补充养老保险和职工个人储蓄性养老保险相结合的养老保险制度框架。此后，我国在养老金投资管理方面实施了一系列重大改革举措，取得了令人瞩目的成效。

从基本养老保险基金投资管理改革历程来看，新中国成立后，劳动行政部门承担着劳动保险基金监管职责。

1997年，国务院发布的《关于建立统一的企业职工基本养老保险制度的决定》规定我国基本养老保险基金实行收支两条线管理模式，“基本养老保险基金结余额，除预留相当于2个月的支付费用外，应全部购买国家债券和存入专户，严格禁止投入其他金融和经营性事业”，财政、审计部门承担了相应的监管职能。

1998年，劳动和社会保障部设立了社会保险基金监督司，随后，各地陆续建立起了专门的基金监督行政机构，我国社保基金监管体系得以初步确立。

2000 年 8 月，党中央、国务院决定建立国家社会保障储备基金即全国社会保障基金，专门用于人口老龄化高峰时期的养老保险等社会保障支出的补充和调剂。

2001 年，财政部和劳动和社会保障部颁布实施的《全国社会保障基金投资管理暂行办法》规定全国社会保障基金的投资范围除了银行存款和国债，还可投资于“其他具有良好流动性的金融工具，包括上市流通的证券投资基金、股票、信用等级在投资级以上的企业债、金融债等有价证券”。

2006 年颁布的《全国社会保障基金境外投资管理暂行规定》允许社保基金开展境外委托投资，并规定了全国社保基金境外投资的最高比例，即按成本计算，不得超过全国社保基金总资产规模的 20%。

2015 年，国务院印发的《基本养老保险基金投资管理办法》明确了我国基本养老基金实行中央集中运营、市场化投资运作，由省级政府将各地可投资的养老基金归集到省级社会保障专户，统一委托给国务院授权的养老基金管理机构进行投资运营。此后，各省市陆续将基本养老金委托给社保基金会进行管理。该办法还规定，基金需采取多元化投资运营方式，通过组合方案多元配置资产，保持合理投资结构。在投资范围方面，基金只能在境内投资，投资品种包括货币类、固收类、股票等权益类和其他产品四类，并限定了相应的投资比例。其中，股票等权益类产品合计不得超过资产净值的 30%。在投资方式上，采取直接投资与间接投资相结合的方式，社保基金会对部分基金进行直接投资，其余则委托给了专业机构管理运作。自此，基本养老保险基金与全国社会保障基金都进入了市场化运作阶段。

2016 年，国务院发布的《全国社会保障基金条例》从更高的立法层面明确了基金定位和管理体系，规定社保基金会应当按照国务院批准的比例在境内外市场投资运营基金，合理配置经国务院批准的固收类、股票类和未上市股权类等资产；要制定风险管理和内部控制办法；要制订基金的资产配置计划，确定重大投资项目，并进行风险评估，由集体讨论决定；要定期向国务院有关部门报告基金管理运营情况；将基金委托投资的，要从符合法定条件的专业投资管理机构、专业托管机构中选任基金的投资管理人、托管人，并对其进行考评。

从企业年金投资管理改革历程来看，2004 年，颁布并实施了《企业年金试行办法》，这标志着我国企业年金制度得以确立。随后，企业年金的规模与覆盖范围不断扩大。与《企业年金试行办法》同时实施的《企业年金基金管理试行办法》初步奠定了企业年金市场化投资运营模式，明确了年金基金的基本治理框架。《企业年金基金管理试行办法》对投资工具和投资比例进行了严格限制，企业年金可投资的资产类别包括流动性资产、固收类资产和权益类资产。流动性资产低配比例为 20%，固收类资产的配置上限为 50%（其中限定国债的低配比例为 20%），权益类资产的配置上限为 30%（其中股票投资比例上限为 20%）。此后，随着基金规模的扩大和资本市场的发展，我国多次调整了企业年金投资范围。

2011 年修订的《企业年金基金管理办法》对投资工具和投资比例均作出重要调整。在投资工具上，增加了中央银行票据、万能险产品、投资连结险产品、短期融资券和中期票据等金融工具。与此同时，结合市场环境，监管部门相应地调整了各大类资产的投资比例限制，其中，固收类资产配置比例的上限从原先的 50% 上调至 95%，流动性资产的配置比例下限从 20% 调整为 5%，取消了对国债和股票单一投资工具配置比例的限制，弱化了资产配置的约束。

2013 年以来，企业年金基金的投资范围经历了两次调整。2013 年的改革新增了商业银行理财产品、信托产品、基础设施债权投资计划、特定资管计划、股指期货等投资工具，允许固收类资产采取杠杆投资，投资比例从 95% 上升至 135%。

2020 年，调整改革的力度变得更大了，在投资工具、投资区域和权益类资产投资比例上均取得了突破性进展。投资工具上，新增了同业存单、国债期货、公开募集证券投资基金和优先股等投资工具，删除了万能险产品和投资连结险产品等监管难度大和底层资产不透明的投资工具，这是我国促进年金市场发展和有效应对利率下行压力作出的适时调整。投资区域上，允许年金基金参与投资港股通标的股票，首次放开了年金跨境投资的渠道。此次调整的另一个亮点是，权益类资产投资比例上限从 30% 提高到 40%，权益类资产配置比例的增加契合了企业年金长期资金的属性，有助于完善资本市场建设，服务实体经济（见表 4-2）。

表 4-2　2004—2020 年我国企业年金投资范围和投资比例限制

年份	流动性资产	固收类资产	权益类资产	投资范围	其他
2004 年	≥ 20%	≤ 50%（其中，国债≥ 20%）	≤ 30%（其中，股票≤ 20%）	银行存款、国债、短期债券回购、信用等级在投资级以上的金融债和企业债、可转换债、投资性保险产品、证券投资基金、股票等	内地投资
2011 年	≥ 5%	≤ 95%	≤ 30%	在 2004 年基础上增加了中央银行票据、万能险产品、短期融资券和中期票据等金融工具	—
2013 年	≥ 5%	≤ 135%	≤ 30%	在 2011 年基础上增加了商业银行理财产品、信托产品、基础设施债权投资计划、特定资管计划、股指期货	
2020 年	≥ 5%	≤ 135%	≤ 40%（其中，港股通标的产品≤ 20%）	删除万能险产品和投资连结险产品，增加了同业存单，政策性、开发性银行债券、信贷资产支持证券、资产支持票据等标准化债权类资产和国债期货	内地投资和中国香港市场投资

资料来源：课题组整理。

从个人养老金投资管理改革历程来看，由于个人养老金起步时间较晚，因而有关其投资管理的体系尚不健全。2022 年 10 月，人社部等五部门发布的《个人养老金实施办法》标志着我国个人养老金业务发展的全方位落地。而证监会发布的《个人养老金投资公开募集证券投资基金业务管理暂行规定》指出，将由证监会及其派出机构对个人养老金投资基金业务进行监督管理，由中国证券投资基金业协会对投资基金业务实施自律管理。原银保监会发布的《商业银行和理财公司个人养老金业务管理暂行办法（征求意见稿）》确立了由其对商业银行资质进行动态监管的基本原则，同时，还要对作为个人养老金理财产品发行机构的理财公司做好监管工作。

这两个文件对养老金融产品进入养老金投资市场作出准入限制与持续监管要求，从制度层面上初步构建起了针对个人养老金投资的监管体系。由于个人养老金产品覆盖面广，涵盖基金、理财产品、保险以及权益类产品等，因此，个人养老金领域仍需出台更多部门规章及规范性文件，从而进一步提升金融监管立法的完整性和体系化程度，以适应未来个人养老金金融市场的快速发展。

近20年养老金资产配置：以固收类为主、权益类为辅

第一支柱由两大投资基金构成，一是成立于2000年的全国社会保障基金，由中央委托社保基金会负责投资运营；二是2015年首次允许市场化运营的基本养老保险基金，由各省政府委托社保基金会负责投资运营管理。2001年，全国社会保障基金开始进行市场化投资，而基本养老保险基金在2015年获准市场化运营后才有了投资运营年度报告。

20多年来，我国养老保险基金资产配置情况发生了较大变化。将社保基金年度会计报表数据整理后发现，在基金成立初期，银行存款和长期债券是主要投资工具，随后逐渐放开至其他投资。其中，变化最为显著的是银行存款，其占比由2001年的64.6%降至2022年的2.5%，突破了2009年《全国社会保障基金投资管理暂行办法》对于银行存款投资比例不低于10%的限制。2008年后，会计报表的统计口径发生了变化，“交易类金融资产”占比逐年提高，其占比由2008年的23.7%提高至2022年的51.8%，说明投资的短期性越来越明显，养老基金“长钱短跑”特征突出（见表4-3）。

表 4-3　2001—2022 年全国第一支柱养老保险基金的资产配置占比

单位：%

年份	直接投资							委托投资
	银行存款	持有至到期投资	股票投资	可供出售金融资产	交易类金融资产	其他	合计	
2001	64.6	33.6	1.6	—	—	0	100	0
2002	75.6	22.5	1	—	—	0.8	100	0
2003	45.3	29.5	0	—	—	1.1	76	24
2004	38.3	18.2	6.8	—	—	0.9	64	36
2005	48.2	8.1	6.5	—	—	2.6	65	35
2006	33.7	4.8	12.1	—	—	11.8	62	38
2007	23.3	9.5	8.7	—	—	11.3	53	47
2008	5.9	25.0	2.4	6.6	12.8	1.3	54	46
2009	5.2	18.6	4.0	11.7	12.5	1.0	53	47
2010	1.2	21.2	3.0	16.1	14.2	2.3	58	42
2011	1.0	22.6	4.6	12.4	15.3	2.0	58	42
2012	1.5	23.1	5.5	11.1	16.6	1.2	59	41
2013	0.6	21.8	5.0	7.8	17.1	1.7	54	46
2014	0.5	18.6	4.4	7.9	16.7	2.0	50	50
2015	0.7	16.9	3.4	5.8	17.9	1.4	46	54
2016	0.5	18.5	3.6	5.3	16.3	1.7	46	54
2017	0.3	15.0	3.3	5.3	16.5	1.6	42	58
2018	0.5	16.5	3.6	4.8	17.3	1.6	44	56
2019	0.4	14.1	2.7	3.8	17.5	1.0	40	60
2020	0.7	11.6	2.4	2.5	16.8	0.7	35	65
2021	0.6	10.9	2.4	0.2	18.6	1.0	34	66
2022	0.8	11.2	2.4	0.3	17.2	1.3	33	67

注：2021 年起，“持有至到期投资”和“可供出售金融资产”不再适用，“持有至到期投资”更改为“以摊余成本计量的金融资产”，“可供出售金融资产”变更为“其他金融资产”和“衍生金融资产”。

资料来源：社保基金会，课题组整理。

我国企业年金的投资管理一直严格地实行比例限制，资产配置效率存在较大提升空间。企业年金的投资工具大致可划分为流动性产品、固收类产品和权益类产品三大类。流动性产品具有安全性高、流动性强的特点，固收类产品往往能获得比较稳定的回报，权益类产品虽然风险相对较高，但也带来了高收益的可能。早期的年金资产配置以银行存款和债券等固收类产品为主，占比高达 75% 左右，权益类产品和非标资产配置比例很低。虽然企业年金权益类产品投资比例的理论上限从 30% 上升到 40%，但实际配置比例基本在 10% 左右，很少突破 20%。企业年金基金在资本市场的参与程度低，长期投资收益水平并不理想。

为了提高投资效率，2013 年印发的《关于扩大企业年金基金投资范围的通知》中，增加了商业银行理财产品、信托产品、基础设施债权投资计划、特定资管计划、股指期货等 5 类金融产品，进一步拓宽了企业年金的投资范围，为企业年金的资产配置提供了新思路。2007—2023 年，全国企业年金基金年均收益率达到 6.26%，低于全国社保基金 8.14% 的年均投资收益率，基金增值压力大、投资收益水平不理想与基金资产配置特征密切相关。

当下中国养老金资产配置的部分难点

养老金投资规模整体偏小、投资收益率偏低

横向对比来看，我国养老金整体规模较低，其中第二和第三支柱规模较小的问题较为突出。据测算，2023 年末，我国养老金规模约为 18.04 万亿元，占 2023 年 GDP 比重约为 14.31%，该比重与美国 2023 年末的 150% 左右和日本 2023 财年末的 67% 左右水平相比，均存在着较大差距。分支柱来看，我国第二和第三支柱规模较小的问题较为突出，2023 年末，第二和第三支柱占 GDP 比重分别仅为约 4.56% 和 0.01%。与此同时，还有大量资金暂未有效开展投资增值。

我国基本养老保险统筹层次长期停留在市县一级，直到 2018 年，才快速走

向省级统筹。但在省级统筹下，仍然需要考虑跨省人员流动带来的基本养老保险支出问题，可用于投资运营的资金规模受限。2018 年，我国开始实行企业职工基本养老保险基金中央调剂制度，这是走向全国统筹的开端。2019 年，国务院发布了《降低社会保险费率综合方案》，提出在 2020 年末前实现企业职工基本养老保险基金省级统收统支。未来，我国基本养老保险将逐渐走向全国统筹，这将避免省际人口流动带来的资金预留问题再次出现，进而可以释放出更多资金进行投资运营。

低利率环境下的资产荒

通常情况下，养老金负债久期要大于资产久期，这就使得资产负债的匹配度降低。如果利率处于上行阶段，那么资产负债不匹配情况对于养老金而言是利好信息。可是如果利率下行，资产面临的利率比负债面临的利率低，短期资产到期后将面临再投收益下行的风险，资产端也将面临投资回报率较低的压力。

近 20 年来，我国利率水平总体上呈现出下降的趋势，长期低利率的市场环境给我国养老金投资造成了较大的压力。

一是确定性收益资产的收益率下降使养老金的投资目标难以实现。目前来看，我国养老金投资整体风险偏好较低，资产配置中以低风险、固收类金融产品为主，此类资产以短期投资为主，“长钱短投”特征突出，较大的期限缺口导致养老金体系对利率的敏感性较高。随着经济增速和利率的不断下行，养老金资产负债情况可能会恶化，这种配置结构将难以支撑获得与过去相当的较高收益目标。二是不确定收益的资产风险上升，为资产配置带来了更大的难度。全球化格局重构、经济弱修复，导致我国权益类资产表现偏弱，养老金通过多元化的资产配置实现规避风险、提升收益的难度增大。三是人口预期寿命的增加，导致养老金的领取期更长，增加了长寿环境下的资金缺口。同时，随着物质生活水平的不断提高，居民对养老金投资的潜在收益率要求也在逐步提高。这些都对养老金的投资收益目标提出了更高的要求。

权益类资产配置比例低

资本市场是养老金实现保值增值的重要途径，尤其是权益类资产长期收益较高的特征与养老金规模大、期限长的属性更为契合。然而，当前我国养老金配置权益类资产的比例较低，远未达到国家设置的投资比例上限。根据社保基金资产负债表，2020—2022 年，社保基金投资于股市的金额分别为 2 010.49 亿元、2 154.46 亿元和 2 077.49 亿元，入市资金占比分别为 6.9%、7.1% 和 7.2%，低于经济合作与发展组织（OECD）成员的平均水平，远不及 30% 的上限。从 2022 年末企业年金产品资产配置状况来看，固收类资产占比高达 87.2%，权益类资产占比仅为 6.2%，远低于 40% 的上限要求。第一和第二支柱养老金承担了较为固定的给付义务，承担风险的能力较为有限。

随着退休人数逐渐增加，基本养老保险在未来面临着较为刚性的给付义务，这使得基本养老保险基金的投资风格更加趋于稳健，弱化了投资高波动权益类资产的意愿。总体来看，一方面，养老金投资者接受波动的能力较为有限；另一方面，资本市场具有较高的波动性。二者共同导致了养老金作为长期资金难以提高权益类资产的配置比例。

海外资产配置比例低

目前，我国养老资金在全球化资产配置方面的比重较低。根据社保基金年度报告，2020—2022 年，社保基金境外投资分别为 2 833.49 亿元、2 723.37 亿元和 2 817.87 亿元，海外资产占总资产比重分别为 9.69%、9.02% 和 9.77%，远低于《全国社会保障基金境外投资管理暂行规定》确定的 20% 的最高比例限额，基本养老保险基金投资仅限于境内。从分散投资风险和实现长期资产增值的实际需求来看，拓宽全球化资产配置对我国养老资金至关重要。开展养老资金境外投资，有助于分散风险，在全球寻找高收益、低风险的优质资产项目。

目前，我国正处于金融对外开放的重要战略窗口期，金融开放政策红利不断释放。因此，需要在保障资产安全、完善风控体系的前提下适度扩大境外投资，顺应“一带一路”、环境社会和公司治理（ESG）等海外投资新趋势。同时，“养老金出海”还可以与国内企业境外投资建设相配合，为企业“走出去”提供资金保障，推动人民币的跨境使用和国际化，为国家战略大局提供有力支撑。

低利率环境下海外养老金配置经验

2022 年至今，我国商业银行存款挂牌利率已经历多轮下调。2024 年 7 月 25 日，六大国有银行第五次下调了存款挂牌利率，1 年期、3 年期、5 年期整存整取年利率分别调整至 1.35%（邮政储蓄银行为 1.38%）、1.75%、1.80%，存款利率正式进入“1”时代。伴随着存款利率的下调，政策利率也在逐步下调，国债利率下探至历史低位，各类利差大幅压缩，我国逐步迈入全面低利率时代。新形势下，如何配置养老金资产成为资管机构亟待解决的难题。美国和日本作为全球较为成熟的养老金市场，更早地面临了低利率和老龄化的挑战。接下来，我们将聚集美国和日本的利率走势变化及低利率时代养老金机构在资产配置方面的调整情况，以对现阶段我国养老金资产配置起到一定借鉴意义。

美国经验：增加共同基金的配置比例

美国是全球最大的养老金市场，养老金规模占比在 70% 左右。从美国三支柱结构上看，第二和第三支柱规模稳步增长，合计规模占比超过 90%，构成了美国养老金体系的核心力量（见图 4-4）。美国投资公司协会（Investment Company Institute，ICI）数据显示，截至 2023 年末，美国第二和第三支柱养老金规模合计为 38.27 万亿美元，同比增长了 12%。在过去 30 年间，第二和第三支柱养老金整体维持增长态势，平均增长率为 7.5%，其中，在 2008 年金融危机时期和 2022 年后疫情时期，增长率大幅下滑，分别为 -21%、-14%。

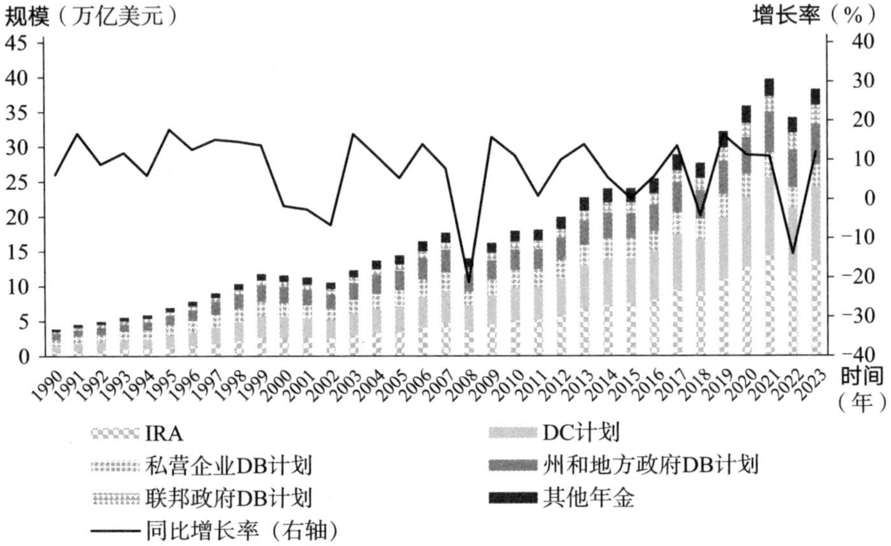

图 4-4　1990—2023 年美国养老金市场第二和第三支柱规模及同比增速变化

注："其他年金"包括在 DC 计划、DB 计划、IRA 计划之外持有的所有固定和可变年金。

资料来源：美国投资公司协会，课题组整理。

从养老金大类资产配置情况看，2008 年之后，权益类资产配置占比增加，票据和债券类资产配置占比下降。受 2008 年金融危机影响，权益类资产大跌，2008 年，美国养老金增加了对票据和债券类资产的配置比例。2007 年 9 月—2008 年末，美联储累计降息 5.25%，美国随之进入长达 7 年的低利率时代。2008 年之后，养老金投资逐渐恢复了对股票的配置，配置占比从 2008 年的 26.6% 增加至 2022 年的 33.6%；票据和债券占比则从 2008 年的阶段性高点 27.7% 逐渐下降至 2022 年的 21.8%。

在管理方式上，美国第二和第三支柱均呈现出增加共同基金配置的趋势。第二支柱以 DC 计划中占比约 70% 的 401（k）计划为例，共同基金的规模配置占比从 1996 年的 32.8% 增加至 2023 年的 64.6%。第三支柱主要为美国个人退休账户（Individual Retirement Account，IRA）计划，共同基金的规模配置占比从 22.3% 增加至 2023 年的 43.1%。共同基金具有集合投资、分散管理、灵活买卖等优点，同时能够发挥专业投资团队的管理优势，提升管理效率。

在共同基金的配置标的上，401（k）和 IRA 趋势相近。1990—1999 年间，美国逐渐增加了对国内股票的配置，同时大幅减少了对货币的配置，这是因为，信息技术革命、全球化加速以及宽松的货币政策使美国股市在 20 世纪 80 年代—21 世纪初出现了长期牛市，股票配置性价比凸显。

2000 年之后，美国股票配置占比逐渐下降，2012 年，配置占比达到了阶段性低点。与此同时，国外股票配置占比及混合型基金配置占比有所增加（见图 4-5 至图 4-9）。

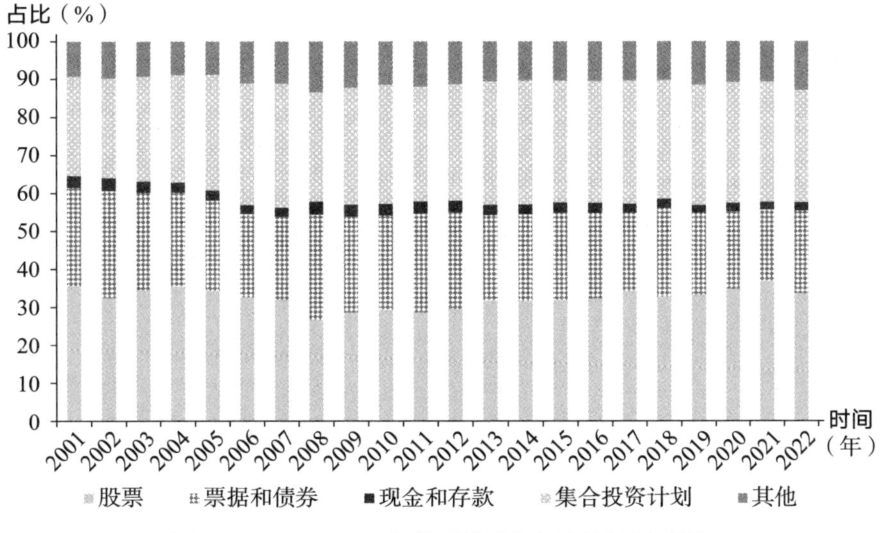

图 4-5　2001—2022 年美国养老金大类资产配置情况

注：“其他”包括贷款、地产、保险、对冲基金、私募股权基金、结构化产品、其他共同基金（不投资于股票、票据和债券、现金和存款），下同。

资料来源：OECD《聚焦养老金市场 2023》（*Pension Market in Focus 2023*），课题组整理。

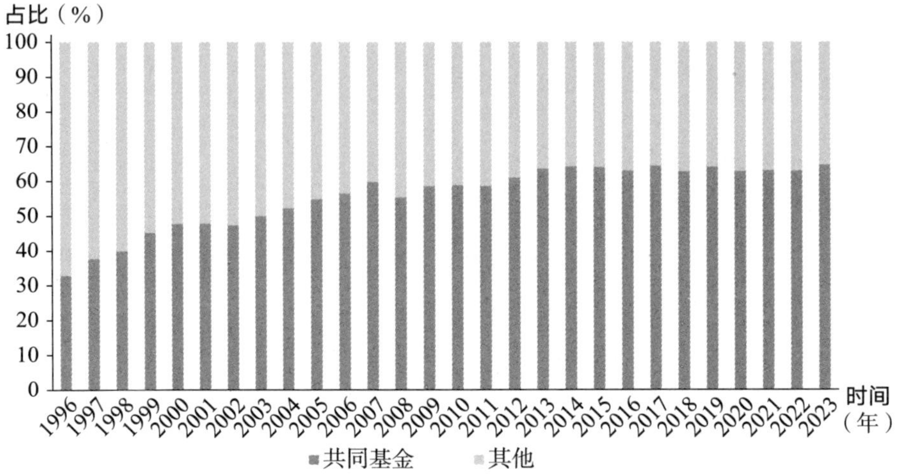

图 4-6　1996—2023 年美国 401(k) 配置共同基金占比变化

资料来源：美国投资公司协会，课题组整理。

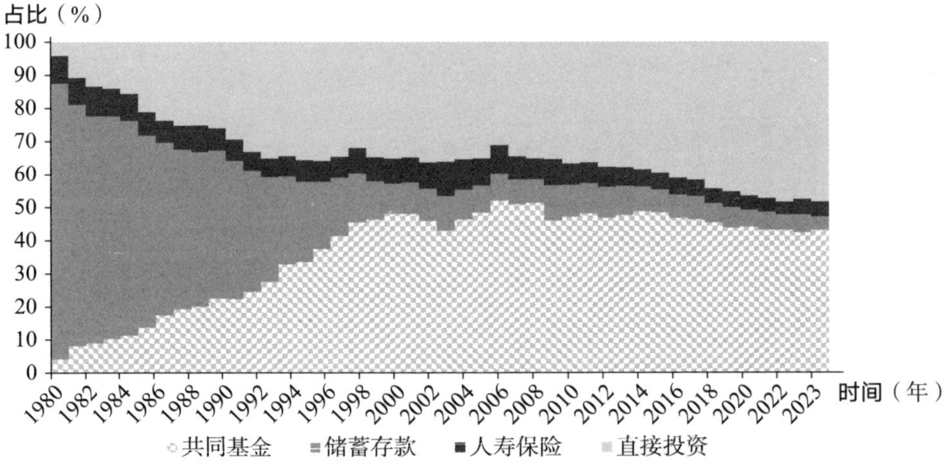

图 4-7　1980—2023 年美国第三支柱 IRA 资产配置变化

资料来源：美国投资公司协会，课题组整理。

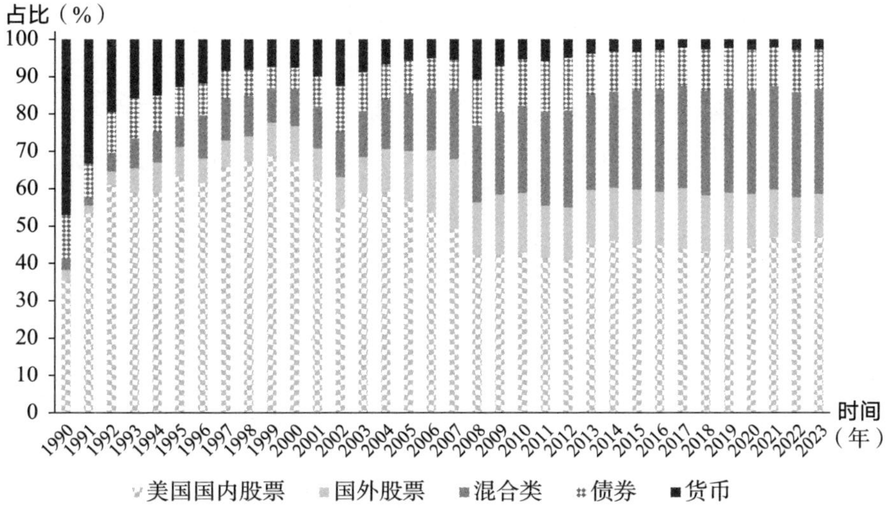

图 4-8　1990—2023 年美国 401（k）所投资的共同基金类型

注：“混合类”主要指投资于股票和债券的组合，大多数目标日期型基金都属于这一类别。

资料来源：美国投资公司协会，课题组整理。

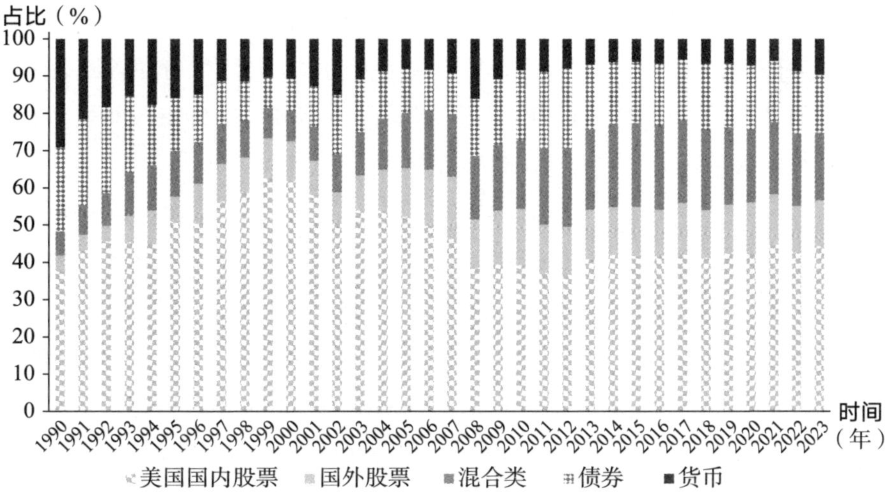

图 4-9　1990—2023 年美国 IRA 所投资的共同基金类型

资料来源：美国投资公司协会，课题组整理。

日本经验：增加海外资产及权益类资产的配置比例

日本第一支柱由国家养老金和厚生年金保险构成，是三支柱养老金体系的核心，主要由日本政府养老投资基金（Government Pension Investment Fund，GPIF）统一运营管理。日本第一支柱采用现收现付制的管理模式，GPIF 从厚生劳动大臣获取居民保险存款后进行投资管理，所获得收益上缴国库，由厚生劳动大臣向居民进行分配。截至 2024 年 6 月末①，GPIF 管理的资产规模达到 2 547 027 亿日元（约为 1.7 万亿美元），是全球最大的公共养老金。

GPIF 成立于 2001 年，日本养老金融框架设立于 2004 年，设立之初便处于低利率环境，所以长期性和安全性是养老金投资的法定要求。《厚生年金保险法》和《政府养老投资基金法》等均从法律角度明确要"长期进行安全高效的管理"。具体来看，投资流程上，日本按照每五年一个中期目标期进行考核，考核期初由厚生劳动大臣设定业务运营"中期目标"，中期目标给定了要达到的有效投资收益率（名义投资收益率减去名义工资增长率），GPIF 根据中期目标以及近年宏观经济情况制订"中期计划"和"年度计划"，并选择出基本投资组合。基本投资组合由 GPIF 管理委员会审核后，报告厚生劳动大臣和厚生劳动省社会保障委员会基金管理小组委员会，批准后即可实施。厚生劳动大臣将在每个财政年度和中期目标期结束后对业务执行情况进行评估。

GPIF 的基本投资组合会根据宏观经济环境和市场趋势进行调整，这反映出了日本养老金大类资产配置思路的变化。自 2006 年首次设置以来，每五年为一个考核期，目前正处于第四个中期目标期。具体来看，第一个中期目标期为 2006—2009 财年，设定的目标有效投资收益率为 1.1%，资产配置以国内债券为主，基准占比为 67%，组合风险水平与国内债券投资风险基本一致。第二个

① 日本以"当年 4 月至次年 3 月"作为一财年。2024 年 6 月末即 2024 财年第一季度，2024 财年为 2024 年 4 月—2025 年 3 月。

中期目标期为 2010—2014 财年，设定的目标有效投资收益率为 1.7%，考虑到宏观经济环境变化，物价和工资有所上涨，目标收益率达成存在困难，因此，在 2014 年 10 月，日本下调了国内债券配置占比，增加了对国内外股票及国外债券的配置。第三个中期目标期为 2015—2019 财年，目标有效投资收益率及基本投资组合与第二个中期目标期保持一致。第四个中期目标期为 2020 财年至今，目标有效投资收益率继续保持为 1.7%，国内债券基准配置比例进一步下调至 25%，同时增加了对国外债券的配置占比，这一调整主要是基于日本政策利率持续在低位徘徊，调整后，国内外债券、国内外股票基准配置占比均为 25%。

此外，为加强对权益类投资的风险管理，日本对债券和股票类资产均设置了整体风险容忍区间，将境内外股票配置区间限制在 50% ± 11%。截至 2023 财年末，GPIF 对国内债券、国外债券、国内股票、国外股票四类资产的配置占比分别为 24.86%、24.54%、25.02%、25.57%（见表 4-4）。

表 4-4　日本 GPIF 的基本投资组合目标变化

中期目标期	阶段		国内债券	国外债券	国内股票	国外股票	短期资产
第一个	2006 年 4 月—2010 年 3 月		67% ± 8%	8% ± 5%	11% ± 6%	9% ± 5%	5%
第二个	2010 年 4 月—2013 年 6 月		67% ± 8%	8% ± 5%	11% ± 6%	9% ± 5%	5%
	2013 年 6 月—2014 年 10 月		60% ± 8%	11% ± 5%	12% ± 6%	12% ± 5%	5%
	2014 年 10 月—2015 年 3 月		35% ± 10%	15% ± 4%	25% ± 9%	25% ± 8%	—
第三个	2015 年 4 月—2020 年 3 月		35% ± 10%	15% ± 4%	25% ± 9%	25% ± 8%	—
第四个	2020 年 4 月至今	每项资产	25% ± 7%	25% ± 6%	25% ± 8%	25% ± 7%	—
		债券和股票整体	50% ± 11%		50% ± 11%		—

资料来源：GPIF，课题组整理。

2001 财年以来，GPIF 的实际大类资产配置规模变化呈现出两大显著特征。其一，自 2014 财年以来，日本国内债券配置规模逐渐下降，在 2019 财年达到阶段性低点。与此同时，日本 10 年期国债收益率也达到阶段性历史低位 -0.29%，日本国内债券配置占比从 2001—2010 财年间的 70% 左右逐步下降至 2023 财年的 25% 左右；其二，为应对国内债券利率的下降，GPIF 增加了对海外资产及权益类资产的配置占比，其中，国外债券配置占比从 2001 财年的 3.49% 增加至 2023 财年末的 24.54%，国内股票配置占比从 2001 财年的 17.68% 增加至 2023 财年末的 25.02%，国外股票配置占比从 2001 财年的 9.9% 增加至 2023 财年末的 25.57%（见图 4-10）。

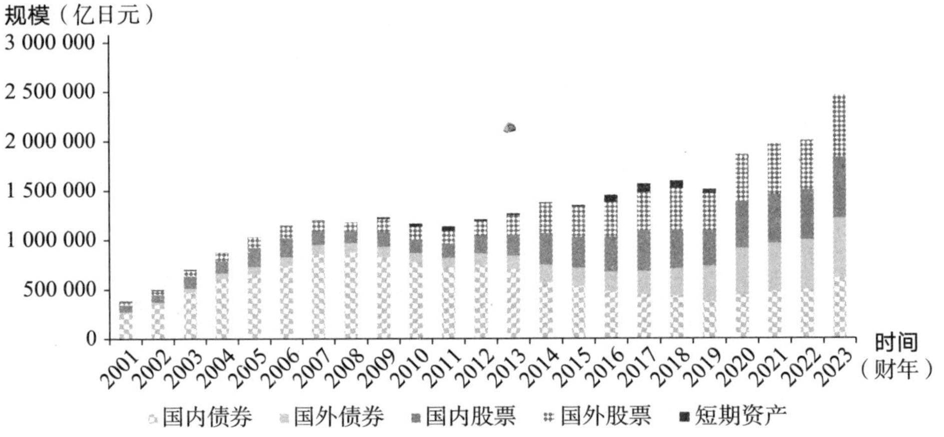

图 4-10　2001—2023 财年 GPIF 的实际资产配置规模变化情况

资料来源：GPIF，课题组整理。

投资方式上，2001 财年至今，GPIF 的资产配置逐渐向被动管理方式转变（见图 4-11）。2001 财年末，被动管理规模占比仅为 50%；2023 财年末，被动管理规模增加至 82%。其中，国外债券、国内外股票被动管理占比均大幅增加，国内债券被动管理占比则从阶段性高点 90% 下降至 2023 财年的 49%。GPIF 增加被动管理资产配置的主要原因有两个方面：一方面，在过去 20 年间，

GPIF 管理的资产规模从 2001 财年末的 113.61 万亿日元增加至 2023 财年末的 245.98 万亿日元，管理难度加大，采用被动管理方式既可以节约管理费用，又可以发挥规模效应，提升管理效率；另一方面，被动管理方式关注长期走势，这与养老金长期性的特征更加适配。

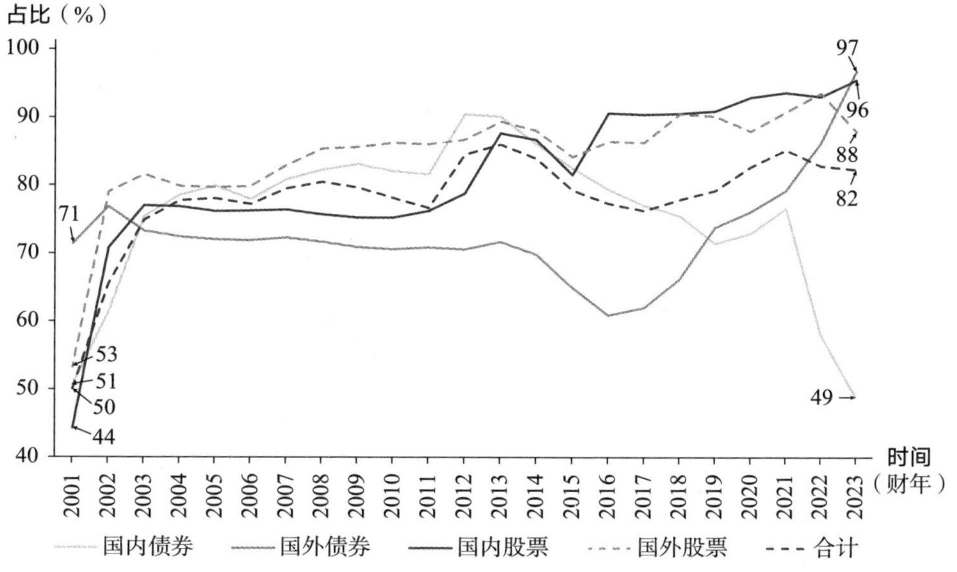

图 4-11　2001—2023 财年 GPIF 资产中采取被动管理方式的占比变化

资料来源：GPIF，课题组整理。

投资收益上，国外股票类资产贡献了最高的收益，国内债券类资产的收益率最低。2001—2023 财年，所有资产的整体收益率为 4.36%，其中，国外股票、国内股票、国外债券、国内债券的收益率分别为 8.40%、5.28%、4.86%、1.04%。若从增加了权益类资产配置比例后开始考虑，2014—2023 财年，所有资产的整体收益率为 6.81%，其中，国外股票、国内股票、国外债券、国内债券的收益率分别为 13.41%、11.08%、3.95%、0.23%（见图 4-12）。

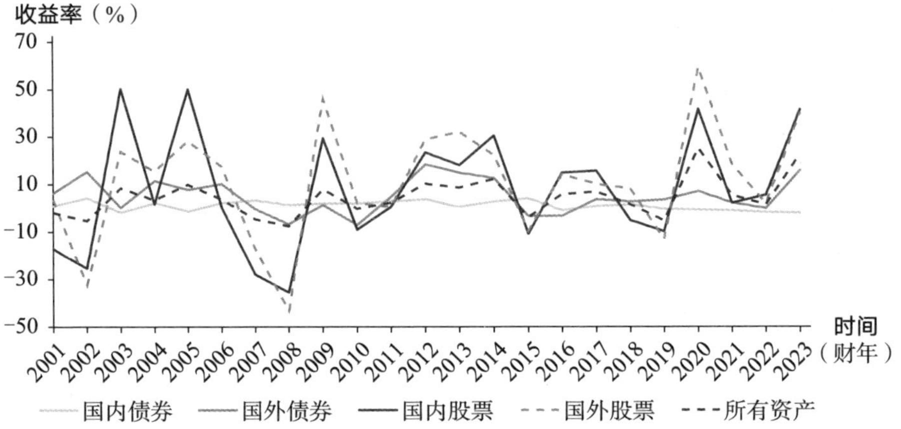

图 4-12　2001—2023 财年 GPIF 的投资收益率变化

资料来源：GPIF，课题组整理。

低利率环境下养老金投资的应对策略

通过大类资产配置及全球资产配置应对低利率挑战

在应对低利率挑战时，美国、日本等发达养老金市场的资产配置策略均体现出增加全球化资产以及大类资产配置的特征，在全球寻找高收益、低风险的不同资产类别的优质资产项目并加以配置，有助于养老资金实现更多收益。与此同时，还可以充分利用境外投资分散风险的功能，降低投资组合的整体风险敞口。

目前，对于我国养老金投资，监管部门规定，投资于股票等权益类资产的合计占比不超过总资产净值的30%，实操中，机构出于风险考量，实际配置权益类资产的占比往往更低。海外资产配置上，仅准许年金基金通过股票型养老金产品或公募基金投资港股通标的股票。为了实现长远增值和分散风险的投资目标，建议我国养老资金可有序纳入更多境外资产，以开展全球化资产配置的布局。为了实现长远增值和分散风险的投资目标，可逐步将在中国香港注册成立的基金及金融产品纳入到内地养老金体系投资范围内。中国内地与香港互联互通机制在多年顺畅运作下，发展已趋于成熟，跨境理财通业务也可以逐步扩容，允许个人养老金投资香港金融机构发行的理财产品，给民众提供更多选择。

增加共同基金及被动管理比重，提高管理效率

管理方式上，美国养老金增加了对共同基金的配置比例，日本养老金则逐渐转向被动管理。究其原因，一方面，在过去 20 年间，美国、日本的养老金市场规模均出现了迅速扩张，管理难度加大，采用共同基金或被动管理方式能较好地发挥规模效应，提升管理效率；另一方面，共同基金能够分散风险，而被动管理方式关注的是长期走势。这二者与养老金安全性、长期性的特征更加适配。目前，我国养老金配置仍以直接投资为主，管理成本较高，可积极探索被动管理方式的可行性，为未来养老金规模快速增长做好准备。

增加养老储备宣传，提升养老金投资信息披露透明度

较美国、日本的养老金市场而言，我国的养老金市场仍有较大发展空间，随着老龄化程度不断加剧，养老金系统持续承压，但居民的养老储备意识仍然不足，这时，可充分发挥银行、保险及基金等不同金融业态的市场优势，通过线上线下结合的方式，加强居民养老储备观念的普及。与此同时，要适当加大养老金投资信息披露的透明度，对养老金大类资产配置情况、投资业绩表现等增加披露，从而增强居民对机构投资管理养老金能力的信心。

第 5 章

“反 ESG”思潮下，ESG 资管发展概况与 ESG 真实作用探析

后疫情时代，“逆全球化”思潮涌动，全球经济处于转型之中，各国的产业政策除了考虑经济效益外，还将安全以及可持续等因素置于更高的位置。ESG 作为全球经济和能源转型中一种新的价值观，在经历了早期的蓬勃发展后，目前面临着巨大的挑战。以欧美为首的低碳转型倡导者，在地缘政治格局加速变革、贸易保护主义抬头、能源危机等新的时代背景下又发出了“反 ESG”的声音。

2023 年，美国可持续基金首次出现了资金净流出，产品新发数量下降至近 4 年里的最低点。国内 ESG 公募基金新发数量也连续两年出现了下滑，规模和份额均大幅缩水。在这种背景下，重新考虑 ESG 在投资决策中的真正作用显得格外重要。

本章对经济转型背景下国内外的 ESG 投资现状进行了梳理，通过实证分析我们发现，经济转型中的 ESG 反映了资产的抗风险能力，ESG 投资策略可以有效提升资产的风险韧性，ESG 评级高的资产标的“抗跌”能力更强。

长期来看，ESG 将持续发挥在抵御风险方面的优势，相关产品的种类也会更加丰富，气候风险将在 ESG 评价中占据更高的话语权，国际可持续准则理事会（ISSB）框架下的 ESG 信息披露也会趋于标准化、规范化和可比化。因此，

尽管“反 ESG”思潮开始出现，但 ESG 凭借其较好的抗风险能力依旧是较为重要的投资策略。

国际市场 ESG 投资阶段性受阻

2023 年，国际市场 ESG 投资的相关产品规模因为不同因素均出现了下滑，ESG 发展阶段性受阻，但在不同国家和地区，导致规模下滑的因素各不相同。美国因为将 ESG 因素嵌入到政治博弈中，导致“反 ESG”思潮兴起；欧洲则因为监管趋严，导致 ESG 投机需求受到抑制。

美国：ESG 投资因武器化、政治化而面临巨大争议，规模出现下滑

美国是目前全球“反 ESG”舆论战中呼声最大的国家，ESG 也因美国的“红蓝之争”而逐渐被政治化、武器化。美国共和党支持者背后的产业大多属于化石燃料和高碳排放行业，近两年，一系列立法的出台减少了 ESG 投资对自身利益的影响。仅 2022 和 2023 两年，美国便有 18 个州的立法者共通过了 36 项“反 ESG”法案，2024 年，预计“反 ESG”法案的数量还将持续增加。

在“反 ESG”思潮推动下，美国可持续基金在 2023 年首次出现了资金净流出的情况，产品新发数量也下降至近 4 年来的最低点。从资金流来看，2023 年，美国可持续基金的资金净流出超过了 130 亿美元，这是近 10 年来首次出现资金净流出情况，投资者开始对可持续基金产生怀疑（见图 5-1）。从产品新发情况看，2023 年，美国共新发了 66 只可持续基金产品，较此前两年平均百只以上的水平出现了显著下滑，这一情况的出现，主要受主动型基金产品拖累（见图 5-2）。

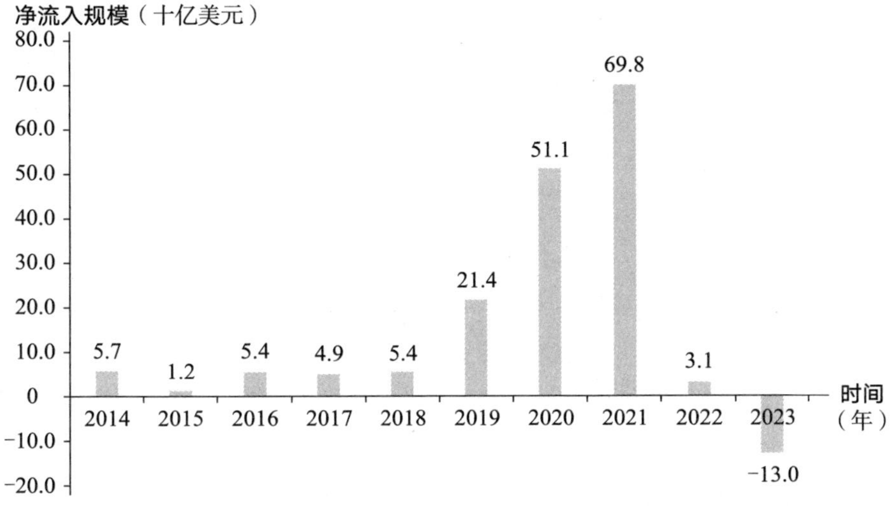

图 5-1　2014—2023 年美国可持续基金产品资金净流入情况（截至 2023 年 12 月）

注：样本包括已清算基金，但不包括 FOF。

资料来源：晨星公司。

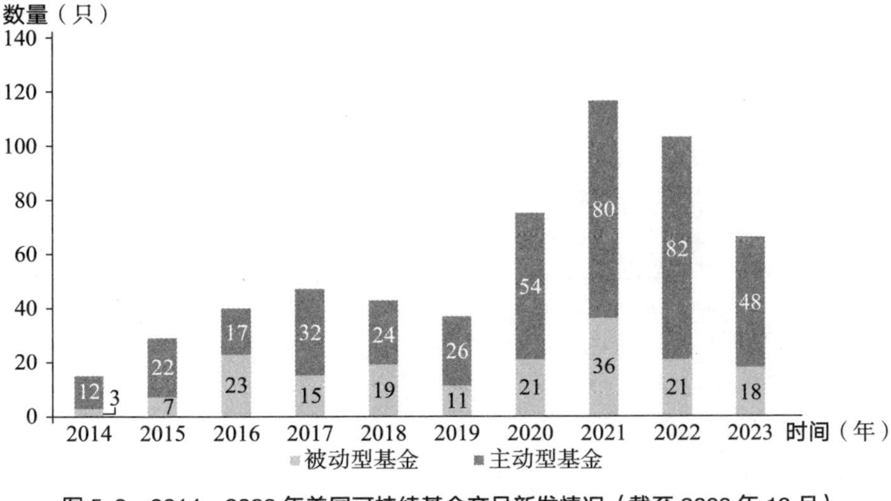

图 5-2　2014—2023 年美国可持续基金产品新发情况（截至 2023 年 12 月）

注：样本包括已清算基金，但不包括新发后改变用途基金。

资料来源：晨星公司。

迫于“反 ESG”思潮的压力，资管机构开始淡化 ESG 理念宣传，并减少了对关键 ESG 决议的支持。以曾引领 ESG 投资的贝莱德（Black Rock）为例，2020 年，该公司 CEO 对外宣称：“气候变化不同于其他金融挑战，贝莱德会将可持续性置于其投资方法的中心。”此后，美国各类资管机构先后签署了净零碳排放计划，并在投资决策中纳入 ESG 因素。

近年来，在“反 ESG”思潮的压力下，美国资管机构开始淡化 ESG 理念宣传。例如，2023 年，贝莱德投资 5.5 亿美元参与世界上最大的碳捕获项目，对外宣传的是该项目的盈利能力，而非针对气候风险的管理。此外，从 2023 年可持续基金在关键 ESG 决议的投票情况来看（见表 5-1），除 Parnassus 和 Impax 连续 3 年保持 100% 支持率之外，大部分机构在关键 ESG 决议的支持率上均呈现出持续下降态势，且在 2023 年出现了断崖式下跌。

表 5-1 2021—2023 年美国可持续基金在关键 ESG 决议上的投票情况

资管机构名称	2023 年可持续基金总资产规模（十亿美元）	关键 ESG 决议的支持率（%）		
		2023 年	2022 年	2021 年
贝莱德旗下 iShares	59.2	37	45	49
Parnassus	39.3	100	100	100
摩根士丹利投资管理公司旗下 Calvert	34.9	94	100	98
先锋领航（Vanguard）	30.5	9	21	51
美国思休教师基金会（TIAA）旗下 Nuveen	21.7	67	65	91
美国德明信（Dimensional）基金	13.1	12	43	36
布朗咨询公司（Brown Advisory）	9.8	72	95	—
Impax	8.5	100	100	100
东方汇理资管集团（Amundi）	8.5	34	77	100
全球资管巨头景顺（Invesco）	7.8	86	—	—

资料来源：晨星公司。

欧洲：持续完善 ESG 监管政策，阶段性遏制投机需求

与美国不同，欧洲则是因为持续完善 ESG 监管政策，将带有欺诈性投机需求阶段性出清，导致 ESG 投资规模出现了下滑。

在消费端，为了保护欧洲消费者免受“漂绿”产品的误导，营造公平的竞争环境，2022 年 3 月，欧盟公布了《不公平商业行为指令》（*Unfair Commercial Practices Directive*）和《消费者权利指令》（*Directive on Consumer Rights*）两项提案，通过更新禁止“漂绿”等商业行为清单来帮助消费者作出明智的购买决定；2023 年 5 月，欧洲议会批准了这两项议案；2024 年 1 月，欧洲议会最终批准了新的法律指令《赋能消费者以实现绿色转型》（*Empowering Consumers for the Green Transition*）。

在投资端，欧洲持续推进对“漂绿”行为的监管和打击。2021 年 3 月，欧盟委员会就推出了《可持续金融信息披露条例》（*Sustainable Finance Disclosure Regulation*，SFDR）；2023 年 1 月，该条例的第二阶段正式实施，对金融产品在可持续方面的信息透明度以及防止金融产品“漂绿”方面作出了更高的要求。

监管政策持续出台的背景下，欧洲可持续基金的资金净流入量和产品新发数量均下降至近 5 年来的新低，投资者对于 ESG 的投资热情锐减。

从资金流来看，2023 年，欧洲可持续基金的资金净流入仅为 70.9 亿美元，较 2021 年高点下降了近 85%，投资者对可持续基金的投资意愿大幅下降（见图 5-3）。

从产品新发情况看，2023 年，欧洲共新发了 385 只可持续基金产品，较前 3 年平均每年 650 只以上的水平出现显著下滑（见图 5-4）。

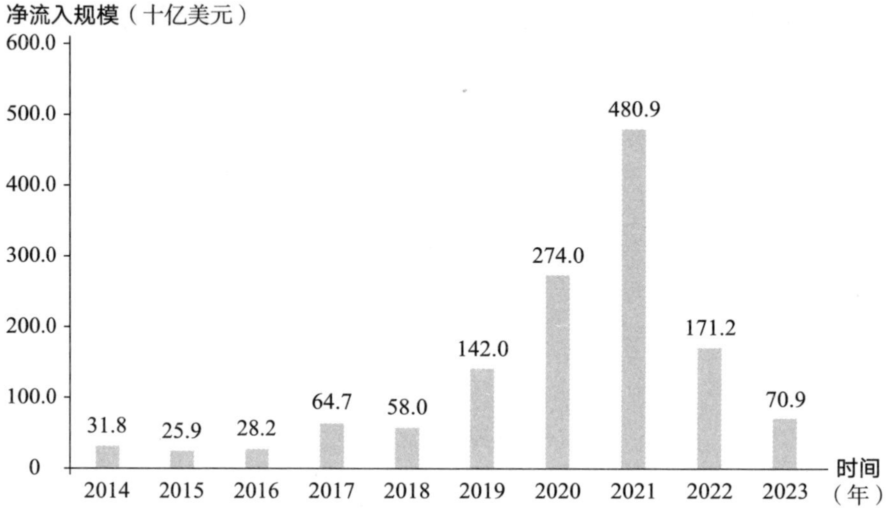

图 5-3　2014—2023 欧洲可持续基金产品资金净流入情况（截至 2023 年 12 月）

资料来源：晨星公司。

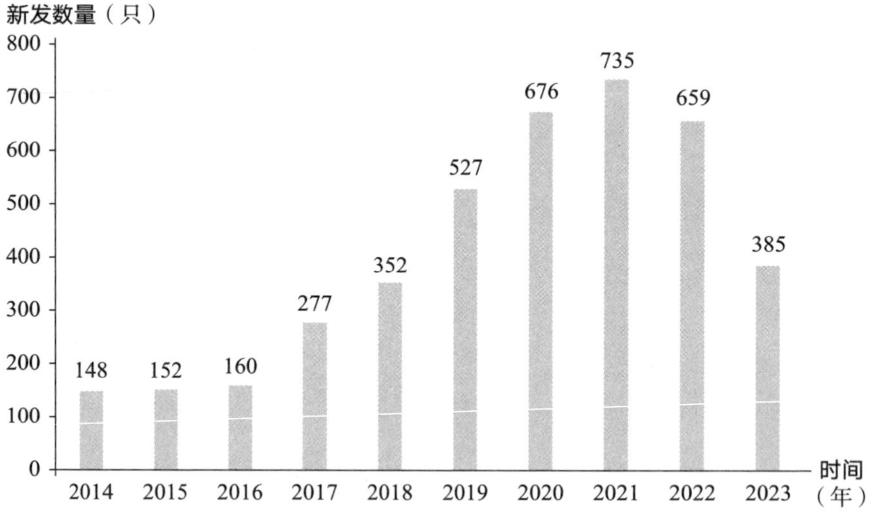

图 5-4　2014—2023 年欧洲可持续基金产品新发情况

资料来源：晨星公司。

国内市场积极拥抱 ESG 投资，但子行业出现分化

不同于欧美国家在 ESG 发展方面存在诸多争议和挑战，我国 ESG 投资发展出现行业分化现象。具体来看，银行保险业在 ESG 领域的投资规模持续增长。基金业因为整体市场环境以及业绩表现欠佳，ESG 基金新发产品数量增长受限，但产品类型持续丰富。

银行业：绿色贷款和 ESG 主题理财产品规模稳步扩张

银行业整体绿色贷款余额再创历史新高。截至 2023 年第四季度末，国内金融机构本外币绿色贷款余额达到 30.08 万亿元，同比增长了 36.5%，这是近年来首次突破 30 万亿元大关（见图 5-5）。银行业作为国内金融的支柱行业，在推动国家绿色转型战略方面始终是攻坚力量。

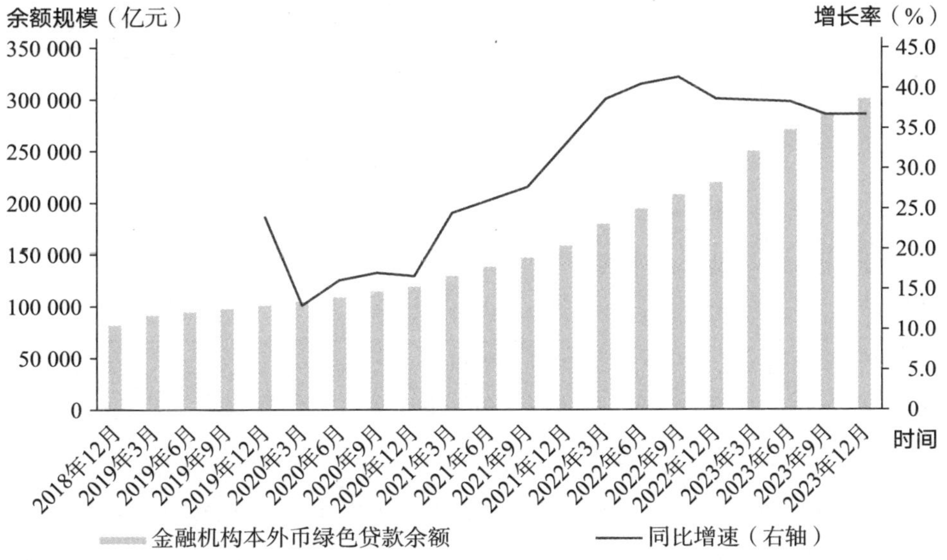

图 5-5　2018 年 12 月—2023 年 12 月国内金融机构本外币绿色贷款余额情况

资料来源：万得资讯。

基础设施绿色升级和清洁能源产业转型是绿色信贷资金的主要投向，间接碳减排效益的项目投入持续提升。从绿色贷款的行业投向来看，按照国家发展和改革委员会《绿色产业指导目录（2019 年版）》的划分，截至 2023 年末，基础设施绿色升级占比为 44%，位列第一；清洁能源占比为 26%，位列第二。两者合计占比自 2020 年以来始终维持在 2/3 以上，是银行业绿色信贷资金最青睐的两个方向（见图 5-6）。

按照对于碳减排效益的作用划分，截至 2023 年末，绿色贷款资金流向间接碳减排效益项目的份额在持续增加，整体占比也从早期的 18% 提升至 33%，而流向直接碳减排效益项目的份额则从早期的 50% 下降至 35%，间接碳减排项目越来越受到重视（见图 5-7）。

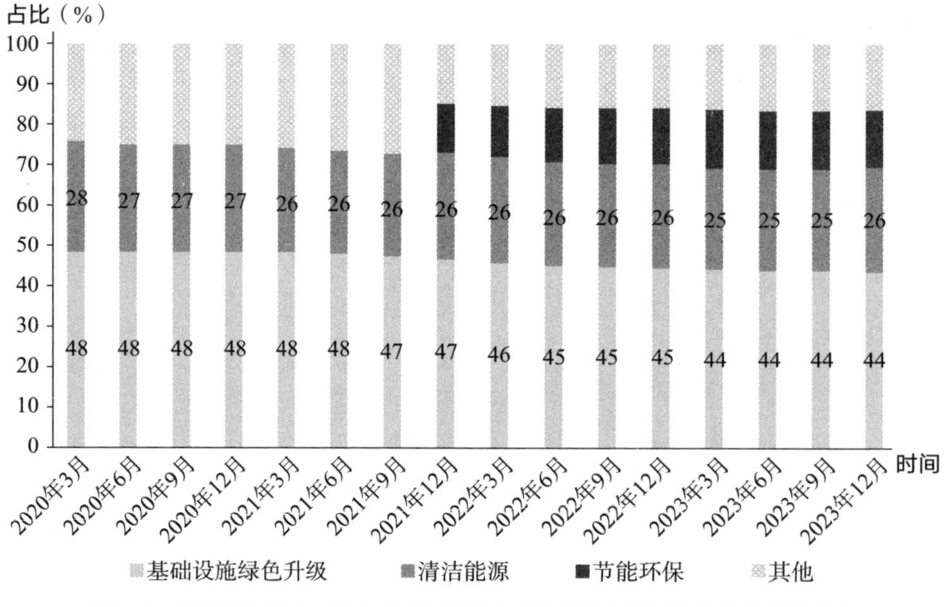

图 5-6　2020 年 3 月—2023 年 12 月国内金融机构本外币绿色贷款行业投向

资料来源：万得资讯。

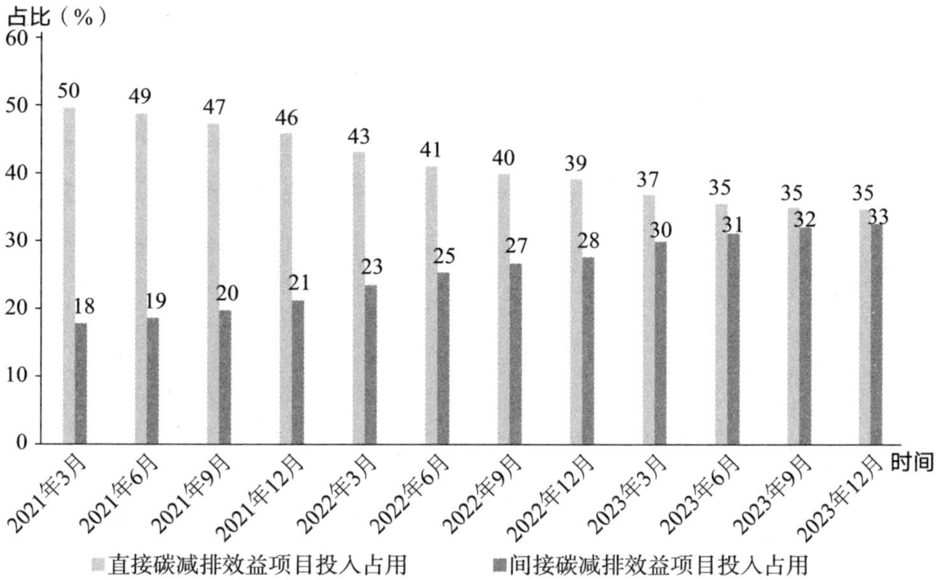

图 5-7　2021 年 3 月—2023 年 12 月国内金融机构本外币绿色贷款对于具有不同碳减排效益作用项目的投入情况

资料来源：万得资讯。

银行 ESG 主题理财产品规模稳步提升，但增速放缓。截至 2023 年末，处在存续状态的银行 ESG 主题理财产品达到 244 只，产品存续规模达 1 480 亿元，同比增长了 13.5%，增速较 2022 年的 35.6% 下降明显（见图 5-8）。

2023 年，累计发行 ESG 主题理财产品 120 只，合计募资超过 1 100 亿元。从发行机构看，农银理财、兴银理财和华夏理财存量 ESG 主题理财产品数量延续 2022 年排名，依旧位列行业前三位。

从产品投资标的看，73.4% 的 ESG 主题理财产品为固收类，投资标的主要是绿色债券、绿色非标债权项目等；26.2% 为混合类；权益类 ESG 主题理财产品目前仍然仅有 1 只，即光大理财于 2020 年发行的阳光红 ESG 行业精选（见图 5-9）。

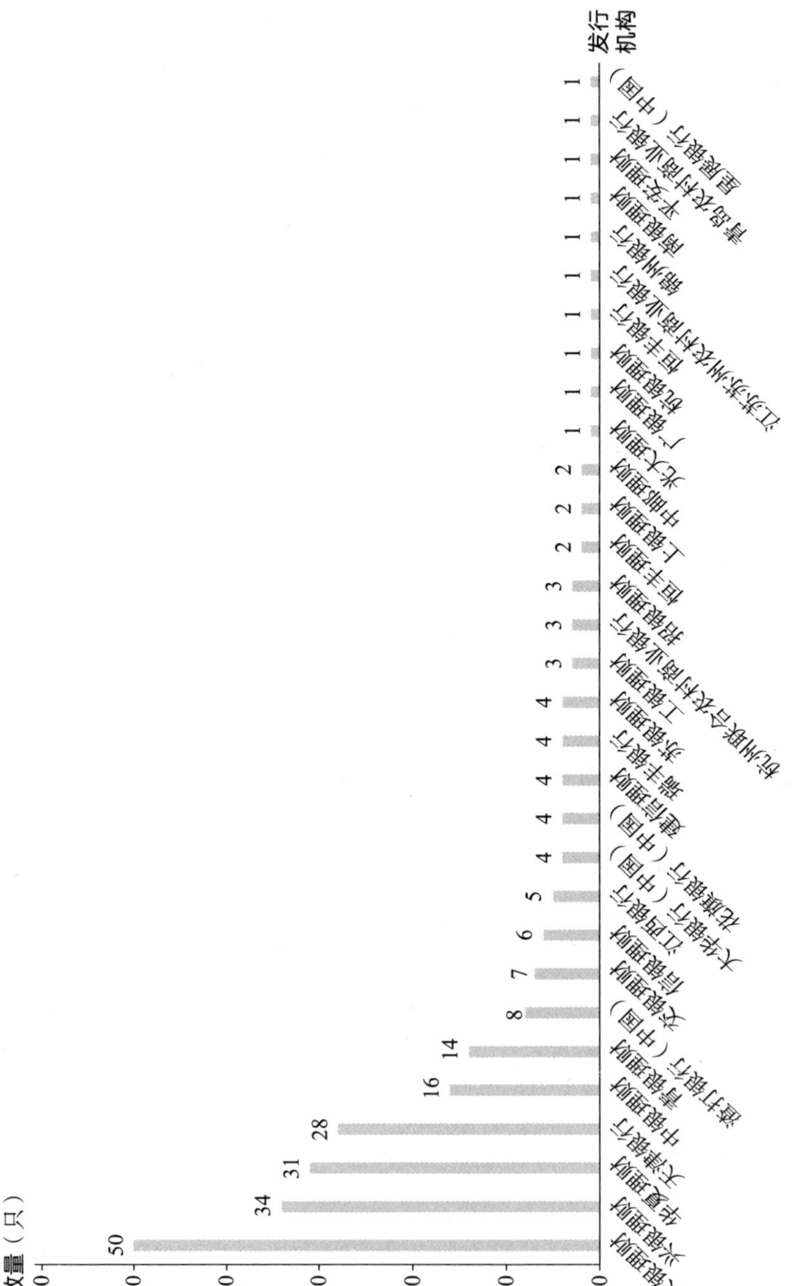

图 5-8 各发行机构存量 ESG 主题理财产品数量（截至 2023 年末）

资料来源：万得资讯。

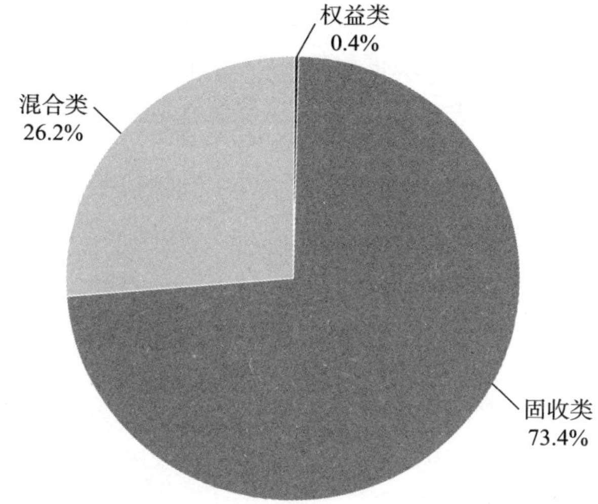

图 5-9　各发行机构存量 ESG 主题理财产品投资标的类型（截至 2023 年末）

资料来源：万得资讯。

保险业：持续拥抱绿色投资，助力谱写绿色金融篇章

保险业绿色投资规模保持快速发展态势，ESG 投资理念持续增强。根据 A 股五大上市保险机构的 2023 年可持续发展报告，截至 2023 年末，5 家上市保险公司绿色投资余额为 9 066.6 亿元，同比增长了 18.1%。其中，中国人寿的存量规模最大（见图 5-10），约为 4 627.9 亿元，同比增长了 7.6%；中国人保的同比增速最快，2023 年绿色投资余额为 979 亿元，同比增长了 50.6%。从投资方向看，保险机构主要聚焦于节能环保、清洁能源、基础设施绿色升级（如绿色交通）等领域，通过绿色金融为企业和社会能源转型赋能。

行业绿色投资监管体系日趋规范，促进保险机构绿色金融高质量发展。2023 年 9 月，中国保险行业协会发布了全球首个全面覆盖绿色保险产品、保险资金绿色投资以及保险公司绿色运营的行业自律规范《绿色保险分类指引（2023 年版）》。2024 年 4 月，金监总局向保险公司、中国保险行业协会等下发了《关于推动绿色保险高质量发展的指导意见》，对绿色保险发展的负债端提出了 9 项重点工作任务，投资端提出了 3 项重点工作任务，从负债和资产两端同时发力，以充分发挥保险机构在推动全社会绿色转型方面的重要作用，助力做好绿色金融这篇大文章。

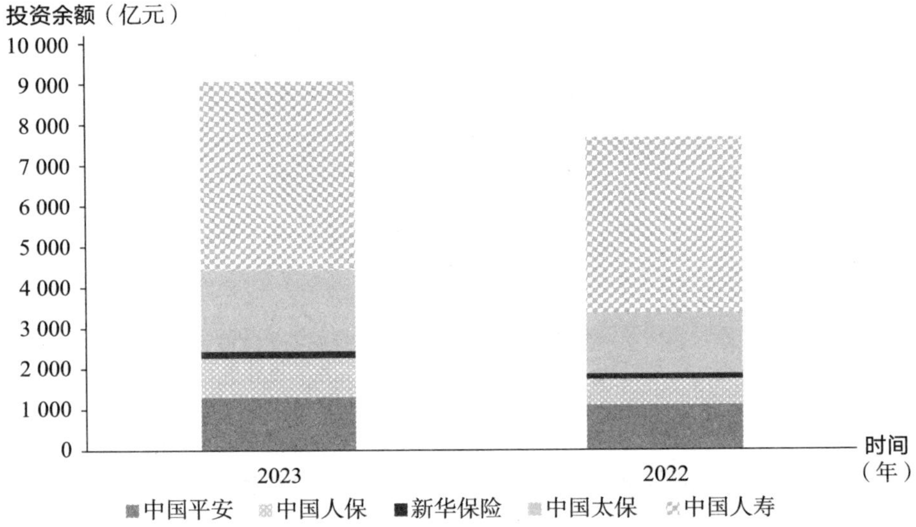

图 5-10　2022—2023 年上市保险机构绿色投资余额情况

资料来源：各公司 2023 年可持续发展报告。

基金业：ESG 基金新发受到抑制，但产品种类在持续丰富

由于目前国内尚未形成对 ESG 公募基金产品的明确定义，市场在界定 ESG 基金时，依据的往往都是基金名称以及基金投资策略和业绩比较基准等因素。为了方便统一口径，课题组采用的是万得资讯分类标准的 ESG 投资基金界定方式，其中涵盖了纯 ESG 主题基金、ESG 策略基金以及环境保护主题基金、社会责任主题基金、公司治理主题基金。

ESG 公募基金新发数量连续两年出现下滑，规模和份额均大幅缩水。从

ESG 基金新发数据看，2023 年，我国新发的 ESG 基金数量为 87 只，同比下滑了 17.9%。截至 2023 年末，新发基金规模为 279.3 亿元，同比下滑了 21.3%；新发基金份额为 212.7 亿份，同比下滑了 50.5%。从 ESG 基金存量数据看，截至 2023 年末，国内存量 ESG 公募基金达到 514 只，总体净值规模为 5 392 亿元，总体基金份额为 5 348 亿份。从整体变化趋势看，自 2020 年 9 月我国提出“双碳”目标以来，ESG 基金在 2020 年和 2021 年迎来爆发式增长，但此后因为整体市场环境以及基金收益率较差（所有样本近一年的收益率中位数为 -11.9%），新发规模和份额连续两年大幅下滑，绝对值已低于 2018 年水平（见图 5-11）。

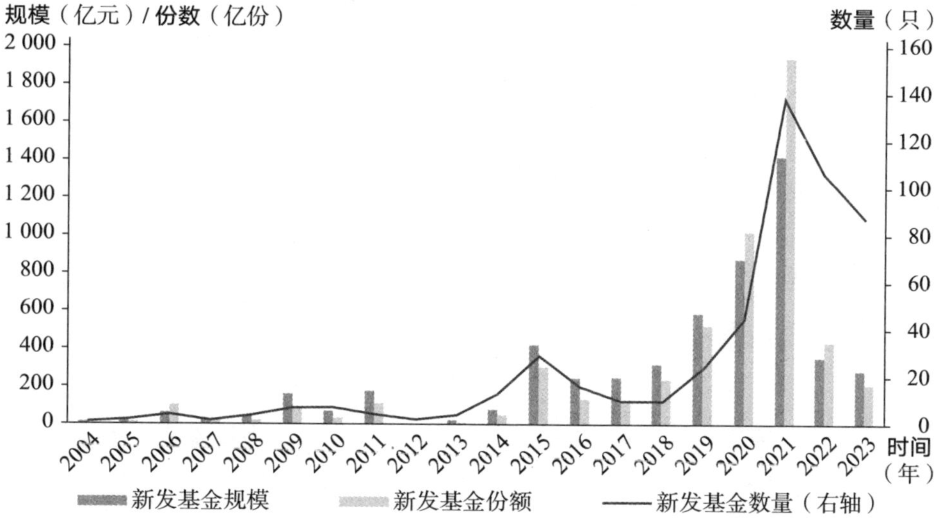

图 5-11　2004—2023 年 ESG 公募基金新发数量、规模和份额变化情况

资料来源：万得资讯。

混合型基金和股票型基金仍是 ESG 公募基金的主要投资类型，权益类资产更容易受到青睐，但首发的 REITs 产品值得关注。从 ESG 公募基金投资标的类型来看（按照数量划分），截至 2023 年末，国内 ESG 公募基金中，股票型基金和混合型基金的数量在全部 ESG 基金数量中的占比分别为 34.2% 和 52.1%，债券型基金、FOF 和 QDII 占比仍为个位数（见图 5-12）。值得关注的是，2023 年，行业新增了一只 REITs 产品，该产品是由中信建投基金公司发行的，以国家电投集团滨海海上风电项目作为底层资产，弥补了 ESG 基金产品中缺乏 REITs 产品的空白，未来，该产品或将为行业发展带来较强的示范作用。

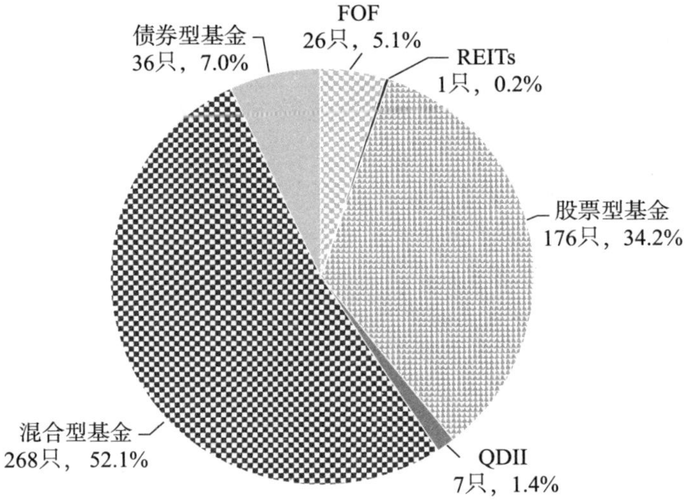

图 5-12　不同投资标的类型 ESG 公募基金数量及占比情况

资料来源：万得资讯。

从投资的细分行业来看，ESG 公募基金更倾向于电力设备和电子等工业领域。从 ESG 公募基金第一大重仓行业情况看（按照申万一级行业划分），截至 2023 年末，在国内 ESG 公募基金中，有 137 只基金将第一大重仓行业锚定在电力设备行业，57 只锚定在电子行业，50 只锚定在食品饮料行业，47 只锚定在医药生物行业，其余则较为分散（见图 5-13）。而电力设备行业的细分子行业主要是光伏、风电、电网设备，包括电池、电机以及其他电源设备行业在内，它们基本上都跟国内新能源产业密切相关，投资它们符合这类基金的投资策略。

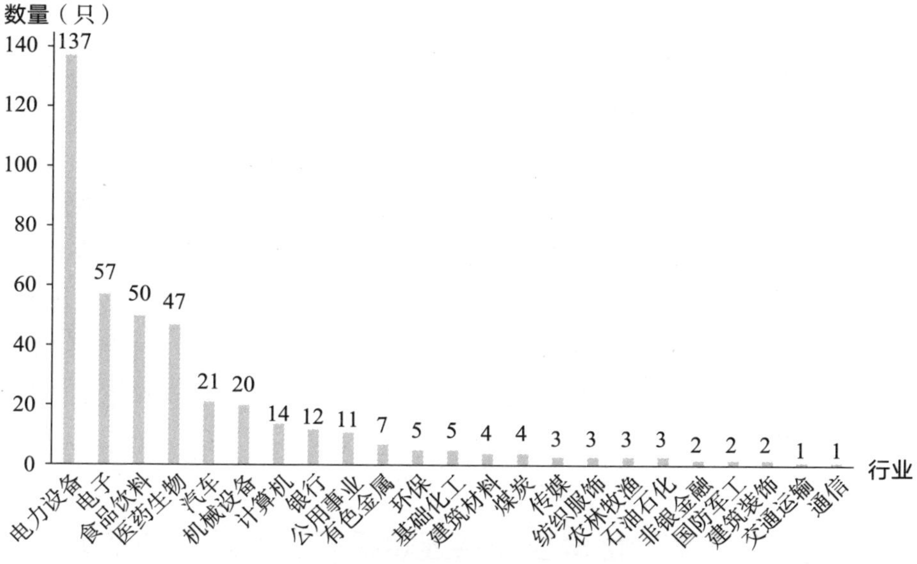

图 5-13　ESG 公募基金第一大重仓行业分布情况

资料来源：万得资讯。

经济转型中 ESG 反映了资产的抗风险能力

如前文所述，近年来，在经济转型背景下，国内外 ESG 资管产品规模呈现出不同程度的下降态势，相关产品的绩效表现也不尽如人意。然而，企业 ESG 评级涵盖的内容十分丰富，是衡量企业可持续发展的“重要参照系”与“风向标”。ESG 投资致力于引导企业在发展中重点关注气候变化风险、履行社会责任、避免出现经济负外部性并重视其他利益相关者的权益。理论上看，ESG 信息作为财务数据的有效补充，可以帮助利益相关者加深对企业的了解程度，良好的 ESG 表现可以向外界传达出一种良好声誉的信号，说明企业在积极承担社会责任，注重产品质量和可持续发展能力。在市场下行以及企业遭遇外部冲击的背景下，在 ESG 方面表现较好的企业更有可能赢得利益相关者的信赖，从而表现得更有韧性，抗风险能力也更强。也就是说，ESG 的最终作用可能归口于企业风险管理，发挥类保险效应。

然而，当前全球范围内，ESG信息披露标准林立，尚未形成统一的ESG信息披露标准，这就造成了不同标准下，同一企业的ESG评级存在差异与分歧的情况，这势必会对投资者决策造成负面影响，进而加剧投资风险。《2022年中国资产管理行业发展报告》研究发现，国内评级机构的ESG评级结果无论是与海外相比，还是与本土其他评级机构相比，相关性系数均较低，大多时候都在0.4及以下，这说明，各评级结果之间的相关性普遍偏低。综上，本章将以沪深A股上市公司为例，探究企业ESG表现、ESG分歧与企业抗风险能力之间的关系。

企业在ESG方面的优异表现将显著提升资产抗风险能力

为研究企业ESG表现能否提升资产抗风险能力，课题组选取了2009—2022年的所有沪深A股上市公司作为研究对象，分析上市企业ESG表现对企业风险承担水平的影响。样本期始于2009年，这是因为上海华证指数信息服务有限公司（以下简称“华证”）对我国A股上市公司的ESG评级开始于这一年。

参考已有文献的做法，课题组对样本数据进行了如下处理：（1）剔除了上市企业中被标记为ST、*ST的样本；（2）利用插值法填补样本缺失数据；（3）剔除了数据仍存在大量缺失的样本。最终，课题组得到了23 738个观测值作为最终样本。课题组所用到的华证、万得资讯、明晟（MSCI）、商道融绿、社会价值投资联盟的ESG评级数据分别来自万得资讯数据库和相关评级公司官方网站，其他数据均来自国泰安（CSMAR）和万得资讯数据库。此外，为了控制极端值问题，课题组对所有连续变量进行了1%的缩尾处理。

课题组从资产抗风险能力角度探讨了上市企业ESG表现与企业风险承担水平之间的关系，并建立了以下回归模型进行研究：

$$ROE\_SD_{i,t} = \beta_0 + \beta_1 ESG_{i,t} + \beta_2 control_{i,t} + Cor_t + year_i + \varepsilon_{i,t} \quad (1)$$

式（1）中，下标 i 和 t 分别表示样本个体和年份，被解释变量 *ROE_SD* 表示企业风险承担水平，课题组采用企业盈利的波动性来衡量企业风险承担水平。具体来讲，课题组把样本期分为 2009—2013 年、2014—2017 年、2018—2022 年三个区间，并计算出每个区间的 σ 作为 *ROE_SD*，该指标越大，说明企业收益波动越大，也就是面临的风险越大。解释变量为华证 ESG 评级数据。

为控制其他可能会对企业风险承担水平产生影响的因素，参考相关研究，式（1）中的 *control* 代表的是企业层面和宏观层面的控制变量，企业层面的控制变量包括企业规模（*SIZE*）、企业成立年限（*AGE*）、企业成长性（*GROWTH*）、固定资产比（*FIXRATIO*）、账面市值比（*BM*）、企业现金流（*CASH*）。宏观层面的控制变量包括 *GDP*、广义货币（*M2*）。另外，*Cor* 为个体控制变量，*year* 为时间控制变量，课题组主要研究变量具体指标及计算方法（见表 5-2）。

表 5-2　变量定义表

变量分类	变量符号	变量名称	变量定义
被解释变量	*ROE_SD*	企业风险承担	通过分析企业盈利的波动性来衡量企业风险承担水平
解释变量	*ESG*	ESG 评级得分	分值越高，评级越高
控制变量（企业层面）	*SIZE*	企业规模	企业期末净资产总值取自然对数加 1
	AGE	企业成立年限	距离企业上市当年的时间
	GROWTH	企业成长性	当年的营业收入相对于前一年的增长率
	FIXRATIO	固定资产比	企业固定资产净值占总资产的比率
	BM	账面市值比	企业当年的账面市值比，用企业总资产除以市值得到
	CASH	每股经营现金流	经营现金流净额 / 总股本
控制变量（宏观层面）	*GDP*	经济增长水平	宏观变量，*GDP* 同比增长率
	M2	广义货币增长	宏观变量，*M2* 同比增长率

表 5-3 汇报了企业 ESG 表现对企业风险承担水平影响的基准回归结果。实证结果表明，无论是否加入控制变量，企业 ESG 表现与企业风险承担水平均在 1% 的水平上显著为负，这表明，企业 ESG 的优异表现将显著降低企业盈利波动性，即降低企业风险承担水平。课题组进一步探索了企业 ESG 在三个单一维度层面是否会对企业风险承担水平造成影响。具体来说，课题组将式（1）中的自变量 *ESG* 评分分别替换为企业的 E（环境）、S（社会）和 G（公司治理）评分，然后进行回归，得到了表 5-3 中的后三列。在对 ESG 各子项目的回归分析中发现，E（环境）、S（社会）和 G（公司治理）对企业风险承担水平均呈现出负向影响，但 E（环境）的影响不显著，而 S（社会）和 G（公司治理）分别在 10% 和 1% 的水平显著为负。这表明，企业 ESG 不同的维度对企业风险承担水平的影响存在明显差异，公司治理和社会表现对企业风险承担水平的影响更为明显。

表 5-3　企业 ESG 表现与企业风险承担

分项	(1)	(2)	(3)	(4)	(5)
ESG	−0.119***	−0.198***	—	—	—
E	—	—	−0.012	—	—
S	—	—	—	−0.018*	—
G	—	—	—	—	−0.110***
控制变量	未控制	控制	控制	控制	控制
时间固定效应	控制	控制	控制	控制	控制
个体固定效应	控制	控制	控制	控制	控制
_cons	−0.243**	1.555***	1.944***	1.959***	1.362***
N	23738	23738	23738	23738	23738
adj. R^2	0.605	0.605	0.605	0.605	0.606

注：括号内值为回归系数的 t 值；***、**、* 分别代表估值在 1%、5%、10% 显著性水平上显著。

此外，考虑到评级调整的趋势性和影响的滞后性，本文以样本期的中间年份 2015 年为界，将样本期分为两个阶段，并分别取两个阶段的 ESG 均值做差，若差值大于 0，即前一个阶段的 ESG 得分小于后一个阶段，说明该企业评级上调，反之则说明评级下调。基于上述方法，课题组对评级调整后的 ESG 效果进行了检验。回归结果见表 5-4。当评级结果上调时，ESG 对降低企业风险承担的作用仍旧保持稳定，而当评级结果下调时，企业应承担的风险水平将有所上升。

从经济学的角度来看，企业 ESG 报告作为企业的“第二财报”，优异的 ESG 表现可以向企业内部和外界释放出积极的信号，降低企业风险。对内，优异的企业 ESG 表现代表着高质量的内部控制，有助于发挥高管的监督效应和经营合规效应。对外，优异的企业 ESG 表现能够释放出积极信号，巩固与利益相关方的关系，增强企业与利益相关方之间的信任，满足利益相关方的长期主义诉求。这一结果说明，优秀的 ESG 表现可以有效降低企业风险承担水平。

表 5-4　评级调整和评级不确定性对企业风险承担的影响

分项	(1)	(2)	(3)
ESG	-0.858***	0.124***	-0.739**
ESG_Std	—	—	3.165**
ESG × *ESG_Std*	—	—	0.498***
控制变量	控制	控制	控制
时间固定效应	控制	控制	控制
个体固定效应	控制	控制	控制
_cons	14.805***	0.097	-1.609***
N	13679	10059	12175
adj. R^2	0.372	0.619	-0.323

注：括号内值为回归系数的 t 值；***、**、* 分别代表估值在 1%、5%、10% 显著性水平上显著。

ESG 评级分歧将加剧企业风险

考虑到当前的 ESG 评级标准尚未统一，对同一资产标的的 ESG 评级往往存在较大差异，课题组认为，ESG 评级的不确定性可能提高了企业风险承担水平。为了验证这一猜想，本文基于华证、万得资讯、明晟、商道融绿、社会价值投资联盟及作者自建的上市企业 ESG 评级（*ESG_new*）等 6 个 ESG 评级结果，采用如下方式衡量 ESG 评级的不确定性：第一，选择两组评级数据，并筛选出共同覆盖的上市公司，按照不同年份排序，同时计算其在当年样本中的分位数；第二，计算同一公司在不同评级下的分位数标准差；第三，重复步骤一和步骤二，依次计算六组评级数据共 12 个组合的标准差，求平均数后得到 ESG 不确定性指标（*ESG_Std*）。从回归结果看（见表 5-4 第 4 列），*ESG* 与 *ESG_Std* 交互项的系数显著为正，这说明 ESG 评级不确定性加重了企业面临的风险。综上，ESG 评级口径的统一可比是 ESG 发挥风险管理作用的重要条件，因此，统一 ESG 信息披露标准迫在眉睫。

国内外 ESG 信息披露标准新动向

从上文实证分析可以看出，ESG 信息披露标准的统一可比是 ESG 发挥出自身抗风险能力的重要因素。信息披露是推动 ESG 发展与 ESG 监管工作的重要抓手，当前，有关 ESG 监管的新动向主要集中在 ESG 信息披露层面。ESG 信息披露作为 ESG 投资与 ESG 评级的基础，在 ESG 整个生态体系的发展中发挥着重要作用。然而，在全球范围内，ESG 信息披露标准至今尚未达成统一，当前，国际主要的 ESG 信息披露标准包括全球报告倡议组织（GRI）的《可持续发展报告标准》（*QRI Standards*）、气候相关财务信息披露工作组（TCFD）的披露框架和可持续发展会计准则委员会（SASB）的《可持续会计准则》等。

ESG 信息披露标准的差异，一方面造成 ESG 评级结果的分歧与不确定性，继而导致企业风险上升，另一方面也成为 ESG 评级实践和投资实践中的难题。2023 年以来，以国际组织、各国政府、全球主要交易所为代表的各类组织机构发布了各有特点与侧重的 ESG 信息披露准则，这些准则均对企业气候风险的信息披露做了强化，下面我们将对国内外 ESG 信息披露标准的新动向进行梳理介绍。

国际 ESG 信息披露新动向

ISSB 准则为全球 ESG 信息披露提供了基线

2023 年 6 月 26 日，ISSB 发布了首批可持续披露准则，即《国际财务报告可持续披露准则第 1 号——可持续相关财务信息披露一般要求》（以下简称“IFRS S1”）、《国际财务报告可持续披露准则第 2 号——气候相关披露》（以下简称“IFRS S2”），上述文件已于 2024 年 1 月 1 日及之后开始的年度报告期生效。这两个可持续披露准则是基于 SASB、国际综合报告委员会（IIRC）、TCFD 的披露框架构建而成的，它们的发布不仅为全球企业的气候与可持续发展信息披露提供了参考基线，还将在相对统一的基础上，为全球投资者在做投资决策时提供具有参考价值的 ESG 信息披露（见图 5-14）。

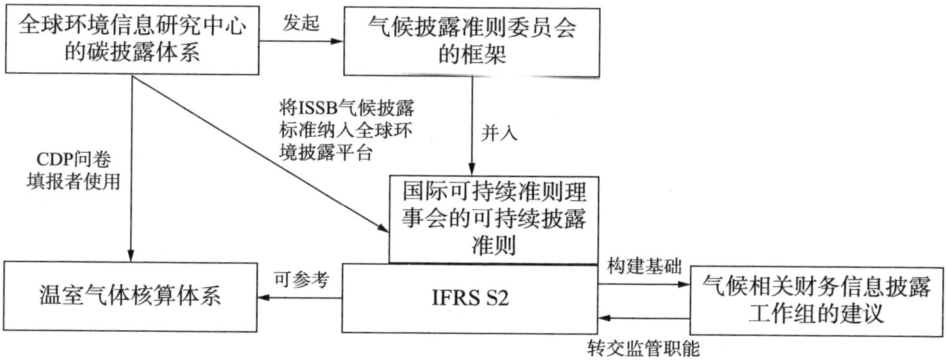

图 5-14　企业气候信息披露标准之间的关系演变

资料来源：中金公司。

ISSB 发布的准则之所以有望成为全球 ESG 信息披露的参考基线，一是其参考借鉴了前期多种气候领域信息披露标准，提升了其自身的多元性、兼容性和操作性；二是其发布后获得了众多国家和组织的认可与支持。

一方面，在 ISSB 发布准则前，各类信息披露标准彼此之间相互借鉴、引用并逐渐走向完善，这为形成一个整合多种标准的全球参考基线提供了依据和基础。就企业气候信息披露而言，IFRS S2 的提出整合与借鉴了以 TCFD 的建议、气候披露准则委员会（CDSB）的框架、全球环境信息研究中心（CDP）的碳披露体系、温室气体核算体系（GHG Protocol）为代表的若干气候领域信息披露准则。尤其值得注意的是，ISSB 发布的两个准则均以 TCFD 的建议为基础，应用 ISSB 发布的 IFRS S1 和 IFRS S2 准则的公司同样符合 TCFD 的建议要求，二者较高的融合度让 IFRS S1 和 IFRS S2 承接 TCFD 在全球范围内已经形成的较强影响力提供了基础。另一方面，IFRS S1 和 IFRS S2 也获得了全球范围内众多国家的支持与推广，相关交易所和国际组织已经率先引入了这两个准则。

表 5-5 展示了部分国家或地区对这两个准则的态度。除此之外，其他相关国家和组织也在考察和评估这两个准则的适用性，并依据该准则及结合自身情况制定披露标准。

就中国而言，2022 年 12 月 29 日，财政部与国际财务报告准则基金会（以下简称“IFRS 基金会”）签署了谅解备忘录，决定设立 IFRS 基金会北京办公室。伴随着北京办公室的设立，中国成为 ISSB 工作组五方辖区之一。在对 ISSB 发布的征求意见稿的回应中，财政部明确表示了对 ISSB 制定全球化可持续发展信息披露准则的积极支持态度。这不仅表现出中国对于 ISSB 探索、制定和设立相关准则的支持，还意味着在相关准则形成的过程中，由于倾听到了中国声音，相关准则也会兼顾中国国情，并为未来中国在 ESG 信息披露领域引入 ISSB 制定的相关准则做好铺垫。

表 5-5　部分国家或地区对 ISSB 发布的两个准则的态度

国家或地区	负责机构	行动或表态
欧盟	欧盟委员会 (EC)；欧洲财务报告咨询组 (EFRAG)	欧盟委员会通过了欧洲首批可持续报告准则，欧盟委员会、EFRAG 和 ISSB 表示将共同提高各自气候相关披露要求的操作性
英国	可持续发展信息披露技术咨询委员会 (TAC)；可持续发展披露政策和执行委员会 (PIC)	基于 ISSB 发布的 IFRS S1 和 IFRS S2 准则，计划在 2024 年 7 月前建立可持续发展信息披露准则
日本	可持续准则理事会 (SSBJ)	基于 ISSB 发布的两个准则，计划在 2024 年 3 月末前发布日本可持续标准意见征求稿，2025 年 3 月末发布终稿
新加坡	可持续发展报告咨询委员会 (SRAC)	对制定符合 ISSB 气候披露要求的准则开展意见征求工作，上市公司拟从 2025 年开始按照 ISSB 准则披露信息
中国内地	财政部	明确表示了对 ISSB 制定全球化可持续发展信息披露准则的积极支持态度
中国香港	香港联合交易所有限公司 (SEHK，以下简称“香港联交所”)	发布《优化环境、社会及管治框架下的气候相关信息披露》咨询文件，建议推出符合 ISSB 发布的两个准则的新气候相关信息披露要求

来源：中金公司。

就 ISSB 此次发布的两个准则自身所要求披露的内容相关性而言，二者注重增强企业信息披露的关联性，主要体现在企业可持续风险与机遇之间的关联性、企业 ESG 报告与企业财务报告之间的关联性以及核心信息之间的关联性等方面。就内容本身而言，IFRS S1 和 IFRS S2 均以治理、战略、风险管理、指标和目标这四个要素为重点披露要素，IFRS S1 强调的是企业在可持续发展中所面临的风险和机遇方面的信息披露，IFRS S2 则更加重视披露气候与环境变化对公司的影响。

ESRS 和 SEC 新规为区域 ESG 信息披露提供参考

2023 年 7 月 31 日，欧盟委员会通过了首批《欧洲可持续发展报告准则》（*European Sustainability Reporting Standards*，ESRS），作为《企业可持续发展报告指令》（*Corporate Sustainability Reporting Directive*，CSRD）的配套准则，

ESRS 已于 2024 年 1 月 1 日起生效。该准则在气候披露等领域与 ISSB 发布的两个准则具有高度一致性。就其适用范围而言，该准则不仅覆盖了欧盟内大型企业，也覆盖了在欧盟上市、发债及经营达到一定标准的非欧盟企业。ESRS 涉及的内容较为丰富全面，共包含 12 项，不仅包括常见的一般要求和一般披露准则，还加入了以气候变化、污染、水与海洋资源等覆盖环境、社会和公司治理三方面的 10 项主题准则。此外，“双重重要性原则”也是该准则的一大特点，即同时强调财务重要性与影响重要性，企业需要从财务和影响这两个维度对与可持续相关的内容进行深入评估。

2024 年 3 月 6 日，美国证券交易委员会（SEC）通过了一项名为《面向投资者的加强和规范气候相关信息披露规则》（*The Enhancement and Standardization of Climate-Related Disclosures for Investors*，以下简称“SEC 新规”）。该规则针对不同规模的申报人构建了差异化、渐进式的披露时点，其生效日期最早为 2025 财年。尽管 SEC 新规也是基于 TCFD 等现有披露框架构建而成的，但与 ESRS 不同，SEC 新规在内容覆盖范围和兼容性等方面均与 ESRS 存在一定差异。具体来看，SEC 新规重视气候风险对企业财务、战略和经营的影响，其内容较为单一，仅聚焦企业气候相关风险信息的披露，并未对企业在气候方面的机遇和在社会与公司治理方面的信息进行强制披露要求。此外，SEC 新规没有将 IFRS 的可持续发展披露标准纳入到披露规则的可选项中。

综上，欧盟推出的 ESRS 对企业相关信息披露的要求较为严苛，而美国推出的 SEC 新规仅涉及气候风险领域的信息披露要求（见表 5-6）。

表 5-6　不同披露规则之间的对比

分项	SEC 新规	ESRS	IFRS S2
是否强制	强制	强制	辖区自定
覆盖范围	所有 SEC 申报人 首次 IPO 或被美国上市公司收购	欧盟内大型企业 在欧盟上市的企业 部分非欧盟企业	辖区自定

续表

分项	SEC 新规	ESRS	IFRS S2
情景分析	如应用情景分析，需披露	要求	要求
风险与机遇	仅要求披露风险，不要求披露机遇	要求	要求
范围一、范围二温室气体排放	要求	要求	要求
范围三温室气体排放	未要求	要求	要求
鉴证	要求	要求	辖区自定
行业特定要求	未要求	要求	建议
高管薪酬	未要求	要求	要求
生效起始日期	最早为 2025 财年（2026 财年披露）	2024 年 1 月 1 日（2025 年披露）	2024 年 1 月 1 日（2025 年披露）

资料来源：安永中国。

国内 ESG 信息披露实践与趋势

财政部发布基本准则征求意见稿，中国企业可持续披露体系建设启动

2024 年 5 月 27 日，财政部发布了《企业可持续披露准则——基本准则（征求意见稿）》（以下简称《基本准则（征求意见稿）》），标志着中国企业可持续发展信息披露体系建设正式启动。《基本准则（征求意见稿）》的设计既考虑到了中国企业的实际情况，又积极借鉴了 ISSB 发布的两个准则，在保持中国特色的同时做到了与国际衔接。《基本准则（征求意见稿）》通过明确中国企业可持续发展信息披露的目标与定位，旨在统一中国企业可持续发展信息披露标准。《基本准则（征求意见稿）》也发布了中国企业可持续发展信息披露的总体目标，即 2027 年，中国企业可持续发展信息披露基本准则、气候相关披露准则相继出台；2030 年，中国统一的可持续发展信息披露准则体系基本建成。

就内容而言，《基本准则（征求意见稿）》主要对中国企业可持续发展信息披露的目标与原则、信息质量要求、信息披露要素等方面进行了规定。此外，尽管

《基本准则（征求意见稿）》在总体上对国际财务报告可持续发展信息披露准则进行了积极借鉴，但在一些披露细节上存在基于中国特色的差异化规定。

表5-7展示了《基本准则（征求意见稿）》与国际财务报告可持续发展信息披露准则之间的对比情况，二者在可持续发展信息覆盖范围、报告位置与时间、信息系统和内部控制等方面均存在着差异。

表5-7 《基本准则（征求意见稿）》与国际财务报告可持续发展信息披露准则部分要求对比

分项	《基本准则（征求意见稿）》	国际财务报告可持续发展信息披露准则
可持续发展信息覆盖范围	可持续发展信息应涵盖当期以及未来短期（1年）、中期（5年）、长期（5年以上）四个期间。允许企业因为自身实际情况，采用更适合的中期和长期定义，并说明理由	企业须结合自身实际情况，确定适当的短期、中期和长期期间，并对可持续发展信息进行披露
报告位置	披露企业可持续发展信息，形成独立的可持续发展报告	企业可持续发展信息作为其通用目的财务报告的一部分。可持续发展相关财务信息可在通用目的财务报告的不同位置进行披露，取决于企业适用的法规或其他要求
报告时间	可持续发展报告可以与财务报表同时对外披露，也可以按照监管部门的要求在规定日期之前单独披露	可持续发展相关信息与财务报表同时披露
信息系统和内部控制	企业应当建立与可持续发展信息披露相关的数据收集、验证、分析、利用和报告系统，建立健全可持续发展信息披露的内部控制机制，确保可持续发展信息披露的质量	无要求

资料来源：德勤咨询。

上海、深圳、北京三大交易所发布指引，A股进入ESG披露标准化时代

2024年4月12日，上海、深圳、北京的三大交易所分别发布了“上市公司可持续发展报告指引”（以下统称“指引”），自2024年5月1日起开始实施。该指引通过建立可持续发展的信息披露框架，明确了具有中国特色的多层次可持续发展信息披露议题，规范了我国上市公司ESG信息披露的内容，建立了具有

中国特色的ESG信息披露标准，填补了国内资本市场相关领域的空白。2023年，沪、深两市超过1 800家上市公司披露了社会责任报告、ESG报告或可持续发展报告，主动披露的数量和质量均有所提升。

伴随着指引的发布，我国上市公司ESG信息披露的效率和透明度将持续改善，企业ESG信息披露的主动性和规范性也将获得较大提升。就涉及企业范围和具体项目而言，指引采取强制披露与自愿披露相结合、定性披露与定量披露相结合的原则。以涉及企业范围为例，上证180指数、科创50指数、深证100指数、创业板指数样本以及境内外同时上市的公司实行强制披露措施，并鼓励其他公司也披露可持续发展报告。就披露框架而言，指引采用了与国际接轨的TCFD四支柱，涉及公司治理，战略，影响、风险和机遇管理，指标与目标这四大核心内容。就具体议题而言，指引从环境、社会和可持续发展相关治理这三个维度，共设置了21个具体议题，其中“乡村振兴，创新驱动”等议题颇具中国特色。此外，指引还加入了由欧盟首次提出的“双重重要性原则”，即企业需围绕每个议题分别就企业价值和对经济、社会、环境所可能产生的影响进行阐述（见表5-8）。

表 5-8　不同监管 / 标准的重要性原则对比

发布时间	监管 / 标准	重要性原则
2024 年	中国：《上市公司自律监管指引——可持续发展报告（试行）（征求意见稿）》	影响重要性和财务重要性
2023 年	欧盟：《企业可持续发展报告指令》《欧洲可持续发展报告准则》	影响重要性和财务重要性
2023 年	ISSB：IFRS S1 和 IFRS S2	财务重要性
2024 年	SEC：SEC 新规	财务重要性
2023 年	国际可持续发展标准理事会 (GSSB)：《GRI 可持续发展报告标准》	影响重要性

资料来源：德勤咨询。

香港联交所率先引入 IFRS S2，力争与国际准则接轨

2023 年 4 月 14 日，香港联交所就优化 ESG 框架下的气候信息披露征求市场意见。2024 年 4 月 19 日，香港联交所根据市场意见发布了咨询总结。咨询总结显示，香港联交所就引入新气候披露规定的建议获得了广泛支持。与本次咨询总结同步刊发的还有《香港交易所环境、社会及管治框架下气候信息披露的实施指引》和《优化环境、社会及管治框架下的气候相关信息披露（咨询文件）》（以下简称“新气候规定”），这两份文件有助于企业提升气候相关信息披露的质量和透明度，其发布标志着香港资本市场正在积极与国际 ESG 披露准则接轨。

新气候规定依托 IFRS S2 制定而来，旨在加强企业在气候方面相关信息的披露，并于 2025 年 1 月 1 日起生效。对于新气候规定的实施，香港联交所采取的是分阶段、分类别的方式，针对温室气体排放范围 1（建筑物和车辆的直接排放）和范围 2（从公用事业购买的能源产生的间接排放），执行强制披露措施（见表 5-9）。此外，ESG 信息披露标准的命名由过去的“ESG 指引”修改为“环境，社会及管制报告守则”，这意味着上市公司的 ESG 信息披露已由自愿阶段进入强制披露阶段。

表 5-9　新气候规定基本内容

分项	范围 1 和范围 2 温室气体排放披露	范围 1 和范围 2 以外的 温室气体排放披露
大型股指数成份股主板发行人	强制披露 (2025 年 1 月 1 日以后)	不遵守就解释 （2025 年 1 月 1 日以后） 强制披露 （2026 年 1 月 1 日以后）
其他主板发行人	强制披露 (2025 年 1 月 1 日以后)	不遵守就解释 (自 2025 年 1 月 1 日以后)
香港创业板（GEM）发行人	强制披露 (2025 年 1 月 1 日以后)	自愿披露 (2025 年 1 月 1 日以后)

资料来源：香港联交所网站。

国内 ESG 资管行业发展展望

ESG 资管产品可投资标的类别将日趋丰富。尽管目前我国 ESG 资管产品的投资标的类别仍主要是绿色信贷、绿色债券等债权品种以及公司股票等权益类品种，但是随着 2023 年首只 ESG 主题的 REITs 产品募集发售，我国 ESG 资管产品可投资标的的类别进一步得到扩充。参考欧美发达国家的 ESG 投资实践经验，私募股权、基础设施、大宗商品、衍生品等另类资产未来仍然具备进一步拓展的空间，届时，我国 ESG 资管产品的投资种类将更加丰富善，从而更好地践行 ESG 投资理念，服务经济社会的低碳转型。

ESG 将持续发挥资产在抵御风险方面的优势。在经济转型背景下，国内企业普遍面临着更加严峻的竞争环境，如何抵御潜在风险、增强资产的韧性、更好地穿越周期，是所有企业家需要思考和解决的问题。实证研究后我们发现，企业优异的 ESG 表现将显著提升资产的抗风险能力，降低盈利的波动性。因此，提升 ESG 表现将会是帮助企业抵御风险、穿越周期的一把利剑。

在 IFRS 框架下，ESG 信息披露准则将逐渐具备可比性。自 ESG 概念提出以来，无论是国际市场还是国内市场，均未提出 ESG 信息披露的统一准则，这也就导致市场上对于企业的 ESG 评级千差万别，难以帮助投资者作出清晰准确的判断，从而加剧了投资的风险。但是，随着 ISSB 发布的 IFRS S1 和 IFRS S2 准则被全球更多的机构和组织认可，ESG 信息披露准则有望在其框架下逐渐具备可比性，从而解决企业 ESG 评级缺乏数据以及数据不具可比性的问题，更好地帮助投资者对企业 ESG 表现作出评价。目前，我国也在积极对接国际准则，促进国内与国际市场接轨。

气候风险将在 ESG 评价中占据更高的话语权。根据 ISSB 发布的 IFRS S1 和 IFRS S2 准则，除了对企业作出可持续相关财务信息披露一般要求外，同时要求企业作出气候相关的单独披露（S2）。这也说明 ISSB 认为企业除了要披露其在可持续发展方面所面临的风险和机遇外，还要气候与环境变化额外重点关注一下对公司的影响，企业面临的气候风险未来会成为其发展的最大阻力之一。目前，香港联交所已经率先将 IFRS S2 引入上市公司的强制披露范畴，为国内 ESG 信息披露实践作出表率，未来，这些气候风险相关的信息披露或将成为企业 ESG 评价中最重要的影响因素。

第6章

中国资管行业全链条迎接 AI 变革带来的机遇与挑战

金融行业在创新技术的应用上一直走在各行业的前列。资产管理作为金融行业的重要细分领域之一，相较于金融其他细分领域的信息不对称程度更高、分析和决策受主观因素影响更大、收益不确定性更高，应用创新技术在其中可能产生更大的价值。2023 年，生成式 AI 为全球带来了生产力上的变革，也将为资管全产业链带来新的发展机遇。中国资管机构已经开始探索生成式 AI 在资管产业链上的落地，其中在销售与客户服务、投资与研究、风险管理与控制三大场景的部署进度较快。不过，资管机构应用生成式 AI 仍然面临着可控性、可解释性和道德偏见等模型本身存在的风险，以及专业性、严谨性和合规性等在金融垂直场景落地应用的挑战。此外，也不可忽视生成式 AI 等新技术的应用对于金融系统整体的潜在风险。

金融科技再深入资管行业，生成式 AI 可能变革资管全链条

金融行业领跑生成式 AI 的应用落地

创新技术通过与金融场景深度融合，能从供需两端提升金融服务的质量和效

率。麦肯锡报告提出，影响金融服务的关键技术主要有 7 个，包括人工智能、超自动化、区块链、物联网、云计算、开源与软件即服务（SaaS），以及无代码开发平台，这 7 项关键技术可能在未来 10 年驱动金融业务模式重构（见表 6-1）。

从供给端来看，金融科技的应用能够通过降低开发成本和解决信任问题加速金融产品创新，通过数字化和便捷化推动金融普惠，通过自动化和智能化提高金融机构运营效率和风控能力。从需求端来看，金融科技的应用能够明显降低金融服务的门槛和成本，有效提升金融服务的可得性，并更好满足客户个性化需求。

表 6-1 影响金融服务的 7 个关键技术

目标	名称	技术范围	应用场景
智慧	人工智能	自动因子发现、知识图谱和图计算、基于隐私保护的增强分析等	智能客服、智能投资顾问、客户图谱、产业图谱、智慧营销、智能风控、反欺诈和智慧决策等
自动	超自动化	事件驱动的软件、机器人流程自动化（Robotic Process Automation，RPA）等	业务执行过程自动化且标准化，如财务流程自动化和对账自动化
信任	区块链	智能合约、零知识证明、跨链技术等	基于区块链的即时交易结算，零知识证明简化确立身份所需的各项步骤等
	物联网	智能感知和传感系统 、多元的通信方案、嵌入式系统等	在银行领域实现基于物联网的存货动产融资，在保险领域加速和简化承保和理赔流程等
开放	云计算	敏捷化、高弹性、微服务的云原生架构	减少 IT 基建和数据中心等非核心业务投入，以更低的成本和更灵活的方式获取存储、计算和服务资源
	开源与 SaaS	开源、SaaS、无服务架构	快速搭建技术开发基础设施，快速低成本上架产品，更加专注于提升客户体验
	无代码开发平台	图形用户界面（GUI）及组件	加速应用程序开发，提升以敏捷模式快速响应市场的能力

资料来源：麦肯锡，课题组整理。

金融科技的价值能够从金融行业本身传导至实体经济，是增强金融服务实体经济能力的重要引擎（见图 6-1）。

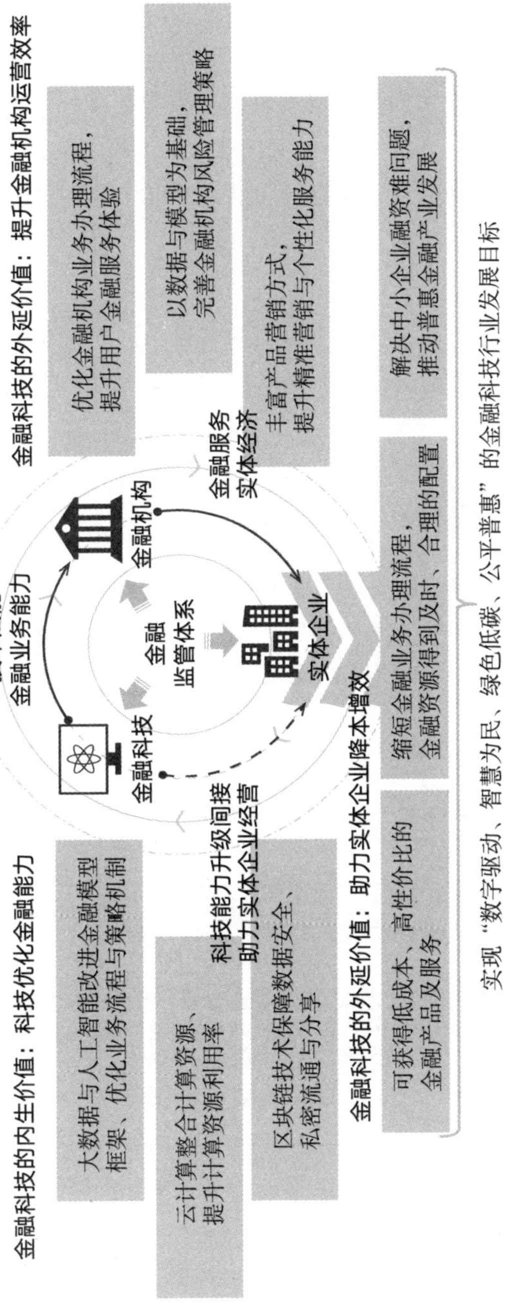

图 6-1　金融科技价值导向分析

资料来源：艾瑞咨询。

2021年，中国人民银行印发《金融科技发展规划（2022—2025年）》，指出金融科技是“深化金融供给侧结构性改革、增强金融服务实体经济能力的重要引擎”，提出到2025年要全面加强以“数字、智慧、绿色、公平”为特征的金融服务能力。金融科技的广泛应用不仅能在业务层面提升质量和效率，还能通过进一步丰富高性价比的金融产品、提供及时和个性化的客户服务，助力实体企业降本增效。

2023年，生成式AI在全球范围内引起轰动，在不同领域的应用场景相继解锁。金融行业领跑生成式AI的应用落地。2022年11月30日，OpenAI推出ChatGPT。和判别式人工智能（Discriminative Artificial Intelligence，以下简称“判别式AI”）及过往生成式AI小模型不同，随着模型参数量和数据量的提升，ChatGPT“涌现”出一定的理解和推理能力，并通过基于人类反馈的强化学习（reinforcement learning from human feedback，RLHF）找到了大语言模型（large language model，LLM）和人类自然语言的交互接口，使得生成式AI从学术机构和研究院走向大众，解锁了广阔的应用前景（见表6-2）。

表6-2　判别式AI和生成式AI的对比

分项	判别式AI	生成式AI
建模方式	通过学习输入和输出之间的关系来建立决策边界，从而对新的输入数据进行分类	不仅学习输入和输出之间的关系，还学习生成输入数据的过程，可以通过学习数据的分布和特征之间的关系来生成新的样本数据
模型训练	有监督机器学习：使用手动标记的数据进行训练，其中每个输入都与正确的输出关联，标签由人类完成	无监督或半监督机器学习：使用未标记的数据进行训练，而无须人工标记，模型可以自我学习数据的模式
应用场景	通常用于分类、回归/预测、标注等任务	通常用于生成新的文本、数据、图像、代码等

资料来源：谷歌《生成式AI简介》（*Introduction to Generative AI*）、奥纬咨询，课题组整理。

金融行业对创新技术的重视和接受程度非常高，并且拥有大量结构化和非结构化的数据，为生成式 AI 应用的落地提供了良好基础。新经济领域头部媒体 36 氪的调研显示，截至 2024 年 4 月，国内已经出现了 18 个 10 亿参数以上的金融行业大模型，如表 6–3、表 6–4 所示。

表 6–3　大模型“涌现”出的能力

涌现能力	描述
上下文学习（in-context learning）	经过预训练的语言模型，当输入一些具体的任务指示和 / 或几个范例之后，再输入一个新问题，该模型可以依据提供的范例给出预期的解答，而无须额外的训练或梯度更新
泛化到未见过的任务	当用于调整模型的指令数量超过一定规模时，模型可以自动在从没见过的新指令基础上生成有效的回答，具有更好的泛化能力
利用思维链（chain-of-thought，CoT）进行复杂推理	小模型通常很难解决涉及多个推理步骤的复杂任务；大模型通过使用思维链提示策略，可以利用包含中间推理步骤的提示机制来解决复杂推理任务

资料来源：符尧《GPT 如何获得它的能力？语言模型涌现能力溯源》（*How does GPT Obtain its Ability? Tracing Emergent Abilities of Language Models to their Sources*），腾讯研究院，课题组整理。

表 6–4　生成式 AI 的核心能力总结

核心能力	含义
理解信息	理解基于自然语言的非结构化信息
获取信息	从多个来源提取并研究相关信息
总结信息	以所需的格式组织大量信息并总结关键见解
生成内容	基于获取到的信息生成个性化的新内容
与人互动	像人一样用自然语言回答问题并进行互动

资料来源：奥纬咨询，课题组整理。

在金融行业，生成式 AI 的应用场景丰富，目前营销和渠道管理的需求频次和技术成熟度较高。基于理解信息、获取信息、总结信息、生成内容和与人交互的 5 大核心功能，生成式 AI 相对来说更适用于需要解释和综合大量信息，以及需要生成定制或创意内容的场景，因此在营销和渠道管理等领域率先落地，具体用例包括智能外呼、智能推荐、智能投资顾问等（见图 6–2）。

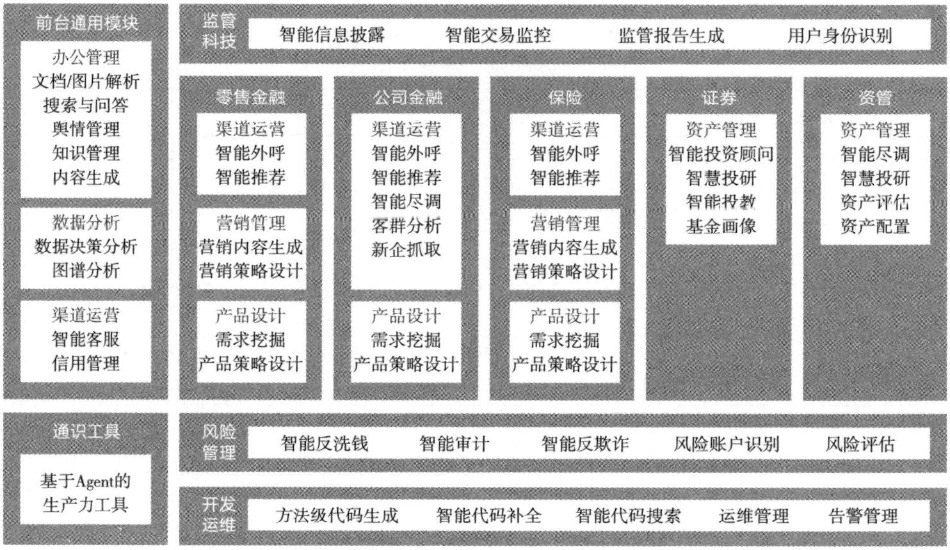

图 6–2　生成式 AI 在金融行业的应用全景图

注：未覆盖全金融行业，应用将随技术与业态发展持续更新。

资料来源：腾讯研究院，课题组整理。

根据恒生电子对 100 多家金融机构的调研，目前它们对大模型的优先级较高的需求集中在基于自有数据和知识库的问答、智能投资顾问及投研助手，以及针对文档的挖掘和问答三类①。相较而言，产品设计、风险管理及基于 Agent 的生产力工具等领域，受限于当前的技术成熟度，对生成式 AI 的应用仍在调研和测试阶段（见图 6–3）。

① 参考微信公众号智能涌现《大模型落地征程：兴奋、现实和难题》。

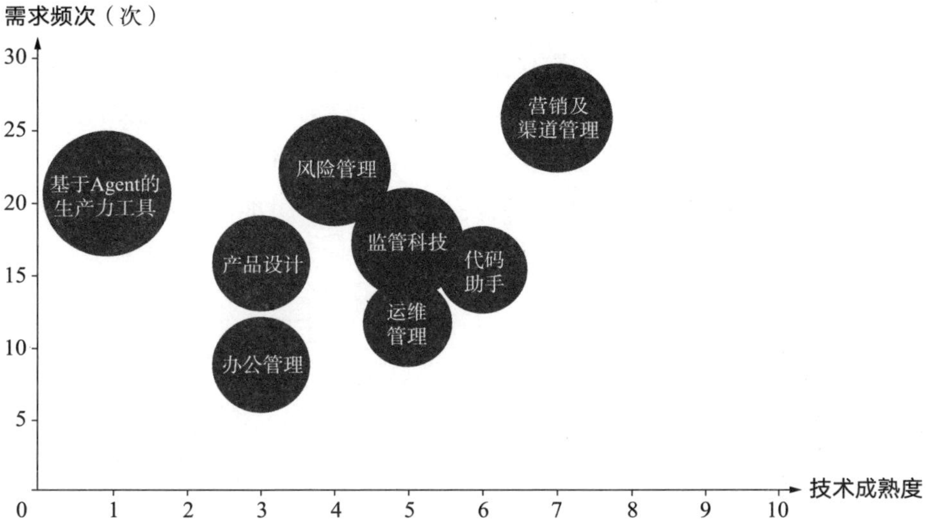

图 6-3　生成式 AI 在金融场景的技术成熟度和需求频次

注：需求频次基于 30 个需求方 / 样本量，技术成熟度以是否可商用为标准，场景价值与半径大小成正比。

资料来源：腾讯研究院，课题组整理。

生成式 AI 可能带来资管全产业链的变革

资管涉及的环节众多，生成式 AI 强大的理解和推理能力可能为资管全产业链带来变革。资管旨在有效连接资金与资产，涉及销售与客户服务、资产与产品开发、研究与投资组合、交易和风控等多个环节，是资金流向实体经济的一大重要途径。过去，判别式 AI 在资管行业已经得到有效应用，但是判别式 AI 通常仅适用于小样本量的预测分析，对资管产业链整体的影响有限；而生成式 AI 通过对大量数据进行自我学习，“涌现”出泛化和复杂推理的能力，能够生成新的内容，并以模仿人类的方式进行交互，可能为资管全产业链带来变革（见图 6-4）。

与此同时，资管主要业务环节仍然存在痛点，生成式 AI 或能提供有效的解决方案。中金公司的研究表明，资管各个环节存在明显痛点，而应用生成式 AI 能在一定程度上为这些难题提供解决方案（见表 6-5）。例如，客户运营环节目前存在内容体系薄弱、平台功能繁杂、陪伴体验欠佳等问题，生成式 AI 有助于完善与丰富内容生态，并为客户提供定制化服务。再如，投资研究环节常面临信息类型繁杂、数据高度分散、存在大量噪声、投研效率较低、沉淀机制欠缺等问题，应用生成式 AI 有助于高效进行信息收集、整合、沉淀与分析，并能帮助生成投研材料。

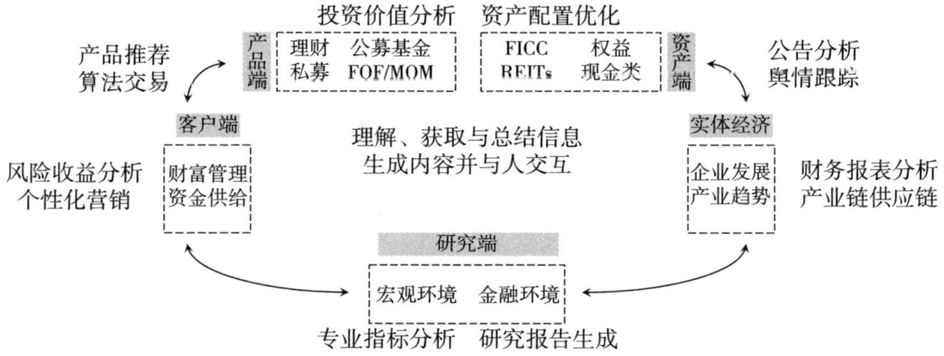

图 6-4 生成式 AI 赋能资管全产业链

资料来源：上海资产管理协会《资产管理垂直领域大模型开发与应用》，课题组整理。

表 6-5 生成式 AI 或能解决资管各环节痛点

环节	痛点	生成式 AI 赋能
营销获客	营销触达有限，获客针对性弱，客户转化率低	扩大营销半径，识别潜在用户，优化营销体验
客户运营	内容体系薄弱，平台功能繁杂，陪伴体验欠佳	完善内容生态，整合平台功能，提供专属服务
产品开发	数据维度有限，分析能力不足，信息传递效率低	总结竞品信息，完善客户画像，生成产品方案
投资研究	信息类型繁杂，数据高度分散，存在大量数据噪声，投研效率较低，沉淀机制欠缺	高效信息收集、整合与分析，生成投研材料，沉淀与调用知识
风险管理	风险种类繁杂，不确定因素繁多	识别潜在风险，模拟风险事件
交易执行	交易指令复杂，报价高度分散	结构化交易指令，汇总报价内容
后台支持	运营效率较低，底层代码耗时，Debug 困难，系统整合困难	办公助手辅助，代码生成与测试

资料来源：中金公司研究部，课题组整理。

在资管领域，生成式 AI 在销售与客户服务有关环节的部署进度较快，在产品开发和交易环节落地预计仍需要较长时间。奥纬咨询找到了生成式 AI 与资管领域高度适配的 25 个用例，并分析了这些用例的应用潜力和落地时间。分析的结果显示，与整体金融行业类似，生成式 AI 目前在销售、营销与客户服务环节的落地进度较快，尤其是在有关生成定制化材料和进行个性化回复的场景。例如，营销过程中面向多个细分市场和渠道生产定制化的营销材料和脚本（2A），以及在提供客户服务时查询与匹配知识库中的类似问题并进行个性化回复（3A）。同时，生成式 AI 在投资研究、组合管理，以及风控和技术等中后台环节的应用，预计将在 1 ～ 2 年内相继落地，具体用例包括提出新的投资理念并从特定范围中筛选相关的投资标的（5C）、检索和汇总法律与合规文件（8A）等。

然而，该报告也指出，生成式 AI 可能不会立即应用于资管产品开发和交易的相关环节，例如从新闻和报告中抓取信息以预测市场走势或风险（5A）、实时整合市场信息并制定交易规则（7A）等，预计仍需 2 ～ 4 年的时间等待技术和产品成熟（见图 6-5、表 6-6）。

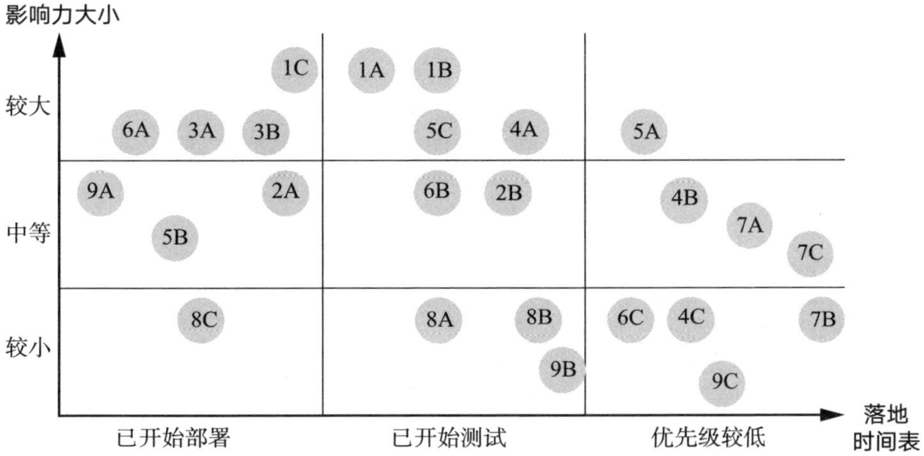

图 6-5　生成式 AI 在资管中用例的应用潜力与落地时间

资料来源：奥纬咨询，课题组整理。

表 6-6　生成式 AI 在资管中的应用实例

销售与客户服务			产品	投资与研究			中后台	
销售及募资	营销	客户服务	产品开发	投资组合管理	研究	交易	风控与法务	技术与运营
1A 通过定制化的交流，实现个性化的客户体验	2A 面向多个细分市场和渠道，生产定制化营销材料和脚本	3A 查询与匹配知识库中的类似问题，并进行个性化回复	4A 总结比较市场趋势和竞品等信息	5A 从新闻与报告中抓取信息，以预测市场走势或风险	6A 从多个数据来源提取信息并进行综合研究	7A 实时整合市场信息，并制定交易规则	8A 检索和汇总法律与合规文件	9A 生成与测试代码
1B 为客户定制洞见与销售方案	2B 综合市场反馈和客户行为数据，生成营销活动创意和计划	3B 为投资者生成定制化的定期报告	4B 根据客户需求，生成头脑风暴新产品及解决方案	5B 生成市场或风险情景，并进行回测分析	6B 生成市场评论与展望	7B 智能对冲和平仓	8B 生成风险和业绩报告	9B 按需定制财务、运营和技术报告
1C 生成定制化推介材料			4C 生成覆盖多个数据来源的商业计划	5C 提出新的投资理念并从特定范围中筛选相关的投资标的	6C 生成投委会文件	7C 通过综合交易对手价格信息，实现交易策略优化	8C 增强安全	9C 为所需文件预填充数据，并提出建议

资料来源：奥纬咨询，课题组整理。

不过长期来看，生成式AI对资管的赋能空间较其他金融细分行业可能更大。中金公司基于需求—渠道—供给框架，分析了支付、信贷、保险和资产管理等金融细分行业的特点，如表 6-7 所示。相对来说，资管领域信息不对称程度高、分析决策受主观因素影响较大、收益不确定性较高，因此对高效获取和整合大量信息的需求更强；同时，资管领域供需匹配效率较低、客户服务周期长，因此对持续客户运营和优质内容供给的要求更高。随着生成式 AI 技术成熟度的提升，其在资管领域的应用价值有望得到越来越充分的体现。

表 6-7　基于需求—渠道—供给框架的金融细分行业分析

金融细分行业	需求侧		渠道侧—营销运营			供给侧—分析决策	
	信息不对称	决策流程	供需匹配效率	服务周期	服务频次	主观因素影响	不确定性
支付	较低	短	高	极短	高	低	低
信贷	较高	中	较高	较长	较低	较低	低
保险	高	长	低	长	较低	较低	低
资管	高	长	中	长	较高	较高	高

资料来源：中金公司研究部，课题组整理。

中国资管机构积极探索生成式 AI 应用场景

随着技术和产品的创新能力越来越成为资管机构的核心竞争力之一，生成式 AI 的关键能力及其在资管行业的应用场景逐渐清晰。过去，中国资管机构广泛使用传统 AI 来辅助基础功能，如简单的客服问答等。相较之下，生成式 AI，尤其是大模型，具有更强大的问题识别、处理及响应能力，能够处理更加复杂的问题。因此，各资管机构对这项新兴技术在业务中的助力呈现出积极拥抱的态度，并且已经开始探索大模型在资管产业链上的落地。与奥纬咨询的讨论类似，目前中国资管机构对销售与客户服务、投资与研究、风险管理与控制三类生成式

AI 应用场景的关注度较高，对生成与测试代码等中后台应用场景的关注度相对有限，这可能与国内外软件生态及商业模式存在差异有关。

场景一：销售与客户服务

个性化营销：大模型出现之前，个性化营销通常基于人口统计信息等结构化数据，依赖人工设定的标签和模板。个性化营销随着大模型的引入而变得更加精准和高效，能够实现根据用户行为和偏好批量化生成千人千面的营销内容，向客户传递他们真正需要的理财知识、投资技巧、行业趋势和投资建议。同时，个性化营销能够根据客户反馈调整优化营销策略，持续吸引客户的关注和兴趣，进而增加销售和交叉销售的机会。例如，平安银行旗下的 BankGPT 平台拥有文本生成、图片生成等能力，能够应用于个性化营销内容创作、交互式数据分析、非结构化数据洞察等实际业务场景，实时评估客户意图，针对客户潜在感兴趣的理财产品，自动生成话术，创建个性化营销内容。

智能客服：大模型出现之前，客服系统通常基于预设的规则和问答，处理复杂问题的能力有限。而大模型具备强大的自然语言理解能力，能够与客户更自然地进行对话，通过连贯的互动解决客户常规的和复杂的问题。同时，大模型还可以对客户的意图和情绪进行分析，及时调整回答的语气和内容，提供更具拟人化的客服体验。例如，工商银行率先在境内同行业中构建起千亿级 AI 大模型技术体系并实现应用。根据工商银行 2023 年年报，其已在众多场景中应用数字员工，承担 3 万余个自然人的工作量，发布的“工小征”“工小程”对客数字员工全面覆盖了手机银行、远程银行、网点等线上、线下渠道。汇添富基金同样重视大模型在理财服务上的应用，其互联网金融部门曾推出“智能理财月活动”，让客户体验到“基于 ChatGPT 的聊天服务模式”，为客户提供更快速、准确、便捷的问答式服务。

智能投资顾问：大模型出现之前，智能投资顾问主要通过调查问卷评估客户的风险偏好和资产配置需求，基于均值 - 方差模型、现代投资组合理论等理论基础，以及交易数据和财务数据等结构化数据，为客户提供相对固定的资产配置建议。大模型出现后，智能投资顾问处理和分析新闻、社交媒体信息、市场情绪等大量非结构化的数据成为可能；同时，构建更为精细化的客户画像，进行更加复杂和灵活的资产配置策略，并进一步扩大投资者覆盖范围也能够实现。例如，同花顺推出了问财 HithinkGPT 大模型，并基于该大模型升级了投资顾问对话机器人“同花顺问财”。同花顺问财成为国内金融领域首个应用大模型的智能投资顾问产品。相比传统模式，同花顺问财在金融数据实时性、语义理解准确性、投资顾问建议专业度、表达形式多样化、内容生成可控性等方面均有提升。再如，蚂蚁集团基于自研大模型打造的金融管家“支小宝”，可以帮助投资者获得高质量的财经资讯，提供行情分析、持仓诊断、资产配置和投教陪伴等个性化服务，其服务水平已经趋近真人行业专家。

此外，通用大模型公司阶跃星辰也联合国泰君安、界面财联社，推出了业内首个千亿级参数多模态证券垂直类大模型——君弘灵犀大模型，并精心打造 AI 超级助手，赋予其客户账户诊断、证券个股分析、基金产品洞察、热点资讯解读、客户意图识别、客户资产配置等六大核心功能，为财富管理提供更专业、有深度、个性化的解决方案。

场景二：投资与研究

信息处理：投研分析师每天都会面对海量的研究报告，调研报告、行业研究、个股评估等各种类型的研究报告的发布频次越来越高。同时，各个渠道的信息相互割裂，这给投研分析师日常的报告分析工作带来极大的困扰。大模型在一定程度上能帮助投研分析师更高效地获取和处理信息。大模型不仅能对不同信息源进行交互式信息搜索，还能对内容本身进行解析，提取长文本中的关键信息，从而大幅提升投研工作的效率和体验。在实践层面，工银瑞信基金基于私有大模型群组，联合工银科技有限公司、上海恒生聚源数据服务有限公司、北京智谱华章科技有限公司共同打造了资管行业智能解决方案 FundGPT。FundGPT 能够与企业内部搜索平台结合，有效支持投教辅助、制度问答、舆情洞察、研报分析等业务场景。

此外，面向垂直领域的可信大模型提供商无限光年针对金融行业也推出了财报点评和知识助手产品，并且允许用户自行输入针对特定场景的细分规则，从而构建用户自己的大模型，获取可靠的个性化内容。蚂蚁集团支小助也能通过自动化采集，将研报、新闻、分析师音视频素材输入大模型，进行观点归纳和数据结构化。实测数据表明，支小助每日可辅助每位投研分析师高质量完成超过 100 篇研报和资讯的分析、超过 50 个金融事件的推理和归因，并将典型量化分析任务的效率从天级别提升到小时级别。

市场跟踪：资本市场的波动受到地缘政治、宏观经济、突发事件和市场情绪等多种因素的影响，并且各种因素之间相互关联，因此依赖结构化数据和传统分析工具难以实时而全面地对市场进行跟踪。不过，大模型可以快速处理大量结构化和非结构化数据，可以实时监测和分析新闻与社交媒体等舆情数据，进而可能帮助投资者提前感知市场情绪的变化。从具体的落地实践来看，星环科技致力于打造企业级大数据和人工智能基础软件，推出了星环无涯金融大模型。该模型融合了基本面、技术面、消息面等多维度专业分析计算能力，集成了自然语言交互式的投研策略构建和因子分析能力，能够针对权益、固收、商品等不同市场给出相应的投研分析结果和建议。同时，也有创业公司推出 AI 驱动的投资研究平台，例如 Reportify。该平台自动聚合了上市公司的财报、电话会和相关新闻，具备市场跟踪和搜索问答能力，并能够进行深度的公司财报分析和行业趋势解读。

场景三：风险管理与控制

风险管理：对于资管机构来说，良好的风险管理不仅是为了保护客户利益和满足监管要求，也是提高投资决策质量和提升市场竞争力的重要手段。资管机构在进行风险管理时，面临数据来源多样且复杂、市场环境多变而难以预测等难点，有了大模型的帮助，不仅能够提高数据获取、处理和分析的效率，还能够实时监控风险变化。例如，在合同合规性审查领域，根据蚂蚁集团、上海财经大学和国家金融科技测评中心联合发布的《大模型在金融领域的应用技术与安全白皮书》，上海财经大学课题组训练了一款支持零样本要素提取的先进的大语言模型。该语言模型具备对任意字段的抽取能力，能够有效提高合同要素提取的准确率，为更高效和可靠的合同合规性审查提供支持。

反欺诈：反欺诈是资管机构必须面对的重要课题之一。在日益数字化和全球化的资管环境中，欺诈手段越来越复杂和隐蔽，欺诈行为发生的时间越来越短，同时跨境交易频发进一步提高反欺诈的难度。大模型能够为反欺诈提供有力的技术支持，通过实时处理和整合来自交易、客户和市场相关的多源数据，及时识别并阻止潜在的欺诈行为。例如，腾讯云金融风控大模型致力于实现风险的动态治理，融合了腾讯安全大量风控建模专家的经验，以及 20 多年沉淀的海量欺诈知识与多场景风控模型能力，能够帮助金融机构根据自身金融场景特点与产品客群特征，快速构建定制化的反欺诈风控模型。据测算，相比传统方案，腾讯云金融风控大模型的反欺诈效果能够提升 20%。

中国资管机构应用生成式 AI 的挑战与建议

大模型本身及其在垂直场景的应用均存在挑战

资管机构应用生成式 AI 尤其是大模型的风险和挑战，不仅涉及大模型本身，还涉及其在专业性、严谨性和合规性等方面的表现。从大模型本身来看，其在输出内容可控性、模型可解释性和算法歧视偏见等方面仍然存在较大风险（见表 6-8）。从大模型在金融垂直场景的应用来看，其在内容专业性、具体情景理解、复杂指令执行、定制化需求和合规性要求等方面仍有较大提升空间（见表6-9）。

表6-8　大模型本身的风险

风险	描述
输出内容可控性	大模型通过压缩海量信息形成强大的泛化能力，但也带来“幻觉”问题，使得输出结果不可控；此外，若训练数据质量较差，可能导致结果不可用，甚至误导金融机构和金融消费者的判断和决策
模型可解释性	大模型在内容生成方面存在“黑箱”问题，内容生成的结果和过程难以被清晰地解释、溯源和管理
算法歧视与偏见	大模型训练数据本身可能存在偏见和歧视，进而导致大模型在输出内容时存在偏见，可能作出不道德或不公平的分析、建议或决策

资料来源：中金公司研究部，课题组整理。

表6-9　大模型应用到金融垂直领域时需解决的挑战

挑战	描述
通用大模型金融专业性不足	金融领域专业性高，涵盖复杂的金融理论、模型和实践，有着独特的术语内涵和表达方式，这些内容在常规训练集中方面往往不足，因而通用大模型在理解复杂金融概念时的表现有较大提升空间
金融情景的理解能力不足	金融市场高度情境敏感，同一事件在不同情境下可能释放出不同的信号，通用大模型很难精准把握这种不同情境下的语义和心理预期差异，可能难以有效提高投资决策的效率
难以完成复杂的金融指令	金融领域在交易过程中存在大量复杂的工具指令，如限价单、止损单等，往往与特定的金融逻辑相关，通用大模型如果不能准确执行这些复杂的金融指令，就很难在金融领域得到有效应用
难以满足金融场景定制需求	金融场景具有多样性，不同机构和场景的需求可能有较大差异，通用大模型可能无法满足这些多样化和定制化的需求
难以满足金融领域合规要求	金融市场受严格监管，包括反洗钱、客户了解（Know Your Client，KYC）、数据保护法规、适当性义务等。通用大模型难以充分考虑这些合规问题，无法确保机构的业务操作符合监管要求

资料来源：《大模型在金融领域的应用技术与安全白皮书》，课题组整理。

与此同时，资管作为金融领域重要的细分子行业之一，还需要关注应用生成式AI对整体金融系统可能带来的风险。有分析指出，大模型虽然可以通过减少信息不对称而降低信用风险，但理论上可能强化金融行业的顺周期性、使头部机构和中小机构的差距进一步拉大、放大金融欺诈和信息泄露等风险。并且，未来随着大模型与金融业务的深度融合，可能出现更多新型金融风险（见表 6-10）。

表 6-10　大模型可能放大金融风险的路径

风险类型	风险来源	具体描述
顺周期性强化	模型的算法或训练数据相似	若大量金融机构在业务中采用相同的基座大模型，或使用相同的训练数据，可能导致决策趋同，从而放大“羊群效应”，加剧资产抛售、银行挤兑风险
竞争分化	模型的训练门槛高	大模型训练需要投入大量人才、资金、算力和高质量数据，可能导致中小机构在大模型时代技术掉队，进而放大头部机构“大而不能倒”风险，加剧中小机构风险暴露
新型金融欺诈	模型多模态能力提升	随着多模态模型能力提升，通过仿造音频、图像等信息可能绕过金融机构风控审核

资料来源：中金公司研究部，课题组整理。

资管机构应用生成式 AI 需全面考虑各环节的优化

生成式 AI 在资管行业展现出广阔的应用前景，但由于当前模型架构及训练方法本身仍在持续完善，因此其在垂直领域的落地存在一定的风险和挑战。包括资管在内的金融机构，在应用大模型等生成式 AI 技术和产品时，需要全面考虑数据收集和处理、模型幻觉问题缓解、有害内容防控等各个环节的优化，以提高模型在实际业务场景中的可用性和可靠性。

在数据收集和处理方面，构建高质量的金融数据集对大模型在金融领域的应用效果提升非常重要。金融数据集的构建涉及预训练数据、指令数据和安全数据三种主要类别（见表 6-11）。资管机构应建立全面的数据管理体系，包含数据采集、清洗、存储和使用等各个环节；同时，应实行严格的数据保护机制，以防止数据泄露和不当使用，遵循行业最佳实践和相关法律法规。

表 6-11 金融数据集的类别

数据类别	作用	具体描述
预训练数据	为模型输送必要的语境认知、语言结构理解及广泛的知识背景	企业财务报告、金融领域的学术论文与书籍、行业分析报告及市场研究、金融产品说明
指令数据	增强模型对金融术语、计算、规范的理解与应用能力，使其适应金融领域的专业性和复杂性	金融知识指令，包括相关基础理论和针对具体金融产品的应用知识
		金融计算指令，包括财务分析和复杂计算公式
		金融遵循指令，确保输出内容符合金融行业规范
		金融角色指令，满足非专业用户、投资顾问等不同角色的需求
安全数据	大模型需要具备安全底线，不能表达不符合金融或人道价值观的问题，也不能出现频繁拒答的情况	拒答数据集，确保在大模型遇到敏感议题、潜在隐私泄露、法律合规约束及可能导致误解的金融咨询请求时，能够恰当地选择不予回答
		金融价值观，涵盖与金融行业伦理标准和法律规定相契合的案例、规章及导则

资料来源:《大模型在金融领域的应用技术与安全白皮书》，课题组整理。

在幻觉问题缓解方面，识别和纠正模型在生成预测或解释时可能产生的幻觉，提升模型输出的可靠性和准确性，对大模型在金融领域的落地至关重要。大模型幻觉可以分为事实性幻觉和忠实性幻觉两类（见表 6-12）。针对事实性幻觉问题，优化的方法覆盖数据层、微调阶段、基于人类反馈的强化学习（RLHF）阶段，以及解码策略等多个方面；针对忠实性幻觉问题，优化途径包括利用思维链、结合检索增强生成（RAG）等技术方案，通过结合金融专业知识库、工具库、智能体和工作流，构建一个能够满足实际业务需求的应用系统。

表 6-12 大模型幻觉的类型及其缓解策略

幻觉类型	含义	缓解策略
事实性幻觉	生成内容与可验证的现实世界事实之间存在差异，甚至是捏造	数据层面，使用高质量、专业领域的数据集，向上采样事实性强的数据
		微调阶段，在训练数据中加入模型无法回答问题的实例，减少模型在不确定情况下的过度自信

续表

幻觉类型	含义	缓解策略
忠实性幻觉	生成的回答与用户意图不一致，比如指令不一致、上下文不一致	RLHF 阶段，设计针对幻觉的奖励分数以优化模型
		对比解码策略，利用更强大模型和较弱大模型在单词预测概率上的差异，优先选择预测概率差异较大的单词，生成流畅、词汇丰富且内容连贯的文本
		对比层解码策略，事实知识在语言模型的较高层中更为突出，通过对比不同变换器层的输出，并强调高层的知识，提高生成内容的真实性
		利用思维链，引导大语言模型展开详细的推理过程，提高模型在复杂问题上的逻辑性和连贯性
		上下文预训练，通过优化训练数据的组织方式，增强模型对上下文的理解能力
		检索增强生成，结合外部知识源，增强模型的信息检索和整合能力

资料来源:《大模型在金融领域的应用技术与安全白皮书》，课题组整理。

在有害内容防控方面，识别并消除不符合主流金融价值观的有害内容，对满足监管要求和避免舆论危机尤为重要。有害内容可以进一步分为显式有害内容和隐式有害内容，前者往往使用明显不合适的表述，大多可以通过关键词匹配的方法进行检测；而后者的表述更加委婉，识别难度更大，需要探索新的解决方案，比如专用的内容风控大模型。

第 7 章

ETF 市场的发展与展望

ETF 是一种在交易所上市交易的开放式基金，兼具一级市场申赎和二级市场交易的双重属性，具有高效率、低成本、高透明等特性。较传统基金而言，ETF 是一种更高效的投资工具。ETF 底层资产不限、管理方式（主动或被动）也不限，但由于其高仓位管理、高透明运作等特点，属性更适应被动投资，因此海外及国内 ETF 发展的主流均为被动型 ETF。本文重点探讨被动管理的股票型 ETF。

ETF 发展的理论基础和波动性研究

传统金融理论对 ETF 的解释与运用

ETF 本质是一种基金运作形式，底层资产主要围绕股票、债券等标准化资产，因此其管理方式、运作特点可以用传统的资产组合理论解释。例如，马科维茨[①]投

① 哈里 · 马科维茨（Harry Markowitz），美国当代金融经济学家，1952 年发表论文《投资组合选择》，提出现代投资组合理论，因而被看作“现代投资组合理论之父”。马科维茨的研究被认为是“华尔街的第一次革命”。他因在资产组合选择理论方面所作的贡献而成为 1990 年度诺贝尔经济学奖获得者之一。——编者注

资组合理论强调投资多元化对于降低资产组合风险的重要性，ETF 可使投资者在单一投资工具内汇集一篮子不同资产类别、不同行业或地理区域的证券，是投资组合理论原则的具体体现。

又如，资本资产定价模型（Capital Asset Pricing Model，CAPM）强调根据不同资产风险溢价与系统性风险水平，为投资组合的配置和选择提供相应框架，不同类型 ETF 是以跟踪不同资产类别、不同标的指数为主要特征的金融产品，是投资者以低成本构建投资组合获取贝塔或阿尔法的有效工具。

再如，有效市场假说强调市场中各类资产价格已充分反映了所有可用信息，投资者很难通过选股或择时持续跑赢市场，正是在这一理论的指导下，ETF 的被动投资属性不断获得投资者认可，尤其是追踪大盘指数或行业指数的 ETF，在市场有效理论的基础上，通过复制指数表现为投资者提供成本低廉、品种丰富的金融产品。

ETF 能够提高股票市场的流动性和定价效率

比阿特丽斯 · 伯默尔（Beatrice Boehmer）通过研究纽约证券交易所推出的 30 种 ETF，发现 ETF 的发行和扩容有助于提升 ETF 底层资产的流动性和质量，并推动标的证券报价价差收窄和报价深度增加。森达拉姆·赫德（Shantaram P. Hegde）和约翰 · 麦克德莫特（John B. McDermott）通过研究 1998 年推出的道琼斯工业指数 ETF，发现每次调样都会使新纳入成份股前 50 个交易日市场流动性显著改善。尼文 · 里奇（Nivine Richie）和杰夫 · 马杜拉（Jeff Madura）发现在纳斯达克 ETF 中，低权重成份股与高权重成份股相比，流动性增长更为明显，这表明股票型 ETF 相对于标的证券存在不对称的流动性效应。索菲娅·汉姆（Sophia J. W. Hamm）研究了单个证券的流动性以及它们如何受到 ETF 持有量的影响，发现与未纳入 ETF 的同类证券相比，纳入 ETF 的证券表现出更高的流动性。本 · 马歇尔（Ben R. Marshall）等人分析了 800 多只不同类型的

ETF，包括股票、商品、REITs 和债券等，结果显示，无论哪种 ETF，其流动性与标的证券之间存在强正相关性，并且还发现 ETF 与标的证券存在流动性互惠关系，即在 ETF 助推标的证券流动性的同时，标的证券也反向助推 ETF 流动性。维卡斯・阿加瓦尔（Vikas Agarwal）等人以罗素 1000 和罗素 2000 指数为参照，重点聚焦权益类 ETF 对流动性的影响，发现 ETF 一级和二级市场套利活动的增加极易提升标的证券之间的流动性。

2010 年美股闪电崩盘期间，道琼斯工业指数 20 多分钟内下跌 9%，引发了大量 ETF 产品的价格错位和流动性严重短缺。在此之后，SEC 颁布了新的规则，要求特定的高波动性证券和权益类 ETF 在某些极端场景下停止交易。该项新规于 2015 年 8 月 24 日首次应用，当时暂停超过 300 只 ETF 交易，有力阻止了闪电崩盘再次发生。伊扎克・本－戴卫（Itzhak・Ben-David）指出，做市商在市场低迷时期大幅收缩交易活动，也可能导致股票市场流动性恶化。

ETF 能够放大市场的波动性

谢米恩・马拉默德（Semyon Malamud）针对 ETF 授权参与人 ETF 份额创设和赎回操作，设计了 ETF 市场动态均衡模型，分析 ETF 发行人与授权参与人之间互动行为推动冲击的传播效果，冲击的波动性与标的证券流动性呈现明显相关性。其中，非基本面冲击通过套利渠道导致成份股波动性明显走高。Ben-David（2018）等人根据 ETF 流动性交易假设，在区分噪声交易与知情交易的基础上，分析得出非基本面冲击可能会导致标的证券波动性加大。然而，研究也指出，只有当 ETF 吸引此前未参与过交易的新的短期投资者时，其波动性才会明显增加。

总体而言，近年来研究人员多数从 ETF 持有者投资行为特征及其对市场结构、市场波动性、资产价格的影响等角度切入研究，并得出“ETF 提高了其标的证券流动性，也为标的证券的定价和交易带来不对称性、不稳定性”的共识。尤其是闪电崩盘已经用事实证明了 ETF 流动性在极端市场情况下造成的动荡影响。

ETF 成为国际市场的主流选择

全球 ETF 持续快速发展

全球 ETF 持续呈现强劲增长态势。如图 7-1 所示，截至 2024 年 6 月末，全球 ETF 产品数量已超过 10 826 只，相比 2023 年末的 10 303 只持续快速增长；产品规模创纪录，达到 12.9 万亿美元，较 2023 年末增长了 13.0%。其中，股票型 ETF 增长迅速，自 2014 年以来吸引的净流入资金是指数型股票基金的 3 倍以上。

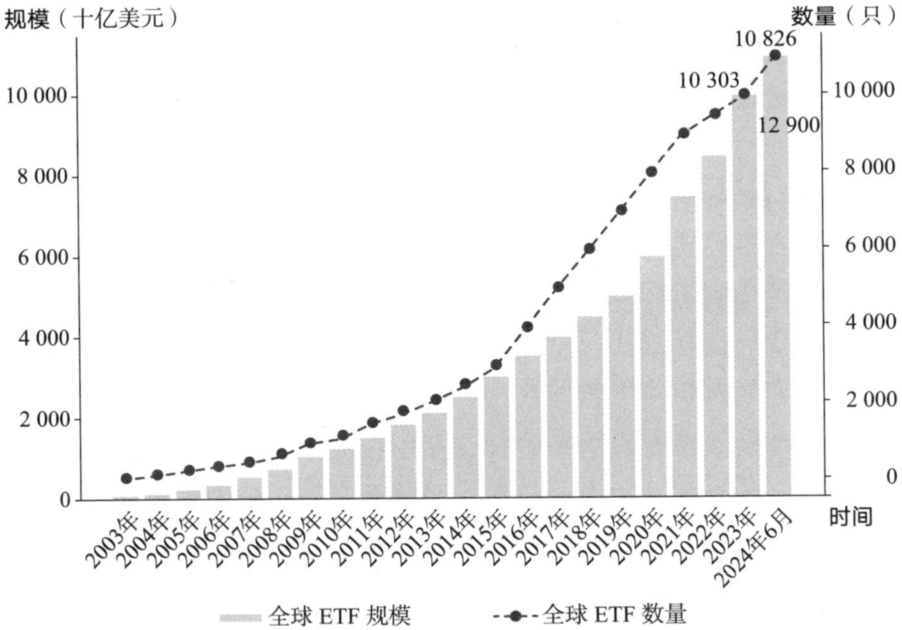

图 7-1 2003—2024 年 6 月全球 ETF 规模及数量变化

资料来源：伦敦证券交易所集团。

从国家和区域分布来看，ETF 主要集中在美国、欧洲、日本等发达市场。

如图 7-2 所示，截至 2024 年 6 月末，全球第一大 ETF 市场是美国，美国 ETF 规模占全球 ETF 总规模的 70.2%；第二大 ETF 市场是欧洲，欧洲 ETF 规模占全球 ETF 总规模的 15.1%；第三大 ETF 市场是日本，日本 ETF 规模占全球 ETF 总规模的 4.3%。A 股市场 ETF 规模为 3 358 亿美元，占全球 ETF 总规模的 2.6%，排名第四。

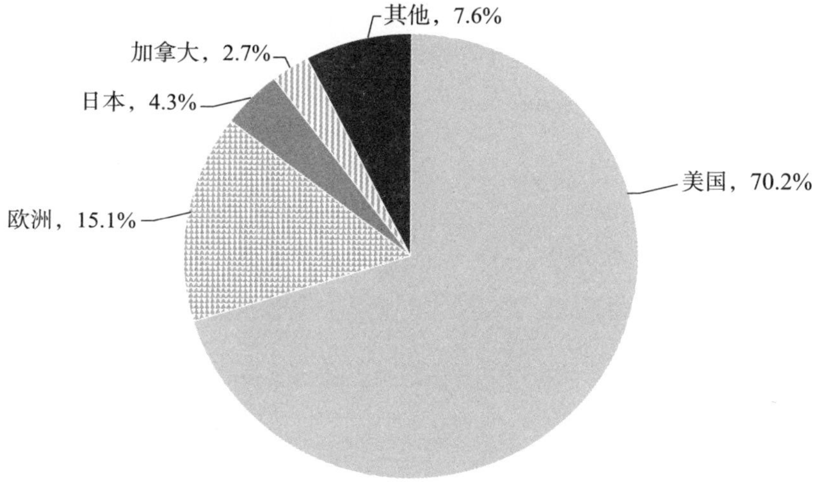

图 7-2　全球各地区 ETF 规模占比（截至 2024 年 6 月末）

资料来源：ETFGI。

从资金流向来看，美国指数型股票基金和 ETF 持续获得资金流入，2014 年以来的 10 年内累计资金净流入约为 2.5 万亿美元。在被动产品资金持续净流入的同时，美国主动管理类股票基金资金持续净流出 2.6 万亿美元。这一趋势在 2023 年进一步加速，当年指数型产品资金净流入约为 4 500 亿美元，主动型产品资金净流出约为 3 800 亿美元。市场资金从主动管理型基金转向被动投资产品的趋势越发明显，被动投资产品在美国股票基金市场的份额已超过 50%（见图 7-3）。这反映了投资者对低成本、高透明的被动投资策略的偏好不断增强，对主动管理能力持续创造超额收益的信心下降。

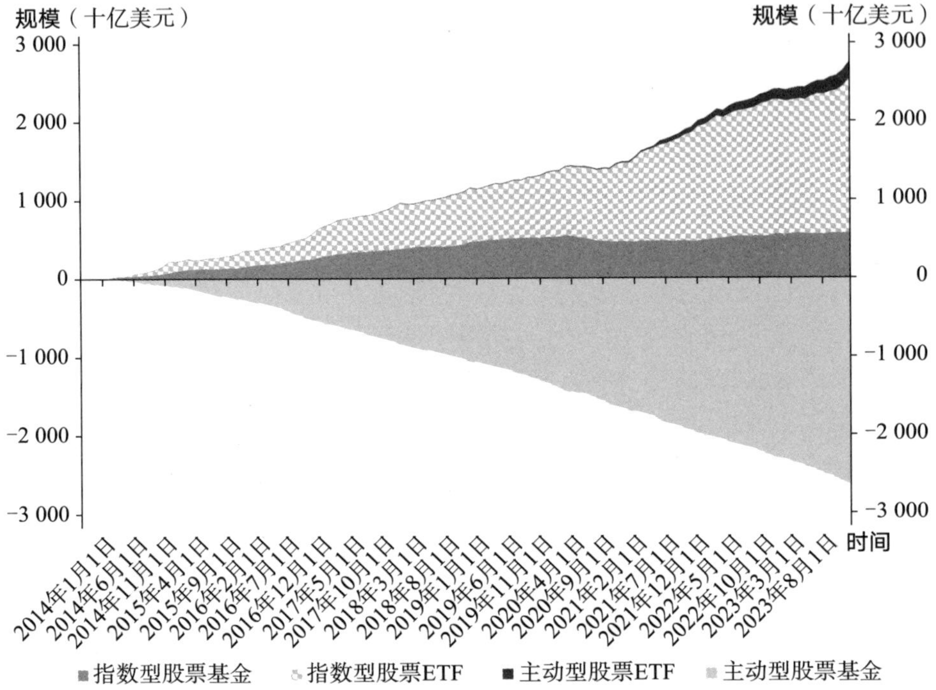

图 7-3　美国股票基金市场资金转移趋势（2014 年 1 月 1 日—2023 年 8 月 1 日）

资料来源：美国投资公司协会。

海外各国 ETF 市场的发展现状

美国 ETF 市场

美国 ETF 市场是全球第一大 ETF 市场。这一点不仅体现在其数量与规模上，也体现在其产品创新与底层资产多元化上。截至 2024 年 6 月，美国 ETF 的规模达 9.1 万亿美元，其中权益型 ETF 的规模为 7.4 万亿美元，占美国 ETF 整体规模的比例达 81%。特别值得一提的是，2023 年末，美国指数型股票基金与 ETF 的合计规模占共同基金的比例超过了 50%，即美国市场被动管理的股票投资规模已经过半（见图 7-4）。除权益型 ETF 外，最近 3 年美国债券型 ETF 也是发展亮点，最新债券 ETF 合计规模近 1.6 万亿美元，规模占比为 17.4%（见表 7-1）。

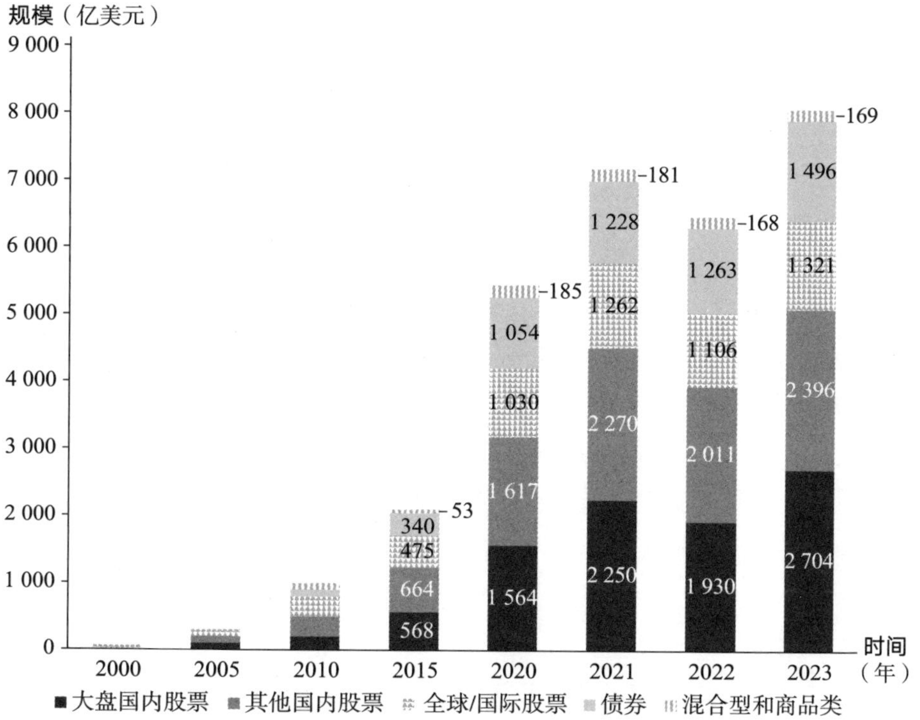

图 7-4　美国各资产类型 ETF 规模变化（截至 2023 年 12 月）

资料来源：美国投资公司协会。

表 7-1　美国规模排名前十的 ETF（截至 2024 年 6 月）

基金名称	类型	成立日期	规模（亿美元）
SPDR 标普 500 指数 ETF	权益	1993 年 1 月 22 日	5 474.92
iShares 核心标普 500 指数 ETF	权益	2000 年 5 月 19 日	4 904.34
Vanguard 标普 500 指数 ETF	权益	2010 年 9 月 9 日	4 702.84
Vanguard 全股票市场指数 ETF	权益	2001 年 5 月 31 日	4 075.49
Invesco 纳斯达克 100ETF	权益	1999 年 3 月 10 日	2 880.17
Vanguard 成长指数 ETF	权益	2004 年 1 月 30 日	1 337.16
Vanguard 富时发达市场指数 ETF	权益	2007 年 7 月 26 日	1 321.72
ISH 欧洲澳大利亚及远东指数 ETF	权益	2012 年 10 月 22 日	1 162.96

续表

基金名称	类型	成立日期	规模（亿美元）
Vanguard 价值指数 ETF	权益	2004 年 1 月 30 日	1 158.46
iShares 债券 ETF	债券	2003 年 9 月 26 日	1 097.44

资料来源：彭博。

主动管理型 ETF 是美国 ETF 市场发展的新星。相比被动管理型，主动管理型 ETF 的投资目标不是紧密跟踪指数，而是采用主动投资的方式获取超额收益。自从 2008 年美国推出首只主动管理型 ETF 后，主动管理型 ETF 发展势头迅猛。截至 2023 年末，美国主动管理型 ETF 规模攀升至 5 218 亿美元，同比增速超过 50%。虽然在整体规模体量上，主动管理型 ETF 远低于被动管理型，但最近几年增速迅猛，也逐渐得到市场投资者的认可。

欧洲 ETF 市场

欧洲 ETF 市场是全球第二大 ETF 市场。欧洲 ETF 规模约占全球 ETF 总规模的 15%。从资产类型来看，与美国市场相似，欧洲 ETF 也以权益型为主。近年来欧洲债券型 ETF 规模同样增长较快。欧洲投资者整体偏好跨境宽基 ETF。2024 年上半年，欧洲 ETF 市场资金净流入排名前十的 ETF 包括 3 只 MSCI 全球指数 ETF、3 只标普 500 指数 ETF，以及 1 只 MSCI 美国 ESG 增强型 ETF（见表 7-2）。这反映了投资者对全球和美国市场持续关注，同时也青睐 ESG 主题的 ETF。

表 7-2　欧洲净流入排名前十的 ETF（截至 2024 年 6 月）

基金名称	类型	成立日期	规模（亿美元）
iShares 标普 500 指数 ETF	权益	2019 年 12 月 11 日	619.18
iShares MSCI 全球指数 ETF	权益	2017 年 5 月 22 日	571.55
Vanguard 标普 500 指数 ETF	权益	2012 年 5 月 22 日	387.43
Vanguard 富时全球指数 ETF	权益	2012 年 5 月 22 日	186.15

续表

基金名称	类型	成立日期	规模（亿美元）
Invesco 标普 500 指数 ETF	权益	2010 年 5 月 20 日	183.39
iShares MSCI 全球新兴市场指数 ETF	权益	2014 年 5 月 30 日	178.16
iShares 欧元公司债券 ETF	债券	2019 年 8 月 30 日	150.27
Invesco 黄金 ETF	商品	2009 年 6 月 24 日	137.98
iShares 富时 100 指数 ETF	权益	2017 年 10 月 19 日	136.62
iShares 黄金 ETF	商品	2011 年 4 月 8 日	134.91

资料来源：ETFGI。

日本 ETF 市场

日本 ETF 在全球 ETF 市场的份额约为 5%，排名第三。从各类型 ETF 规模占比来看，权益型 ETF 在日本 ETF 市场占主导地位，规模为 4 777 亿美元，占比为 97%。日本泡沫经济破裂后，其国内居民投资基金的热情很低，ETF 市场的繁荣是由日本央行支撑起来的。日本央行在推进宽松政策的过程中，大量增持日经 225、TOPIX ETF。根据日本央行数据，截至 2024 年 6 月，其持有 ETF 的规模约为 37 万亿日元（约 2 300 亿美元），为日本 ETF 市场贡献约一半的规模，是日本国内 ETF 市场最重要的投资者。

从日本 ETF 的前十大排名来看，前十大 ETF 主要是权益型相关 ETF，合计规模达 4 830 亿美元，其中 5 只跟踪 TOPIX 指数，4 只跟踪日经 225 指数（见表 7-3）。

表 7-3　日本规模排名前十的 ETF（截至 2024 年 6 月）

基金名称	类型	成立日期	规模（亿美元）
NEXT FUNDS TOPIX 指数 ETF	权益	2001 年 7 月 11 日	1491
Nikko TOPIX 指数 ETF	权益	2001 年 12 月 20 日	709
NEXT FUNDS 日经 225 指数 ETF	权益	2001 年 7 月 9 日	678

续表

基金名称	类型	成立日期	规模（亿美元）
iFreeETF TOPIX 指数 ETF	权益	2001 年 7 月 11 日	675
Nikko 日经 225 指数 ETF	权益	2001 年 7 月 9 日	324
iFreeETF 日经 225 指数 ETF	权益	2001 年 7 月 9 日	308
MAXIS TOPIX 指数 ETF	权益	2009 年 5 月 14 日	212
MAXIS 日经 225 指数 ETF	权益	2009 年 2 月 24 日	160
iShares MSCI 日本指数 ETF	权益	1996 年 3 月 12 日	157
iShares TOPIX 指数 ETF	权益	2015 年 10 月 19 日	115

资料来源：ETFGI。

海外 ETF 快速发展的原因

海外 ETF 得以快速发展，究其原因，一是早期牛市掀起了市场对 ETF 的关注。20 世纪八九十年代，美国股市经历了一轮持续近 20 年的大牛市。这一时期，美国的经济繁荣和股市表现为后来的金融理论和实践奠定了重要基础。同时，金融体系推动养老金入市，机构投资者占比显著提升，为股市提供了长期稳定的资金来源。牛市期间，市场发现多数主动管理型基金难以长期跑赢市场，事实印证了有效市场假说的实践价值，市场不断提升对 ETF 的关注。

二是随着市场有效性提升，主动投资战胜指数越发困难。2010 年后，收益跑输业绩比较基准的美国主动权益基金的数量持续大于 50%。根据晨星的数据，2023 年，主动管理型共同基金的平均费率为 1.02%，而指数型 ETF 的平均费率仅为 0.48%。如果主动管理型基金没有业绩优势，那么投资者往往更青睐管理费比其低的 ETF。

三是 ETF 天然具有透明度高、纪律性强、流动性好的优势。ETF 采用透明的管理方式和极高的纪律约束，ETF 持仓、产品特征属性更能被投资者清晰把握，

ETF 更加契合资产配置工具的属性。此外，ETF 具有场内交易通道，交易流动性较优。因此，ETF 既满足长期投资的配置需求，也满足短期博弈的交易需求。

海外 ETF 发展新趋势

海外 ETF 的发展有如下几个新趋势。

一是主题化和因子化投资的兴起。近年来，主题化和因子化投资成为美国 ETF 市场的新趋势。投资者对特定主题和因子的关注度增加，促使 ETF 发行人推出一系列主题 ETF 和因子 ETF。这些 ETF 覆盖环保、科技、健康、价值、成长等多个方面，丰富了投资选择，满足了投资者不同的需求和偏好。

二是 ESG 投资的崛起。ESG 在美国 ETF 市场得到了越来越多的关注。越来越多的投资者将 ESG 纳入考虑范围，并希望通过投资实现社会责任和可持续发展目标。因此，ESG 主题的 ETF 得到了迅速发展，为投资者提供了一种结合收益回报和社会价值的投资方式。

三是主动管理型和 Smart Beta ETF 的兴起。虽然 ETF 以被动管理型为主，但近年来，一些发行人开始推出主动管理型 ETF，以满足投资者对专业管理的需求。与此同时，Smart Bcta ETF 也逐渐兴起。它采用基于因子模型和机器学习算法的策略进行投资组合构建，力求在超额收益和风险控制之间取得平衡。

四是技术创新的推动。技术创新在美国 ETF 市场发挥着重要作用。ETF 发行人和证券交易所不断引入新的技术手段，如区块链技术、人工智能和大数据分析等，以提高交易效率、降低成本，并为投资者提供更加便捷的交易和信息服务。

五是费率进一步降低。ETF 费率持续下降已成行业趋势，零费率 ETF 的出现标志着这一趋势达到新高度。虽然零费率 ETF 不直接收取管理费，但资管公司可以通过融券等方式获取盈利。美国市场竞争激烈，零费率 ETF 成为重要竞争手段。从长期来看，ETF 费率下降趋势仍将持续，但零费率产品难成主流。

中国 ETF 进入蓬勃发展阶段

中国 ETF 发展趋势与特征

中国 ETF 市场近年来呈现蓬勃发展态势，境内 ETF 规模和数量均破新高。2018 年以前，国内 ETF 市场发展相对较缓，自 2019 年开始快速增长，规模持续扩大。截至 2024 年 6 月末，国内全市场非货币 ETF 的数量达 945 只，较年初增加 89 只；合计资产规模突破 2.4 万亿元，较年初增加 6 200 亿元。ETF 在国内公募基金中的占比也不断提升，目前非货币 ETF 的规模占非货币基金规模的比例达到 14%，其中股票型 ETF（含 QDII）占偏股型基金（剔除债券型、偏债混基金等）的比例达到 35%（见图 7–5）。与美国 ETF 市场、全球其他 ETF 市场相比，中国 ETF 市场仍有巨大发展潜力。

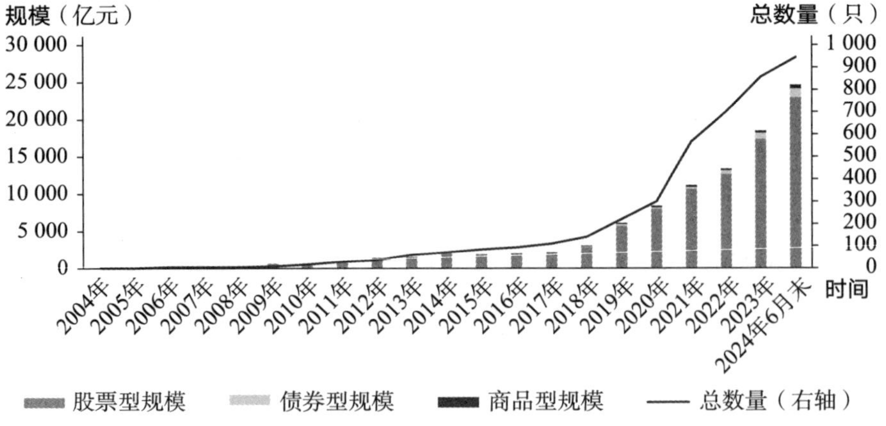

图 7–5　境内 ETF 规模及总数量变化（2004 年—2024 年 6 月末）

资料来源：万得资讯。

从市场覆盖范围来看，境内 ETF 发展仍以 A 股 ETF 为主。截至 2024 年 6 月末，纯 A 股 ETF 合计规模约为 1.8 万亿元，占境内股票型 ETF 规模的 85%；跨境 ETF 主要涉及港股、中概股，这类 ETF 约占 10%（见图 7-6）。美国以及海外其他 ETF 在中国境内市场的发展仍处于初级阶段，后续随着资产配置逐渐多元化、全球化，相关 ETF 产品有望逐渐发展壮大。

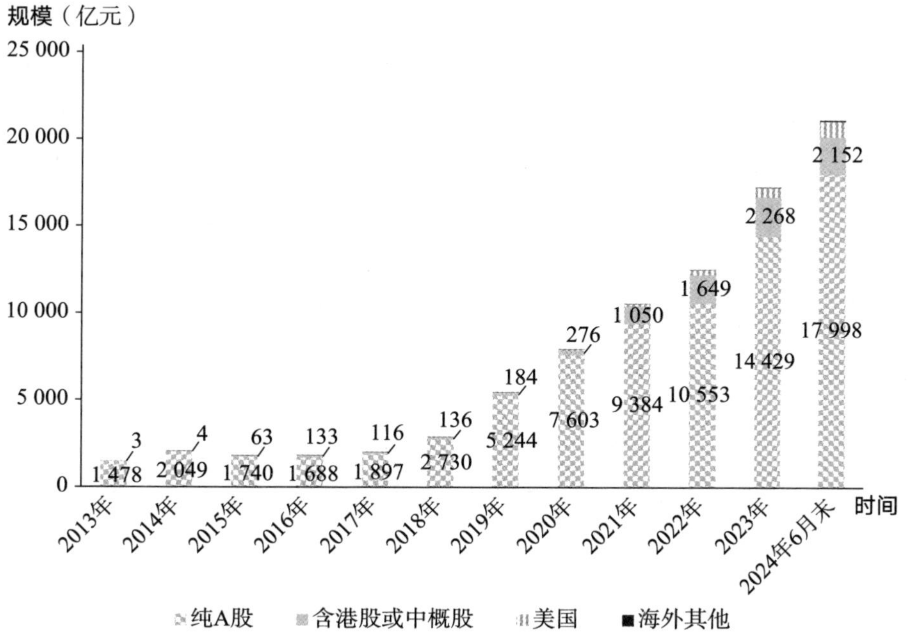

图 7-6　境内上市股票型 ETF 规模按照市场覆盖分类的变化（2013 年—2024 年 6 月末）

注：类型按照 ETF 标的指数研究分类。

资料来源：万得资讯。

从指数标的类型来看，境内宽基 ETF 和行业 ETF 是市场主流。截至 2024 年 6 月末，境内宽基 ETF 合计规模约为 1.2 万亿元，约占 A 股 ETF 规模的 70%；行业 ETF 规模超过 4000 亿元，约占 A 股 ETF 规模的 24%（见图 7-7）。从历史上来看，早期 ETF 以宽基 ETF 为主，2019—2021 年行业 ETF 快速发展，规模占比迅速提升；自 2022 年以后，宽基 ETF 规模占比再次提升。宽基 ETF 和行业 ETF 因其清晰的资产特征，而更符合市场对 ETF 作为资产配置工具或者捕捉阶段性行情交易工具的定位。

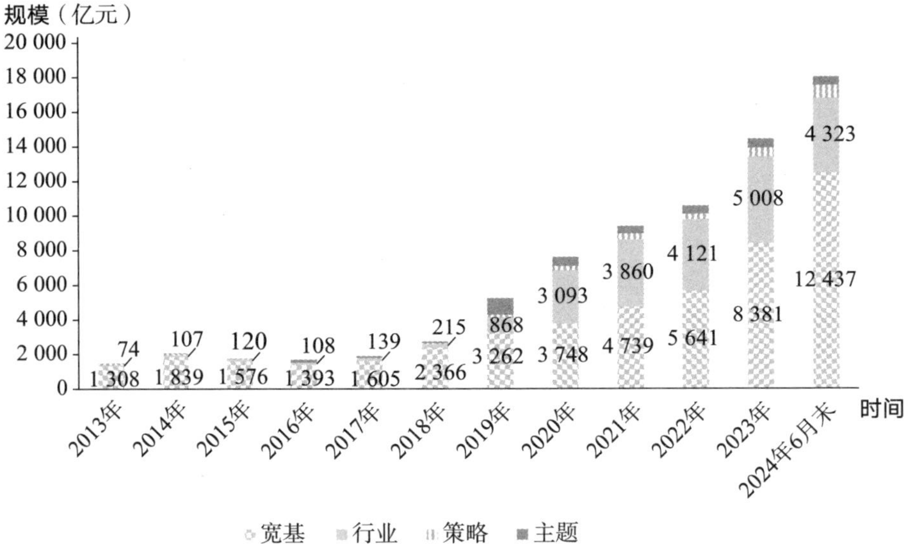

图 7-7　境内上市除 A 股 ETF 按照指数类型分类的变化（2013 年—2024 年 6 月末）

注：类型按照 ETF 标的指数研究分类。

资料来源：万得资讯。

目前，境内 ETF 已逐渐从早期“重首发”转向“重持营”。从历年境内 ETF 首发情况来看，2021 年首发规模和首发数量达到顶峰，随后开始逐渐下降（见图 7-8）。从历年境内 ETF 的规模增量来源来看，2021 年以来首发 ETF 的规模贡献量逐年降低，从 2021 年的首发 ETF 规模贡献超过 70%，下降至 2024 年上半年的首发 ETF 规模贡献不到 10%（见图 7-9）。ETF 本身的工具属性较强，前期基金管理人以布局新 ETF 为主，当各个类型、赛道 ETF 工具较为全面时，将越发重视存量 ETF 的持续运营。

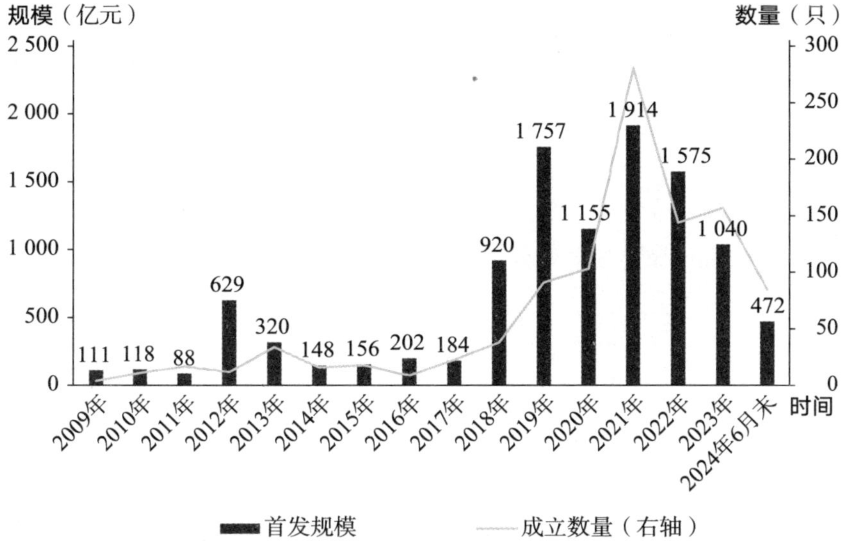

图 7-8　境内上市非货币 ETF 分年度首发情况（2009 年—2024 年 6 月末）

资料来源：万得资讯。

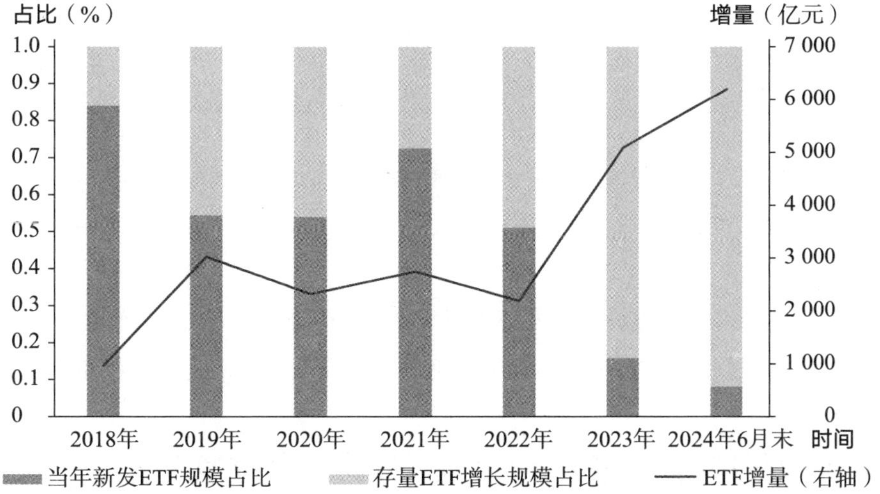

图 7-9　境内上市非货币 ETF 分年度增量来源（2018 年—2024 年 6 月末）

资料来源：万得资讯。

此外，境内 ETF 市场也出现了小微化和退市现象。自 2021 年以来，ETF 退市、清盘数量逐步增加，行业逐渐开始出清一些不被投资者认可的 ETF（见图 7-10）。为了优化市场生态，我国监管部门出台了相关政策，如要求基金管理人应当在基金合同中明确基金终止的情形，包括连续 50 个工作日基金份额持有人数量不满 200 人或者基金资产净值低于 5 000 万元等情况。这些措施旨在提高我国 ETF 市场的整体质量和效率，促进行业健康发展。

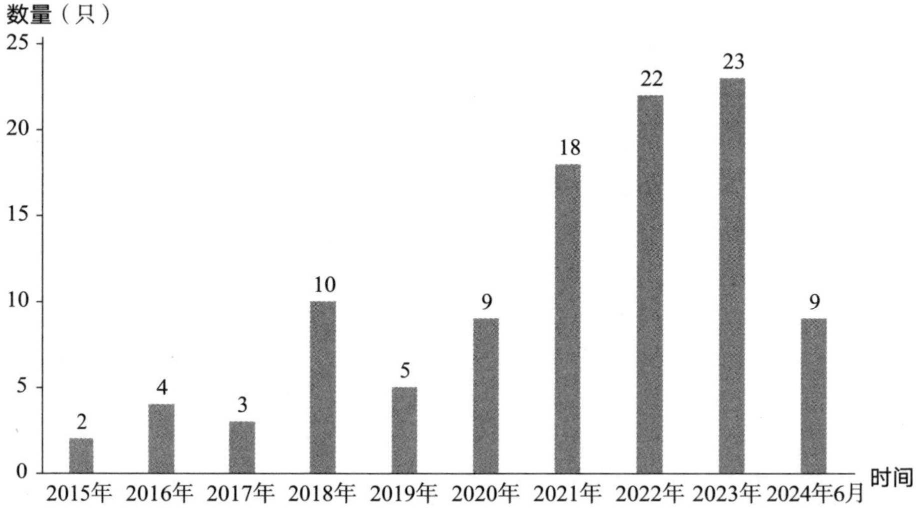

图 7-10　境内非货币 ETF 分年度退市数量（2015 年—2024 年 6 月）

资料来源：万得资讯。

展望未来，我国 ETF 市场发展前景广阔。随着指数体系的完善和产品创新的推进，ETF 将在服务我国实体经济、推动金融高质量发展方面发挥更大作用。

业绩表现与持有体验推动了中国 ETF 市场快速发展

基金业绩：2022—2024 年主动型基金业绩弱于指数

国内公募基金存在整体性风格偏离，更偏向于成长风格投资。当市场风格偏向于成长时，基金普遍胜过指数（类似于 2019—2021 年的情况）；而当市场风格偏向于价值时，基金普遍无法胜过指数（类似于 2022 年以来的情况）。主动管理型基金时常体现的特征是，其高于业绩基准的超额收益暴露了更多市场风险。由于其本质是获取 Beta 收益，而非获取选股层面的 Alpha 收益，因此主动管理型超额收益不稳定，回撤风险较大。2022—2024 年市场整体回撤后，大部分基金无法战胜指数（或者 ETF），投资者从业绩端对主动管理型基金逐渐失去信心（见表 7-4）。

表 7-4　长区间以来国内公募基金相对指数的胜率（截至 2024 年 8 月）

单位：%

系列	指数	2015 年以来	2020 年以来	2022 年以来	2024 年以来
传统系列	沪深 300	80.82	74.56	17.84	16.05
	中证 500	90.65	67.11	30.48	58.02
	中证 800	84.17	73.22	20.45	24.88
	中证 1000	94.48	78.59	51.88	84.82
	中证 2000	78.18	57.70	26.68	94.48
A 系列	中证 A50	50.12	67.22	17.54	13.70
	中证 A100	80.58	84.18	19.12	14.24
	中证 A500	77.70	67.94	23.96	22.72
单市场系列	上证 50	80.10	78.59	9.93	8.22
	深证 50	46.04	69.08	41.60	25.86
	深证 100	77.94	77.97	58.00	35.02
	科创 50	—	94.00	83.75	78.51
	创业板指	82.73	74.15	87.45	69.17
	科创创业 50	—	65.77	83.15	62.03
	上证指数	92.57	69.60	10.42	26.33
华证系列	华证大盘	84.17	70.84	20.80	25.28
	华证中盘	94.24	73.22	47.33	81.61
	华证小盘	89.45	55.84	28.51	93.65

续表

系列	指数	2015 年以来	2020 年以来	2022 年以来	2024 年以来
风格系列	300 价值	53.24	51.81	1.19	1.15
	300 成长	84.65	94.21	84.58	46.74
	500 价值	70.02	35.88	4.69	28.06
	500 成长	93.05	86.87	72.13	67.98

注：除上证指数外，其他指数采用全收益指数进行统计，下同。

资料来源：万得资讯。

进一步比较国内主动管理型基金与指数的收益，可以发现主动管理型基金发展成熟度仍有待加强。主动管理型基金更善于成长股投资，不善于价值股投资。成长型基金相对中证 800 指数的超额胜率波动更大，价值型基金比中证 800 指数更有长期优势（见表 7-5）。进一步细化研究来看，成长型基金比中证 800 成长指数的超额表现更佳。尤其在 2022—2024 年市场持续下跌期间，成长型基金相对中证 800 成长指数的胜率高达 68%，显示出主动管理型基金在成长股上具有获取超额收益的能力。价值型基金的情况较为复杂，虽然它们相对中证 800 指数有不错的表现，但与中证 800 价值指数相比却略显不足，即主动管理型基金在价值股上获取超额收益的能力有限。这意味着近年来表现出色的主动管理型基金，可能更多依赖于价值风格的风险敞口，而非真正在价值投资领域获取超额收益。

表 7-5　分年度国内公募基金相对中证 800（中证 800 成长 / 价值）的胜率（截至 2024 年 8 月）

单位：%

时间	相对中证 800 指数的胜率			风格基金相对风格指数的胜率	
	成长风格	价值风格	平衡风格	成长风格	价值风格
2015 年	89.90	75.38	78.23	89.65	86.15
2016 年	44.61	68.32	62.83	42.93	45.54
2017 年	33.56	31.11	27.80	16.30	7.41
2018 年	67.45	80.72	76.58	81.62	57.83
2019 年	63.32	31.55	47.66	33.76	46.52

续表

时间	相对中证 800 指数的胜率			风格基金相对风格指数的胜率	
	成长风格	价值风格	平衡风格	成长风格	价值风格
2020 年	85.12	45.96	68.13	72.07	87.88
2021 年	75.58	77.31	77.63	87.83	75.93
2022 年	43.35	78.39	61.77	76.80	47.46
2023 年	28.96	78.95	59.25	71.62	38.87
2024 年	16.60	67.74	43.76	33.60	6.85
2015 年以来	80.81	90.77	85.03	87.88	56.92
2020 年以来	72.27	87.88	81.27	91.44	66.67
2022 年以来	19.22	76.69	51.89	67.65	27.54
2024 年以来	16.60	67.74	43.76	33.60	6.85

注：成长风格指数和价值风格指数分别采用中证 800 成长指数和中证 800 价值指数。这两条指数以中证 800 指数为样本空间，根据成长因子和价值因子计算风格评分，分别选取成长得分与价值得分最高的 250 只证券构成。

资料来源：万得资讯。

细化至行业主题型基金维度，主动管理型基金依然没有体现出足够稳定的长期获取超额收益的能力。以医药主题基金为例，相比中证 800 指数，医药主题基金长期基本都能获取超额收益，但 2022 年以来很难获取超额收益；相比 800 医药指数，上述特点有所改善，但公募基金相对该指数的胜率仍然较高，即 800 医药指数的收益属性不佳；相比医药 50 指数（指数代码为 931140，该指数采用财务因子精选 50 只医药股），主动管理型基金长期相对指数的胜率降低（见表 7-6）。

表 7-6　国内医药基金相对指数的胜率（截至 2024 年 8 月）

单位：%

时间	中证 800 指数	800 医药指数	医药 50 指数
2015 年以来	89.66	93.10	75.86
2020 年以来	65.29	91.76	86.47

续表

时间	中证 800 指数	800 医药指数	医药 50 指数
2022 年以来	18.45	61.62	66.79
2024 年以来	5.07	64.48	72.24

资料来源：万得资讯。

持有体验：主动管理型基金收益和基民的实际持有体验存在偏差

主动管理型基金收益和基民的实际持有体验存在一定偏差，这类基金的实际回报往往高于基民的持有回报。将图 7-11 中的数据进行对比分析，结果表明，主动管理型基金的年度收益率普遍高于基民实际获得的回报。这种差异在 2020 年尤为显著，当年基民的实际回报较基金本身的收益率低约 9.6 个百分点。

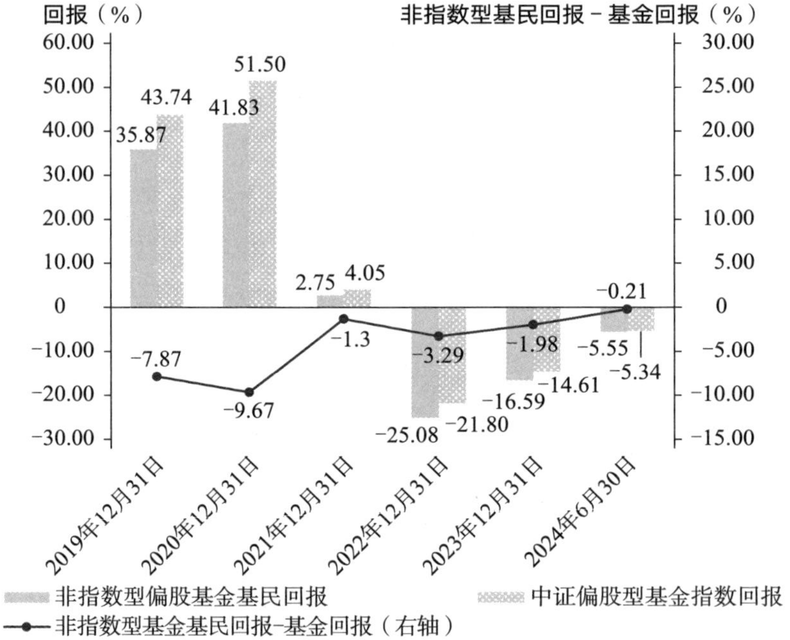

图 7-11　国内非指数型偏股基金基民回报和基金回报对比（2019 年 12 月 31 日—2024 年 6 月 30 日）

资料来源：万得资讯。

与此同时，指数型基金呈现出不同的态势。自 2020 年以来（2019 年之前指数投资的普及程度相对有限），中证 800 指数的年度收益率与基民的实际回报体验表现出较高的一致性（见图 7-12）。

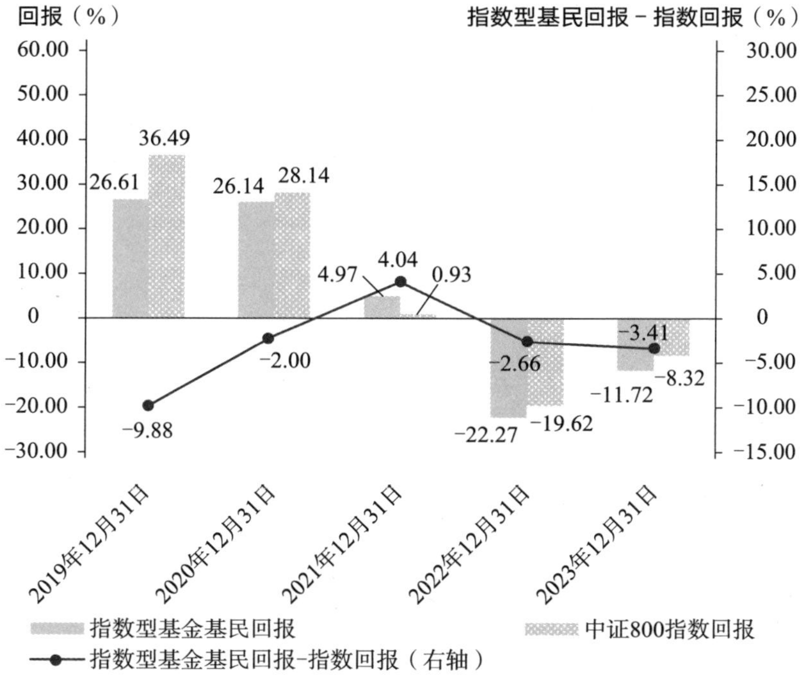

图 7-12　国内指数型基金基民回报和基金回报对比
（2019 年 12 月 31 日—2023 年 12 月 31 日）

资料来源：万得资讯。

从基民回报的角度来看，2021—2023 年指数型基金持有体验相对更好。从图 7-13 可以看出，2019—2020 年主动管理型基金业绩较好，当市场整体偏向于成长风格时，投资于主动管理型基金的基民投资回报相对更高；但 2021—2023 年，投资于指数型基金的基民投资回报相对更优。

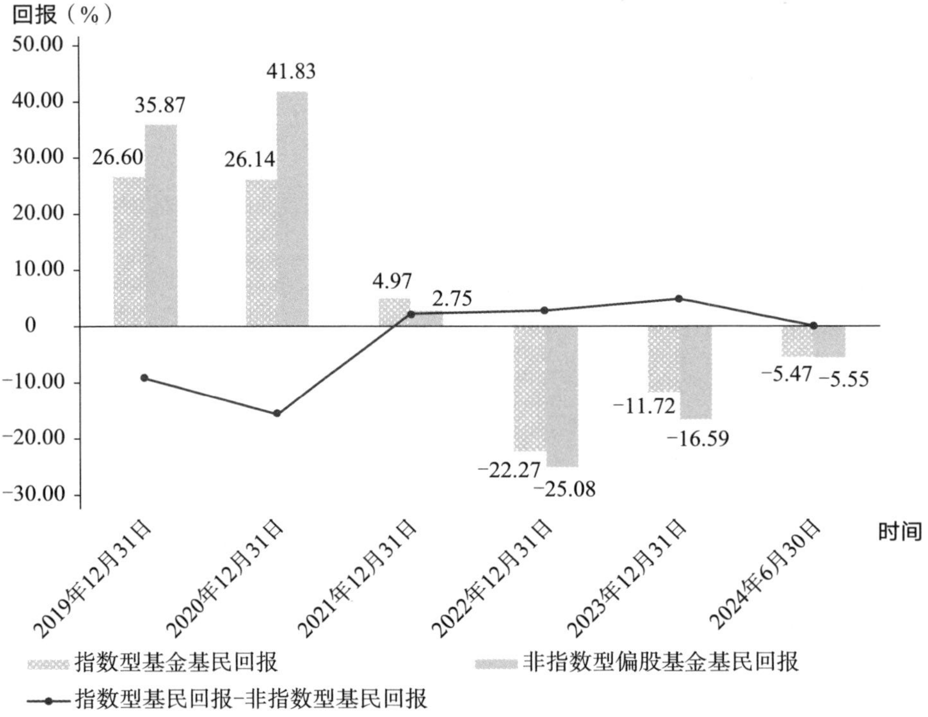

图 7-13　国内指数型基金和非指数型偏股基金基民回报对比
（2019 年 12 月 31 日—2024 年 6 月 30 日）

资料来源：万得资讯。

指数型基金基民投资回报的提升除了与 2021—2023 年指数型基金本身业绩较好有关以外，还与基民实际的操作策略息息相关。从图 7-14 可以看出，主动管理型基金的发行规模与大盘指数的走势正相关度较高，基民投资于主动管理型基金的策略偏向于“右侧投资”①，进入基金时大盘指数的估值相对更高；指数型基金的申赎规模与大盘指数的走势相对负相关，即基民投资于指数型基金的策略偏向于“左侧投资”②，进入基金时大盘指数的估值相对更低（见图 7-15）。

① 右侧投资主要指确认市场上涨趋势开始后入场。——编者注

② 左侧投资主要指捕捉市场上涨趋势开始前入场。——编者注

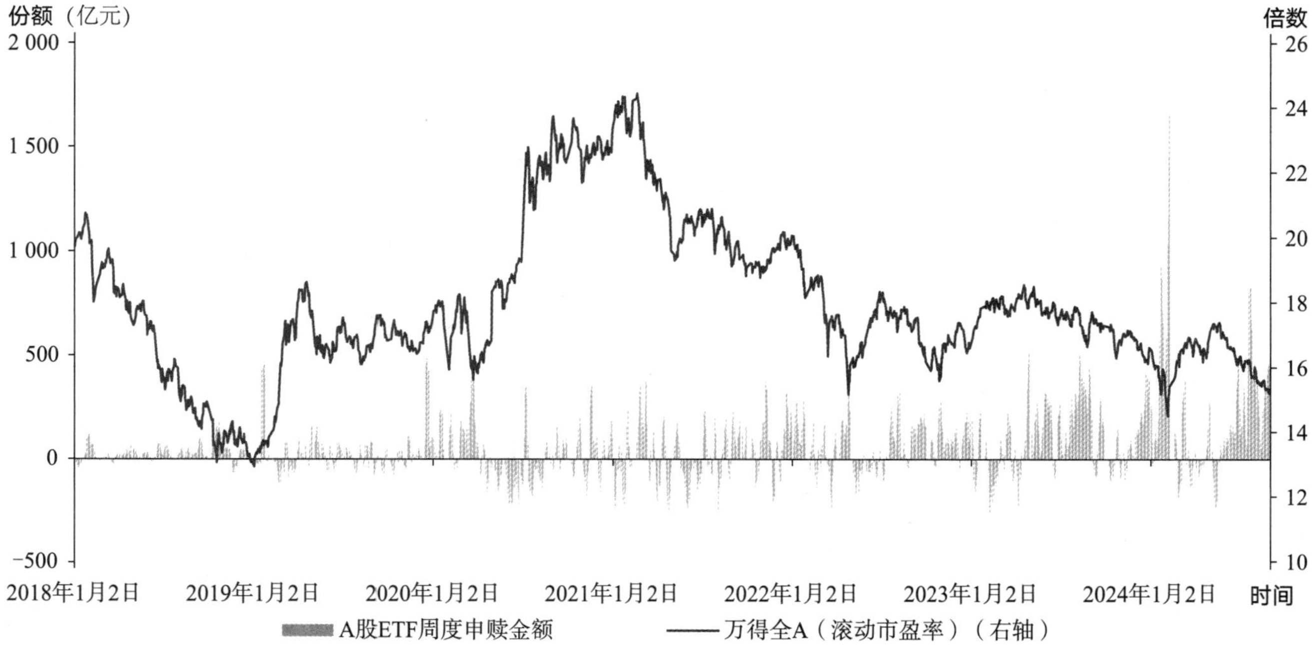

图 7-14　国内非指数型偏股基金发行份额与市场估值对比（2010 年 1 月—2024 年 7 月）

资料来源：万得资讯。

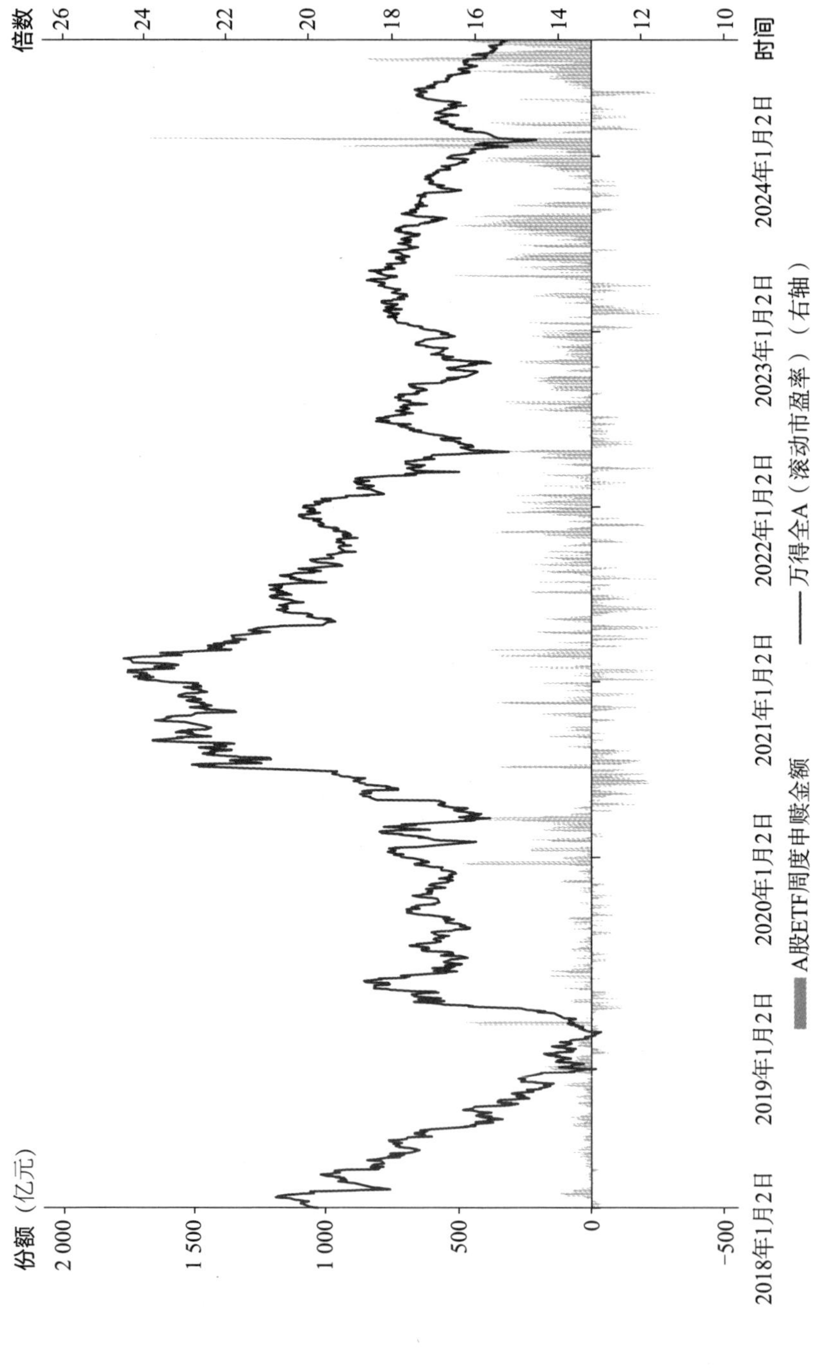

图 7-15　ETF 新增份额与市场估值对比（2018 年 1 月—2024 年 8 月）

资料来源：万得资讯。

资产配置：适应个人和机构资产配置新趋势

近年来，国内 ETF 市场个人投资者资产配置结构出现显著变化，主要表现为传统的股票投资者通过券商渠道向 ETF 投资转型。这一趋势的形成可归因于以下因素：（1）A 股市场的逐步成熟提升了市场效率，投资环境日益机构化和专业化，使得个人投资者通过直接的股票投资获取超额收益的难度增加；（2）相比主动型基金，ETF 尤其是行业主题 ETF 具有高波动、高弹性的属性，其风险收益特征更能匹配场内个人投资者的风险偏好；（3）相比银行渠道、第三方电商渠道的基金投资者，券商渠道的个人投资者专业度相对更高，具有自主选择 Beta 风险敞口（即相应的 ETF）的能力。叠加 2021 年以来的 3 年内 ETF 的业绩相对更优，券商渠道个人投资者已形成向 ETF 投资转型的大趋势。

对于机构投资者而言，ETF 具有透明度高、成本低、交易便捷、风格稳定等多重优势，适合成为各类型资金的配置工具和交易工具。机构投资者可根据指数的风险收益特征，结合专业策略自主进行资产配置。此外，ETF 具有场内交易属性，不用承担申赎等额外费用负担，也是部分相对高频策略很好的交易工具。值得注意的是，在 2023 年市场整体表现疲软的背景下，机构投资者普遍认识到市场可能存在低估机会。在此情况下，宽基 ETF 成为这些机构增加资产配置的主要方向。

中国 ETF 市场发展趋势展望与建议

标的指数与产品创新端

指数创新发展：丰富宽基，增强建设策略指数

虽然当前市场 ETF 标的重复建设，但由于 ETF 的本质是投资工具，投资者需要各类差异化的 ETF 工具，因此宽基指数仍可进一步丰富。除了丰富宽基指数，也可建设属性简单清晰的风格指数，例如成长 / 价值系列指数、成长 / 价值 / 质量适应国内基金投资风格的系列指数、单因子风格暴露系列指数等；还可

研究长期收益特征好的策略指数，例如以红利为主导策略、长期回报属性优的红利衍生策略指数，以长期价值为主导策略的低估值策略指数，以长期收益风险特征为目标的多因子指数等。

产品创新发展：主动管理、衍生品策略等

从美国 ETF 市场的发展经验来看，近年来主动管理型 ETF、具有收益保护特征的期权策略型 ETF 等创新型 ETF 受到市场青睐。相比国内已有的 ETF 产品类型和投资策略，主动管理型 ETF 为投资者获取超额收益提供了新工具，拓宽了场内投资者可选投资工具和投资目标的范围。相比场外主动管理型基金，主动管理型 ETF 的持仓更加透明，有利于基金管理人提供投资风格清晰、稳定的产品。衍生品策略 ETF，如备兑策略 ETF、领口策略 ETF 等，可在震荡市或下跌市中，除被动跟踪指数收益外，还提供额外增强收益，优化基金的风险收益特征，降低风险，为风险偏好相对较低的投资者提供更丰富的权益类投资工具。

跨境投资发展：全球投资，扩大资产配置选择范围

在全球格局不断分化的背景下，全球资产配置的价值逐步凸显，而 ETF 可以为投资者提供便捷透明的跨境投资工具。国内 QDII 型 ETF 目前主要集中于中国香港、中概股及美国市场，下一阶段有两大趋势，一是可进一步挖掘新兴市场和欧洲市场的股票宽基指数投资机会，二是可丰富全球行业主题 ETF 布局。

衍生品发展：ETF 衍生品

在 ETF 配套衍生品方面，股指期货、期权和 ETF 期权的完善能够为未来 ETF 投资策略的丰富及创新产品的推出打下良好基础，促进期现联动，形成完善的衍生品投资与风险管理产品体系。

市场基础制度端

产品运作机制：全实物申赎模式落地

跨沪、深证券交易所股票的指数 ETF 无法实现全实物申赎。ETF 是由投资者用一篮子股票来换取份额或者用份额换取一篮子股票，但是由于跨交易所的问题，投资者不能完全实现全实物申赎。例如，投资者在上海证券交易所申购某含有沪、深证券交易所股票的指数 ETF 时，其上海证券交易所的股票可以实现实物申赎，但深圳证券交易所的股票只能现金替代，由管理人进行代买卖，由此会对投资者产生一定体量的资金占用，降低投资者的资金使用效率。未来可进一步推进完善全实物申赎机制。

产品发行机制：基金发行上市条件

ETF 具有工具属性，管理人发行某些 ETF 更多的是为长远投资布局。最近几年，很多新发 ETF 发行上市后份额迅速缩减，或在发行后不久即进入小微状态，甚至出现退市、清盘的情况，这很有可能是因为短期投资者认可度较低。对此，也可考虑参照海外管理人模式，以更低的基金发行上市条件允许管理人布局具有长期投资价值的 ETF。

市场生态建设端

基金公司：选取优质标的，出清迷你 ETF

产品端：基金公司在 2020—2023 年快速发行 ETF，部分标的过度发行，市场重复建设，迷你 ETF 与日俱增。后续随着国内 ETF 领域竞争逐渐白热化，形势将要求基金公司主动开发优质 ETF 标的，包括全面工具化 ETF 品种、具有长期风险收益特征的优质 ETF 品种；与此同时，形势也要求基金公司逐渐出清不被市场认可的迷你 ETF。

策略端：基金公司在 ETF 方面的竞争逐渐从产品端进入策略端，单一产品不再是管理人的重点方向，而是围绕一篮子 ETF 打造各类资产配置策略，机构投资者和投资顾问等都可根据风险偏好属性实现配置。

个人投资者：加强投教，提高个人投资者专业度

虽然自 2018 年开始国内 ETF 市场快速发展，最新规模突破 2 万亿元，但仍有许多个人投资者对 ETF 及其策略、结构、属性不甚了解。投资者对 ETF 教育的持续需求，来源于 ETF 资产类别及投资范围的不断扩大。随着未来更多 ETF 创新品种的推出，投资者教育将越来越重要。

机构投资者：工具化和策略化

机构投资者需进一步结合养老、投资顾问等财富管理业务的运用场景及投资特点，推广匹配的 ETF 产品和 ETF 配置策略，丰富 ETF 的投资使用场景。例如，在海外发达市场，ETF 已被纳入养老金第三支柱。基于国内养老金第三支柱发展现状，ETF 直接全部纳入第三支柱的难度较大，可首先将具有长期投资价值的宽基 ETF 或者长期稳健策略 ETF 渐进式纳入。

第 8 章

机构投资视角下公募 REITs 的发展瓶颈与展望

2023 年国内公募 REITs 市场回顾

新冠疫情结束后，中国经济延续弱修复态势。在无风险利率持续下行的背景下，低波高分红的资产受到市场追捧。

兼具股债双属性的公募 REITs 由于具有强制分红的特性，叠加股市高分红策略和资产荒的带动，因此其二级市场在 2023 年的表现被机构投资者寄予厚望。然而，2023 年公募 REITs 市场整体震荡下行，走出了其问世以来最差的行情。截至 2023 年最后一个交易日，中证 REITs 指数（收盘）为 756.44 点，环比 2022 年末下跌 28.26%，位于历史低位（见图 8-1）。

各公募 REITs 在二级市场的价格在 2023 年内普降，跌破发行价的公募 REITs 集中于产业园和高速公路类项目。2023 年，已上市的 29 只公募 REITs 平均涨跌幅为 -20.87%，且单只涨跌幅均为负，其中，建信中关村 REITs（涨跌幅为 -48.13%）、博时招商蛇口产业园 REITs（涨跌幅为 -44.94%）跌幅均超 40%。

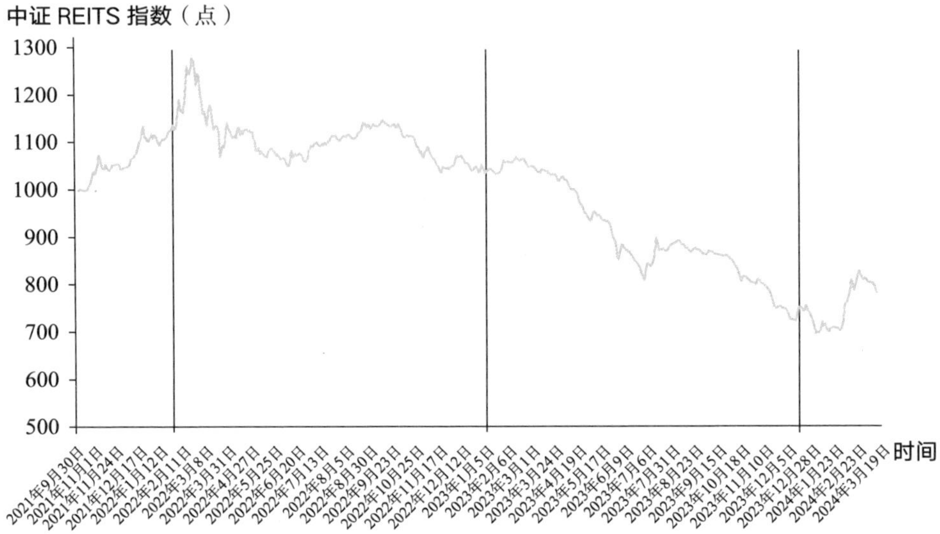

图 8-1　中证 REITs（收盘）指数走势（2021 年 9 月 30 日—2024 年 3 月 19 日）

资料来源：万得资讯。

自上市至今，各公募 REITs 的平均收益率为 -4.28%，16 只公募 REITs 跌破发行价，主要集中于产业园和高速公路类项目（见表 8-1）。

受二级市场行情影响，2023 年公募 REITs 获批数量创新低。2023 年内申报证监会、证券交易所的公募 REITs 合计 20 只，其中仅 7 只年内获批（见表 8-2）。

尽管 2023 年的宏观环境对作为低波高分红资产的公募 REITs 产品的理论需求旺盛，但实际结果却呈现出一、二级市场相对疲软的行情，进一步引发了投资者和发行人对公募 REITs 市场发展方向的困惑。为何实际结果会与理论预期出现较大背离？本文将尝试深入探讨背后的原因。

表 8-1　2023 年国内各公募 REITs 市场表现一览

代码	简称	项目属性	资产类型	收盘价（元 / 份）	近一月 (%)	近三月 (%)	近半年 (%)	2023 年涨跌幅 (%)	上市至今（含上市首日）收益率 (%)
180401.SZ	鹏华深圳能源 REITs	产权类	能源基础设施	6.280	10.29	3.35	2.95	-23.07	24.69
180801.SZ	中航首钢绿能 REITs	特许经营类	生态环保	12.450	11.16	-3.81	-2.72	-19.95	17.99
508021.SH	国泰君安临港创新产业园 REITs	产权类	园区基础设施	4.535	3.94	-12.33	-10.62	-12.62	11.48
508088.SH	国泰君安东久新经济 REITs	产权类	园区基础设施	3.215	0.65	-12.14	-7.67	-16.49	10.32
508096.SH	中航京能光伏 REITs	特许经营类	能源基础设施	9.701	3.90	-1.96	5.86	-0.83	9.94
180301.SZ	红土创新盐田港 REITs	产权类	仓储物流	2.356	7.04	-13.64	-4.62	-23.68	9.90
508001.SH	浙商沪杭甬 REITs	特许经营类	交通基础设施	7.823	4.21	-1.60	3.34	-11.78	8.23
508068.SH	华夏北京保障房 REITs	产权类	保障性租赁住房	2.538	-1.55	-6.68	2.96	-10.79	4.55
508028.SH	中信建投国家电投新能源 REITs	特许经营类	能源基础设施	9.557	6.75	0.73	8.43	-2.48	4.52
508058.SH	中金厦门安居 REITs	产权类	保障性租赁住房	2.625	1.20	-3.35	5.08	-9.51	4.40
180501.SZ	红土创新深圳安居 REITs	产权类	保障性租赁住房	2.490	0.52	-5.36	0.24	-8.42	3.70
508006.SH	富国首创水务封闭式 REITs	特许经营类	生态环保	3.244	2.01	-13.79	-9.69	-28.86	1.11
508077.SH	华夏基金华润有巢 REITs	产权类	保障性租赁住房	2.362	6.40	-7.99	-1.35	-8.38	0.65
508098.SH	嘉实京东仓储基础设施 REITs	产权类	仓储物流	3.378	-1.34	-11.69	-2.76	-3.87	-2.01
180202.SZ	华夏越秀高速公路 REITs	特许经营类	交通基础设施	6.134	-0.04	-7.99	-5.70	-22.41	-2.50
508056.SH	中金普洛斯 REITs	产权类	仓储物流	3.410	8.99	-18.53	-12.32	-36.82	-4.25

续表

代码	简称	项目属性	资产类型	收盘价（元/份）	近一月（%）	近三月（%）	近半年（%）	2023年涨跌幅（%）	上市至今（含上市首日）收益率（%）
508007.SH	中金山东高速 REITs	特许经营类	交通基础设施	6.526	8.80	-5.16	-5.16	-12.56	-4.81
508008.SH	国金中国铁建高速 REITs	特许经营类	交通基础设施	8.341	3.55	-1.67	12.43	-14.86	-5.49
508066.SH	华泰江苏交控 REITs	特许经营类	交通基础设施	6.550	3.48	-7.08	0.22	-15.02	-7.42
508000.SH	华安张江产业园 REITs	产权类	园区基础设施	2.609	-17.12	-22.60	-24.11	-32.98	-7.68
508027.SH	东吴苏园产业 REITs	产权类	园区基础设施	3.151	-0.13	-20.21	-18.93	-31.10	-13.72
180102.SZ	华夏合肥高新产园 REITs	产权类	园区基础设施	1.811	1.40	-18.31	-14.59	-25.93	-14.31
508019.SH	中金湖北科投光谷 REITs	产权类	园区基础设施	2.162	8.15	-14.81	-12.11	-17.64	-17.64
180103.SZ	华夏杭州和达高科产园 REITs	产权类	园区基础设施	2.225	4.46	-17.04	-10.69	-27.50	-18.77
180201.SZ	平安广交投广河高速 REITs	特许经营类	交通基础设施	8.737	5.01	1.38	3.37	-26.60	-19.38
508009.SH	中金安徽交控 REITs	特许经营类	交通基础设施	7.409	-1.88	-15.84	-5.07	-29.43	-22.68
180101.SZ	博时招商蛇口产业园 REITs	产权类	园区基础设施	1.638	-11.60	-28.51	-29.83	-44.94	-23.61
508099.SH	建信中关村 REITs	产权类	园区基础设施	2.113	-7.45	-23.02	-26.18	-48.13	-30.11
508018.SH	华夏中国交建高速 REITs	特许经营类	交通基础设施	5.150	-1.74	-12.47	-9.81	-38.54	-41.13

注：涨跌幅变化均使用各 REITs 收盘价、以前复权方式计算得出。

资料来源：万得资讯。

表 8-2　2023 年国内新申报 REITs 一览（截至 2023 年末）

名称	资产类型	项目状态	受理日期	通过日期	主要原始权益人
工银瑞信河北高速集团高速公路封闭式基础设施证券投资基金	交通基础设施	已反馈	2023 年 6 月 8 日	—	河北高速公路集团有限公司
易方达广州开发区高新产业园封闭式基础设施证券投资基金	园区基础设施	已问询	2023 年 06 月 14 日	—	广州开发区控股集团有限公司
建信金风新能源封闭式基础设施证券投资基金	能源基础设施	已问询	2023 年 9 月 04 日	—	青岛天润启航投资有限公司
嘉实中国电建清洁能源封闭式基础设施证券投资基金	能源基础设施	通过	2023 年 9 月 25 日	2023 年 12 月 29 日	中电建水电开发集团有限公司
博时津开科工产业园封闭式基础设施证券投资基金	园区基础设施	已反馈	2023 年 9 月 25 日	—	天津泰达科技工业园有限公司
华泰紫金南京建邺产业园封闭式基础设施证券投资基金	园区基础设施	已反馈	2023 年 10 月 20 日	—	南京市建邺区高新科技投资集团有限公司
嘉实物美消费封闭式基础设施证券投资基金	消费基础设施	通过	2023 年 10 月 26 日	2023 年 12 月 15 日	北京物美商业集团股份有限公司
中金印力消费基础设施封闭式基础设施证券投资基金	消费基础设施	通过	2023 年 10 月 26 日	2023 年 11 月 24 日	印力商用置业有限公司
华夏华润商业资产封闭式基础设施证券投资基金	消费基础设施	通过	2023 年 10 月 26 日	2023 年 11 月 24 日	华润商业资产控股有限公司
华夏金茂购物中心封闭式基础设施证券投资基金	消费基础设施	已上市	2023 年 10 月 26 日	2023 年 11 月 24 日	上海兴秀茂商业管理有限公司
中金重庆两江产业园封闭式基础设施证券投资基金	园区基础设施	已反馈	2023 年 10 月 27 日	—	重庆两江新区产业发展集团有限公司
国泰君安城投宽庭保障性租赁住房封闭式基础设施证券投资基金	保障性租赁住房	已上市	2023 年 11 月 2 日	2023 年 11 月 24 日	上海城投房屋租赁有限公司

续表

名称	资产类型	项目状态	受理日期	通过日期	主要原始权益人
易方达深高速高速公路封闭式基础设施证券投资基金	交通基础设施	通过	2023 年 11 月 16 日	2023 年 12 月 29 日	深圳高速公路集团股份有限公司
招商基金招商公路高速公路封闭式基础设施证券投资基金	交通基础设施	已问询	2023 年 11 月 17 日	—	招商局公路网络科技控股股份有限公司
华夏深国际仓储物流封闭式基础设施证券投资基金	仓储物流	已问询	2023 年 12 月 8 日	—	深圳市深国际物流发展有限公司
中航易商仓储物流封闭式基础设施证券投资基金	仓储物流	已反馈	2023 年 12 月 8 日	—	易商集团
华泰紫金宝湾物流仓储封闭式基础设施证券投资基金	仓储物流	已问询	2023 年 12 月 8 日	—	天津宝湾国际物流有限公司
华夏特变电工新能源封闭式基础设施证券投资基金	能源基础设施	已反馈	2023 年 12 月 12 日	—	特变电工新疆新能源股份有限公司
华安百联消费封闭式基础设施证券投资基金	消费基础设施	已反馈	2023 年 12 月 29 日	—	上海百联集团股份有限公司
华夏首创奥特莱斯封闭式基础设施证券投资基金	消费基础设施	已反馈	2023 年 12 月 29 日	—	北京首创商业管理有限公司

资料来源：万得资讯。

中国公募 REITs 二级市场价格疲软的原因探讨

底层资产视角

业绩完成度不断修正投资者对项目的价值评估

从成熟市场来看，REITs 二级市场表现与底层资产的经营业绩表现高度挂钩。以美国市场为例，如图 8-2 所示，空置率上涨的行业，其标普 500REITs 指数往往会对应呈现下行趋势。

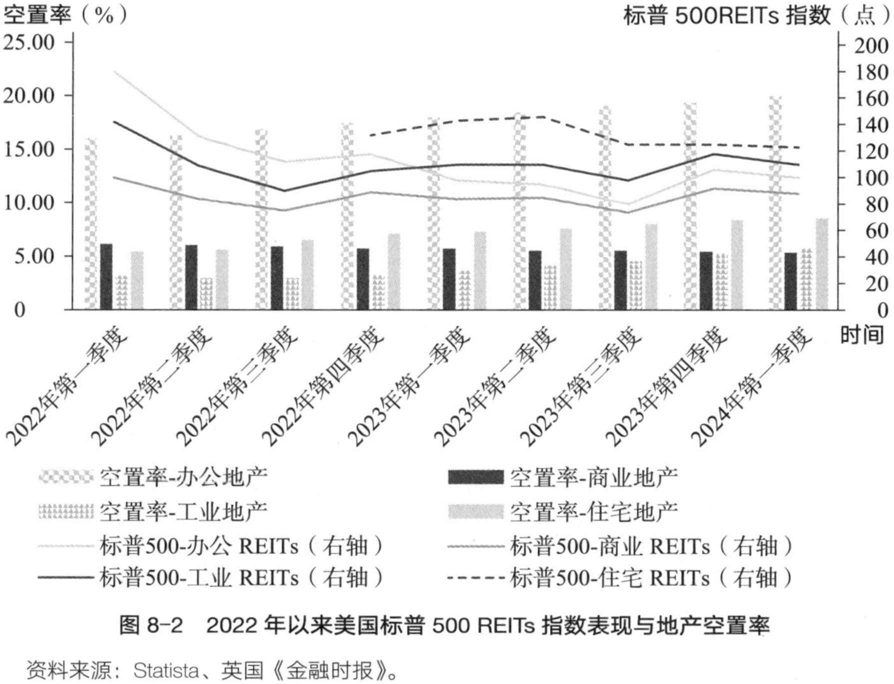

图 8-2　2022 年以来美国标普 500 REITs 指数表现与地产空置率

资料来源：Statista、英国《金融时报》。

REITs 的底层资产是可以产生稳定现金流的成熟基础设施项目。由于公募 REITs 无法进行新项目开发且可保留杠杆比例较低，每年能产生稳定可分配给投资者的现金流，再加上政策规定的不低于 90% 的分配比例，因此在理论上，公募 REITs 是可以实现高比例定期分红且价值相对稳定的金融产品。然而市场对金融产品的认知是螺旋前进的。随着定期报告对业绩完成情况的披露，投资者对基础设施收益稳定及公募 REITs 可稳定分红特征不断修正，在公募 REITs 的价值评估体系中降低了资产经营预测参数并赋予其更高的风险溢价。公募 REITs 二级市场价格因此遭受冲击。

底层资产的业绩完成度是投资者修正对公募 REITs 价值评估的重要指标。相比营业收入、净利润和 EBITDA，可供分配金额是直接关乎投资者分红的指标，更符合本文从机构投资视角进行研究的框架，因此本节我们分析可供分配金额完成度对二级市场的影响（见表 8-3）。

本文将公募 REITs 定期披露的业绩完成情况和实际价格变化进行相关性分析，发现“业绩好所以价格高”这一特点在当前中国公募 REITs 市场并不显著。考虑到公告披露后信息具有一定的滞后性，因此市场表现数据使用各公募 REITs 披露定期报告（季报和半年报）后第 3 个交易日的涨跌幅。相关性分析结果表明，业绩完成度和市场之间的皮尔逊相关系数①为0.0972，虽然呈现正向关系，但显著性水平并未达到 10%，与“业绩好所以价格高”的基本逻辑不符。

其背后的原因可能如下：一方面，2023 年极端的市场情绪及机构投资者同质化投资行为带来的影响，超出 REITs 基本面产生的影响，即部分业绩完成度较高的产品在市场情绪下也面临二级市场价格下跌的情况；另一方面，中国证券投资基金业协会 2021 年发布的《公开募集基础设施证券投资基金运营操作指引（试行）》规定，“基金管理人计算可供分配金额过程中，应当先将合并净利润调整为税息折旧及摊销前利润（EBITDA），并在此基础上综合考虑项目公司持续发展、项目公司偿债能力、经营现金流等因素后确定可供分配金额计算调整项”。

① 1895 年英国数学家卡尔·皮尔逊（Karl Pearson）提出的一种用于两个变量之间线性相关性的度量方法，数值介于 -1 和 1 之间。——编者注

表 8-3　2023 年各 REITs 分季度可供分配金额完成度及市场表现

单位：%

REITs 简称	代码	2023 年第一季度		2023 年第二季度		2023 年第三季度		2023 年第四季度		2023 年完成度	2023 年市场表现
		完成度	市场表现	完成度	市场表现	完成度	市场表现	完成度	市场表现		
华夏中国交建高速 REITs	508018.SH	91.40	-1.36	68.20	-0.59	75.50	0.62	74.40	0.00	77.30	-38.54
国金中国铁建高速 REITs	508008.SH	128.30	-0.09	109.20	0.42	119.20	1.02	68.10	-1.74	106.10	-14.86
中金安徽交控 REITs	508009.SH	105.40	-1.69	79.00	0.87	84.90	1.15	82.20	0.22	87.80	-29.43
华泰江苏交控 REITs	508066.SH	137.90	0.36	95.30	-0.74	94.20	0.94	75.40	0.29	100.50	-15.02
鹏华深圳能源 REITs	180401.SZ	48.60	-0.41	212.30	-0.44	192.50	2.20	77.70	0.91	133.00	-23.07
中航京能光伏 REITs	508096.SH	—	—	—	—	—	—	—	—	100.60	-0.83
中信建投国家电投新能源 REITs	508028.SH	—	—	—	—	—	—	—	—	110.20	-2.48
博时招商蛇口产业园（扩募）REITs	180101.SZ	69.10	-1.72	89.50	0.17	84.30	-0.41	137.50	-4.97	98.90	-44.94
华安张江产业园（扩募）REITs	508000.SH	99.70	-3.28	90.30	-0.78	100.20	1.00	106.30	1.98	100.20	-32.98
国泰君安东久新经济 REITs	508088.SH	107.70	0.88	126.10	0.19	104.80	-0.47	93.40	-5.55	108.00	-16.49
国泰君安临港创新产业园 REITs	508021.SH	88.90	-0.43	143.20	0.12	58.50	-2.29	120.60	-5.39	102.80	-12.62
华夏合肥高新产园 REITs	180102.SZ	120.60	0.04	121.80	1.34	122.20	0.70	122.50	0.42	121.80	-25.93
华夏杭州和达高科产园 REITs	180103.SZ	101.10	-1.77	103.40	0.61	102.40	-0.50	100.00	1.11	101.70	-27.50

续表

REITs 简称	代码	2023 年第一季度		2023 年第二季度		2023 年第三季度		2023 年第四季度		2023 年完成度	2023 年市场表现
		完成度	市场表现	完成度	市场表现	完成度	市场表现	完成度	市场表现		
中金湖北科投光谷 REITs	508019.SH	—	—	—	—	101.30	0.13	102.70	1.43	102.80	-17.64
中金普洛斯（扩募）REITs	508056.SH	103.60	-2.75	148.40	-1.29	99.60	1.87	106.30	1.35	113.50	-36.82
红土创新盐田港（扩募）REITs	180301.SZ	114.60	-0.07	105.30	-0.89	108.60	-0.44	92.60	-2.71	104.80	-23.68
嘉实京东仓储基础设施 REITs	508098.SH	113.90	-0.81	102.20	-1.19	128.30	1.66	89.80	1.57	108.50	-3.87
华夏北京保障房 REITs	508068.SH	112.20	-0.39	111.60	-0.11	110.00	2.87	110.30	2.16	111.00	-10.79
红土创新深圳安居 REITs	180501.SZ	104.00	0.22	116.90	-1.38	107.50	-0.32	87.30	-2.06	103.90	-8.42
中金厦门安居 REITs	508058.SH	108.00	-0.39	113.40	-0.32	110.50	0.73	103.80	0.81	108.90	-9.51
华夏基金华润有巢 REITs	508077.SH	133.10	-0.31	133.70	-1.24	117.40	1.29	117.30	0.75	125.30	-8.38

注：完成度 = 当季度可供分配金额 / 当季度预测可供分配金额，市场表现 = 定期报告（季报和半年报）披露后第 3 个交易日的涨跌幅。完成度测算中，对未扩募 REITs，无 2023 年预测值的不进行测算。中金山东高速 REITs 的可供分配金额包含期初现金，无法季化 / 年化，故未进行测算。对已扩募 REITs，扩募资产的经营数据根据各 REITs 招募说明书中披露的 2023 年全年预测值按实际运营天数进行调整。

数据来源：各 REITs 公告、中信证券研究部、万得资讯。

根据此规定，在 EBITDA 调整至可供分配金额的过程中，基金管理人存在一定的合理调整空间，例如预留现金上市后分派等常规操作。这部分调整空间使得业绩完成度与可供分配现金流之间存在一定的扰动项。调整的跨期操作空间也会随着上市时间推移而逐渐缩小，预计业绩完成度的显著性水平会逐渐提高，对此我们将保持长期观察。

底层资产数量较少，负面事件冲击较大

受限于发展阶段，目前国内单只公募 REITs 持有的底层资产数量较少，收入与分红来源较为集中，底层资产一旦出现重大负面事件，将会对 REITs 的收益预期产生较大冲击。根据彭博的统计数据，2023 年美国公募 REITs 持有物业的平均数超过 1 000 个，中位数为 160 个；新加坡 REITs 持有物业的平均数和中位数分别为 84 个和 54 个。截至 2024 年 4 月末，国内已通过审核的 36 只公募 REITs 的底层资产项目共计 81 个（含扩募项目），其中，有 13 只 REITs（约占已通过审核的公募 REITs 的 36.11%）仅管理 2 个项目，有 13 只 REITs（约占已通过审核的公募 REITs 的 36.11%）仅管理 1 个项目，国内 REITs 管理项目的平均数和中位数均为约 2 个。排除管理项目显著多于其他 REITs 的中金普洛斯 REITs（管理 10 个项目）和扩募资产，每只 REITs 平均管理 1.94 个项目。2023—2024 年 4 月，国内公募 REITs 市场发生的部分业绩负面事件列举如下。

1. 2024 年 4 月 21 日，建信中关村 REITs 发布 2024 年第一季度报告。报告显示，截至 2023 年 3 月 31 日，产业园项目的出租率为 68.47%，较 2022 年 12 月末 81.29% 的出租率下降了 12.82%。季度报告数据显示，2023 年第一季度，建信中关村 REITs 录得收入 4 517.31 万元，同比下降 27.13%，可供分配金额为 2 361.22 万元，同比下降 38.91%。业绩降幅过大引起市场悲观情绪，随后引发二级市场踩踏，季度报告披露首日，该 REITs 收跌 5.91%。而建信中关村 REITs 的管理团队对出租率暴跌并未发布任何提示性公告，在业绩说明会中也并未提及退租方和退租比例，虽以统计口径不同为由，但显

然难以掩饰出租率低的事实。再结合 2023 年中期业绩说明会上工商银行、软通动力、树根互联等大租户在第三季度退租的信息，投资者不难判断该 REITs 的底层资产在运营方面存在较大问题。

2. 哲库科技作为华安张江光大园 REITs[①] 扩募拟新购入的基础设施资产张润大厦的第一大承租方，实际租赁面积为 19 314.31 平方米，占张润大厦可租赁面积的 45.97%。2023 年 5 月 12 日，OPPO 关停旗下芯片子公司哲库科技，哲库科技的相关团队立即解散。华安张江光大园 REITs 也在发布的公告中确认哲库科技将从张润大厦完全搬出，后续无进一步租赁需求。在此之前，哲库科技 2022 年度支付的租金为 2 434.21 万元，在张润大厦整体同期现金流总额中所占比重达 30.98%。哲库科技亦为张润大厦最重要的现金流提供方。最大租户哲库科技的突然退出，对张润大厦的出租率和租金收入产生巨大冲击。受该消息影响，华安张江光大园 REITs5 月 12 日收盘价跌幅为 3.18%，5 月 13 日在二级市场的价格继续走低，收盘价跌幅为 6.22%。

3. 2024 年 1 月 4 日，嘉实京东仓储基础设施 REITs 发布《嘉实京东仓储物流封闭式基础设施证券投资基金关于武汉项目主要承租人续租情况的公告》。该公告披露，武汉项目公司、运营管理机构及承租人经友好协商，签署了续租协议，约定自 2024 年 1 月起，续租首年起始净有效租金调整为每月 28.98 元 / 平方米。这意味着，经调整后该项目 2024 年的净有效租金较 2023 年降低了 13.16%。尽管该租金仍高于同区位可比物业的租金，但此次降租续约仍引发市场对仓储物流 REITs 租约情况的担忧。受此消息影响，公告发布后首日，嘉实京

① 自 2023 年 6 月 28 日起，华安张江光大园封闭式基础设施证券投资基金（简称“华安张江光大园 REITs”）更名为华安张江产业园封闭式基础设施证券投资基金（简称“华安张江产业园 REITs”）。本节鉴于时间线因素，沿用其变更前的简称。——编者注

东仓储基础设施 REITs 开盘即呈现出跳空低开行情，价格全天下跌 7.57%，市场抛售压力较大，并拖累其他仓储物流 REITs 甚至产权型 REITs 整体行情走低（见表 8-4）。

表 8-4　2023—2024 年 4 月负面事件发生后 3 只公募 REITs 的收盘价变化

REITs 简称	事件情况	事件发生日	事件发生后收盘价变化（%）	
			1 日	5 日
建信中关村 REITs	出租率显著下降	2024 年 4 月 21 日	−6.54（−1.42）	−8.28（−3.92）
华安张江光大园 REITs	最大租客哲库科技退租	2023 年 5 月 12 日	−6.22（−0.22）	−3.79（−1.47）
嘉实京东仓储基础设施 REITs	物流园续租租金下降	2024 年 1 月 4 日	−7.57（−0.78）	−21.66（−5.87）

注：括号内为同期中证 REITs 指数变化。

资料来源：万得资讯。

以上述 3 只出现业绩负面事件的公募 REITs 为例，观察事件发生后 1 日和 5 日其在二级市场的价格波动情况可发现，底层资产项目业绩负面事件对二级市场公募 REITs 价格的冲击显著。而二级市场公募 REITs 的表现也客观影响了发行人参与扩募的积极性，阻碍了公募 REITs 扩大底层资产数量的进程。

低波高红利项目显著跑赢指数

2023 年产业园 REITs 普遍表现较差，整体平均跌幅为 28.59%，而中证 REITs 指数（收盘）跌幅为 28.26%，但国泰君安临港创新产业园 REITs（以下简称“临港 REITs”）和国泰君安东久新经济 REITs（以下简称“东久 REITs”）的跌幅分别为 12.62% 和 16.49%，显著好于市场整体情况。这与两只产品的业绩完成情况亮眼密不可分，其营收完成度分别为 103.1%、106.4%，EBITDA 完成度分别为 100.3%、106.8%，可供分配现金流完成度分别为 102.8%、108.0%。

进一步横向对比可发现，这两只产品的底层资产属于高标准工业厂房，客群主要为大型制造类企业。由于租户在厂房中普遍需要安装大型生产设备，而其动迁成本较高，因此高标准工业厂房项目的客户黏性比科研办公类的项目更高。

临港 REITs 和东久 REITs 因此而呈现出低波高分红的特征，上市后的表现持续优于市场基准。图 8-3 为以两只 REITs 上市日期为基准日进行对比的情况。同行业中的不同项目也会因其区位、定位、功能、客群等诸多因素的不同而产生不同的业绩，在公募 REITs 赚钱效应减弱时期，对投资者的行业理解深度提出了更高的要求。

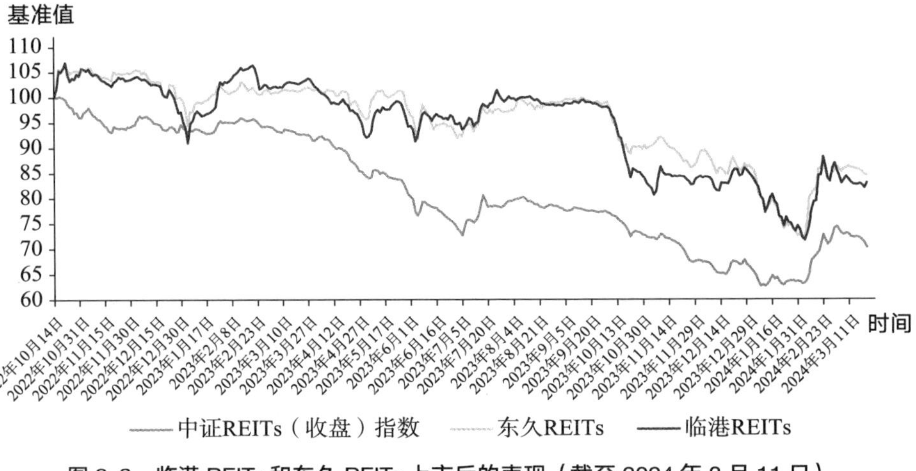

图 8-3 临港 REITs 和东久 REITs 上市后的表现（截至 2024 年 3 月 11 日）

资料来源：万得资讯。

机构投资者视角

机构投资者集中且投资偏好同质化加剧市场波动

国内外 REITs 投资者均以机构为主导，但海外投资者结构更为多元化。国内公募 REITs 投资者以机构为主。从 2023 年年报信息披露来看，29 只公募

REITs 中仅 2 只的机构投资者占比不足 80%，16 只的机构投资者占比超 95%(见图 8-4)。机构投资者包含原始权益人和外部机构投资者两类。外部机构投资者包含保险、银行理财、证券公司、基金公司、信托、期货等，其中保险和证券公司占比最高，约 10%。

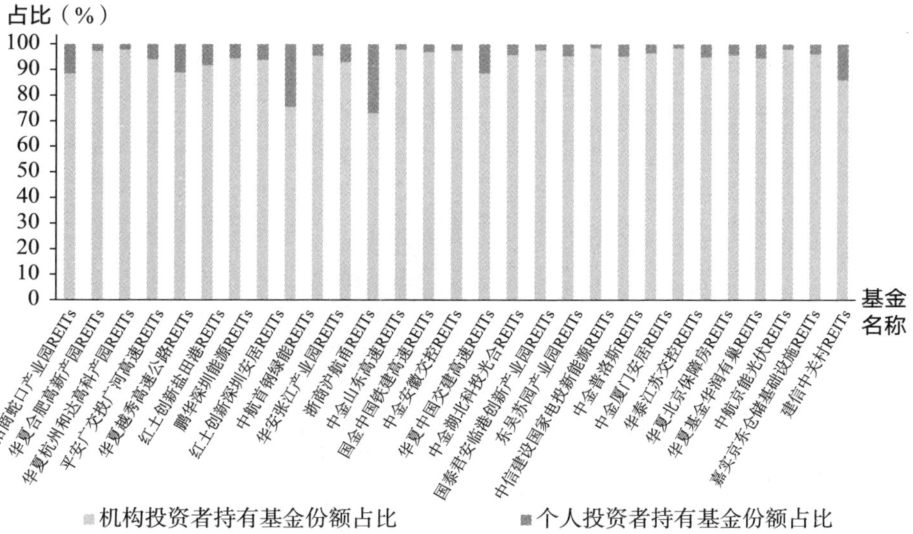

图 8-4　2023 年国内 29 只公募 REITs 的机构投资者和个人投资者各自持有份额占比

资料来源：万得资讯、基金公告。

海外 REITs 投资者同样以机构投资者为主。根据彭博的统计数据，2023 年 3 月，美国和主要亚太 REITs 市场的投资者中，机构投资者持有 REITs 份额的占比能达到 70% 以上。但与中国公募 REITs 市场不同的是，海外投资者结构更加多元化，除包含中国国内现有投资者种类外，还包含了养老金、主权财富基金、成长基金、对冲基金等机构。

海外投资者结构中个人投资者占比显著高于国内。个人投资者是海外 REITs 市场的积极参与者，也为市场活力的重要来源。以美国为例，2020 年 9 月花旗银行的一项研究表明，大约有1.5亿户美国家庭直接投资或通过共同基金和ETF间接投资于REITs。美国REITs的股东中，约有五成是共同基金和ETF，许多美国家庭通过不同养老金计划中的共同基金和ETF投资于REITs；直接投资于REITs的个人投资者占比为21%（见图8-5）。以新加坡为例，2022年个人投资者是新加坡REITs资金流动的主要驱动力，其累计净流入额为15.3亿新元。而中国公募REITs的个人投资者占比整体偏低，且个人持仓占比不断下降。国内公募REITs 2021年年报、2022年年报和2023年年报中，各REITs披露的个人持仓平均占比分别为9.66%、6.81%、6.44%。

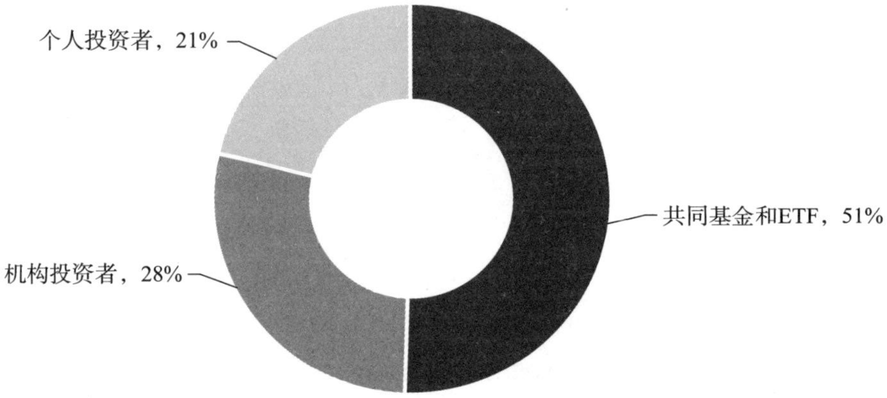

图8-5 美国REITs股东类型

资料来源：全美房地产投资信托协会（NaREITs）、花旗集团。

投资偏好同质化。公募REITs投资者投资偏好同质化，叠加市场流动性不足，容易导致二级市场单边走势。如前文所述，中国公募REITs的机构投资者占比较高，且以债券、固收类标的投资者为主，权益投资者较少，投资逻辑参考到期收益率、久期等传统债券指标，导致整体的投资行为也具有一定的趋同性，无法形成多空对冲格局。

根据《公开募集基础设施证券投资基金指引（试行）》的要求，原始权益人占基金发售总量的 20% 部分持有期自上市之日起不少于 60 个月，超过 20% 部分持有期自上市之日起不少于 36 个月，其余获得战略配售的机构投资者锁定期为 12 个月。而截至 2023 年末，单只 REITs 的平均总市值为 28.39 亿元，限售份额占比集中在 30%～60%之间，单只REITs的平均流通市值仅为13.95亿元，REITs 市场在短期内的流通盘规模受到一定限制。此外，2023 年公募 REITs 市场日均换手率仅为 0.84%。在流通规模和换手率的共同制约下，2023 年 REITs 市场日均成交量 / 成交额为 0.71 亿份 /3.15 亿元，单只 REITs 日均成交量 / 成交额为 0.02 亿份 /0.11 亿元，市场交易量较小。市场流动性不足，叠加投资策略同质化，导致“同涨同跌”效应显著。风险事件对公募 REITs 的价格冲击更大，容易引发踩踏效应，并放大短期趋势。

会计记账问题加速下行期机构投资者撤离

REITs 公允价值变动计入当期损益的记账方式，加快了市场下行期投资者的抛售速度。根据财政部 2022 年 7 月 1 日正式开始实施的《资产管理产品相关会计处理规定》，“公募基金、理财产品等资管产品具有中短期寿命期或需满足开放申购和赎回要求的，其持有的权益工具投资通常为交易性而不符合指定为以公允价值计量且其变动计入其他综合收益的金融资产的条件”。实际操作过程中，大部分机构都将持有的 REITs 份额计为以公允价值计量且其变动计入当期损益（FVTPL）的金融资产，REITs 的二级市场价格变动将直接影响投资人当期利润表。前文提到国内公募 REITs 市场目前流动性相对不足，二级市场价格会因为少量交易而出现大幅度波动，因此对投资人利润表冲击较大。这导致在 2023 年的下跌行情中，即使是中长期持有策略的投资机构也会受困于当期利润表压力而进行卖出止损，进一步加剧了二级市场公募 REITs 价格下跌。

2024 年，我国相关监管机构已出具新规修正上述会计记账问题，为市场带来实质性利好。根据新会计准则，投资者将 REITs 投资计入以公允价值计量且其变动计入其他综合收益（FVOCI）的金融资产需要两个条件：一是 REITs 满足权益工具的定义，二是符合非交易性的持有目的或交易策略。从实际情况来看，多数长期限资金投资 REITs 的目的是长期配置以分享基础设施资产的长期稳定分红，而并非满足交易性需求。

2024 年 2 月 8 日，证监会正式发布《监管规则适用指引——会计类第 4 号》（以下简称“新规”）。新规在制度层面明确了 REITs 的权益属性，长期投资人可以选择计入 FVOCI 而非 FVTPL。二级市场价格波动将因此由影响投资人的利润表转变为影响资产负债表，这有助于缓和长期配置型资金在参与投资 REITs 时所面临的短期考核和中长期配置的矛盾，避免短期市场波动影响长期投资决策。

在新会计准则“非交易目的”的要求下，券商自营、保险等自有资金在认定 FVOCI 时具有较好的基础，但基金、银行理财等配置型资金是否能计入 FVOCI 仍然存在争议。此外，投资者对 REITs 分红是否进行拆分、用何种方式拆分等问题还有待市场探索。不过本次新规的出台较好地解决了市场普遍关切的问题，有效提振了投资者信心。REITs 在当前高股息策略下的配置价值也因此再次凸显。2024 年春节后的首周，公募 REITs 市场就受到新规带来的市场情绪催化作用，中证 REITs（收盘）指数周上涨 8.39%，跑赢主要股票及债券宽基指数。

REITs 产品制度视角

外部管理制度可能造成发行人激励扭曲

公募 REITs 的管理模式分为内部管理和外部管理两种。在内部管理制度下，REITs 自身拥有不动产资产和资管人，由 REITs 的内部管理机构或企业履行管理职责，包括资产运作、财务投融资和物业维护等。而在外部管理制度下，管理职责均由 REITs 聘请的外部管理人履行。我国 REITs 在“公募基金 +ABS”双层架构下采取外部管理模式，发行人为 REITs 提供资产来源和运营管理服务，而公募 REITs 的管理人为公募基金。放眼世界，包括中国香港、新加坡、日本在内的亚洲市场的 REITs 普遍采用外部管理模式；而在美国和澳大利亚市场这两个成熟市场，采取内部和外部管理模式的 REITs 均大量存在。

以新加坡 REITs 为例，虽然其采用外部管理模式，但与中国 REITs 的管理模式依然存在以下一些重要区别。

第一，发行人与管理人、运营管理机构之间的关联关系。中国 REITs 的发行人是房地产企业，管理人是公募基金，二者一般无关联关系，而运营管理机构一般为发行人的关联方。新加坡 REITs 的发起人一般是管理人和运营管理机构的关联方。

第二，管理人的治理机制。中国 REITs 的管理人只向投资者和监管机构负责，REITs 治理机制仅涉及管理人的 3 位基金经理和投委会。新加坡 REITs 的管理人作为发行人的关联方，除了向投资者和监管机构负责，也向发行人负责；REITs 会建立起包括董事会、高管团队在内的完整的公司治理机制，通过一套完整的治理体系管理众多资产。

第三，运营管理机构的授权范围。中国 REITs 的管理人可以委托外部管理机构承担部分运营管理职责，而新加坡 REITs 并未对运营管理机构的授权提出明确要求，管理人甚至可以将运营管理职责全权委托给其关联方或第三方，灵活度较高。

具体来看，在我国现行的以公募基金作为法定管理人的外部管理模式下，REITs 缺乏与发行人和运营管理机构激励相容的发行机制。根据《公开募集基础设施证券投资基金指引（试行）》（以下简称《REITs 指引》）的规定，基金管理人应当按照法律法规规定和基金合同约定，主动履行基础设施项目运营管理职责，部分运营管理事项可以委托外部管理机构负责，但基金管理人依法应当承担的责任不因委托而免除。

从发行人激励的角度来看，REITs 上市后，虽然原始权益人对资产仍有部分所有权和运管机构身份，但由于法定管理人是公募基金，且其主动管理职责不可豁免，因此发行人可能认为公募 REITs 不是上市而是卖断，进而没有动力将最优质资产装入 REITs，造成逆向选择问题。同时，在实际承担运营管理职责的过程中，由于部分运营管理成本以包干形式委托运营管理机构统筹负责，因此可能会造成其因承担运营管理职责过程中出现亏损，而进一步扭曲运营管理机构的参与激励。

当前中国 REITs 的治理机制和运管机构授权安排也难以适配未来大规模资产包的管理。目前中国 REITs 管理的项目数量较少，项目管理大多依靠基金经理对资产的日常经营进行逐一审批。这种治理机制存在两大缺陷：（1）公募管理人与运营管理机构并非同一体系下的关联方，因此管理和对接成本略高；（2）在于管理团队规模过小且治理体系不完善。相比新加坡 REITs 管理人搭建的包括董事会、首席执行官、首席财务官等在内的专业团队，中国 REITs 管理团队的规模、资源和精力都难以匹配大规模资产包的管理工作。此外，运营管理机构的受托管理范围局限在《REITs 指引》第三十八条第四至九项的项目运营管理职责，且运营管理机构仅能提供相关咨询或建议，无实质控制权或决策权，这可能导致 REITs 管理人面临管理事项过多的压力，给管理大规模资产包造成困难。

中国现行的以公募基金作为 REITs 管理人的外部管理制度可能会导致发行人和运营管理机构的激励扭曲问题，并且当前中国 REITs 的治理机制和运营管理权责安排也难以适应未来大规模资产包的管理。相比之下，亚洲其他市场 REITs 采取的外部管理模式由发行人关联方担任管理人和运营管理机构，可以提高发行人参与资产运营管理的积极性，建立更完整的 REITs 治理体系和更灵活的运营管理安排，有利于完善 REITs 的存续期管理。

信息披露水平提升有助于吸引更多投资者参与

目前，REITs 上市后的信息披露存在标准参差、深度不足、频率偏低等问题，加剧了投资者与发行人之间的信息不对称程度，客观上导致差异化交易的撮合难度大，降低了产品流动性，同时也提高了投资者对产品深入认知的门槛。

REITs 信息披露的标准参差体现在横向比较和纵向比较的尺度不统一。从横向比较来看，同一类型的 REITs 在披露同一类型指标时可能采取不同的标准。以 2023 年国内公募 REITs 年报为例，高速公路 REITs 披露的车流量数据，有些会区分客车、货车等不同车型的流量，而有些则不进行这种区分；有些会披露免费车流量的相关数据，而有些则不披露。产业园 REITs 披露的平均出租率数据尺度不一，绝大部分均披露了平均月末出租率（即报告期内每月月末出租率的算术平均），但建信中关村 REITs 并未披露这一数据，而仅披露了报告期内全年各月末可供出租面积的均值与实际出租面积的均值的比值。

不同产权类 REITs 计算可供分配金额的方法也不尽相同。可供分配金额调整步骤为“净利润 -EBITDA- 可供分配金额”。其中，从净利润到 EBITDA 的计算方法较为统一且清晰，而从 EBITDA 到可供分配金额中间的调增、调减项的计算方法存在差异。从纵向比较来看，同一项目在不同时期披露的同一指标可能采取不同的口径，对应不同的数值。例如，中金普洛斯 REITs 虽然在招募说明书中将管理费用、托管费用等统一纳入“管理费用”项目，但在年报中分项披露。参差的信息披露标准导致投资者难以对不同项目和同一项目不同时期的表现进行评估，从而难以进行投资决策。

REITs 信息披露的深度不足体现在缺少对收益、亏损、经营、风险等情况的细节披露和深度分析。现阶段 REITs 缺少对收益情况的深入分析，也缺乏关于可能影响收益的重大事项、不确定事项及其资金需求、关键会计估计、财务流动性、资金来源等重要的管理和财务事项的披露与分析。目前，信息披露制度对 REITs 风险披露的要求较少，仅要求披露项目的风险情况、风险管控措施等，并未要求对风险进行定量分析[①]。现有 REITs 项目的风险信息披露也较少结合项目自身面临的内外部情况展开有针对性分析。

① 逄咏梅，刀如雪 . 中美 REITs 会计信息披露制度比较研究［J］. 财会通讯，2023，(11): 153—157.

REITs 信息披露的频率可以有所提高。目前，公募 REITs 的信息披露频率类似于公募基金的季度披露，若披露更高频率的底层资产运营数据（如月度）则有助于提高 REITs 运作的透明度。

REITs 信息披露在标准、深度、频率上的不足，加深了投资者面临的信息不对称程度，导致投资者难以准确评估 REITs 的财务状况、业绩表现、风险因素、真实价值及其他可能影响投资的重要因素，因此投资者难以寻找与其投资目标和风险承受能力相匹配的 REITs 资产，市场透明度和效率难以提升。

综合以上分析，2023 年中国公募 REITs 业绩下探的原因可以被归纳如下：

第一，从底层资产的角度来看，投资者根据底层资产的业绩完成情况不断修正对公募 REITs 的价值评估。业绩完成度不佳的公募 REITs 会因此遭到更大的负面价格冲击。目前，单只 REITs 拥有的底层资产数量普遍较少，进一步加剧了资产业绩不及预期带来的冲击力。

第二，从机构投资者的角度来看，国内公募 REITs 市场为机构投资者所主导，机构投资者又以固收类投资者为主，个人投资者占比偏低且不断下降。市场流动性不足，叠加投资策略同质化，导致单边行情被放大，再加上会计认定问题，最终导致机构投资者迫于利润表止损压力而卖出离场。

第三，从产品制度的角度来看，外部管理制度可能导致发行人激励扭曲问题，不同发行人在发行后的存续期管理投入存在差异。REITs 产品上市后，信息披露的不足导致市场上的信息不对称程度加深，差异化交易撮合难度提高。

目前，中国公募 REITs 市场已经解决了市场关心的会计处理问题，但仍亟须解决单项目资产规模和数量少、优质资产供给不足、机构投资者主导市场且行为高度同质化、存续期正向激励、信息披露不足等痛点问题。

公募 REITs 发展展望与建议

扩募或成为公募 REITs 下一阶段发展的重点

在美国等成熟市场，REITs 扩募实践已较为成熟。在我国，公募 REITs 扩募也是市场持续扩容的必经之路。对于单只 REITs 产品，扩募可以提高其抗波动性。扩募机制有利于已上市的优质运营主体依托市场机制增发份额，收购资产，促进并购活动。单只 REITs 产品数量和规模的提升可以提供更分散化的收入和分红来源，从而分散风险，提高 REITs 抵御负面事件冲击的能力。此外，扩募可以提高 REITs 的整体分派率。将更多优质资产纳入 REITs 会带来更多的现金流和收益，提高可供分配金额，从而提高分派率，给投资者带来更高的回报。

对于 REITs 市场整体，扩募有助于投融资良性循环的形成。扩募能够吸引更多投资者参与 REITs 市场，提高市场的流动性和活跃度，为项目提供更充足的资金来源。扩募或能助力 REITs 发展成为一大类资产，进入机构的常规资产配置组合。投资者从分红和资本增值中获得配置收益后，也会对 REITs 更具信心，良性循环形成。扩募也可以充分发挥管理人的运营能力，真正实现 REITs 对底层资产的优化和运营，实现盘活不动产的功能①。

鉴于扩募对改善单只产品的业绩表现和促进市场整体健康发展的重要意义，扩募应当成为我国公募 REITs 后续发展的重点之一。目前已实现的扩募的单数较少，在我国公募 REITs 市场中所占比例较低。截至 2023 年末，我国已有 29 只公募 REITs 上市，其总发行规模（不含扩募部分）约为 954.52 亿元。其中，仅有 4 只公募 REITs 完成扩募，扩募募集金额合计为 50.65 亿元，仅占总发行

① 资料来源于中信证券研究部 2023 年 4 月 10 日发布的报告《大类资产配置视野下的 C-REITs》。C-REITs 即中国 REITs。

规模（不含扩募部分）的 5.31% 左右。因此，公募 REITs 市场未来的扩募还存在广阔的提升空间。

构建多层次 REITs 市场，为公募 REITs 提供更多优质的项目供给

构建包括 Pre-REITs、类 REITs、私募 REITs、公募 REITs 在内的多层次 REITs 市场能够在市场波动时为公募 REITs 提供私有化渠道，同时也能够为公募 REITs 市场提供更多优质标的。在二级市场价格遭遇剧烈波动时，公募 REITs 可以通过私募 REITs、类 REITs 实现私有化退出，平抑市场波动。待到市场行情稳定时，资产可以重新上市成为公募 REITs。

Pre-REITs、类 REITs、私募 REITs 也可以通过提高不动产金融产品的合规性和收益性，来为公募 REITs 市场提供更多优质的项目储备。公募 REITs 发行需要满足一系列严格的合规和收益要求，一项不动产资产项目想要一次性达到这些要求可能较为困难，但如果先以其他三种形式发行，就可以在发行过程中提高自身的合规水平，同时市场也能够验证其收益性可以达到一部分投资者的要求。这有助于不动产资产项目向成为合规公募 REITs 产品的方向持续提升。此外，多层次的不动产金融产品可以给开发新项目的房地产企业提供更丰富的未来退出的渠道。企业受到退出收益的激励，会在开发新项目时更加注意提升合规性和收益性。

美国已经构建了包括不动产私募投资基金（PERE）、私募 REITs、公募 REITs 等在内的成熟的多层次市场体系。相应地，我国已在推动 Pre-REITs 试点，并推出了类 REITs 和公募 REITs 产品。我国已推出了类 REITs、公募 REITs 和商业按揭支持证券（CMBS）产品，同时也在推动 Pre-REITs 试点。Pre-REITs 定位于不动产资产与公募 REITs 的链接，旨在打通从孵化培育、成熟运营到融资上市的全过程。未来，随着类 REITs、Pre-REITs 产品规模和数量的扩大，我国公募 REITs 将拥有更多优质的项目储备。这有利于提振投资者信

心和公募 REITs 二级市场表现。

扩募结合多层次市场体系完善，预计将推动我国公募 REITs 市场规模进一步扩大，有望使其在越过临界点后实现快速增长。根据平台经济学理论，公募 REITs 市场可被视作连接投资人与发行人的平台；平台的规模最初增长较为缓慢，但一旦达到临界点，便会迅速增长，实现“起飞”。目前，公募 REITs 市场规模可能尚未达到临界点。这表现为市场规模较小、投资者数量有限和流动性不足，导致机构投资者的关注度及投资意愿较低。随着新项目的上市和已有项目的扩募，公募 REITs 市场规模预计将持续增长，投资者也将拥有更多选择。这有助于提高投资者对公募 REITs 的重视程度，吸引更多投资者参与。公募 REITs 市场规模一旦达到临界点，就会快速增长，实现“起飞”，吸引大量不同类型的投资者，从而显著提升市场流动性，提高机构投资者对公募 REITs 的关注度和参与度。

优化投资者结构，吸引多元化投资主体参与

为避免投资行为同质化导致剧烈的单边行情出现，我国公募 REITs 市场应当构建更多元化的投资者结构。引入 FOF、指数基金等风险容忍度更高的权益类投资者，以及社保基金、养老金、企业年金等长期资金，均有利于为 REITs 市场提供稳定的资金来源，降低二级市场短期价格波动。鉴于海外个人投资者积极参与 REITs 投资的现状，我国 REITs 市场也应积极吸引更多个人投资者参与。更多元化的投资者参与可以扩充资金来源，提高市场流动性和活跃度。

多方面的措施有助于吸引更多类型的投资者参与 REITs 投资。首先，2024 年会计处理方式的修改明确了 REITs 的权益属性，减轻了二级市场短期价格波动带来的业绩压力，也提高了 REITs 对于权益资金和长线资金的吸引力。其次，交易所、基金公司等还应加强投资者教育，帮助各类机构投资者和个人投资者了解 REITs 的概念、投资逻辑和价值所在，通过配置 REITs 资产获得更好的投资组合收益。

完善治理结构，适时推出内部管理制度

管理模式的选择并没有一个统一的最优解，而应当基于市场的发展阶段与环境，采取最合适的模式，并进行动态的改革与完善。为了缓解当前外部管理制度可能带来的激励、治理和运管权责安排方面的问题，我国公募 REITs 可以考虑适时优化外部管理制度。在法律可以有效防止管理人和发行人之间的关联交易的前提下，不改变当前的“公募基金 +ABS”双层架构，适当参考亚洲其他市场 REITs 的架构设计，允许发行人关联方担任管理人和运营管理机构，缓解发行人的激励扭曲问题，提高存续期 REITs 运营管理质量和效率，也为迎接扩募做好管理制度上的准备。

强化信息披露，优化投资者关系维护

为便于投资者客观衡量公募 REITs 的业绩表现，公募 REITs 的信息披露应当统一标准，增加深度并提高频率。同类型的公募 REITs 应当在披露同一类型指标时始终采取统一的计量方法和口径，遵循一致的披露要求。公募 REITs 应当提供更详细、更有针对性的关于收益、亏损、经营和风险情况的披露，并进行必要的定量分析。每月披露底层资产运营情况也有助于投资者及时了解公募 REITs 的运营情况。

此外，从信息披露和投资者关系维护的角度出发，建议基金管理人和运营管理机构设立类似于上市公司董事会秘书的职位。基金管理人负责统筹所有信息披露和投资者关系维护事务，并对此承担主要责任。运营管理机构设置类似于董事会秘书的职位，可以更好地协助基金管理人，及时向投资者传递有关基础设施项目运营的准确信息，并协助基金管理人维护投资者关系。同时，为确保信息披露的合规性，所有涉及向投资者披露信息的工作均由基金管理人统筹安排；运营管理机构未经基金管理人许可，不得向投资者传递公募 REITs 的运营信息。

第 9 章

拥抱变化，家族办公室财富管理的新趋势

全球宏观环境和经济的变化正在影响全球家族办公室的发展。家族办公室在欧美地区增设运营点的速度放缓，而在亚太地区的运营点明显增加。低利率时代，国内家族办公室需要结合实情探寻出自身的发展之道。本章主要探讨家族办公室在财富管理方面的发展情况：一是全球家族办公室对固定收益、现金类资产配置需求增加，对信托类和保险产品的关注度提升；二是在《关于规范信托公司信托业务分类的通知》（以下简称《三分类新规》）政策出台后，国内家族信托规模增长迅速；三是中国香港地区为推动家族办公室发展持续提供政策支持和创新。

全球家族办公室重塑分布格局，更注重稳健运营

亚太地区家族办公室占比显著增加

随着当前全球宏观环境的变化，全球超高净值人群的地理分布也出现明显调整。发达地区的超高净值人群增长放缓，亚太地区超高净值人群明显增加，部分亚太地区国家正积极创造条件吸引超高净值人群。投资移民咨询公司 Henley&Partners 发布的《2023 年亿元超高净值人士报告》（*The Centi-Millionaire*

Report 2023）显示，2023 年全球有 28 420 名亿元超高净值人士[①]，与 2022 年同期相比增加了 12%。这些亿元超高净值人士生活在全球 50 个主要城市，其中 12 个为美国的城市。美国的 12 个城市共有 3 311 名亿元超高净值人士，纽约市更是以 775 名亿元超高净值人士居于全球榜首。

位于发达国家的超高净值人士数量增加有所放缓，例如，伦敦作为全球富裕具有影响力的重要城市之一，2023 年超高净值人士数量减少了 4.4%。相比之下，一些亚太地区城市的超高净值人士数量却有明显增加。已有 4 个亚洲城市跻身全球前十大超高净值人士地区，分别是中国的北京（365 位）、上海（332 位）、香港（305 位），以及新加坡市（330 位）。超高净值人士数量的增加，将会促进一个国家的经济增长和投资创新，许多国家和地区正积极创造环境吸引这类人群聚集，围绕超高净值人士资源的竞争愈演愈烈。例如，中国香港和新加坡目前已具备较多吸引超高净值人士的条件，阿联酋、沙特阿拉伯等则在积极创造适宜的环境。

与此同时，为超高净值人士服务的家族办公室也在向亚太地区聚集。亚太地区家族办公室数量在全球家族办公室中所占比例显著增加。

低利率时代，家族办公室更加注重投资风险管理

近年来，随着经济结构转型与潜在增速的下行，我国也逐渐步入低利率时代。新环境下的投资选择相对有限，并且难以达到较高的预期收益。为更好地满足超高净值人士庞大的财富管理需求，家族办公室正在重新评估和调整其投资策略。回顾 2023 年的全球经济局势，地缘政治问题已成为家族办公室投资管理关注的首要问题。结合当前全球低利率的投资环境，家族办公室的投资管理模式已由追求高收益转变为重视合理资产配置下的资产保值与增值。

① 指资产净值达到 1 亿美元以上的超高净值人士。1 亿美元资产被视为当今超高净值人士的门槛。

为应对全球经济形势的诸多不确定性，家族办公室越发重视管理和分散投资风险。投资组合多元化、重组现有家族办公室结构成为 2024 年家族办公室的首要战略。整体来看，家族办公室正朝着投资地域分散化、投资产品多元化、管理模式精细化的方向推进。此外，亚太地区对家族办公室投资的吸引力在增强，越来越多的家族办公室在此增设运营点。

人口老龄化趋势加深，保险和信托产品受家族办公室青睐

对超高净值群体而言，现金流管理是其财富传承并长远发展的基石，因此他们更加偏好保障性收入，其次是风险较大的资本收入。胡润百富与中信保诚人寿的联合报告显示，当前我国老龄化问题突出，“保障家族安全传承”是家族现金流管理的首要目的，长久期的保险和信托类产品或将逐步成为家族办公室配置的主要选择。

第一，信托类产品。随着国内信托业的逐步改革，2023 年家族信托、保险金信托等财富管理服务信托增长迅速。家族信托具有其他模式难以替代的优越性：一是安全性，信托所有权和受益权分离，同其他资产形成完美的风险隔离；二是私密性，信托可以通过权益重构来满足委托人的不同需求，且具有高度保密性；三是可以满足家族的税收筹划和公益服务需求。截至 2023 年末，财富管理服务信托规模已经达到 9 000 亿元。其中，保险金信托将保险产品与信托管理相结合，通过设立信托来管理保险金，有效进行现金流稳健规划与传承，受到了较高程度的关注。

第二，保险产品。保险（通常指人身寿险）作为最常用的财富传承工具，可以满足高净值人群家族财富传承与增长的需求。保险天然具有人身属性，比其他金融产品更适合用于风险隔离。同时，各个国家及地区对保险都给予了一定的税收豁免，保险赔偿金无法被视作经营收入，因而保险产品通常具备免税优势。通过将保险与遗嘱等继承规划有效搭配，可以帮助家族更好地实现税收规划和财富

传承。此外，保险作为长期投资工具不仅能带来稳健的收益，而且在大多数长期保险产品开始融合 ESG 投资理念、创新“保险 + 服务”模式的情况下，既可以满足家族办公室的公益目的，也可以为家庭成员带来更好的服务，协助家族办公室完成子女教育、养老、继承和医疗健康服务等方面的规划。中国香港地区的保险渗透率居于亚洲第一。香港的保险具有高分红率、强偿付能力、灵活赔付的特点，吸引了众多离岸保险投资者和内地高净值群体。

全球家族办公室资产配置的新变化与区域选择

大类资产配置中，固定收益资产配置上升

2023 年通胀黏性维持，美债收益率持续高位盘整，带动固定收益和现金类资产在家族办公室整体资产配置中所占的比重明显上升。

根据花旗银行对其私人财富群体的调查，2023 年，约有 51% 的受访家族办公室增加了对固定收益资产的配置，而 2021 年、2022 年仅有 20% 的受访家族办公室增配固定收益资产。相较于 2021 年和 2022 年，2023 年，家族办公室对私募股权配置的增速有所放缓，仅 38% 的受访家族办公室增配了私募股权（2021 年和 2022 年分别为 63% 和 52%），但私募股权对家族办公室的吸引力依然明显，仅有 11% 的受访家族办公室减少了相关配置（见图 9–1）。

同时，家族办公室投资者也重新开始关注积极管理模式。瑞银的调查显示，39% 的家族办公室投资者目前更多采取积极管理的方式，通过多元化投资组合以获取超额收益。常见的多元化策略包括高质量的短期固收投资和发达市场固收投资，因此家族办公室持续增配固收类资产。

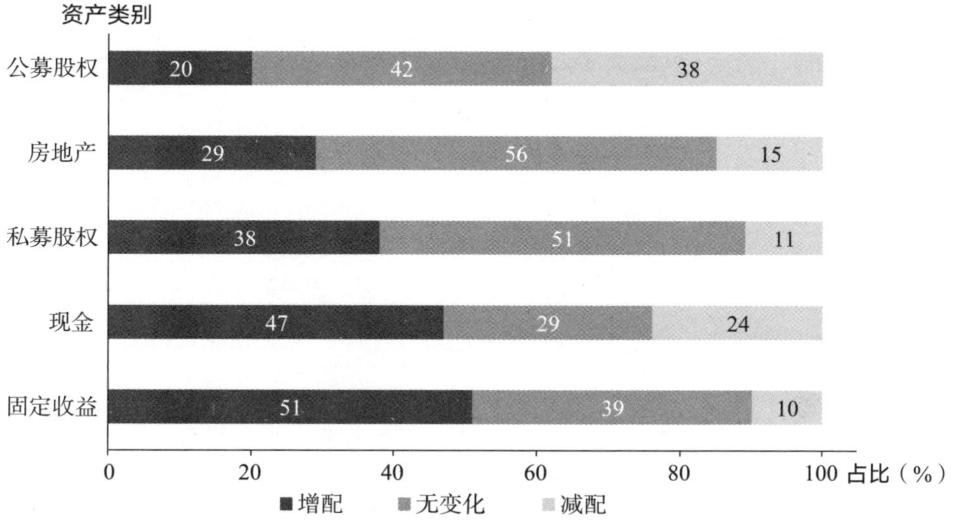

图 9-1　2023 年配置各类资产的家族办公室占比情况

资料来源：花旗银行《2023 年全球家族办公室调查报告》（*Global Family Office Survey Insights 2023*）。

私募股权投资维持较高的占比

私募股权投资更加契合家族办公室的发展需求，因为它具备更高的收益性，且投资模式更加灵活多元，其中的直接投资模式同家族企业的管理需求相契合。瑞银的调查显示，2023 年，全球家族办公室对私募股权的投资占比上行 3%（见表 9-1）。

表 9-1　2023 年全球家族办公室资产投资占比及变化趋势

单位：%

资产类别	2023 年投资占比	2022 年投资占比	变化趋势
公募股权	28	31	-3
固定收益	19	15	4
现金	10	9	1

续表

资产类别	2023年投资占比	2022年投资占比	变化趋势
私募股权	22	19	3
私募债	2	2	—
房地产	10	13	-3
对冲基金	5	7	-2
其他	4	4	—

资料来源：瑞银《全球家族办公室报告 2024》（*Global Family Office Report 2024*）。

家族办公室投资更具长期性和收益性，同私募股权投资特征相契合。长期性的体现是，家族办公室通常拥有比普通投资者更为耐心的资本、更高的灵活性和投资期望。通过私募股权投资，家族办公室可以从企业初创时期介入并长期持有其股权，从而在优质股权投资竞争中具备更多优势。收益性的体现是，私募股权投资在长期内或可带来比公募股权投资更高的收益。瑞银的调查显示，71%的家族办公室投资者认为私募股权投资的长期回报比公募股权投资更好。

私募股权基金和私募股权FOF兼顾管理人的专业化和资产的多元化，是常见的私募股权投资方式。新增资管规模在10亿美元以上的家族办公室更偏好投资私募股权基金，主要原因是近年来家族办公室的资管规模持续增长，但员工数量增速却相对缓慢，自身管理能力相对不足，因此选择“外包”给专业的私募股权投资管理者。未来，大型家族办公室的营运人员数量与资管规模相匹配后，其自有员工便可以对投资标的进行筛选、尽职调查和管理，直接投资占比或将进一步提升（见图9-2）。

值得关注的是，私募股权投资中的直接投资占比逐年上升。2023年，直接投资占比为28%，环比上行2%，其中主动型和被动型占比分别为15%、13%。从不同地区来看，家族办公室直接投资占比提升主要体现在北美和亚太地区。从不同规模来看，直接投资在发展更久、规模更大的家族办公室和新兴的小型家族办公室中越来越受欢迎。发展更久、规模更大的家族办公室更偏好主动寻找投资目标和直接管理。新兴的小型家族办公室处于规模扩张初期，通常会针对家族自有企业、关联企业和相同行业的投资目标进行直接管理，期望通过自身的专业运作获得更高的投资回报。

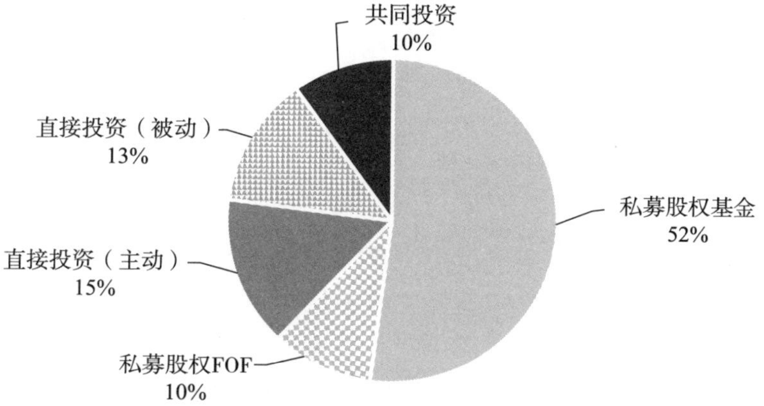

图 9-2　2023 年全球家族办公室私募股权投资的分配方式

资料来源：瑞银《全球家族办公室报告 2024》。

人工智能、医疗科技是最受欢迎的投资主题

随着全球人工智能的飞速发展，家族办公室对人工智能主题一直保持着超高的投资热情。根据瑞银的调查，78% 的家族办公室对人工智能主题的投资抱有极大兴趣。尤其是生成式 AI，可能是未来两到三年家族办公室最核心的投资主题。此外，70% 的家族办公室投资医疗科技，67% 的家族办公室投资自动化和机器人。由于不同国家和地区的行业发展存在差异，因此家族办公室的投资主题偏好呈现不同特征。比如，约 83% 的美国家族办公室表示会投资 AI，76% 的瑞士家族办公室可能会投资医疗科技（见图 9-3）。

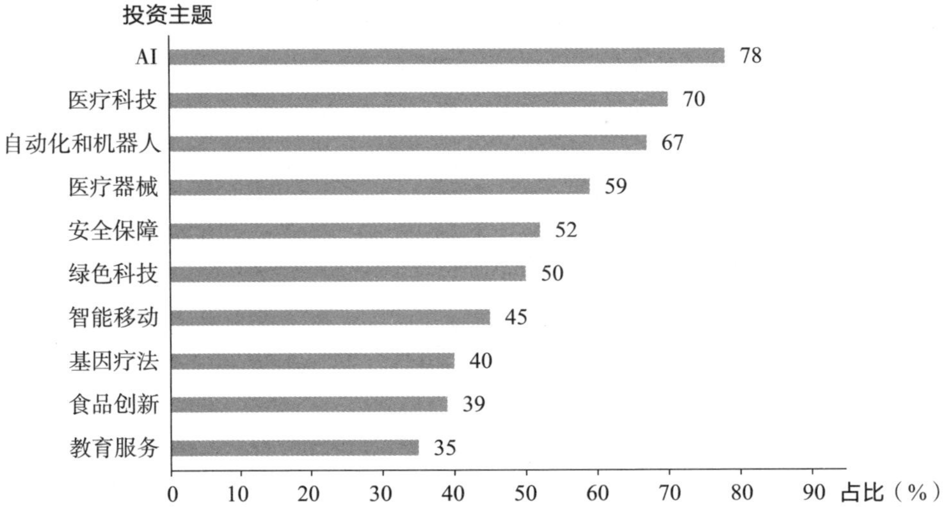

图 9-3 2023 年投资各类主题的家族办公室占比情况

资料来源：瑞银《全球家族办公室报告 2024》。

家族办公室重视其家族属性和代际传承，更加注重家族运行的稳定性、发展的长期性和成员的个人健康，因而偏好投资科技和医疗。投资科技和医疗可以让家族办公室在获得收益的同时，解决自身发展面临的技术问题和健康问题。目前，大部分处于发展早期的传统家族办公室正在积极进行技术转型。其中，已经实现技术和家族企业、业务较好融合的家族办公室的占比不足三成。人工智能、数字科技的发展能够更好地协助家族办公室实现技术转型和数据驱动决策，从而更科学地进行投资和规模扩张。

北美地区资产集中度最高，但投资本土化趋势显著

受人工智能、医疗科技主题投资偏好的影响，家族办公室对优秀人工智能行业的投资偏好使得资金进一步聚集于北美地区。花旗银行的调查显示，2023 年全球家族办公室的投资区域中，北美地区的资产配置占比最高，达到 57%，较 2022 年进一步提升。从区域分布来看，家族办公室的本土偏好进一步体现。总

部位于北美的家族办公室将其管理的家族资产的 80% 配置在北美地区，总部位于欧洲、中东和非洲的家族办公室在北美地区的资产配置占比也有 47%；总部位于亚太地区的家族办公室在本土的资产配置占比达到 56%，超过在北美的资产配置占比，对中国地区的资产配置占比达 26%。值得注意的是，总部位于北美、拉美，以及欧洲、中东和非洲地区的家族办公室对亚太地区的资产配置比例最低，均不超过 6%（见表 9-2）。结合投资主题和资产类型来看，虽然有一定的资产准入限制因素，但也从侧面体现了亚太地区在人工智能、医疗健康领域仍需进一步发展。

表 9-2　2023 年全球家族办公室投资区域分布及资产配置占比

单位：%

投资区域	全球资产配置占比	亚太资产配置占比	欧洲、中东和非洲资产配置占比	拉美资产配置占比	北美资产配置占比
北美	57	30	47	54	80
欧洲	16	13	44	12	9
亚太（不含中国）	11	30	4	1	4
中国	8	26	2	3	2
拉美	7	0	0	30	3
中东和非洲	1	1	3	0	2

资料来源：花旗银行《2023 年全球家族办公室调查报告》。

家族办公室通常基于单一家族或企业发展而来，在其发展初期多呈现资产集中配置的特征。花旗银行的调查显示，2/3 的家族办公室对上市或非上市公司有集中持仓。从规模维度看，资管规模在 5 亿美元以上的家族办公室的集中持仓偏好更为明显。从地区维度来看，北美、拉美地区近 3/4 的家族办公室具备集中持仓特征，其他地区的家族办公室持仓较为分散。究其原因，一是近年来北美等发达市场的家族办公室对核心行业和标的资产的投资偏好较为明显、集中度更高；二是处于高速发展和扩张阶段的家族办公室，更愿意通过集中持仓的模式进行财富管理，投资风格更加积极，更注重其收益属性。

中国内地家族信托增长迅速，香港持续优化政策环境

内地超高净值家庭数量下降，资产配置偏好出现调整

内地超高净值家庭数量 15 年来首次下跌，企业主家庭占比持续上升

根据《2023 胡润财富报告》(*Hurun Wealth Report 2023*)，2023 年中国内地拥有亿元以上资产的超高净值家庭的数量达到 11.2 万户，同比减少 3 950 户，减少比例约为 3.4%。其中，拥有 3 000 万美元以上资产的国际超高净值家庭的数量达到 7.4 万户，同比减少 3 180 户，减少比例为约 4.1%。从职业构成来看，内地拥有亿元资产的家族中企业主的占比为 79%，环比增加 4%；职业股民和房地产投资者的占比分别为 14% 和 7%，同比下降均为 2%（见图 9–4）。

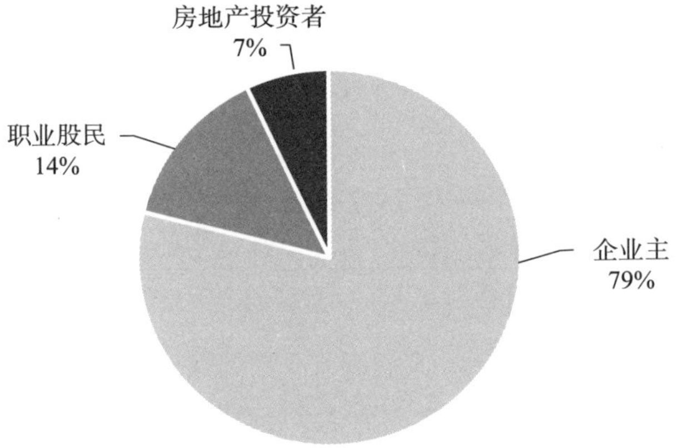

图 9–4　2023 年中国内地拥有亿元资产的家族的职业构成

资料来源：《2023 胡润财富报告》。

上述变化出现的主要原因在于，2020 年以来的疫情冲击叠加地缘冲突，全球经济呈现需求收缩、供给承压的态势，主要国家资产出现不同程度的波动，私人财富也受到一定冲击。同时，随着中国经济转型升级，股票、房地产等板块进入调整期，职业股民、房地产投资者的资产构成较为单一，财富状况所受冲击更为显著。

传统资产表现不佳，家族财富管理风险偏好降低

2023 年以来，内地资产配置整体呈现结构性调整，配置风格出现较大变化。首先，股票市场整体缩水，高股息资产获得大体量资金追捧。据万得资讯的数据，截至 2023 年末，A 股总市值较 2022 年末减少约 1.16 万亿元，沪指全年累计跌幅为 3.70%。深证成指下跌 13.54%，创业板指数累计跌幅达 19.41%，中证红利低波动指数全年逆势上涨 6.45%。其次，私募股权基金发行再度放缓。根据投中网统计，2023 年中国私募股权投资 / 风险投资市场完成募集基金 508 只，同比减少 9.0%，募集规模为 1 104 亿美元，同比减少 18.9%，有限合伙人（LP）出资更加谨慎。此外，据国家统计局发布的数据，2023 年，全国房地产开发投资约为 11 万亿元，同比下降 9.6%；房地产开发景气指数全年呈现下降趋势，从 4 月份最高峰的 94.71 下降至年末的 93.36。

传统资产表现不佳，叠加长期低利率的预期，富裕家庭在资产配置上更加保守，或寻求新的投资机会。据招商银行与贝恩咨询联合发布的《2023 中国私人财富报告》，2023 年，我国高净值人群当下风险偏好较低，有九成受访者保持适中或较低的风险偏好；境内可投资资产中，现金（28%）和固收类（27%）产品的配置占比过半。花旗银行 2023 年调研发现，亚太地区的家族办公室最为偏好全球发达市场的投资级债券（43%），同前一结论相符。

老龄化趋势下，财富传承、医疗健康等非金融资产配置需求增长

低利率环境使得超高净值投资者更加倾向于固定收益投资，老龄化的到来则激发了其多元化的资产配置需求。可以看到，家族传承的需求进一步凸显。老龄化是“富一代”群体无法避免的命题，相较于上一年度的研究，各类机构的调查结果中，受访高净值家庭对财富传承、健康咨询等需求的提及频率显著提高（见图 9-5）。据《2023 胡润财富报告》估算，10 年内中国将有 21 万亿元的财富传给下一代。据万方家族办公室的报告，亚太地区已有 15% 的家族办公室由下一代掌控，预计这一比例在未来五年内将上升至 47%。

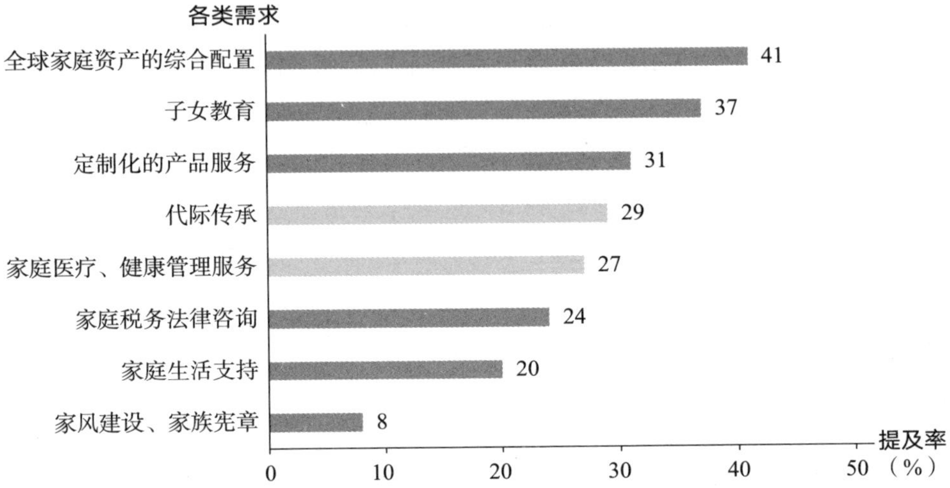

图 9-5　2023 年中国受访高净值家庭综合需求提及率

资料来源：2023 招商银行 - 贝恩公司高净值人群调研分析。

同时，老龄化也带来了新的投资机会。一方面，医疗保健行业的潜在势头吸引了市场的关注。据花旗银行对亚太地区家族办公室的调研，选择投资于科技、医疗保健、金融等行业的占比较多，有配置于这三大行业资产的受访者占比分别为 76%、61%、37%。另一方面，根据《2023 中国私人财富报告》，部分超高净值投资者更加重视保险金投资的长期收益，对长期寿险、增额终身寿险、年金险等资产的配置比例有所提高。

《三分类新规》夯实家族信托发展基础，但高质量服务能力有待提升

内地《三分类新规》落地后，家族信托规模增长迅速

当前，内地尚未将家族办公室作为单独的金融机构进行分类，虽然券商、银行等金融机构的私人银行主要以标准化理财产品或私募基金代销为主，但家族信托基于其良好的风险隔离、财富传承功能，依然是内地家族资管方案的核心载体。

《三分类新规》以信托目的、信托成立方式、信托财产管理内容作为分类维度，将信托业务分为资产服务信托、资产管理信托、公益慈善信托三大类共 25 个业务品种。据中国信托登记有限责任公司的数据，2023 年 6—12 月，保险金信托、家族信托、家庭服务信托、法人及非法人组织财富管理信托的成立数量较多，共计 54 家信托公司开展有 2 798 笔家族信托业务，规模达 466.10 亿元；39 家信托公司开展有 10 764 笔保险金信托业务，规模达 683.81 亿元。截至 2023 年末，已有平安信托、建信信托两家机构的家族信托（含保险金信托）规模超千亿元（见图 9-6）。

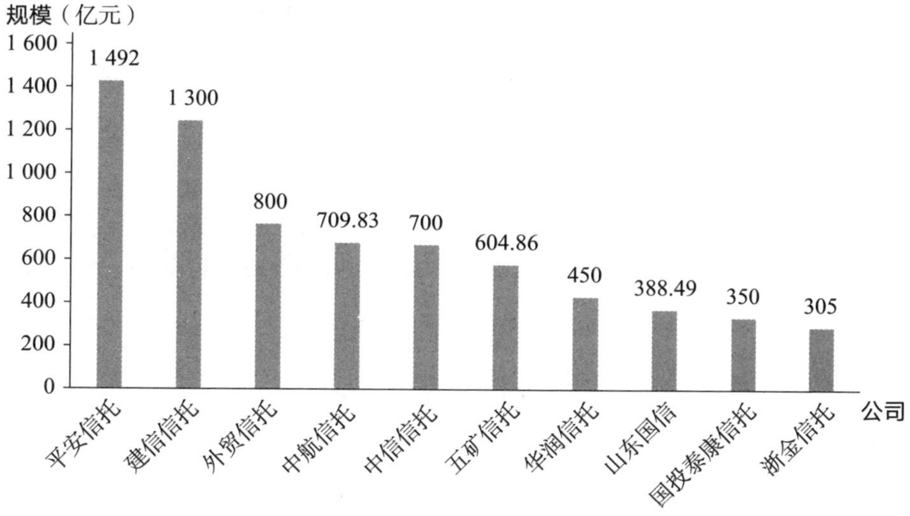

图 9-6　部分信托公司家族信托业务规模（含保险金信托，截至 2023 年末）

资料来源：信托公司年报，课题组根据公开数据整理。

《三分类新规》的落地实施对信托业务模式进行了整合重构，规范了信托业务发展框架，清晰界定了信托业务的边界和内在含义，也为家族信托的展业奠定了制度基础。此后，各家信托机构将在家族信托业务上持续发力。

内地家族信托仍面临发展承压、制度保障缺位、交易成本较高的问题

内地家族信托当前所面临的发展困境仍不容忽视。一是信托行业正经历深度调整重构，发展模式逐步规范化，而家族信托的展业依赖于专业团队、IT 数字化建设、产品开发等，需要较长的运营周期和较大的前期投入。信托公司 2023 年年报显示，家族信托业务尚在规模积累阶段，暂未带来盈利，短期内难以成为推动家族财富管理业务发展的引擎。二是由于我国《公司法》《证券法》《信托法》和税法之间缺乏顶层系统设计，股权信托登记处于“有法可依、无法操作”的局面，因此股权受托人与善意相对人之间的利益冲突问题未能得到有效解决，在复杂的信托持股架构设计中，家族信托财产的独立性无法得到有效保护。三是家族财富中股权等非资金类财产纳入信托时多采用交易方式，导致其税收成本较高。由于内地家族信托发展面临诸多问题，因此仅有少部分高净值家庭采取国内家族信托的方式运营自身可投资资产，而大部分高净值家庭则通过设立离岸信托的方式实现资产隔离与再分配。

香港家族办公室激励政策持续推出，市场创新加速，互联互通进一步深化

激励政策频出，香港家族办公室规模显著增长

香港在吸引家族办公室赴港投资方面动作频出，家族办公室的设立规模明显增长（见表 9-3）。相较于一般投资机构，家族办公室的资管目标以家族成员利益为核心且更加多元化，选址设立时会考虑市场的创新活力、资产品类的丰富度及社会服务的品质。

自香港特别行政区政府于 2023 年 3 月发布《有关香港发展家族办公室业务的政策宣言》以来，税务宽减、人才培养、投资管理等家族办公室支持政策高效落地，投资推广署更是举办了系列政策宣导会议、交流联络论坛等，市场声誉持续扩大，香港对家族办公室的吸引力持续增强，家族办公室的设立规模明显增长。香港财经事务及库务局的数据显示，截至 2024 年 4 月，拟在香港设立或扩

展业务的家族办公室总数达到 136 家，其中来自内地的家族办公室有 82 家，占比超过 60%。此外，香港特别行政区政府投资推广署委托德勤做的调研估算显示，截至 2023 年末，香港已设立家族办公室超 2 700 家，其中亿元资产家族办公室占比超过 30%。

表 9-3　香港出台的与家族办公室相关的重要政策措施（2023 年 5 月—2024 年 3 月）

施行时间	领域	政策措施涉及内容
2023 年 5 月	税务	修订《税务条例》(第 112 章)，为由具资格单一家族办公室在香港管理的具资格家族投资控权工具、家族特定目的实体提供利得税宽减
2023 年 11 月	人才	香港金融发展局宣布了香港财富传承学院的成立及其董事会成员的任命，为行业从业人员和财富继承者提供人才培训服务
2024 年 2 月	房地产	2024—2025 财政年度香港特别行政区政府《财政预算案》宣布，即日起所有住宅物业交易无须再缴付额外印花税、买家印花税和新住宅印花税
2024 年 3 月	入境管理	新资本投资入境计划，符合条件的申请人投 3 000 万港元以上（或等值外币）净值于获许投资资产，可依期限获批延长逗留期限，永久居留和无条件限制逗留

资料来源：课题组整理。

虚拟资产、ESG 创新产品增加投资吸引力，香港保险需求得到集中释放

对大多数家族办公室而言，实现资产的保值增值仍然是众多需求中的基石理念，优先级要高于代际传承、风险隔离等需求。因此，在传统理财产品收益率持续下行的趋势下，家族办公室也将目标转向虚拟资产、ESG 等另类投资领域，以谋求更大的投资空间和安全护城河。

为丰富金融市场投资标的，契合多元化的投资需求，2023 年 6 月，香港证券及期货事务监察委员会（以下简称“香港证监会”）宣布接受虚拟资产交易平台的牌照申请。2024 年 4 月末，6 只虚拟资产现货 ETF 在港交所上市，上市一个月期间均有不同程度的上涨。同时，香港证监会在 2024 年 1 月发布的 2024—2026 年策略规划中，也将“以科技和 ESG 引领金融市场转型”作为四大重点策略之一，明确提出推进虚拟资产交易平台监管制度的发展，运用区块链

及 Web3.0 技术促进金融科技生态系统建设，拓展本地 ESG 产品和市场等。

在新兴投资品不断丰富的同时，香港地区以“成熟、安全、稳健”著称的保险产品也在不断优化。2023 年，内地赴港投保个人寿险新造保单保费约为 590 亿港元，排除疫情封锁期间需求集中释放的影响，内地赴港投保常态化年均保费预计约为 400 亿港元。此外，根据香港保险业监管局的数据，香港地区保险产品的渗透率及密度位居亚洲第一。2023 年 7 月，香港立法会通过了《2023 年保险业（修订）条例草案》，为香港保险业推行风险资本制度设定法律框架，从而加强保险公司的财务稳健状况，并且更符合国际标准。

同时，香港各大保险公司先后推出了可转换保单货币的长期储蓄计划。例如，安盛、友邦等公司推出的货币自由转换产品，可根据市场变化和个人需要，更换保单货币从而降低汇率风险。此外，香港保险法规定，允许在保险计划内将保险受益人更替为其他家庭成员，确保该保险合同的福利能够持续由家族成员享有。不断完善的香港保险产品具有高分红率、强偿付能力、灵活赔付的特点，更好地契合了家族财富管理目标中“保值增值、风险管理、代际传承”的诉求，吸引了众多离岸保险投资者，其中包括大量内地高净值群体。

债市互通深化，合格境外有限合伙人基金总量管理落地，契合家族办公室跨境投资需求

根据瑞银在 2023 年发布的全球家族办公室报告，在接受调研的家族办公室中，有 22% 计划增加对大中华地区的资产配置。在内地家族办公室资产“走出去”、国际家族办公室资产“走进来”的需求下，香港凭借自身的国际竞争力，以及与内地密不可分的互联互通机制，成为家族办公室全球资产配置的首选项。

首先是债券市场。由于低利率的宏观背景叠加保守倾向的投资偏好，繁荣的债券市场对家族办公室而言更为重要。2023 年 10 月，国家发展和改革委员会与香港金融管理局签署《关于支持中资企业跨境融资和推动香港债券市场发展

的谅解备忘录》，以支持内地债券市场的跨境融资活动。当前，亚洲地区 1/3 以上的 ESG 债券在香港发行上市，外国投资者在境内银行间债券市场总成交额的 2/3 经由债券通投资。

其次是私募股权投资领域。瑞银发布的《2023 年全球家族办公室报告》显示，27% 的亚太区家族办公室计划于未来五年增加私募股权直接投资。在私募股权市场资金寒冬的背景下，除了产业资本、国资 LP 之外，家族办公室成为重要的出资来源。在《前海深港现代服务业合作区总体发展规划》和《关于金融支持前海深港现代服务业合作区全面深化改革开放的意见》（简称“前海金融 30 条”）的指导下，《深圳市合格境外有限合伙人试点办法》于 2024 年初落地并明确开展试点基金总量管理。在总量管理额度内，前海合格境外有限合伙人（QFLP）管理企业可自主发起设立单只或多只基金，而且能灵活自主配置和更换投资项目。私募股权投资是家族办公室满足资产保值增值、多元化投资的重要方式，此项政策的落地，优化了 QFLP 基金的设立模式，提升了跨境投资效率。

未来，香港将继续巩固“离岸人民币中心”的地位。在跨境投资领域，香港与内地互联互通机制的进一步深化，为内地家族办公室通过香港参与全球资产配置提供了极大便利，也扩大了在香港设立的家族办公室对内地的投资渠道。

家族办公室财富管理的趋势展望

全球家族办公室财富管理走向分化

当前全球超高净值人群的分布已不再局限于美国、英国等传统发达国家，部分新兴市场的超高净值人群增长迅速，结合不同地区的经济环境、政策制度及当地文化等因素，家族办公室行业的发展将会走向分化。过去适用于发达地区的资管模式和投资风格也将面临较大调整，如前文分析，北美地区的资产集中配置偏好明显，但在当前亚太地区不适用。例如，中国正面临着低利率环境及人口老龄化，叠加中国超高净值群体正处于从“创一代”向下一代进行财富传承的阶段，因此内地家族办公室的财富管理模式更加重视分散资产配置、降低投资风险及现金流管理等。结合当下实情，在个性化、服务化要求的驱动下，家族办公室的行业格局或将呈现百家争鸣、各展其能的特征。

国内家族办公室需要因地制宜的财富管理模式

当前国内超高净值群体正处于代际传承阶段，而国内资本市场的表现较为低迷，家族办公室的财富管理模式需要因地制宜作出调整，从而更加契合本土环境。具体来说，可从以下方面进行调整：

首先，加强投资风险管理能力，保障财富传承的平稳过渡。受国内股票、房地产投资表现欠佳的影响，国内超高净值群体数量出现了下跌，当前低利率的环境可能更适合稳健性投资，增配固定收益和现金类资产。

其次，寻求专业化的外部管理载体。由于国内家族办公室并不具备欧美多年积累的财富传承经验和对应的制度环境，因此有必要选择家族信托等专业化的管理模式。随着政府对信托行业制度的持续整改，家族信托有望成为内地家族办公室的主要管理模式。

最后，利用香港的优势进行全球化布局。香港的税收优惠和专业的金融投资环境能够支持国内家族办公室的发展，帮助国内家族办公室进行全球化资产配置，降低投资集中度，有效对冲投资风险。

家族办公室的发展能够为社会带来积极的影响

家族办公室为社会带来的积极影响有以下几点：

第一，家族办公室的资金具备长期性、稳定性的特征，可以为处于初创期、缺少现金流的新兴产业提供较充足的直接投资支持。目前，家族办公室在人工智能、医疗科技等领域有着突出贡献。

第二，当前，我国人口面临老龄化趋势，社会养老保障等领域需要投资支持，同时家族办公室也面临现金流管理的需求。如果家族办公室投资于一些较长期的保险类产品，那么既能够实现社会资源的再分配，也契合当下家族办公室细水长流的现金流管理模式，从而实现资产的有效配置。

第三，家族办公室是国际互联互通的重要桥梁。目前，国内正积极建设跨境投资合作特区，在这些特区内成立家族办公运营点，既能够有效满足家族办公室的直接投资需求，也能够实现外汇的自由兑换，从而吸引更多的国外资金参与投资。

第四，对可持续发展、虚拟资产等概念性投资，家族办公室能起到重要的推动作用。当前，我国处于绿色转型的关键时期，具备政策导向的 ESG 领域概念性投资是很多家族办公室的资产配置必选项。

第二部分

机构专题篇

第 10 章

全面净值化转型后，银行理财步入高质量发展新阶段

银行理财“质重于量”发展导向明确

2023 年以来，金融业“服务于实体、强化金融监管”的政策导向进一步明确。2023 年初，机构改革方案落地，通过组建中央金融委员会、中央金融工作委员会，党中央加强了对金融工作的集中统一领导；新组建的金监总局强化了机构监管、行为监管、功能监管、穿透式监管、持续监管。这一轮改革之后，整体导向是：强化防范和化解重大风险的能力；全面从严监管，减少套利空间；引导金融回归服务实体的功能，从而实现高质量发展。这一导向突出了金融工作的政治性与人民性。2023 年末，中央金融工作会议强调，要坚定不移地走中国特色金融发展之路，加快建设金融强国，建设有中国特色的现代金融体系，推动我国金融工作实现高质量发展，做好科技金融、绿色金融、普惠金融、养老金融、数字金融五篇大文章。

随着监管框架的逐步完善，银行理财业务迎来强监管下的规范化发展。自资管新规发布以来，银行理财进入全面净值化时代。2023 年以来，金融行业进一步强化了“质量重于规模”的监管导向。监管机构多次强调，在经济增长向高质量发展转型的背景下，金融机构应淡化“规模情结”，避免以“内卷”、

非理性竞争的方式实现规模的快速扩张。对于一些不合理的、容易消减货币政策传导的市场行为，政策方面应加强规范，包括优化、调整金融业增加值的季度核算方式，促进信贷均衡投放，防范和治理资金空转，整顿手工补息等。监管机构通过持续强调“质重于量”的导向，进一步明确了对金融行业和理财业务发展的战略方向指引，推动理财公司进一步转向稳健经营，在业务模式、产品创新和服务等方面提升质量，牢牢抓住不发生系统性风险的底线，促进理财行业实现高质量发展。

理财公司要回归业务本源，坚守普惠金融、服务实体的定位。在推动金融工作实现高质量发展以及一些新的监管要求指导下，银行理财的定位更加明确。

一方面，理财公司应坚守业务本源，认真贯彻党中央关于金融工作的决策部署，始终把金融工作的政治性、人民性和金融发展的普惠性放在首位，顺应经济社会发展的战略需要、阶段特征和结构特点，服务实体经济发展，着力做好科技金融、绿色金融、普惠金融、养老金融、数字金融五篇大文章，不断满足经济社会发展和人民群众对金融服务的需求，不断推动金融工作实现高质量发展，为强国建设、民族复兴伟业提供坚实的支撑。另一方面，坚守普惠金融定位，针对银行理财投资者低风险偏好的特点，理财公司不再单纯比拼规模，而是更加重视产品质量，为客户提供低风险、低波动、有绝对收益、相对稳健的产品，满足客户的理财需求，为客户账户上的资产承担保值增值的职责，让客户盈利，真正促进共同富裕。

2023 年以来理财行业发展特征

经历 2022 年末“赎回潮”冲击后，2023 年下半年，理财产品市场的规模平稳增长。银行理财回归业务本源，时刻牢记普惠金融、服务实体的定位，行业整体呈现出以下特征：在资金端，客户风险偏好较低；在产品端，以短期限为主；在投资端，以“稳健低波”策略获取绝对收益；在渠道端，重视代销模式扩展和投资者陪伴；在运营端，重视科技赋能和人才队伍建设。

2023 年以来理财行业规模稳健增长

2023 年以来，理财行业整体规模呈现出先抑后扬的态势：第一季度，居民以增加定期存款为主；第二季度，随着债券市场的修复和存款利率的下调，理财规模震荡回升。2023 年末，理财规模已回升至 26.8 万亿元。截至 2024 年第一季度末，全国共有 254 家银行机构和 31 家理财公司有存续的理财产品，共存续产品 4.03 万只，存续规模达 26.63 万亿元。其中，理财公司存续产品 2.06 万只，存续规模为 22.37 万亿元。根据普益标准数据统计，2024 年 4—5 月，理财规模增长至约 29 万亿元。

定位普惠金融，理财产品呈现短期化、低风险特征

从期限结构看，理财产品呈现短期化趋势。2023 年，新发封闭式理财产品加权平均期限在 288 ～ 381 天；2024 年第一季度，加权平均期限则保持在 303 ～ 351 天，相比 2022 年的 339 ～ 581 天明显走低。截至 2024 年第一季度末，1 年以上的封闭式产品存续规模在全部封闭式产品中的占比为 67.45%，较去年同期下降了 4.15%。

从风险偏好看，理财客户的风险偏好进一步趋于保守。截至 2024 年第一季度末，风险偏好为一级（低）类型的投资者数量占比为 61.20%，较 2023 年 3 月末的 56.10% 明显提升；风险偏好为二级～五级的投资者数量占比分别为 35.19%、3.52%、0.06%、0.03%，较 2023 年 3 月均呈现下降趋势，投资者风险偏好进一步降低。

理财行业积极服务国家重点战略领域

截至2024年第一季度末，理财产品投资资产合计为28.83万亿元，同比增长了6.11%。理财产品资产配置以固收类为主，投向债券类、非标准化债权类资产、权益类资产的规模分别为15.78万亿元、1.79万亿元、0.84万亿元（其中优先股为0.42万亿元），分别占总投资资产的54.73%、6.21%、2.91%。理财资金重点投向符合国家战略的企业信用债、金融机构债、资产证券化、非标准化债权、股权性投资等资产，支持实体经济发展的成效十分显著。

理财行业积极支持科技创新、绿色发展，为中小微企业、重点区域等国家战略领域提供服务，进而践行ESG理念，履行社会责任。截至2023年末，理财行业为中小微企业发展提供资金支持超3.8万亿元，投向绿色债券的规模超2 500亿元，投向“一带一路”、区域发展、扶贫纾困等专项债券的规模超1 100亿元。理财行业不断推出特色产品，2023年末，存续的专精特新、乡村振兴、大湾区等主题理财产品超200只，存续规模超1 200亿元，存续的ESG主题理财产品余额达1 480亿元。

理财资产配置重视稳健低波，机构加快多元配置布局

银行理财始终把“客户至上”作为各项工作的出发点和落脚点，突出“低波动、稳收益”的产品特性，守护好老百姓的“钱袋子”，助力普惠金融发展、推动社会实现高质量发展，最终实现共同富裕。

理财资产配置重视低波动需求，所以银行理财的投资策略进一步趋于稳健，增配了现金类及存款类资产，以此应对产品端破净带来的负债端压力。从配置资产类别来看，2018—2021年，银行理财配置的现金类和债券类资产占比提升，配置非标准化债权类资产及权益类资产占比下降；2021—2023年，银行理财配置的现金类资产占比提升，配置的债券类资产占比下降。截至2024年第一季度

末，理财配置中，现金类及存款类资产的规模为 7.90 万亿元，占比达到 27.4%，较 2023 年末的 26.7% 有所提升。从产品类型来看，截至 2024 年第一季度末，在存量产品中，固收类产品占比为 79.16%，“固收 +” 类产品存续规模占比为 20.84%。在权益市场整体震荡运行的背景下，投资者对于绝对收益的诉求变强，纷纷追逐低波稳健的固收类产品。

在国内低利率和权益类资产波动较大的背景下，银行理财加快多元配置布局，增加了对美债、大宗商品等全球资产的配置。截至 2024 年第一季度末，全市场 29 家机构共存续外币理财产品 1 796 只，存续规模为 2 320 亿元，较年初增长 21.47%，同比增长 60.92%。其中，美元产品有 1 247 只，存续规模为 2 187 亿元，占外币产品存续规模的 94.30%，较年初上涨了 0.88%，较去年同期上升了 2.22%。2023 年以来，黄金价格明显上涨，2024 年第一季度，民生理财、招银理财等多家理财公司均发行了挂钩黄金的理财产品。此外，部分理财公司已开始向权益类和金融衍生品领域扩展，探索更多元的投资渠道和产品结构，以进一步增强自身的市场适应性。

理财公司从渠道、科技、人力等层面着力提升运营效率

理财公司不断拓展母行以外的代销渠道，以创造新的业务增长点。截至 2024 年第一季度末，在已开业的 31 家理财公司中，有 28 家的理财产品除母行代销外，还打通了其他银行的代销渠道。理财公司选取的代销渠道较为丰富，并存在一定差异化。国有行理财公司选取的代销渠道主要集中在国有行、股份行、城商行以及直销银行，而股份行和城商行理财公司的代销渠道在数量和类型上更为多元，包括国有行、股份行、城商行、农商行、农村信用社、直销银行等。此外，2024 年第一季度，共 18 家理财公司开展了直销业务，累计直销金额达 1 077 亿元，少数理财公司还开发了 App，为客户提供线上直销渠道。

银行理财不断加强投研体系人才队伍建设。全面净值化背景下，理财公司更

加需要持续提升主动管理能力，通过大类资产配置和多元策略的运用，实现风险对冲、回撤控制和稳健增值的长期价值。各家理财公司通过完善组织架构、招聘并培养投研人才、完善投研框架、梳理投研决策流程等，力求提升投研效能和决策质量，为客户打造“低波稳健”的理财产品。

银行理财持续提升金融科技效能。当前，理财行业的科技赋能广度和深度持续提升，借助科技的力量，理财行业可以拓宽获客渠道，提升客户体验，带动银行理财业务转型，推动风险预警和管控的智能化，提升投研能力和资源配置效率。大多数理财公司都已经开始使用微信公众号和官方网站等数字平台，这些平台在产品推介、与客户互动和品牌宣传等方面发挥了重要作用。

理财行业的机遇、挑战与展望

净值化转型后的理财行业机遇与挑战并存。一方面，伴随着居民金融资产配置由低风险向中低风险转移、养老理财业务发展减缓以及存款利率下调，我国理财规模有望得到进一步提高；另一方面，行业仍然面临负债短期化和不稳定性加剧、稳定资产减少带来净值波动、主动管理能力亟待提高、体制机制有待完善等挑战。

理财行业的机遇

一是居民可投资资产稳健增长、结构趋于优化，资管行业前景广阔。根据招商银行《2023中国私人财富报告》，截至2022年末，中国个人持有的可投资资产总体规模接近280万亿元，居民可投资资产稳健增长。同时，居民资产配置结构逐步趋于多元化，由非金融向金融资产转移，金融资产中的部分低风险资产未来或将逐步转化为中低风险资产。2008年之前，中国居民金融资产中的现金和存款占比接近80%。随着经济的发展，居民的财富配置逐渐变得多元化，金融资产中的股票、债券、公募基金等资产占比均不断提升。2018 年以来，股票、债券、公募基金等资产占比提高，现金和存款在金融资产中的占比约为 55%（仍显著高于多数海外发达经济体），预计中国居民金融资产中的部分低风险资产（以现金存款为主）或将逐渐转化为中低风险资产（如理财产品、带有储蓄性质的保险产品及个人养老金）。

二是养老金融产品发展提速。《个人养老金实施办法》出台后，养老金第三支柱市场迎来新格局。银行与资管机构纷纷布局养老金融产品，目前已在养老基金、商业养老保险、养老理财、养老储蓄等方面推出多项产品试点，市场潜力巨大。

三是广谱利率下行背景下，存款向理财、基金等非银机构分流的趋势仍将延续。在实体经济渐进式修复、高息资产荒格局仍在延续、政策利率和存贷款利率等广谱利率仍处下行通道的背景下，存款从银行体系向理财、基金等非银机构的分流趋势仍将延续。

理财行业面临的挑战

一是银行理财在经营中存在“不可能三角”。净值化转型后，银行理财面临的投资风险有所改变，但投资者的需求并未随之改变，仍然希望获得兼具流动性高、波动率低、收益率稳健的产品，但在实际投资中，这构成了一个“不可能三角”，给银行理财的投资带来了挑战。在负债端，2022 年，理财产品经历了“破净潮”“赎回潮”，投资者风险偏好降低，保值需求大于增值需求，于是，更加倾向于配置、收益稳定的短期产品，客户黏性变弱，不稳定性加剧。在资产端，2024 年 4 月，禁止手工补息政策的下达，使得理财配置的低波动、高收益存款资产大幅减少。然而，在理财投资中，使用市价法估值的资产增多、具有稳定器作用的资产减少，这一变化容易带来净值波动，在客户风险偏好仍然较低的情况下，净值的不稳定可能引发赎回风险。在极端情况下，一旦资本市场波动和理财产品净值波动形成共振，就有可能导致流动性风险。

二是理财行业自身高质量发展的要求与投资者对银行理财产品需求不匹配的矛盾突出。在新的监管导向下，理财公司应当成为覆盖所有的产品线、拥有多种资产投资组合和具备较强销售能力的资管机构，但由于当前银行理财的主要客群具有低波动、低风险的偏好特征，所以理财公司长期只能在单一赛道中耕耘，难以拓展发展空间。这样的产品偏好不利于理财公司布局“固收+”等权益类产品，也不利于理财公司开拓资本市场业务、支持实体经济发展，理财公司想要全面提升投研能力，仍然任重道远。

三是业务资质受限、投资管理工具的便利性不足，限制了银行理财支持实体的能力。部分理财公司由于未取得开展外汇、金融衍生品的交易资格，无法多层次服务实体企业，这限制了理财公司净值管理与抵御市场风险的能力。理财产品未能在银行间市场开户，只能通过应急流动性金融工具（SPV）进行银行间市场债券投资操作；虽然可以投资非标准化债权类资产，但无法直接发放非标准化融资，必须借助信托计划、资管计划等为实体企业提供融资服务。这些限制增加了交易成本和管理难度，也提高了实体企业的融资成本，限制了银行理财协同母行发挥差异化经营优势的能力，不利于更好地服务实体经济。另外，部分理财公司尚未取得养老理财业务资格，在养老资金募集方面受到较大制约，而养老金是长久期、低波动的稳定负债，如果更多理财公司能获得养老理财资质，则能够更好地为实体企业提供稳定支持。

理财公司作为财富管理机构，一头连接着千家万户的“钱袋子”，一头连接着实体经济的融资需求。一方面，理财公司需要用专业的投研能力、细致的客户服务、丰富且高品质的理财产品为客户创造价值，提升客户持有理财产品的获得感；另一方面，理财公司需要支持国家战略，积极服务实体经济，通过投资优质企业证券来分享企业发展回报。

展望未来，理财公司仍将坚守服务实体、普惠金融的定位，把思想和行动统一到党中央要求和部署上来，把金融工作的“政治性、人民性”摆在首位，树立正确的经营观，以金融服务实体经济为根本宗旨，把“客户至上”作为银行理财业务各项工作的出发点和落脚点，助力普惠金融、共同富裕等国家重大战略发展。银行理财将不断丰富产品结构，加强渠道建设，提升运营效率，增强主动管理能力，完善投研框架，强化大类资产配置和多元策略布局，培育全面的产品管理、风险管理，提升投研及销售能力，严控回撤和波动风险，树牢底线思维、极限思维，做好信息披露和投资者陪伴，持续强化全局观念、系统思维、前瞻意识，持续为投资者创造稳健收益，推动各项业务实现高质量发展。

第 11 章

近年公募基金及银行理财净赎回影响分析

近年公募规模变化及净申赎情况

在权益市场持续表现不佳的背景下，截至 2024 年第二季度，主动股混基金总规模连续 5 个季度下行至 3.53 万亿元，相比上季度末减少约 1 434 亿元，环比下降 3.90%，较 2024 年第一季度约 2 600 亿元的减少规模有所收窄。其中，主动股混基金总规模仅为 2021 年末 6.16 万亿元的 58.83%，下降幅度超过 40%；被动权益基金（剔除 ETF 联接基金）总规模相比上季度末上升约 207 亿元，环比上升了 1.00%，目前总规模为 2.10 万亿元，约为 2021 年末总规模的两倍（见图 11-1）[①]。

过去一段时间，不同类型的主动股混基金经历了持续性的规模收缩过程，截至 2024 年第二季度，普通股票型基金、偏股混合型基金、灵活配置型基金、平衡混合型基金的整体规模分别下降了 4.63%、3.35%、4.65% 和 4.69%，目前的总规模分别为 5 094 亿元、20 440 亿元、9 467 亿元和 329 亿元（见图 11-2）。

① 根据万得资讯标准，主动股混基金又可分为普通股票型基金、偏股混合型基金、灵活配置型基金、平衡混合型基金；被动权益基金则指被动指数型基金中不是联接基金的基金。

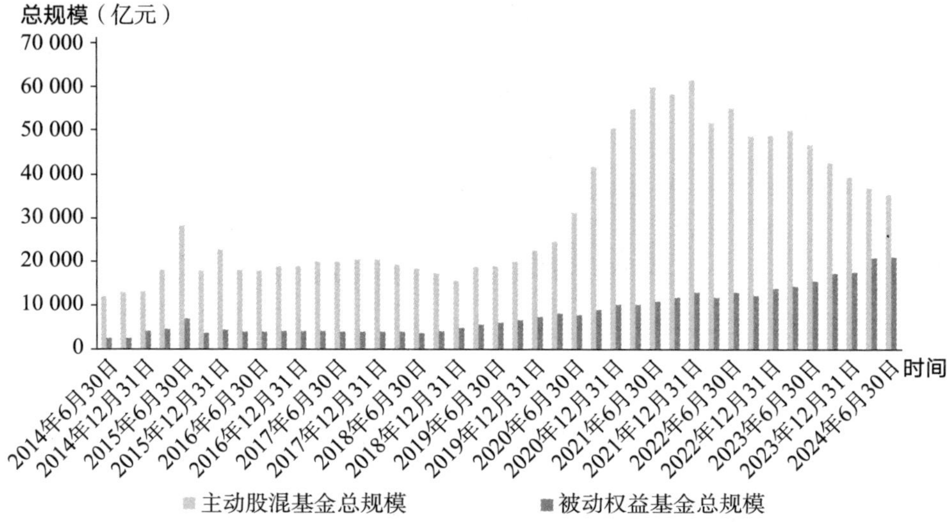

图 11-1　2014 年 6 月 30 日—2024 年 6 月 30 日整个市场权益基金规模变化情况

资料来源：万得资讯。

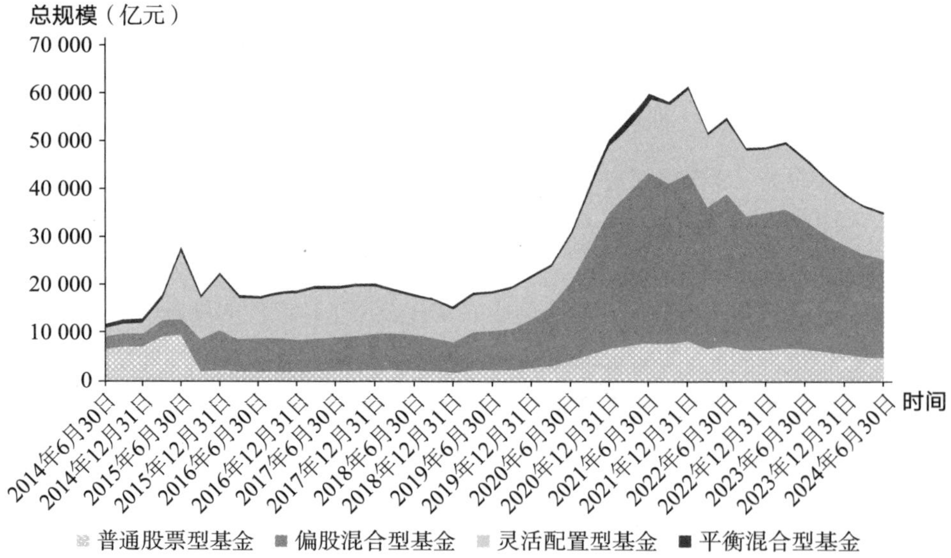

图 11-2　2014 年 6 月 30 日—2024 年 6 月 30 日不同类型主动股混基金规模变化情况

资料来源：万得资讯。

一般而言，导致基金规模变化的原因有三点：（1）市场涨跌带来的存续基金规模变化；（2）投资者净申赎带来的存续基金规模变化；（3）新成立基金募资带来的规模变化。考虑到投资者净申赎带来的规模影响，我们定义：基金季度净申赎规模 = 基金当季度末规模 –（1+ 基金季度复权单位净值增长率）× 基金上季度末规模，并计算了历史上各期主动股混基金的季度净申赎情况。

2024 年第二季度，整体主动股混基金净赎回约 900 亿元，相比于 2024 年第一季度的约 1 700 亿元，净赎回规模大幅收窄，并达到了近一年的最低位，从中可以看出，投资者整体情绪有了一定好转。从历史上来看，投资者的大幅净赎回一般出现于市场前期发行过热、后期快速下跌的行情下，如 2015 年第三季度的市场大幅下跌与 2021 年第二季度后的抱团瓦解行情。在近两年市场持续下跌的背景下，主动股混投资者经历了先按兵不动到逐渐赎回的过程：2022 年初，市场经历了一般发行热潮后，开始大幅回撤，此时净赎回规模较低，但是涨跌幅带来的规模影响很大；2023 年，随着市场的持续回撤，投资者信心逐渐出现松动，净赎回规模增加，直到 2024 年第二季度，随着权益市场的企稳，净赎回规模才有所收窄（见图 11-3）。

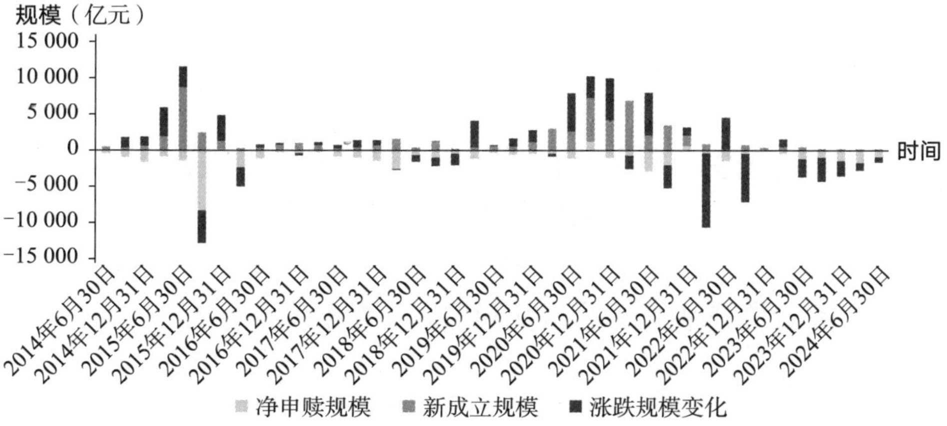

图 11-3　2014 年 6 月 30 日—2024 年 6 月 30 日主动股混规模变化情况

资料来源：万得资讯。

目前，被动权益基金规模仍处于上行期，呈现出了强烈的“边跌边买”特征，涨跌幅带来的规模变动与净申赎带来的规模变动基本呈反向关系。近一年来，被动权益基金净申购规模接近 1 万亿元（见图 11-4），除救市资金的影响外，这也与主动权益基金表现欠佳和 ETF 更适合震荡市场的配置有关。

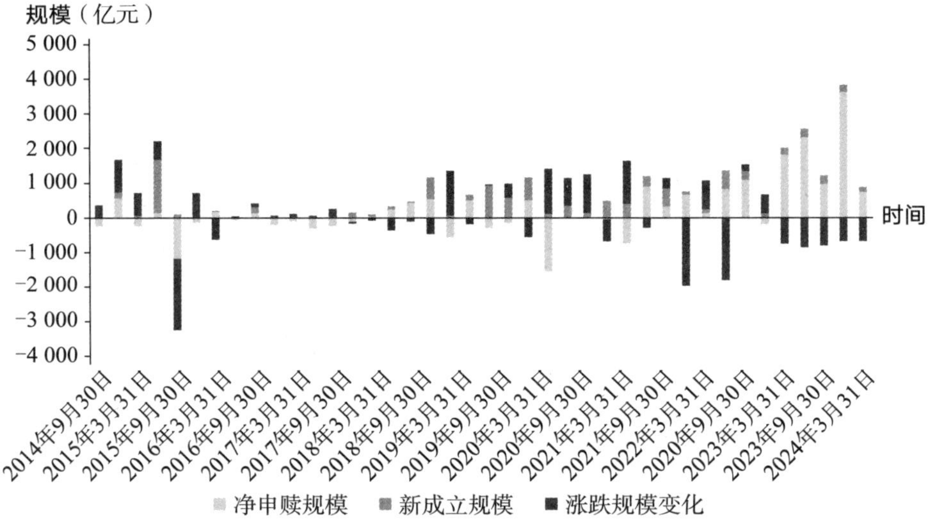

图 11-4　2014 年 9 月 30 日—2024 年 3 月 31 日被动权益基金规模变化情况

资料来源：万得资讯。

公募基金、银行理财历史数据及对基金公司、资本市场冲击影响分析

2015 年公募基金净赎回情况回顾及冲击影响分析

情况回顾

2015 年第三季度，中国股市经历了大幅下跌，诱因是杠杆资金的出清。监

管层出于防范风险的需求，这一年开始整治场外配资杠杆，这引发了市场的大幅调整。公募基金在第二季度的股灾中规模降幅在万亿元左右。下面，我们进行一下整体复盘：

1. 2015 年上半年，随着权益市场的持续向好，权益基金迎来规模大幅增长期，多只基金募集资金超百亿元，整体募集的资金规模超万亿元。

2. 2015 年 6 月 12 日收盘后，证监会下发了《关于加强证券公司信息系统外部接入管理的通知》，决定清理场外配资。当日，上证指数已达到 5178.19 点牛市“峰值”，自第二个交易日（即 6 月 15 日）起，各大券商根据证监会要求，开始清理非机构类个人投资者的配资业务账户。场外杠杆开始出清，由于杠杆筹码的快速离场，致使期间批量股票跌停。在这段时间内，公募基金也遭到了赎回和止损的双重压力，需要快速卖出强制平仓，但因为监管因素以及很多股票都已经跌停，只能卖出尚未跌停的优质股，导致大量优质股同样连续跌停，市场失去了流动性。以整体规模较大的偏股混合型基金为例，其平均仓位在 2015 年第一季度至第二季度并没有显著下降，这意味着在市场下跌时公募基金无法将股票平仓，所以直到 2015 年第三季度才出清风险（见图 11-5）。

3. 2015 年 6 月 27 日（周六），中国人民银行宣布降息 0.25%，定向降准 0.5%。在此前一个交易日（6 月 26 日），上证指数已跌至 4192.87 点，跌破 60 日均线，最大回撤达到熊市 20% 的标准水平。紧随而来的周一（6 月 29 日），市场高开低走，上证指数盘中跌破 120 日均线，全天收跌 3.34%，沪深两市超过 1 500 只股票跌停。政策影响有限。

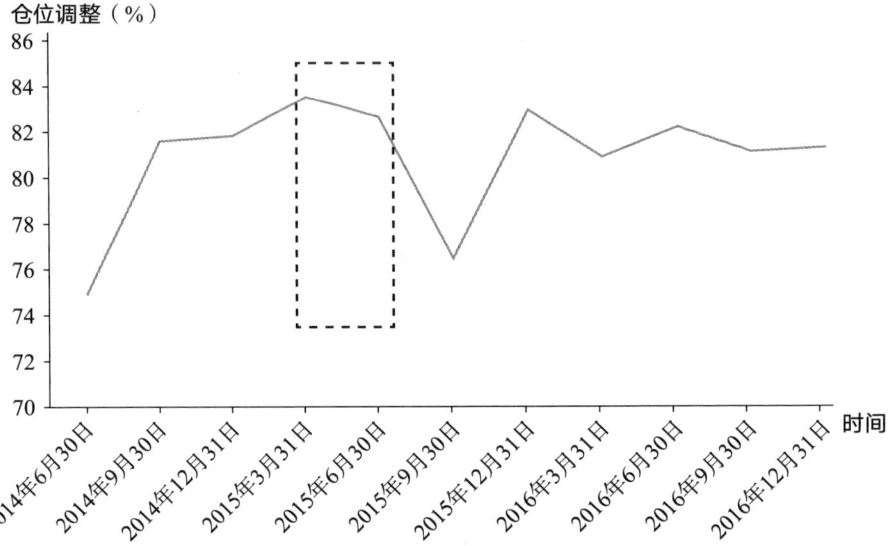

图 11-5　2014 年 6 月 30 日—2016 年 12 月 31 日偏股混合型基金仓位变化情况

资料来源：万得资讯。

4. 7 月 5 日，中国人民银行宣布将协助通过多种形式给予中国证券金融股份有限公司（以下简称“证金公司”）流动性支持：一是宣布计划购买大于 1 200 亿元人民币的蓝筹 ETF；二是承诺在上证综指处于 4500 点以下时不减持；三是 21 家券商中的上市企业也作出承诺，将主动回购自有股份；四是国务院决定暂缓 IPO 进程；五是中国人民银行将对证金公司提供“无限流动性支持”。受周末多重利好消息影响，接下来的周一（7 月 6 日）上证指数大幅高开，但随即迅速转弱，盘中一度转跌，最终全天收涨 2.41%。接下来两个交易日，市场继续下跌。截至 7 月 8 日，上证指数累计调整幅度已达 31.5% 至 3507.19 点。7 月 3 日—7 月 8 日，四大蓝筹 ETF 获净申购 395 亿元。

5. 2015 年 7 月 8 日，证金公司买入 2 000 亿元公募产品并持续买入中小盘股票。次日，上证指数低开高走大涨 5.76%，随后，反弹行情持续了 11 个交易日，且震荡向上的行情持续近 1 个月。截至 8 月 17 日，上证指数已修复至 4000 点附近，公募基金在此期间逐渐清仓，降低了风险。在第二轮下跌中，偏股混合型基金指数跌幅明显小于中证全指与万得全 A 指数（见图 11-6）。回顾来看，主动股混基金在 2015 年第三季度整体净赎回金额约为 8 300 亿元，其单季度净赎回规模是截至 2024 年第二季度最高的一个。

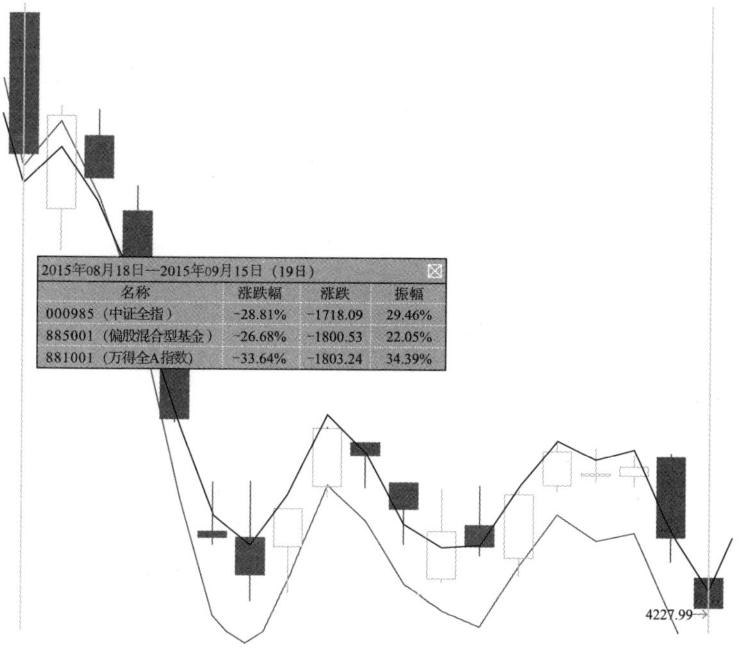

图 11-6　偏股混合型基金、中证全指和万得全 A 指数在 2015 年第二轮下跌中的收益率对比

资料来源：万得资讯。

2015 年净申赎对公募基金公司影响分析

2015 年随着权益市场的发展，权益基金的规模快速扩张，公募基金迎来了发展的里程碑，部分基金公司的主动股混基金规模站上了新台阶，但股灾同样暴露出公募基金在面对巨额申购赎回时的脆弱性。以目前的几家头部基金公司为例，2015 年上半年，五家头部基金公司的规模均实现了大幅增长，但由于公募净赎回以及本身净值下跌，富国与汇添富的主动股混基金规模在两年内大幅下跌至 2015 年初的水平，易方达基金、华夏基金、嘉实基金由于救市资金的借道进入，规模并未出现明显收缩，但前期规模的过度扩张仍增加了基金公司业务增长的不确定性（见图 11-7）。

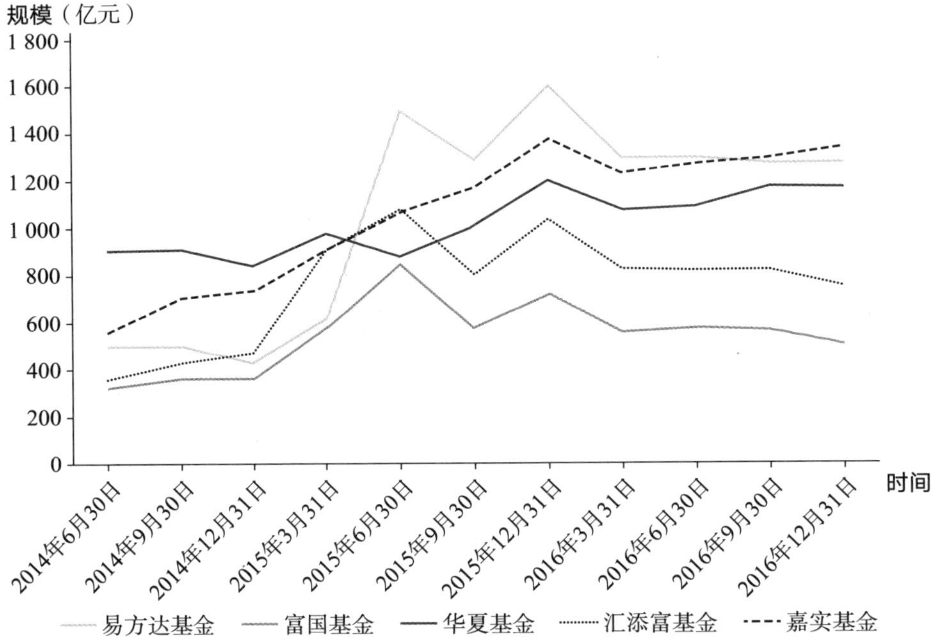

图 11-7　2014 年 6 月 30 日—2016 年 12 月 31 日部分基金公司规模变化情况

资料来源：万得资讯。

在杠杆资金出逃、千股跌停的情况下，公募基金不得不面对投资者的大幅净赎回，若基金内的现金资产不足够支付大额赎回请求，基金经理可能就需要以不合理的价格卖出持有的股票或债券等资产来筹备资金，这就会影响基金的整体收益，从而对净值产生负面影响。并且一旦发生大额赎回事件，很有可能会导致投资无法按照原计划赎回的情况出现，这会对投资计划的预期回报和流动性产生影响，并可能需要重新规划投资计划。

另外，过度扩张会导致基金公司内部基金经理梯队出现不稳定性。2015 年，基金经理的离职人数远远高于历年，当年共有 297 位基金经理离职，涉及 79 家基金公司，离职人数创下新高。截至 2015 年 12 月 30 日，当年业内共有 1 214 位基金经理，其中，任职期限不足 1 年的占 30% 以上，任职期限不足 2 年的占 50% 以上。

对资本市场的冲击与影响

公募基金在遭遇大规模净赎回时，可能会引发市场踩踏。2015 年下半年，投资者因市场下跌而触发的恐慌性赎回，导致基金经理不得不抛售资产以筹集现金满足赎回需求，这进一步加剧了股票价格的下跌，由于部分股票已经跌停，基金经理不得不卖出其他未跌停的股票，这使基金市场与股票收益的相关性大幅提高，一同下跌之下，形成了一种负面的反馈循环。

2020—2022 年，理财产品净赎回情况回顾及影响分析

情况回顾

自 2018 年资管新规打破了刚性兑付，要求资管产品净值化后，银行理财产品规模骤减。2018 年，银行理财产品总规模同比下降了 25%，在随后的转型过渡期中，银行理财产品的发行规模逐年下降，发行端增量资金逐年减少，且产品逐渐走向公募化（见图 11-8）。

截至 2022 年末，银行理财净值化比率已达 95.47%。2020—2022 年，理财产品的规模经历了先增后减的情况，在 2019—2021 年股债整体相对向好的行情下，理财产品规模增速恢复至原有水平，但在 2022—2023 年，随着权益市场的下跌与债券资产尾部风险的出现，理财产品迎来破净与净赎回的挑战（见图 11-9）。

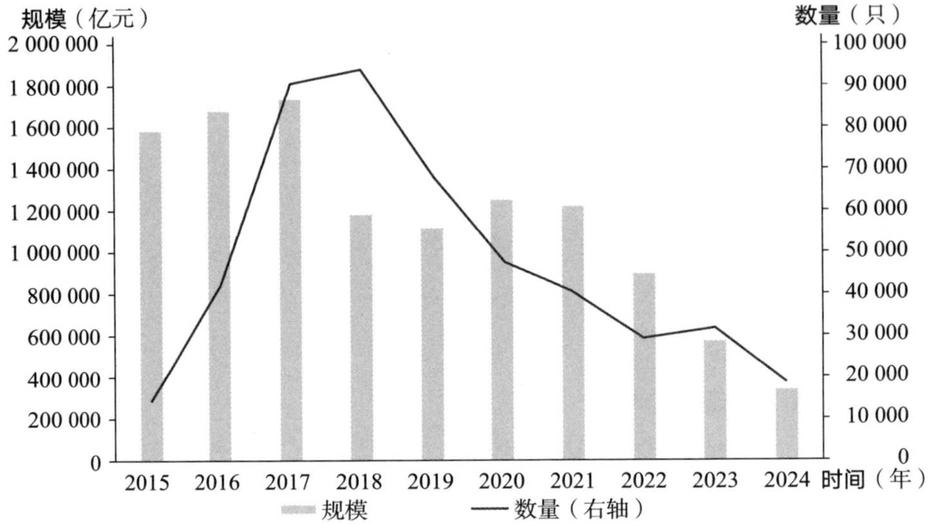

图 11-8　2015—2024 年银行理财市场发行变化

资料来源：万得资讯。

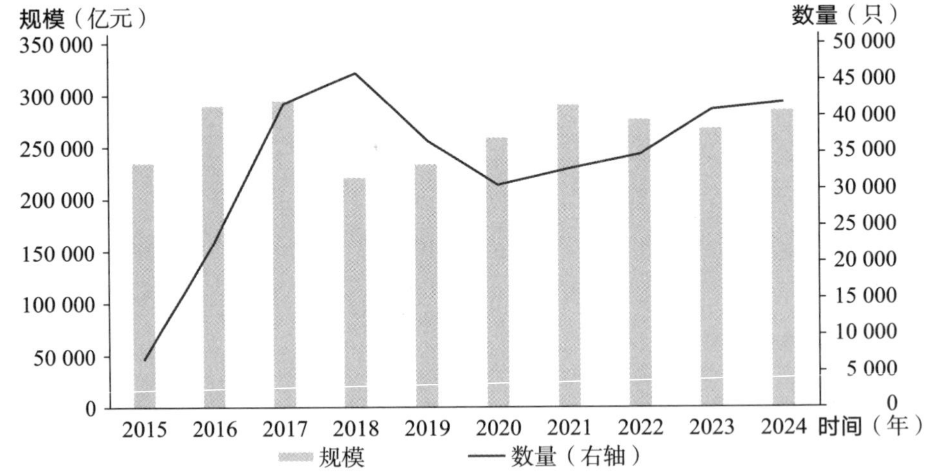

图 11-9　2015—2024 年银行理财市场规模与数量变化情况

资料来源：万得资讯。

银行理财应对破净后的赎回风险主要集中于债市。从银行理财产品的资产配置情况来看，其大部分资产均投资于债券、现金及银行存款、同业存单等资产，极少量投资于权益类资产（见图 11-10）。这使得在大部分时间里，银行理财产品的净值相对稳定，且有足够的流动资产可以应对投资者的赎回。但由于本身体量较大，在股市、债市大幅下跌时，理财产品的抛售可能会对股市、债市形成踩踏，导致市场下挫。例如，2022 年 11 月，债市发生调整，导致银行理财产品大面积破净，引发了投资者踩踏式赎回。“赎回潮”之下，出现了“债市下跌—理财产品净值回撤—客户赎回—产品被迫卖出—债市加速下跌—产品净值进一步回撤—客户继续赎回”的负反馈效应。

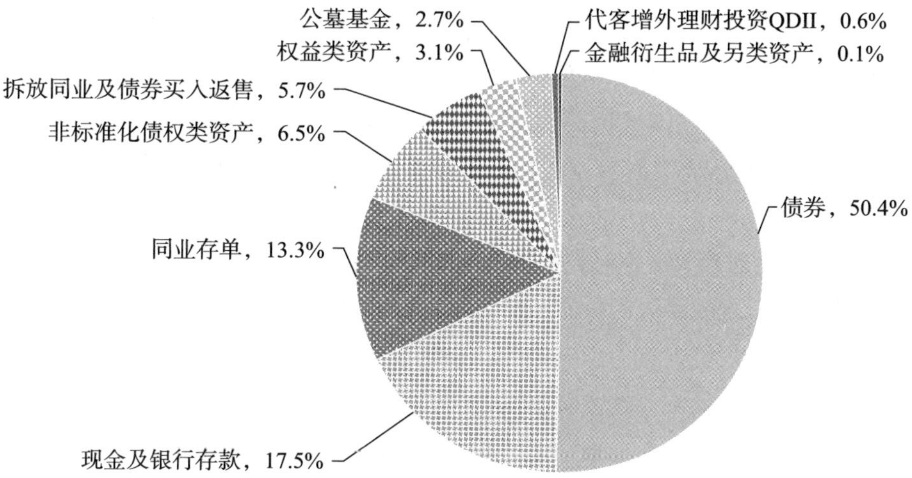

图 11-10　银行理财产品资产配置情况

资料来源：中国理财网、银行业理财登记托管中心。

银行理财申赎对金融机构影响分析

长期来看，银行理财产品净值化后波动增大，这导致银行理财需要同时兼顾产品收益与客户赎回压力。银行在配置端普遍会将负债期限拉长，同时会增加风险资产的配置比例，其间需要处理期限不匹配的结构性资产。在失去资金池之后，理财业务的整体门槛显著提升，这对银行处理资产的能力与投研能力有了更高的要求。

与此同时，银行理财也在积极地开展基金类委外投资业务。委外投资是指银行将资金委托给信托、证券、基金等其他金融机构进行投资的业务模式。这当中既包括银行发行理财产品后委托外部投资，也包括银行将自有资金委托给非银机构（基金、券商资管、信托）和其他银行机构（同业理财）。在实际的业务模式中，受托方多以券商资管、基金公司与基金子公司专户等方式进行运作。

基金类委外投资的占比持续上升，导致这一情况出现的主要原因有以下三方面：第一，相比于通道类委外和同业理财类委外需要面对的严监管，基金类委外投资遇到的监管政策阻力相对较小。第二，公募基金与资管计划的其他产品相比，拥有“节税”优势。按照简易征税办法，公募基金的运营仅按3%征税，且买卖价差免征增值税、收益免征所得税，银行可以通过委托基金公司投资减少纳税。第三，相比于商业银行，基金公司拥有更好的投研实力，借助基金类委外投资，商业银行可以很好地利用基金公司的投研能力，弥补弱势。近年来，银行理财将FOF产品作为重要投资方向，这带动了基金类委外投资占比的持续提升。

银行理财申赎对市场影响分析

作为市场上规模最大的资管产品之一，银行理财的短期大量赎回将会影响所持债券的交易和发行，进而影响银行、企业、居民部门的资产负债表中的金融数据，以及债券的收益率。在二级市场上，银行理财大量赎回将触发理财管理人净卖出持有的信用债与同业存单，银行自营资金或其他非银机构将作为对手方净买入。在上述过程中，理财资产负债端向银行表内转移，在金融数据中，这一过程体现为广义货币（M2）增加而社会融资不变，这样的话，M2与社会融资增速的剪刀就会扩大。在一级市场上，受理财资金需求下降影响，企业债券、银行金融债券与同业存单的发行被抑制。

从风险端来看，理财产品赎回会导致债券市场抛压加大。除赎回行为本身外，理财产品期限较短以及所投资的债券流动性较弱这两个因素都有可能加大债券市场波动风险。资管新规实施后，产品期限短（高流动性）、客户风险偏好低

（低波动率）、产品净值化管理（稳健收益率）之间形成了“不可能三角”。银行表内投资低风险权重资产占比明显高于理财产品，这导致商业银行金融债、企业债等风险权重较高的资产在回表过程中容易遇到流动性问题，从而引发“踩踏”。

2024 年雪球等量化产品爆雷回顾及影响分析

情况回顾

雪球结构产品属于路径依赖型奇异衍生品，其结构相对复杂，但自 2019 年起，雪球产品这种“非保本型收益凭证”受到市场上越来越多的关注，各类金融机构纷纷以不同角色参与其中，雪球产品在市场中的影响也逐渐增强。2024 年初的大幅下行行情中，市场中存量的雪球产品总规模预计超过 2 000 亿元。

在雪球产品存续期间内，做市商需要持续在期货指数市场中进行对冲，其对冲方向与指数走势相反，但在雪球产品接近敲入[①]价格的过程中，做市商会提前持有超过名义市值的期指多头；而当指数真正跌破敲入价格时，又需要将超过名义本金的持仓部分进行减持处理，这会对期货指数市场形成一定的抛压。因此，雪球产品的敲入对股指期货产生的影响有两种：一种是临近敲入时，会使股指期货（或者现货，但因为期货多数时候贴水，且具备杠杆属性，这里假设所有的对冲工具均为期货）快速增仓；另一种是敲入后，对冲减持会带来期指空头压力。因此，当市场快速下行时，雪球产品做市商的操作是先在股指期货市场中多头增仓进行对冲，一旦指数下跌至敲入水平线附近，做市商会快速反向卖空平仓期货合约，而卖空操作又加速了股指期货的价格下行，引发基差[②]贴水的大幅扩张，这会使持有股指期货空头的对冲类产品收益出现短期的快速上行。

---

① 投资者购买相应的产品或服务被称为“敲入”，反之则为“敲出”。当达到“敲出”标准后，买方获得票息收益；当触及“敲入”线后，买方需承担下跌亏损。——编者注

② 基差是某一特定商品于某一特定的时间和地点的现货价格与期货价格之差。当基差为负时，即出现贴水现象，意味着期货价格低于现货价格。这通常表明，市场对未来价格持悲观态度。——编者注

因此，在2024年1月末—2月初的市场下行过程中，大规模的雪球产品敲入，使投资者的本金出现大幅亏损，雪球产品做市商在对冲产品时引发了股指期货市场基差的大幅波动，这又进一步导致了一系列的连锁反应及流动性危机。

对相关金融机构影响分析

雪球产品属于场外衍生品，在场外市场交易，目前仅允许专业机构参与，个人投资者只能通过购买券商或银行发行的收益凭证或理财产品间接参与雪球产品投资。对于雪球产品的买方而言，市场大幅下行会导致雪球产品发生敲入，而根据合约，投资者无法选择止损或提前离场，只能等待雪球产品合约到期再进行结算。因此，大量雪球产品投资者出现了本金浮亏，这对场外做市商的新增业务规模有较大影响。

而雪球产品的卖方主要是证券公司的场外衍生品部门以及期货风险管理子公司的场外衍生品部门，雪球产品业务原本的风险需要持续在股指期货市场中进行对冲，机构不与客户做任何对赌操作。但是本轮下行过程中，由于股指期货市场的基差发生了大幅波动，这使卖方在对冲过程中可能会出现较大幅度的亏损，而雪球产品近似刚兑类产品，因此，对冲发生的亏损需要由卖方承担。

在下行过程中，互联网舆论由于缺乏专业知识，时常会引导大众将雪球产品视为导致市场下跌的罪魁祸首，这引起了监管部门的重视，于是开始加强对场内外衍生品的投资行为的管理。2024年4月30日，中国证券投资基金业协会正式发布的《私募证券投资基金运作指引》，对场外衍生品投资的要求变得更加严格了，新增场外期权合约的保证金比例由单一对手方不超过基金净资产的20%提高至全部交易对手方不超过25%。对于雪球等敲入敲出结构，新增合约名义本金不得超过基金净资产的25%等要求，进一步限制了私募基金参与场外衍生品业务。而雪球类产品超过50%的成交量都是与私募机构进行的，因此，新规的推出或将使场外业务规模快速收缩，而原有的参与场外衍生品投资的私募基金或许需要寻找其他策略方向。

对资本市场影响分析

2024 年 1 月 22 日，受市场情绪带动及雪球对冲盘影响，IC 合约（中证 500 股指期货）、IM 合约（中证 1000 股指期货）等合约的基差贴水快速拉大。按照收盘价计算，次月合约的年化负基差达到 30% 以上。在 2 月初的大幅下行中，甚至出现了股指期货跌停的情况。基差的大幅下行，引发了私募管理人主动降仓以及投资者主动赎回 DMA（多空收益互换）产品及私募市场中性策略产品，兑现贴水扩大的收益。多空头同时平仓，增加了小市值板块的抛压，进而导致量化策略超额收益的回撤。

因此，2024 年 1 月 22 日—2024 年 1 月 26 日，部分管理人的周度超额收益出现回撤，这进一步导致市场中性策略的平仓；同时，出于对超额回撤控制的考虑，量化私募逐渐收紧小市值板块的相对敞口，增加基准指数成份股的持有比例，从而又增加了小市值板块的抛压。2024 年 1 月 29 日—2024 年 2 月 2 日，量化私募管理人的中证 500 指数增强产品和中证 1000 指数增强产品周度超额收益中位数水平分别为 -1.89% 和 -1.28%，百亿元规模的量化私募产品普遍出现超额亏损。

公募基金净赎回对基金公司、资本市场冲击影响分析

对公募基金公司冲击影响分析

净赎回对于基金公司的冲击主要产生在管理规模下降、管理费收入减少、声誉和品牌力受损、人才流失、组合面临调整压力、同业竞争加剧等多个方面。

从管理规模层面来看，公募基金遭遇净赎回会致使其管理规模直接缩水，这对于公司的市场地位以及行业排名均会产生影响。从收入层面来看，净赎回引发的最为直接的问题便是公募基金所赚取的管理费下降，对公司的盈利能力形成负

向冲击。此外，基金公司还可能面临运营成本相对于收入的比例上升的问题，这会带来相对较高的运营成本压力。深入到人才层面来看，业绩规模收缩或许会导致公司不得不削减成本，采取裁员、降薪等举措，这会导致人才流失。

此外，净赎回对于基金公司的品牌声誉也会有一定的负向冲击，这种冲击可能会影响新资金的流入以及现有持有人的稳定性。净赎回可能会被市场解读为基金公司业绩不佳或管理能力不足，又或是基金公司在风险管理或客户服务等方面存在不足，从而损害公司的品牌形象和声誉。从新资金流入的角度来看，潜在投资者在选择基金公司进行投资时，通常会较为关注基金产品的稳定性和业绩表现，普遍会偏好选择更具稳定性和口碑更好的基金公司进行投资，而不是持续有净赎回现象的基金公司。对于现有持有人而言，当他们看到基金出现净赎回时，部分持有人可能会产生从众心理，担心基金的未来前景不佳，也选择赎回；并且，这个谨慎悲观的情绪可能通过社交媒体等渠道被进一步放大，若是如此，可能会扩大跟风赎回的范围，形成负向循环。这种对于现有持有人稳定性的影响，不仅关系到单只基金产品的存续，还可能对基金公司旗下其他产品的销售和运营产生连锁反应，对基金公司的整体业务发展带来挑战。

从单只基金层面来看，持续的净赎回可能会对投资组合的流动性带来一定压力。鉴于此，基金经理需要维持一定比例的现金或者高流动性资产，以便能够有效应对赎回需求。然而，这种调整可能会对整个投资组合的预期收益、风险结构以及长期表现产生影响。

而这也会加剧同业之间的竞争压力。在净赎回的大背景下，为了维系自身业务的良好发展并提升在市场中的地位，各基金公司会更加积极地去争夺有限的市场资金，包括在产品设计、费率优惠、营销宣传等方面展开更激烈的竞争。

考虑到目前的基金公司并不愿意进行合并和关闭等操作，一些规模原本就不大的基金可能会因资金持续流出而沦为迷你基金。而且，新发行的基金中可能也会有一部分很快会陷入资金流入不足的状况。这不仅会导致基金市场中迷你基金的数量逐渐增多，还可能引发一系列诸如资源浪费、分散投资者注意、投资者选择困难等问题，这些都会对整个基金行业的健康发展带来一定的挑战。

对资本市场冲击影响分析

净赎回对于资本市场的冲击主要产生在市场流动性压力、市场信心和情绪等方面。

供求关系和交易规模是市场里的核心逻辑。当公募基金遭遇净赎回时，为满足赎回资金需求，基金经理需要抛售部分资产，此举可能会对相关资产价格产生压力。此外，对于一些流动性本身就相对较低的品种而言，大规模的资产抛售可能引发市场流动性紧张。

持续的净赎回会直接影响市场的总交易量。主动权益基金若一直维持净赎回的态势，会导致基金经理不断砍仓，而基金的可用资金减少，会对市场交易量有一定的负面影响。

此外，净赎回可能会被市场解读为投资者对市场前景的不信任，这会影响投资者对市场的信心，引发恐慌情绪。当投资者看到大量基金被赎回，可能会担心市场出现系统性风险，从而纷纷跟风赎回，这会进一步加剧净赎回的规模，而大规模的赎回又可能加剧市场下跌，形成负面循环。这种投资者情绪的传导可能会加剧市场波动，资产价格的波动幅度也可能会进一步增大。

在持续的净赎回之下，市场轮动速度会加快。从近年来的市场状况来看，公募基金时常会面临净赎回的压力。整体来看，增量资金乏力，叠加外资流出等因素，A 股整体处于存量博弈的状态中，行业轮动速度会相对更高。

第 12 章

公募被动指数型债券基金的发展与变革

国内被动指数型债券基金概览

被动指数型债券基金分类

国内公募被动指数型债券基金产品主要分为场外债券指数基金[①]与债券 ETF（交易型开放式指数基金）两大类（二者的区别见表 12-1）。场外债券指数基金的投资品种主要为银行间市场债券，产品通常不上市交易，投资者通过基金公司直销或代销渠道进行申购和赎回。这类基金的优势在于能够为投资者提供银行间市场丰富的债券投资机会，但一般面向的是机构投资者，个人投资者参与较少。债券 ETF 在交易所市场上市交易，早期的主要投资品种为交易所市场债券。债券 ETF 可以像股票一样进行基金份额的日内交易，流动性较强，支持 T+0 回转交易，即当日买入的 ETF 份额可以在当日卖出。债券 ETF 的优势在于交易效率高、资金使用效率高、交易成本低、信息透明度高。此外，债券 ETF 还具有较高的灵活性，投资者可以在二级市场上实时交易，并且可以通过质押进行杠杆操作。

① 场外债券指数基金又可分为指数增强型债券基金、场外普通债券指数基金。

表 12-1　场外债券指数基金与债券 ETF 的异同

分项	场外债券指数基金	债券 ETF
跟踪指数	以特定指数为跟踪目标，主要对指数成分券进行投资，实现与基准指数相似的业绩表现	
分散风险	通过投资持有足够分散的指数成分券来分散风险，降低个别成分券对整体投资组合的影响	
成本较低	均采用被动投资策略，无须频繁交易及主动管理，无相关管理费用较低	
交易模式	通过基金管理人及代销机构进行销售	基金在交易所上市交易，投资人可进行申购赎回，也可在二级市场买卖
交易灵活性	一般在交易日结束后由基金管理人估值确定基金价格，申赎价格为基金净值	场内交易可在交易日盘中任意时点进行买卖，交易价格随市场供求波动
交易制度	T+1 日确认基金份额，赎回资金一般在 T+3 日及以上到账	实行 T+0 制度，T 日买入即确认份额，当日可卖出或赎回，赎回资金一般在 T+2 日到账
交易价格	申赎价格为基金净值	场内交易价格或与基金净值存在折溢价
交易成本	涉及认购 / 申购及赎回费用，销售费用相对佣金更高	销售费用相对较低，收取佣金费率，免征印花税
运作成本	运作费用相对更高（管理费及托管费）	运作费用相对较低（管理费及托管费）

资料来源：课题组整理。

中国债券交易以银行间市场为主，品种及流动性优势比较突出。长期以来，商业银行作为债券市场的主要参与者，进入交易所市场进行场内投资存在一定的阻碍，因此，目前场外债券指数基金规模发展程度远超债券 ETF。2020 年以来，随着现金申赎债券 ETF 有所发展，相关跟踪标的指数成分债券既包含交易所市场债券，也涵盖银行间市场债券，该产品模式在一定程度上促进了银行间和交易所债券市场的融合。但目前来看，跨现金申赎债券 ETF 品种较少，未来有进一步的发展空间。

被动指数型债券基金投资特点

低管理费用

由于主动管理型基金需要基金管理人进行品种挖掘及投资管理，因此产品费用相对较高。而被动指数型债券基金因其投资策略相对稳定，不需要进行过多调整，相比主动管理型基金，其管理费用和运营成本更低。

以目前国内被动指数型债券基金和中长期纯债基金为例，中长期纯债基金的中位数管理费和中位数托管费分别为 0.30% 和 0.10%；被动指数型债券基金的中位数管理费和托管费则分别为 0.15% 和 0.05%，明显低于中长期纯债基金费率水平（见图 12-1）。

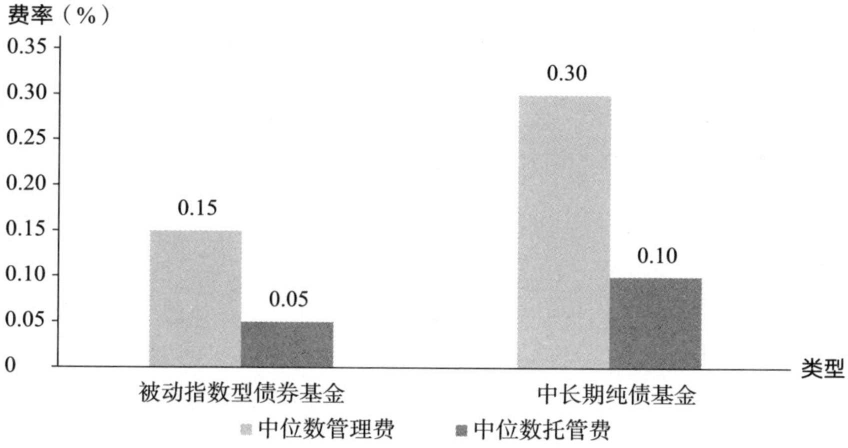

图 12-1　被动指数型债券基金和中长期纯债基金的管理费和托管费情况（截至 2023 年 12 月 31 日）

资料来源：万得资讯，课题组整理。

投资透明度高

被动指数型债券基金由于投资范围与所跟踪指数直接挂钩，相对主动管理型债券基金而言更为透明。特别是债券 ETF，产品每日都会公布申购赎回清单（即 PCF 清单）情况，因此投资者可以明确知悉基金的持仓情况，从而作出符合自身期待的投资策略。相比之下，主动管理型债券基金参考的则是定期报告公布的季度前五大或前十大债券持仓信息。

另外，结合目前《商业银行资本管理办法》对银行机构穿透计量资管产品风险权重的要求，银行机构类投资者实行“穿透式”监管的趋势渐显，被动指数型债券基金也逐步受到该类投资者的青睐。

投资风险分散

被动指数型债券基金在投资管理上主要跟踪标的指数，投资目标清晰，且具有较强的风险识别能力。尤其是对于信用债产品而言，指数样本券数量一般高达上百只甚至上千只。基金管理人在实际管理中，通常采取抽样复制的方法，通过限制单个债券的最大投资比例，以极大的分散化投资降低组合的信用风险。

因此，与主动管理型债券基金相比，被动指数型债券基金的投资标的往往更多，可更好地分散投资组合风险。

工具属性强

对于主动管理型债券基金而言，基金管理人自身的投研决策能力较为关键，相关策略很可能会根据市场的实际情况进行相应的转换。对于银行、保险、公募FOF等具有主动投资能力的机构投资者而言，被动指数型债券基金的投资目标、品种及理念固定且明确，其被动工具属性更受欢迎。

另外，债券ETF因具备场内交易属性，在场内资金流动性管理、申赎套利、更为规律的分红机制等方面，均可满足市场各类投资人的投资需求。

国内被动指数型债券基金发展情况

中国的被动指数型债券基金起步于2003年，自2018年开启飞跃式发展，产品在规模及数量方面实现迅速增长。2015年，被动指数型债券基金在全部债券型基金中的占比仅为1.89%，随后更是进一步降低至1.06%，但紧接着就迎来了大幅提升，于2019年达到9.29%，2020—2021年虽略有下降，但2022—

2023 年逐步回升至 8.59%（见图 12-2）。

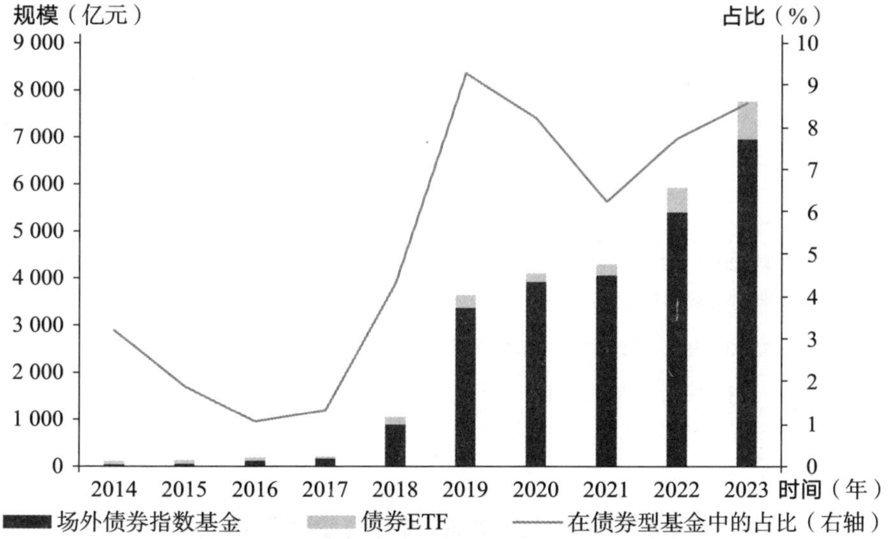

图 12-2　被动指数型债券基金规模在债券型基金总规模中的占比
（截至 2023 年 12 月 31 日）

资料来源：万得资讯，课题组整理。

截至 2023 年末，国内被动指数型债券基金数量达 254 只，在全部债券型基金中的占比为 7.32%，在公募基金总数中的占比为 2.21%；规模方面，被动指数型债券基金的总规模达 7 768.77 亿元[①]，在全部债券型基金的总规模中的占比为 8.59%，在公募基金总规模中的占比为 2.85%（见图 12-3）。从类型结构上看，国内被动指数型债券基金以场外债券指数基金为主，存量场外债券指数基金的数量为 231 只，规模为 6 944.09 亿元；债券 ETF 及联接基金数量合计为 22 只，总规模达 805.06 亿元；场外指数增强型基金数量为 1 只，规模为 19.62 亿元。

① 本文所指的被动指数型债券基金的总规模为剔除债券 ETF 及联接基金后的市值。

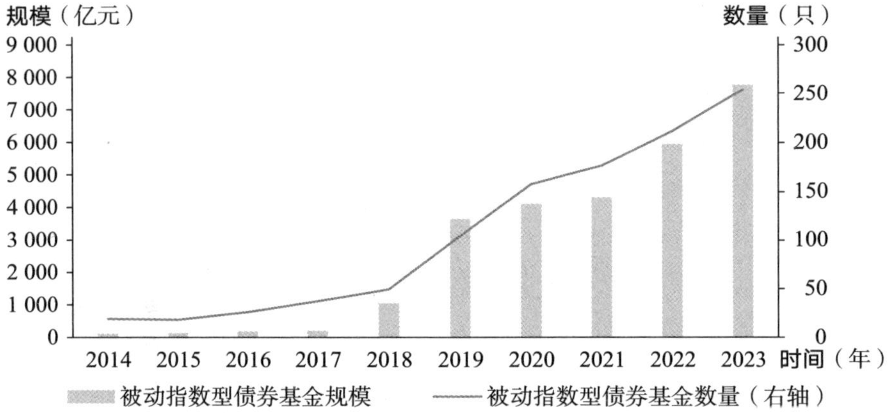

图 12-3　被动指数型债券基金规模及数量（截至 2023 年 12 月 31 日）

资料来源：万得资讯，课题组整理。

场外债券指数基金的发展概况

场外债券指数基金发展历程

2003 年，我国诞生了首只债券指数基金，即由长盛基金管理有限公司发行的长盛全债指数增强型债券投资基金，产品发行规模为 9.24 亿元。该基金运用了增强的指数化投资策略，即以标普中国全债指数为标的指数，对目标指数成分券的配置不低于 64%，并可配置不高于 16% 的股票资产。虽然长盛全债指数增强型债券投资基金开启了国内债券指数投资的先河，却未能引领债券指数基金发展的风潮。由于投资者对债券指数化投资的优势了解不足，加之债券流动性受限影响了指数复制，以至后续多年以来，其他管理人并未进一步布局该领域产品。

直至 2011 年，南方基金和华夏基金才相继发行了两只场外债券指数基金，分别是南方中证 50 债券指数证券投资基金（已于 2016 年 8 月 17 日清盘终止）和亚债中国债券指数基金（仍在正常运作中）。有别于长盛基金发行的产品，上述两只基金采用的均是抽样复制策略而非增强策略，不能投资权益类资产。从2012 年开始，国联安基金、融通基金、银华基金又陆续发行了指数增强型债券基金，但产品生命力欠佳，除长盛基金发行的首只产品外，其他的均已清盘，在经历了 20 年的发展历程后，指数增强型债券基金始终没能成为市场的主流产品，反而是场外债券指数基金迎来了发展机遇。

2011 年南方基金发行了首只场外债券指数基金后，场外债券指数基金经历了为期 6 年的缓慢发展期，终于在 2018 年迎来了重大发展机遇。到 2019 年末，场外债券指数基金的数量增至 88 只，规模达到 3 368.37 亿元，较 2017 年末增长了 19 倍。2020—2021 年，场外债券指数基金进入稳步增长的阶段，到 2021 年末，数量增至 157 只，规模增至 4 065.20 亿元。2022 年，同业存单指数基金的大发展又进一步推升了场外债券指数基金的规模，经过 13 年的发展，截至 2023 年 12 月 31 日，全市场共有 231 只场外债券指数基金，合计规模达 6 944.09 亿元，产品数量在债券型基金中的占比从 2011 年末的 1.95% 提升至 2023 年末的 7.32%，产品规模在债券型基金中的占比从 2011 年末的 2.82% 提升至 2023 年末的 8.63%，如图 12-4 所示。

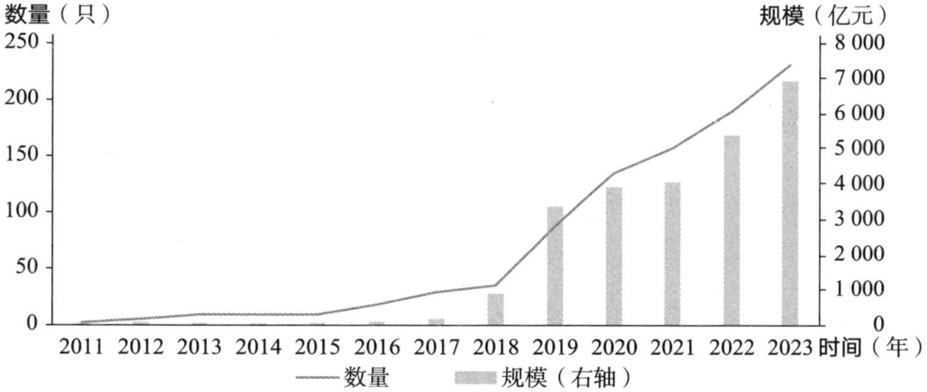

图 12-4　2011—2023 年场外债券指数基金诞生以来的数量及规模变化（截至 2023 年 12 月 31 日）

资料来源：万得资讯，课题组整理。

场外债券指数基金的发展特点

总体而言，目前，场外债券指数基金的发展呈现出三大特点：（1）重利率、轻信用；（2）重短端、轻长端；（3）客户结构单一，以机构客户为主。

从已发行的场外债券指数基金的标的指数来看，场外债券指数基金始于信用债指数，却发展于政策性金融债指数。在场外债券指数基金中，有 136 只基金以各类利率债指数为标的，合计规模为 5 096.75 亿元。其中，有 133 只以政策性金融债指数为标的，合计规模为 4 968.75 亿元；以国债指数、利率债指数、地方政府债指数为标的的各一只。以信用债指数为标的的场外债券指数基金共有 94 只，合计规模为 1 811.29 亿元。其中，以同业存单指数基金为主，共有 75 只，合计规模为 1 622.97 亿元；其次为各类信用债指数基金，共 18 只，合计规模为 188.32 亿元，其中包含了 1 只绿色债券主题指数基金。另有 2 只基金以综合债指数为标的，底层资产同时覆盖利率债和信用债。场外债券指数基金暂时没有以可转债指数为标的的产品（见表 12-2）。

表 12-2　利率债指数基金久期分布表（截至 2023 年 12 月 31 日）

久期（年）	基金数量（只）	基金规模（亿元）
0 ~ 2	4	155.42
0 ~ 3	10	473.51
1 ~ 3	58	2 771.04
0 ~ 5	1	57.55
1 ~ 5	29	773.14
3 ~ 5	21	432.05
5	1	13.69
5 ~ 10	3	15.13
7 ~ 10	6	204.98

资料来源：万得资讯，课题组整理。

从久期来看，利率债指数基金以 3 年内的短久期产品为主，共有 72 只产品，合计规模为 3 399.97 亿元，数量占比为 52.94%，规模占比为 66.71%。

从投资者结构来看，除同业存单指数基金外，场外债券指数基金均以机构客户为主，平均机构持有比例①为 94.54%，同业存单指数基金以个人投资者为主，平均机构持有比例仅为 20.84%。

造成上述三大特点的主要原因是，相较于信用债而言，利率债具有发行频率高、存续规模大、二级市场流动性好等特点，境外指数供应商也会优先将中国国债、政策性金融债等债券纳入全球债券指数。因此，利率债指数更适合作为债券指数基金的标的指数。在打破刚性兑付后，信用债本身的信用风险暴露也影响了投资者对信用债指数基金的投资和管理人发行此类产品的信心。

场外债券指数基金重短端、轻长端的特点与此类基金的需求来源有重要关系。此外，2018 年以后，场外债券指数基金的快速发展还与监管导向密切相关。由于监管部门明确了穿透式监管的导向，以银行自营资金为主的机构资金更加意识到了场外债券指数基金的投资价值。由于这类资金具有低风险偏好、厌恶波动等特点，因此，它对短久期产品的需求显著大于对长久期产品的需求。

我们知道，场外债券指数基金具有工具属性，机构投资者在投资时会根据当下的市场情况，灵活运用投资策略配置产品，而个人投资者对场外债券指数基金的了解，以及对债券投资知识的掌握都不足，所以很难参与到场外债券指数基金的投资中来。在过去 10 年里，主动管理型债券基金的整体收益始终优于债券指数基金，这让它对个人投资者更具吸引力。

① 通过简单计算平均数得来。

场外债券指数基金迎来发展机遇的原因分析

场外债券指数基金自身特点

相较于主动管理型债券基金，场外债券指数基金呈现出投资更加透明、工具属性更强、费率更低等特点。场外债券指数基金的投资以跟踪标的指数为主要策略，需将跟踪误差控制在较小的范围内，因此，投资者需要对产品投资有更清晰的了解，对产品的风险收益特征有更明确、更符合实际的预期。由于场外债券指数基金的透明度更高，这让这类基金具备了更强的工具属性，投资者可以通过申购、赎回不同标的的场外债券指数基金来调整自身的投资策略。此外，相较于主动管理型债券基金，场外债券指数基金还具有费率优势。

国内监管政策及市场原因

由上文可知，对场外债券指数基金的发展而言，2018—2019 年是重大意义的一个关键阶段，在这两年中，场外债券指数基金迎来了跨越式发展。截至 2018 年末，普通债券指数基金的规模较上一年同比增长了 432.34%，至 887.52 亿元；在 2019 年，这一规模更是大幅增长了 2 480.85 亿元，至 3 368.37 亿元。

在这一阶段，债券指数基金的优势逐渐显现。首先，资管行业回归本源，产品净值化是大势所趋，相较于主动管理的纯债基金而言，债券指数基金更加透明，更符合穿透式监管的管理理念，有利于银行（债券型基金的主要机构投资者之一）使用较低的风险权重计算资本充足率。其次，在利率波动空间收窄的背景下，主动管理型债券基金跑赢指数的概率和获得超额收益的水平都在下降，债券指数基金的投资价值和费率优势更加显著。最后，2018 年初，国债收益率处于相对高位，而经济基本面又存在下行压力，至 2020 年初，市场利率始终处于稳步下行状态，这客观上为政策性金融债指数基金的发展营造了良好的市场环境。

在此背景下，2018 年，广发基金、中银基金、富国基金、南方基金、博时基金等管理人相继发行了一批以政策性金融债指数为标的指数的场外债券指数基金（以下简称“政策性金融债指数基金”），其中，广发基金的广发中债 1 ～ 3 年国开行债券指数证券投资基金的募集规模超过了 213 亿元，其余多只基金的募集规模也都在 30 亿～ 60 亿元之间。进入 2019 年，各家管理人均加大了对政策性金融债指数基金的布局力度，共发行了 46 只政策性金融债指数基金，占全部场外债券指数基金发行数量的 83.64%，募集总规模为 2 258.85 亿元，占全部普通债券指数基金发行规模的 93.10%。

2021 年末，权益市场大幅波动，重要货币基金的杠杆率和久期受到了监管限制，收益率不断下行。受到这些因素的影响，相关机构开始发行同业存单指数基金，在 2022 年上半年，该类基金进入了发行高峰期，截至 2022 年 6 月 30 日，该年度已发行了 22 只同业存单指数基金，合计发行规模为 1 536.74 亿元。此类产品的发行在一定程度上弥补了个人投资者参与债券指数基金投资的空白。但可惜的是，虽然发行得如火如荼，但此类基金的规模留存率很低，截至 2023 年末，全市场共发行了 75 只同业存单指数基金，存续规模仅为 1 622.97 亿元。

债券 ETF 的发展概况

债券 ETF 发展历程

2013 年是中国债券 ETF 发展元年，当年 2 月，国内首只债券 ETF 问世。之后，基金管理人开始围绕债券 ETF 产品进行了大量的制度以及产品创新（如债券 ETF 的 T+0 日内回转交易、质押式回购交易等模式逐步被探索出来），为整个债券 ETF 发展的大环境奠定了基础。

回顾发展历程，2013 年，受债券市场牛市助推，债券指数被动投资整体进入高速发展期，同年，债券 ETF 共发行了 3 只，发行规模为 94.90 亿元。

2014—2015 年，市场进入股债双牛阶段，因市场的刚性兑付预期尚未打破，在业绩上，债券被动投资较主动投资并不具备优势，债券 ETF 市场仅发行了 1 只产品。2016—2017 年，新发产品为 2 只，合计新发规模未超过 5 亿元。

2018—2019 年，债券 ETF 的发行进入了加速阶段，两年间，共发行了 7 只产品，总发行规模为 282.92 亿元。2022—2023 年，债券 ETF 的发行数量分别为 5 只和 2 只，总计发行规模为 266.19 亿元，其中，2022 年单年发行规模为 243.04 亿元（见图 12-5）。

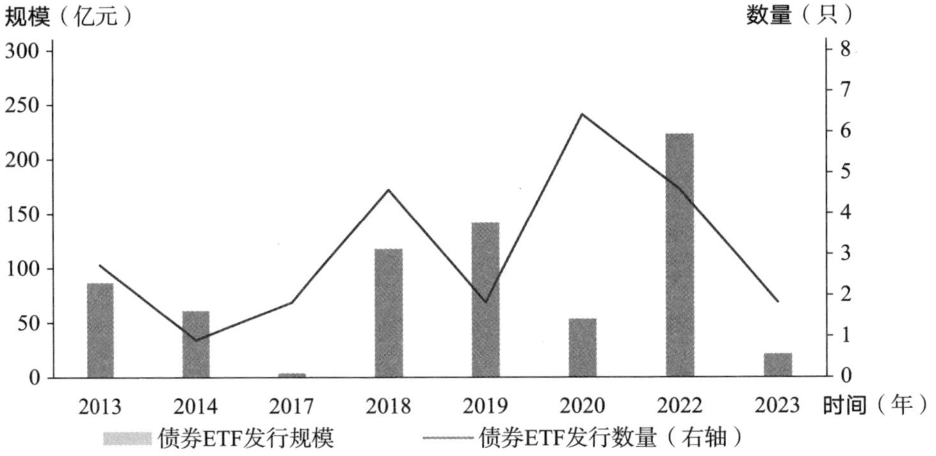

图 12-5　2013—2023 年债券 ETF 发行规模和数量（截至 2023 年 12 月 31 日）

资料来源：万得资讯，课题组整理。

存量规模方面，伴随 2023 年债券市场的走强，债券 ETF 规模大幅增长。截至 2023 年末，全市场 19 只债券 ETF 规模总计达 805.06 亿元，较 2022 年末的 529.47 亿元增长了 50% 以上，在新发产品数量并未出现明显增长的情况下，债券 ETF 存续规模增长显著（见图 12-6）。

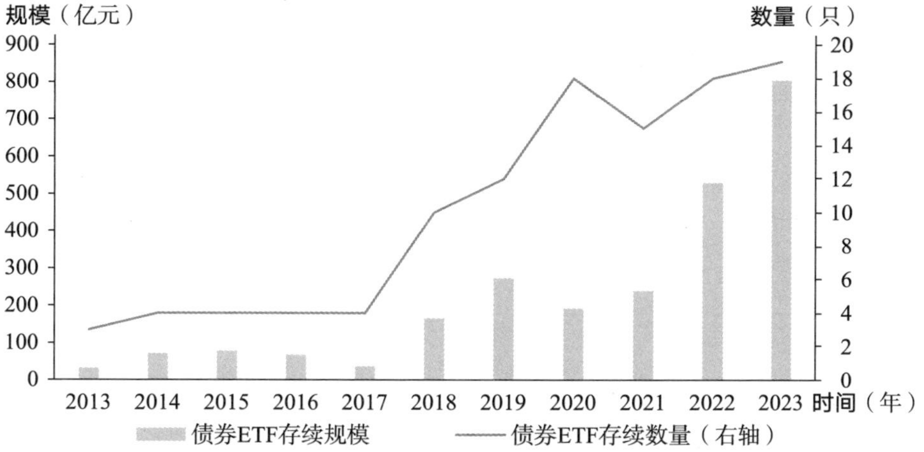

图 12-6　2013—2023 年债券 ETF 存量规模和数量变化情况（截至 2023 年 12 月 31 日）

资料来源：万得资讯，课题组整理。

债券 ETF 基金分类

根据指数成分券标的的不同，国内债券 ETF 产品类型可分为利率债 ETF、信用债 ETF、可转债 ETF 三类（见表 12-3、表 12-4）。

表 12-3　国内债券 ETF 分类（截至 2023 年 12 月 31 日）

品种	分类定义	属性特点	具体产品类型
利率债 ETF	指数成分券为政府发行的债券，几乎无信用风险	利率债投资门槛高，个人及资产规模较小的投资者难以进入，利率债 ETF 可有效解决该问题	政策性金融债 ETF 国债 ETF 地方政府债 ETF
信用债 ETF	成分个券为非政府信用主体发行的债券	信用债 ETF 可充分发挥分散信用风险属性，指数覆盖各个发行主体及行业，以达到降低个券违约风险	公司债 ETF 城投债 ETF 短期融资券 ETF
可转债 ETF	成分券兼顾债券和股票的双重特征	使投资人既可享受债券投资的固定收益，亦可追求权益资本利得的潜在收益	可转债 ETF

资料来源：万得资讯，课题组整理。

表 12-4　国内债券 ETF 不同产品的数量与规模（截至 2023 年 12 月 31 日）

产品类型	数量（只）	规模（亿元）
政策性金融债 ETF	5	288.01
国债 ETF	5	55.37
地方政府债 ETF	4	58.48
公司债 ETF	1	60.43
城投债 ETF	1	29.16
短期融资券 ETF	1	247.31
可转债 ETF	2	66.31

资料来源：万得资讯，课题组整理。

久期方面，截至2023年末，利率债及信用债ETF基金久期①平均为4.61年，绝大部分为中长久期产品。久期最长的为鹏扬中债 -30 年期国债 ETF，最短的为海富通中证短期融资券 ETF（见图 12-7）。

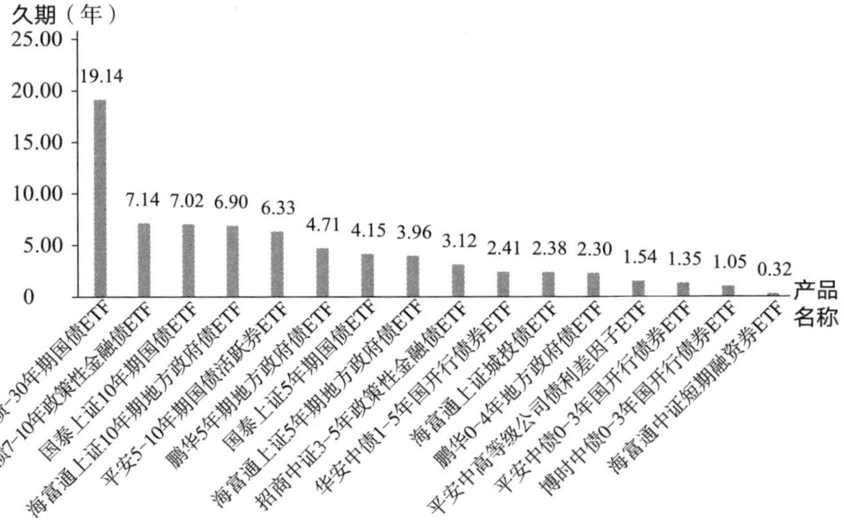

图 12-7　不同的债券 ETF 产品的久期分布情况（截至 2023 年 12 月 31 日）

资料来源：万得资讯，课题组整理。

① 剔除可转债 ETF 及未公布年报的债券 ETF。

债券 ETF 基金投资者结构

国内债券ETF以机构投资者券商（自营、资管产品）、保险公司、私募基金、银行（自营、理财产品）为主，根据2023年年报数据[①]，机构投资者平均持仓占比为90.89%（见图12-8）。

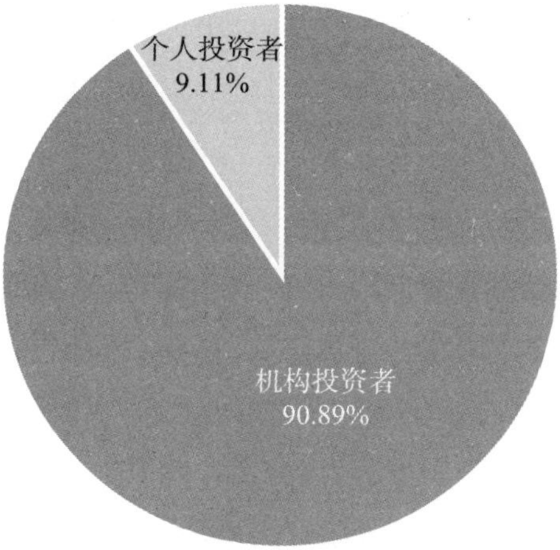

图 12-8　国内债券 ETF 基金持有人结构（截至 2023 年 12 月 31 日）

资料来源：万得资讯，课题组整理。

具体来看，在债券ETF前十大持有人中，券商（自营、资管产品）持有的债券ETF规模超过130亿元，占比最高；保险公司及私募基金分别持仓66.99亿元、60.66亿元；银行（自营、理财产品）持仓62.11亿元（见图12-9、图12-10）。

① 2023年共计18只产品公布了年报数据。

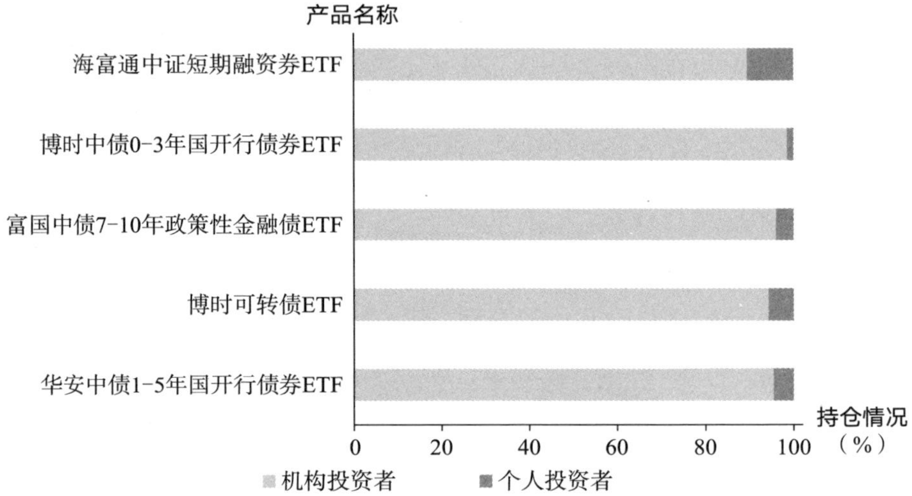

图 12-9 国内规模前五大债券 ETF 持有人结构（截至 2023 年 12 月 31 日）

资料来源：万得资讯，课题组整理。

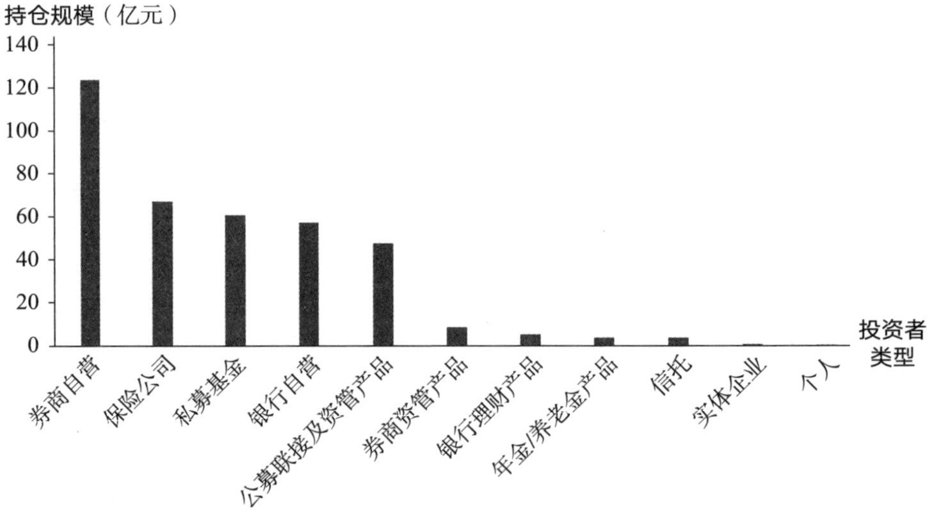

图 12-10 国内债券 ETF 前十大投资者持仓规模（截至 2023 年 12 月 31 日）

资料来源：万得资讯，课题组整理。

债券 ETF 应用场景

国内债券投资以机构投资者为主，且多使用单券投资模式。究其原因，一方面，以往中国债券市场可凭借信用下沉及杠杆投资获取超额收益，盈利模式相对简单；另一方面，国内债券指数化投资发展历史不长，整体仍处于起步阶段，产品丰富度不足。但是，随着政策端商业银行资本新规的实施，以及近年来债券市场盈利模式难度的加剧，机构投资者对债券被动投资的认可度有了极大提升，债券 ETF 的工具属性及应用场景被逐步挖掘出来。

应用场景一：场内资金流动性管理和套利工具

债券 ETF 中的短久期品种，由于具备久期短、净值波动低、整体回撤小等特点，可以将其定位为类现金管理类产品，而它的可场内交易特性可以很方便地使其成为投资者进行场内资金流动性管理的工具。相较于现有的场内流动性管理工具货币 ETF、国债逆回购而言，这类产品的优势及竞争能力较为突出。如目前债券 ETF 中规模最大的海富通中证短期融资券 ETF，其底层资产久期较货币 ETF 更长，收益水平和波动率也相对较高。对比国债逆回购，短期融资券 ETF 的灵活度更高，国债逆回购存在持有期限的限制，而短期融资券 ETF 的 T+0 实时申赎及买卖制度，可提高场内投资人保证金账户中闲置资金的使用效率（见表 12-5、表 12-6）。

表 12-5　国债逆回购、货币 ETF、短期融资券 ETF 模式比较

分项	国债逆回购	货币 ETF	短期融资券 ETF
收益	年终前较高	普遍不高	绝大部分时间内都是三者中最高的
价格确定	买入时确定价格	买入卖出价差	买入卖出价差
交易佣金收取方式	每次买入时收取	买卖时收取，部分券商免佣	买卖时收取，部分券商免佣
是否有可能发生亏损	否	是，少数情况	部分品种亏损概率较低
流动性	强	部分品种强	逐步变强

续表

分项	国债逆回购	货币 ETF	短期融资券 ETF
容纳交易金额	大	部分品种大	部分品种大
申购机制	—	申购当日份额不可用	申购当日份额可用
交易时间	15:30 结束	15:00 结束	15:00 结束
持有要求	到期前不可卖出	可实时卖出	可实时卖出
优势	几乎无风险，交易时间更长	交易机制便捷，免佣渠道较多	交易机制便捷，免佣渠道较多

资料来源：课题组整理。

表 12-6　近 3 年短期融资券 ETF、货币 ETF、国债逆回购收益比较（截至 2023 年 12 月 31 日）

年份	短期融资券 ETF 年化收益（%）	货币 ETF 年化收益中位数（%）	上海证券交易所 7 天国债逆回购年化收益中位数（%）	上海证券交易所 14 天国债逆回购年化收益中位数（%）
2021	2.82	2.12	2.27	2.32
2022	2.14	1.71	1.90	1.95
2023	2.40	2.46	2.24	2.29

资料来源：万得资讯，课题组整理。

另外，债券 ETF 套利策略也是一种常见的投资策略。所谓 ETF 套利策略，是指主要利用 ETF 在不同市场的价格差异，以及 ETF 与其所跟踪的指数之间的差异来获利（见表 12-7）。债券 ETF 上市以后，在 ETF 本身交易足够活跃且底层指数样本券流动性良好的情况下，投资者可以广泛使用一二级市场套利（也就是通过申赎套利），这种策略利用的是债券 ETF 在一级市场（申购赎回市场）和二级市场（交易所交易市场）之间的价格差异。如果 ETF 二级市场价格高于其净值，投资者可以申购 ETF 份额并在二级市场卖出；如果 ETF 二级市场价格低于其净值，投资者可以买入 ETF 份额并赎回后卖出。此外，由于债券 ETF 的特殊性，利用银行间市场和交易所市场交易债券的价格差异进行交易所和银行间套利，以及利用实物申赎债券 ETF 的成分券事件进行事件套利，这些操作在国内市场也有一定的空间。

表 12-7　债券 ETF 主要套利策略

策略	定义
一二级市场套利	根据 ETF 的交易机制，投资者可以在一级市场申赎，在二级市场交易，当交易价格出现折价、溢价时，可以通过一、二级的交易，获得套利收益
交易所及银行间套利	由于交易所和银行间两个市场长期分隔，且交易所债券流动性较差，因此，同一债券在两个市场存在价差，投资者可以利用债券 ETF 跨市场套利
事件套利	针对成分券因公告、信用级别变化等事项停牌或价格即将发生大幅波动，在 ETF 二级市场价格还没有充分反映其价格预期之前，投资者可以进行多头（申购方向）或者空头（赎回方向）套利的操作，从而获取套利收益

资料来源：课题组整理。

应用场景二：质押融资和冲抵保证金工具

债券 ETF 可以被用做质押融资工具，2019 年 12 月 20 日，《关于单市场债券交易型开放式基金进行质押式回购交易有关事项的通知》扩充了质押回购库标的，投资者可以通过质押债券 ETF 份额进行融资杠杆投资。2023 年 2 月 1 日，沪深交易所发布通知，就全面实行股票发行注册制配套业务规则公开征求意见，其中对《融资融券交易实施细则》进行了修订，将债券 ETF 纳入融券免除所得价款投资范围。同月 17 日，与融资融券相关的新规定正式发布。另外，上海证券交易所还发布了相关规定，允许在交易所上市的债券 ETF 作为融券卖出可投资标的（可转债产品除外）。

截至 2023 年末，在国内沪深两市交易所中，共有 12 只债券 ETF 可进行质押式回购业务。其中，上海证券交易所 7 只，深圳证券交易所 5 只。根据底层资产分类，可进行质押式回购的债券 ETF 投资标的均为利率债产品，如国债、地方政府债和政策性金融债（见表 12-8）。债券 ETF 作为质押式回购工具，大大拓宽了投资者使用债券 ETF 的场景，降低了其持有债券 ETF 的资金成本，丰富了其整体的投资策略。

表 12-8　可质押债券 ETF 情况（截至 2023 年 12 月 31 日）

基金代码	基金名称	上市交易所	标准券折算比例（%）
511520.SH	富国中债 7-10 年政策性金融债 ETF	上海证券交易所	0.98
511260.SH	国泰上证 10 年期国债 ETF	上海证券交易所	1.17
511270.SH	海富通上证 10 年期地方政府债 ETF	上海证券交易所	1.03
511060.SH	海富通上证 5 年期地方政府债 ETF	上海证券交易所	0.96
511010.SH	国泰上证 5 年期国债 ETF	上海证券交易所	1.25
511020.SH	平安 5-10 年期国债活跃券 ETF	上海证券交易所	1.04
511580.SH	招商中证 3-5 年政策性金融债 ETF	上海证券交易所	0.98
159649.OF	华安中债 1-5 年国开行债券 ETF	深圳证券交易所	0.97
159651.OF	平安中债 0-3 年国开行债券 ETF	深圳证券交易所	0.97
159650.SZ	博时中债 0-3 年国开行债券 ETF	深圳证券交易所	0.97
159816.OF	鹏华中证 0-4 年地方政府债 ETF	深圳证券交易所	1.02
159972.OF	鹏华 5 年期地方政府债 ETF	深圳证券交易所	0.83

资料来源：万得资讯，课题组整理。

此外，部分债券 ETF 可作为融资融券标的，并可冲抵场内保证金（见表 12-9）。相较于个股融资融券工具，ETF 融资融券具备三点优势：首先，ETF 在冲抵保证金时，折算比率最高可达 90%（股票最高为 70%），资金使用效率更高；其次，ETF 融资融券成本更低。融资融券成本包括交易佣金、手续费、印花税等基本交易成本和融资利息、融券费用等，但 ETF 交易无须缴纳印花税，且交易佣金、手续费低于股票；最后，在 ETF 中，债券 ETF 等品种的低风险属性可一定程度对冲融资融券的杠杆投资风险。截至 2023 年末，共计 6 只债券 ETF 进入融资融券标的，其余产品在规模及持有人户数符合相关规定条件下，未来也将逐步被纳入融资融券标的。

表 12-9　债券 ETF 融资融券情况（截至 2023 年 12 月 31 日）

基金代码	基金简称	融资融券余额（亿元）
159650.SZ	博时中债 0-3 年国开行债券 ETF	1.84

续表

基金代码	基金简称	融资融券余额（亿元）
511360.SH	海富通中证短期融资券 ETF	33.49
511380.SH	博时可转债 ETF	4.00
511030.SH	平安中高等级公司债利差因子 ETF	0.13
511260.SH	国泰上证 10 年期国债 ETF	1.13
511010.SH	国泰上证 5 年期国债 ETF	1.91
合计		42.50

资料来源：万得资讯，课题组整理。

应用场景三：资产配置及风险敞口管理工具

市场上，不同大类资产始终存在着轮动表现的机会，股票、债券、现金、大宗商品等各类资产在历年的收益表现中呈现出了很强的“洗牌效应”（见表 12-10），投资人投资单一资产标的将存在风险、收益、流动性无法兼顾的情形。比如，低风险高收益的非标准化及结构化产品已成为历史产物；低风险高流动性的货币基金收益逐步走低；高流动性高收益的股票、大宗商品等将迫使投资者承担较高的市场波动风险。

表 12-10　2013—2023 年各类资产收益回报比较（截至 2023 年 12 月 31 日）

单位：%

2013 年	房地产	A 股	理财	信用债	中概股	可转债	利率债	美债	大宗商品	黄金
	11.5	5.4	4.8	1.7	0.4	−1.4	−2.4	−2.7	−12.4	−28.0
2014 年	可转债	A 股	利率债	信用债	理财	美债	中概股	黄金	房地产	大宗商品
	56.9	52.4	11.8	10.1	5.3	5.1	4.7	−1.8	−2.7	−16.5
2015 年	A 股	信用债	利率债	理财	房地产	美债	中概股	黄金	大宗商品	可转债
	38.5	9.1	8.4	4.9	4.2	0.8	−10.0	−10.4	−14.5	−26.5
2016 年	大宗商品	房地产	黄金	理财	信用债	美债	利率债	中概股	可转债	A 股
	51.3	18.7	8.5	4.0	2.3	1.0	0.8	−1.4	−11.8	−12.9

续表

2017 年	中概股	黄金	大宗商品	房地产	A 股	理财	信用债	美债	可转债	利率债
	51.1	13.2	7.9	7.1	4.9	4.5	2.3	2.3	−0.2	−1.6
2018 年	利率债	信用债	房地产	理财	美债	可转债	黄金	大宗商品	中概股	A 股
	9.5	7.5	5.1	4.7	0.9	−1.2	−1.6	−5.8	−20.4	−28.3
2019 年	A 股	可转债	中概股	黄金	大宗商品	美债	信用债	利率债	理财	房地产
	33.0	25.1	20.9	18.3	15.6	6.9	5.0	4.2	4.2	3.2
2020 年	中概股	A 股	黄金	美债	大宗商品	可转债	理财	房地产	信用债	利率债
	27.3	25.6	25.1	8.0	7.4	5.3	3.9	3.9	3.3	2.9
2021 年	大宗商品	可转债	A 股	利率债	信用债	理财	房地产	美债	黄金	中概股
	20.9	18.5	9.2	5.6	4.3	3.2	2.5	−2.3	−3.6	−22.8
2022 年	大宗商品	利率债	信用债	理财	房地产	黄金	可转债	美债	A 股	中概股
	19.7	3.1	2.5	1.9	−0.1	−0.4	−10.0	−12.5	−18.7	−23.6
2023 年	黄金	大宗商品	信用债	利率债	美债	理财	房地产	可转债	A 股	中概股
	13.2	6.2	4.7	4.4	4.1	1.6	0.2	−0.5	−5.2	−13.3

资料来源：彭博资讯、万得资讯，课题组整理。

如今，市场上的各类投资人，特别是机构投资者，越发重视大类资产多元化配置理念。债券 ETF 兼顾流动性与收益率，丰富了机构投资者对于中低风险配置工具的选择。由于债券 ETF 具备风险分散属性，这使产品对单一个券的风险敏感性大大降低，非系统性事件对债券 ETF 的影响可能非常微小。同时，由于场内灵活的交易机制，相关产品可有效帮助投资者实现股债投资快速切换，并通过 ETF 实现投资组合风险敞口管理。

另外，债券 ETF 久期稳定，投资者可以通过配置 ETF 以调节自身组合久期，从而将更多精力放在其他资产研究领域。比如，养老金、保险公司、公募 FOF

自身善于进行大类资产配置，在针对债券类资产投资时，债券 ETF 可帮助这类投资者避免耗费单券投资所投入的各项研究成本。

应用场景四：穿透计量投资工具

目前，国内针对银行机构的监管指标较多，体系和模式也在不断变革。《商业银行资本管理办法》引导银行机构落实穿透管理要求，鼓励采用穿透法计量资管产品的风险权重。这一背景下，公募基金中的货币基金和非定制债券基金受制于信息披露及公平对待投资者等要求，难以穿透至底层资产。债券 ETF 通过抽样复制策略进行投资，且产品每日公布的申购赎回清单（PCF 清单）也做到了完全透明，这一特点非常契合目前银行机构投资者在面临政策端变化时的投资诉求。

国内被动指数型债券基金发展趋势探讨

市场需求助推未来规模扩张

低费率、高透明拥抱被动投资时代

目前，国内被动型债券基金的规模在全部债券基金中的占比为 8.59%。对比美国市场，其被动型债券基金规模从 2008 年的 0.18 万亿美元已增长至 2022 年的 2.12 万亿美元，在全美债券基金规模中的占比达 63.16%。究其原因，美国被动型债券基金的发展主要受益于全球无风险收益率下行以及投资者风险偏好的下移，费率低、透明度高的被动型债券基金成为重要的资产配置工具。

2023 年年中以来，国内公募基金逐步进入降费通道，管理费、托管费以及交易佣金的费率下降未来或将成为趋势。此外，主动管理类债券基金相较于被动型债券基金的收益优势正不断下降，且由于存在信息不对称等原因，投资主动管理类产品的风险收益预期往往会与实际收益率出现不符的情况。在此基础上，被动型债券基金的费率低、透明度高的特点在未来也将愈加凸显。

个人投资者参与度逐渐提高

由于中国债券投资的参与门槛较高，个人投资者对债券投资缺乏了解，所以在被动型债券基金投资上，参与度仍然不高。对于国内基金管理人而言，在债券指数基金领域，他们越来越重视针对个人投资者的教育；同时，他们也会根据个人投资者的需求开发相应的债券指数产品，如同业存单指数基金、短久期利率债等基金。此举可以让投资者深入了解此类基金的投资策略，有助于进一步提升产品规模及影响力。

此外，国内近年来发展良好的养老型FOF、投资顾问业务是被动型债券基金另一块亟待挖掘的市场。参考美国市场，在401（k）计划背景下，个人投资者通过加大对养老金产品的投资推动了美国债券ETF发展。未来，随着国内基金投资顾问业务的发展，个人投资者极有可能会通过投资顾问产品参与到被动型债券基金的投资中。

产品类型和投资策略将进一步丰富

债券指数品种走向多元

近年来，市场推出了短期融资券ETF、可转债ETF、同业存单指数基金等新的债券指数投资标的，涌现出了类似超长国债ETF等长久期投资品种，产品的丰富度大大提升。但整体上看，国内被动型债券基金的种类覆盖面仍然较窄，且多以利率债为主。对比美国市场，其债券指数基金以全债、信用债指数为主，国内未来仍需在债券指数品种开发上进行突破。具体券种方面，未来高评级、流动性较强的信用债产品将满足机构投资者的首要需求；同时，在监管允许及足够成熟的市场环境下，高收益债、商业银行二级资本债等市场关注度较高的债券品种也可以进行指数化的产品开发，以满足特定投资者的需求。另外，在债券久期维度方面，目前，国内短久期品种的市场认可度较高；未来，恒定久期与其他关键期限利率债指数的产品或具有一定的成长空间。

主动管理型债券 ETF 存在发展空间

目前，全球各金融市场的 ETF 均正不断走向主动化管理。截至 2023 年末，美国市场上固定收益类主动管理型 ETF 规模达 1 749.83 亿元，近 10 年来，规模的年复合增长率为 29.27%。

借鉴境外经验，适当推动国内主动管理型债券 ETF 发展可作为下一阶段的工作重点。一方面，债券被动投资采用的抽样复制投资策略，已接近主动管理方式，因此，主动管理在这一领域具备更大的发挥空间。另一方面，由于国内被动型债券基金同被动型权益产品的发展相比仍有差距，部分投资领域缺乏成熟的被动产品，这也为主动管理型债券 ETF 提供了发展的机遇。

互挂互通等业务持续推进

在境内外债券市场不断开放的背景下，2022 年，中国人民银行、证监会、国家外汇管理局发布联合公告〔2022〕第 4 号（关于进一步便利境外机构投资者投资中国债券市场有关事宜），对境外机构进入中国债券市场提出了多项便利措施。之后，满足一定条件的境外机构可直接参与债券 ETF 投资，这对境外机构的资产配置可选项做了补充。未来，随着资本市场对外开放的有序推进，债券 ETF 可能会被纳入互联互通、互挂互认名单，以进一步提高内地上市的债券 ETF 在中国香港市场以及国际市场的影响力及认知度，从而吸引到更多的境外投资者，并将其注入内地债券 ETF 投资中来。与此同时，也将会有更多的境内债券 ETF 产品通过这一通道在海外上市。

第 13 章

利差损的成因及求解之道

所谓“利差损”，是指保险资金投资收益率持续低于保险公司存量保单的平均预定利率而造成的亏损。

近年来，受利率趋势性下降的影响，我国寿险业资产端的收益率快速下行，而负债端的成本则相对有一定刚性，因而，利差损风险不断加大。特别是那些负债成本高，且依赖“资产驱动”模式发展的寿险公司，该问题尤为突出。如何管控利差损风险，成为当前寿险公司风险管理的重要课题。

截至 2024 年第一季度，在全市场共 92 家寿险公司中，有 76 家披露了 2024 年第一季度的经营数据。在披露了数据的公司中，共有 40 家公司为亏损状态。

从近年来寿险行业的财务投资收益率、综合投资收益率来看，寿险行业投资收益率近年来亦呈下降趋势（见图 13-1）。

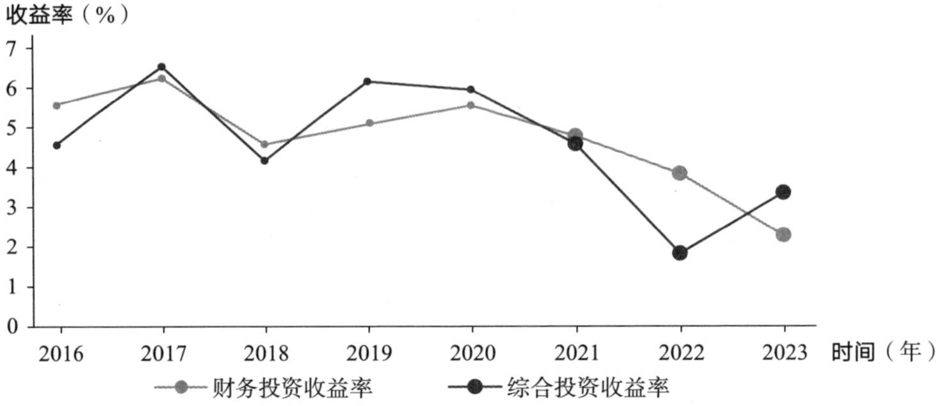

图 13-1　2016—2023 年寿险业投资收益率情况

资料来源：金监总局。

我国利差损问题及成因

利差损的形成，既有负债端的原因，也有资产端的原因。近年来，由于产品市场竞争加剧，产品同质化严重，寿险公司新单业务的费差和死差[①]整体大幅压缩，盈利过分依赖于利差收益。在经济上行时期，寿险行业积累了大量高固定利率的长期保单，随着利率水平的逐年下降，投资收益持续下行，利差损问题逐渐暴露出来。

负债端：规模冲动下，“中间地带”成本高企，精算假设偏离实际

保险公司的规模情结严重

一部分保险公司规模情结严重，不惜以高成本扩张规模。为提升产品竞争

① 死差是指保险公司实际的风险发生率与预计的风险发生率之间的差异，具体表现为实际死亡人数与预定死亡人数之间的差异。当实际死亡人数比预定死亡人数少时，会产生死差益，即保险公司因此获得盈余；反之，则会产生死差损，保险公司将面临损失。——编者注

力，中小寿险公司普遍贴着监管部门设定的“预定利率上限”来定价产品，导致保单成本高企。资管新规后，银行理财打破了刚兑预期，而险企却借机为具备保底利率的保险产品贴上了大大的“刚兑”标签。甚至在每次监管部门指导其降低预定利率时，保险公司和相关渠道都会借机提前“炒停售”。例如，2023 年 4 月，监管部门指导保险公司调整了保单预定利率，明确了传统险不能超过 3%。在这种情况下，仍有保险公司利用实施前的时间窗口，大量销售预定利率 3.5% 的产品。

从规模保费来看，2016 年前几乎年年创出新高，2012 年之后增速尤其迅猛，这是因为，有些激进的保险公司将万能险设计为期限短、高收益的扩规模利器，新单保费规模迅速增长。随后，监管部门对此类激进行为进行了引导和规范，因此，2017 年以后，规模保费不再快速攀升，而是稳定在高位（见图 13-2）。

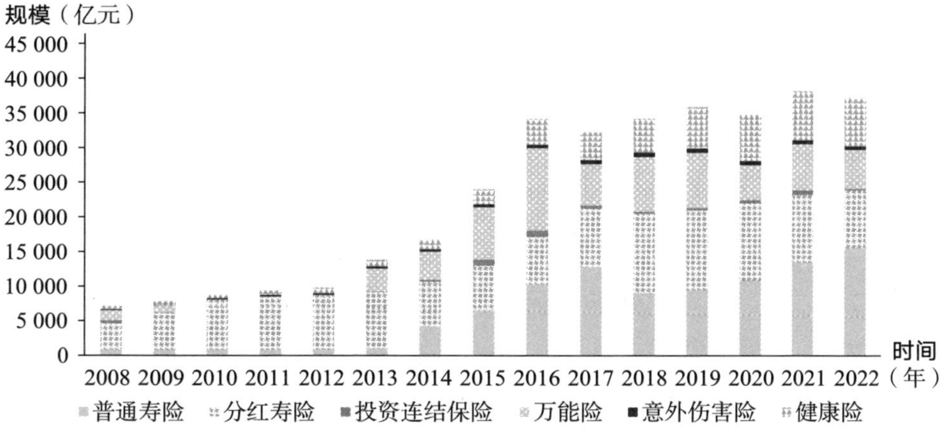

图 13-2　2008—2022 年规模保费情况

资料来源：2022 中国保险年鉴。

保险产品中的“中间地带”产品是病根

人们购买保险时，往往在保险产品上寄托了保障、储蓄和投资三类需求。现实中，很多寿险产品的定位偏离了保险的“保障”本源，过度强调“投资”属性，将保险产品当成投资产品，令投资者对其投资收益率预期过高。

我们可以用保费结构来大致分析寿险品种的结构。2022年，寿险行业规模保费约3.7万亿元，包含六大险种。其中，健康险、意外险等具有纯保障属性的产品仅占20%，而具有纯投资属性的产品（如投连险[①]）占比仅为1%。规模庞大的部分集中在普通寿险、分红险和万能险这三类处于“中间地带”的产品上，其合计占比接近80%（见图13-3）。

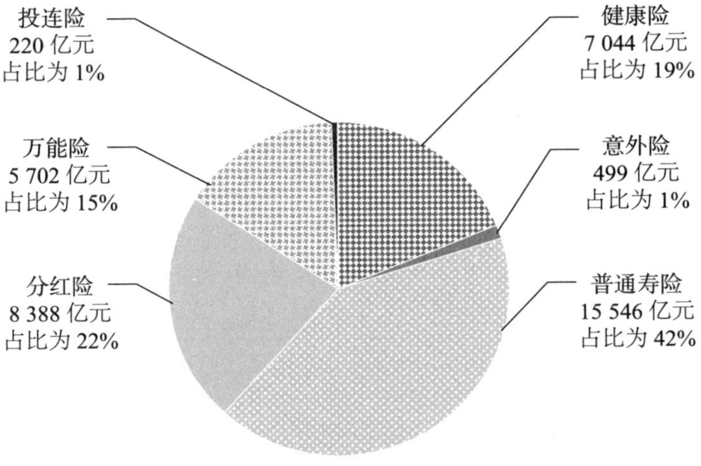

图13-3　寿险行业各类险种规模

资料来源：2023中国保险年鉴。

具有纯保障属性的产品，险企的利润来源主要是死差。具有纯投资属性的产品，客户享受投资收益，相应地也要承担投资风险。这两者均非利差损的“病根”。兼具保障、储蓄、投资功能的“中间地带”产品，才是带来利差损的真正

① 投连险是一种特殊的保险产品，它将保险与投资紧密结合。这种保险不保证收益，产品的风险和收益完全由购买者自行承担，因此可以视为一种投资理财型的保险产品。——编者注

病因。规模导向下，寿险公司的负债与资产是“两张皮”。预定利率基本就是贴着监管部门设定的上限走，结算利率则是贴着同业报价走，不断高企的成本，加剧了利差损问题。如普通寿险中的长期储蓄类产品（终身寿、两全险、年金等），以及“保证利率＋浮动收益”的分红险和万能险。

激进的精算假设，加重了利差损风险

在保险产品定价时，保险公司一般会根据历史经验和对未来的合理预期，给出合理的产品定价。然而，受经济周期、竞争环境、经营理念和公司治理等因素的影响，一些寿险公司在产品定价中对预定利率、费率和死亡率的假设往往比较激进，导致负债成本过高。

为了促进产品销售，险企在精算中一般采用较高的投资收益率假设，但实际投资中难以达到。在较高的收益率假设下，相关产品可以支撑起渠道的高费用。如果预定利率降低，而投资收益率假设仍然高企，反而是给高费用留出了空间。

另外，保险公司在精算中的费率假设显著低于真实水平，导致出现费差损，从广义上看，负债成本较高。

资产端：与负债端久期错配、风险管控不足

根据推算，目前中小寿险公司的综合资金成本在 5% 左右，远高于当前实际投资收益率水平。在经济高速增长期，投资端收益尚能覆盖高成本，但近年来利率快速下行、股市表现不佳叠加非标产品爆雷，使得利差损问题逐步凸显。

期限错配，利率下行削弱了保险公司的偿付能力

目前，国内寿险行业资产负债普遍存在“长钱短配”的问题，利率下行将导致保险公司偿付能力承压。2023 年，中国保险资产管理业协会执行副会长曹

德云在中国财富论坛上指出，目前寿险负债端久期约为 12 年，资产端久期约为 6 年，资产负债久期缺口约为 6 年。保险公司在资产端、负债端都具有利率敏感性，随着 750 日移动平均国债收益率曲线的下行，保险公司需要为此大幅增提准备金，规模动辄数十亿元，这时保险公司的偿付能力而言，可谓雪上加霜。

债券、股票的投资收益不达预期

我国宏观经济已进入新旧动能转换的高质量发展阶段。在新旧动能转换的过程中，经济增速提质换挡，GDP 增速中枢下行至 5% 左右。伴随着经济增速的下行，债券市场利率中枢逐级下降，低位运行，目前，10 年期国债利率已低于历史 1% 分位点[①]，30 年期国债低于历史 2% 分位点，配置价值处于历史极低位置。与此同时，信用债信用利差持续压缩。普遍存在的低票息及利率反弹风险，使得保险资金传统的票息和久期策略的效果大打折扣。

股票方面，自 2022 年以来，权益市场波动加大，上证指数下跌了 16.80%，一度下探至 2 635.09 点。其中，上证 50 跌幅近 26%、中证 1000 跌幅为 35%、科创 50 跌幅近 46%。市场结构呈现两极分化态势，这将使保险公司面临较大的利差损风险，且净资产与净利润的波动随之加剧。

不良资产的拖累

在经济下行周期中，资产风险逐渐浮出水面，这些资产将进一步拉低寿险资金的投资收益率。受之前“三条红线”政策影响，以地产类贷款为主要标的的非标资产信用风险上升，在债券市场利率低位运行的背景下，房地产企业通过非标资产融资的意愿下降，这使非标资产的收益率逐步下滑，经风险调整后的收益率吸引力进一步下降。

① 分位点，是指将一个随机变量的概率分布范围分为几个等份的数值点，常用的有中位数（即二分位数）、四分位数、百分位数等。——编者注

另外，一部分保险公司在公司治理上存在问题。有些股东将保险产品当成融资工具，为自己的主业输送资金；还有一些股东，对于寿险行业的经营规律认识不足，对风险缺乏敬畏，重规模、轻质量，结果埋下了利差损这一风险隐患。

综上，寿险公司在规模情结下，不惜以高成本换规模；在低利率环境下，出现久期错配，导致各类资产收益下行。这两个因素叠加，最终造成了普遍的利差损问题。

国际经验

事实上，利差损问题并非中国特有，国外领先市场也经历过同样的问题。20 世纪 80 年代以来，海外主要发达经济体进入了长期利率下行区间，这对保险业造成了较大的冲击。总结海外应对利差损的经验教训，将对我国寿险业解决利差损问题具有重要的借鉴意义。下面以日本、美国以及欧洲为例，展开论述。

日本：降低定价利率，调整产品结构，提升海外投资

日本寿险业在 20 世纪 80 年代签发了大量的高成本保单，结果，从 90 年代开始出现利差损问题，进而引发了大规模的保险公司破产现象。特别是在 2000 年，东京生命、大和生命等企业接连破产重组，震惊世界。随后，日本从负债端、资产端共同发力，以求解决利差损问题。

负债端：提升保障型产品和利率敏感型产品比例，大幅降低产品定价利率

日本寿险业的负债端管理体现在调整产品结构和定价两个方面。产品结构方面，日本寿险公司主要通过增加保障型产品和利率敏感型产品（以前多为刚兑、

高预定利率产品）来减少利差损。人口老龄化趋势下，死亡保险需求下降，医疗保障需求持续上升。日本健康险（包括医疗险、防癌险和长期护理险等）产品驱动了保费增长，业务占比由 1985 年的 8% 提升至 2015 年的 34%。近年来，随着保障型产品占比趋于稳定，日本人身险中变额年金等利率敏感型产品增长迅速。2018 年，日本个人保险新保单中变额保险占比约为 3%，2022 年快速提升至 14%，个人年金新保单中变额保险占比提升更为明显，从 2018 年的 18% 大幅提升至 2022 年的 58%。

定价方面，日本 10 年期国债收益率下行背景下，保险利率密切跟随国债利率，从 20 世纪 80 年代的 7% ～ 8% 下调到 2000 年的 2% 左右（见图 13-4）。1997 年，日本推出了“标准责任准备金制度”，明确了标准评估利率与上一年 10 年期国债收益率挂钩，每年调整一次。各保险公司需要根据标准评估利率来确定产品预定利率。2014 年，日本进一步提高了趸交储蓄型产品的标准评估利率的调整频率，使得评估利率的变动与市场利率更加贴合。

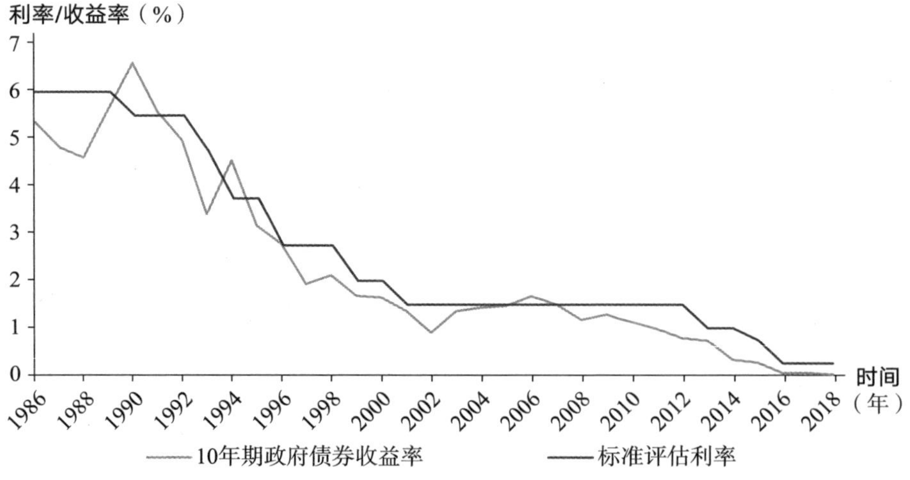

图 13-4　国债收益率下行背景下日本保险公司所参照的标准评估利率走势

资料来源：日本金融服务局（JFSA），同花顺 IFinD。

资产端：降低股票配置比例，大幅提升海外固收类投资，同时利用衍生品对冲风险

1990 年初，日本在股市泡沫破灭后，进入长达二三十年的漫长熊市。为提升投资端收益，日本寿险业降低了国内股票的配置比例，提升国债、海外债券的配置比例。日本国内的股票投资比例从 2003 年的 11.6% 下降至 2022 年的 5.9%，与此同时，国债投资比例从 19.3% 上升至 40.6%，外国债券的投资比例则从 0 上升到 22.8%（见图 13-5）。

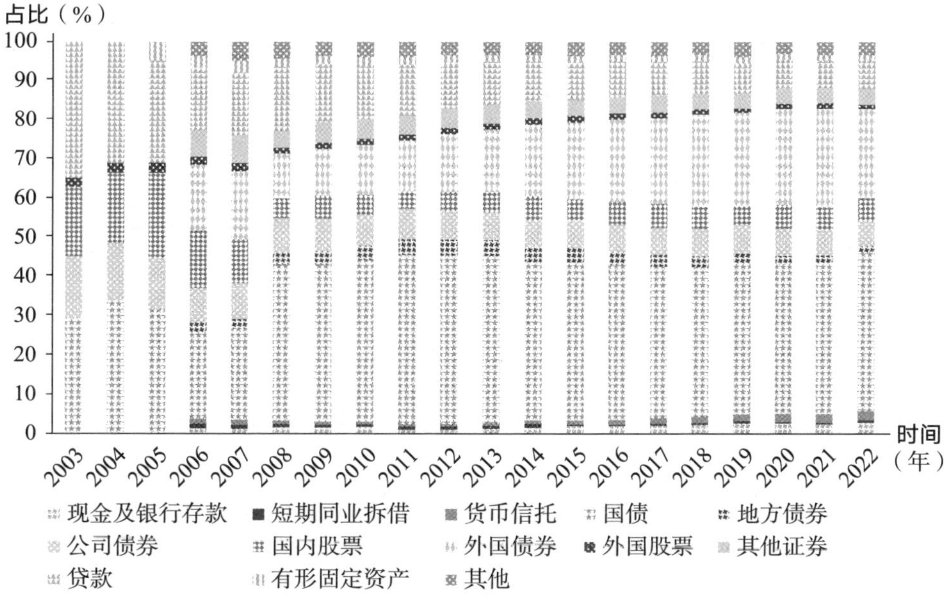

图 13-5　日本寿险资产配置以国债和海外债券为主

资料来源：万得资讯。

在大幅增加海外债券配置的同时，日本寿险公司还采用了衍生品对冲策略来保证投资收益稳定性。以日本生命保险公司为例，它利用外汇远期（截至 2023 年 3 月末，美元占比约为 70%，欧元占比约为 20%）、外汇掉期、外汇期权等衍生金融工具进行了风险对冲，从而加强了其收益的稳定性。2023 年，一般账

户中以外币计价的资产市值占比约为 25%，其中有外汇套期保值的资产占比约为 80%。另外，日本生命保险公司还会根据市场环境的变化动态调整海外资产配置比例和对冲比例。2023 年 3 月末，以日元计价的债券占比为 57%，同比提升了 4%；海外债券占比为 10%，同比下降 6%，其中，海外债券中具有套期保值功能的部分占比为 50%，同比下降了 6%（见图 13-6）。

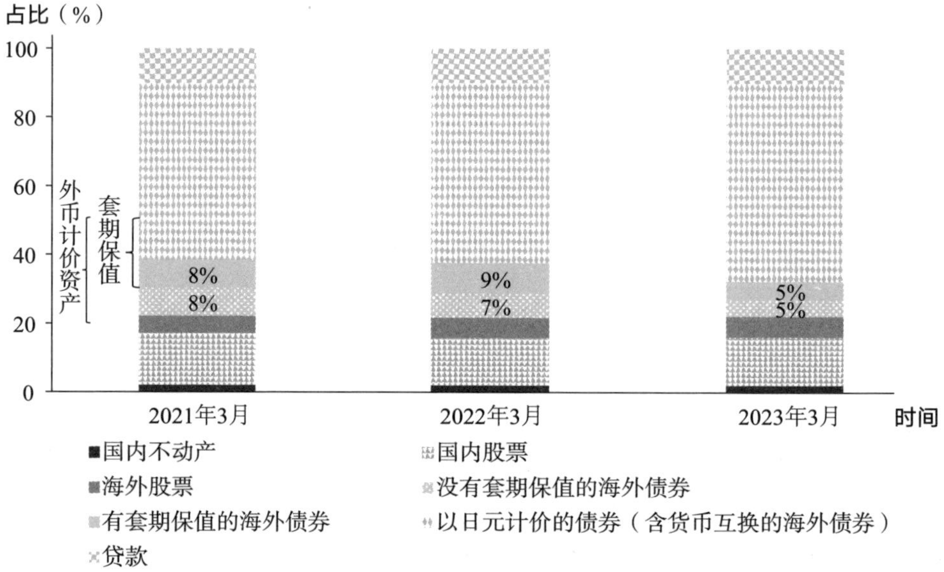

图 13-6　2021 年 3 月—2023 年 3 月日本生命保险公司的一般账户资产配置情况（非合并口径）

资料来源：日本生命保险公司。

上述资产端与负债端联动管理的配置策略，以及充分应用衍生品对冲风险的方式，使日本保险业综合投资收益率自 2009 年以来长期跑赢国债，并在 2012 年以来利差持续扩大，2014—2022 年，平均利差更是高达约 200 个基点（即 2%）（见图 13-7）。

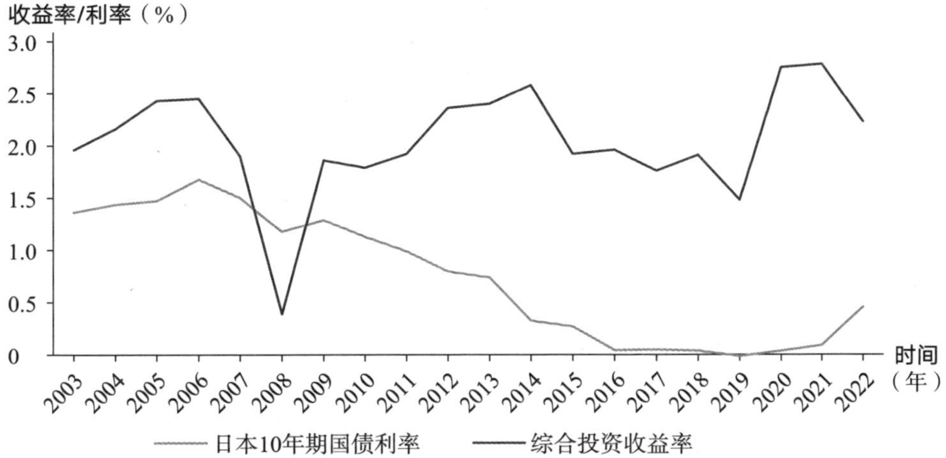

图 13-7　日本寿险行业投资收益率基本跑赢 10 年期国债利率

资料来源：万得资讯。

美国：降低准备金利率，提升年金产品比例，加大政府债和信用债投资

美国在 20 世纪 80 年代—90 年代初期，也出现过因利率下行引发的利差损风险，数百家寿险公司相继破产。其间，成立于 1962 年的 Executive Life Insurance Company，由于激进的投资策略和资产负债失衡，于 1991 年破产，这成为美国保险史上规模最大的保险公司破产案例。之后，美国也是从负债、资产两端发力，解决了利差损问题。

负债端：提升年金产品比例，降低准备金利率

美国也是通过推动产品结构转型和调整成本的方式来解决利差损问题的。产品结构转型方面，美国年金险品种中，产品的风险和收益由投资者全部或部分承担。随着 20 世纪美国国债收益率的不断下行，美国人身险公司经历了从人寿险为主到年金险为主的市场结构转变，1975—2022 年，年金险产品占比从 17% 大幅提升至 49%，成为第一大险种（见图 13-8）。调整成本方面，美国保险法

定责任准备金评估利率上限参考的是一定期限穆迪企业债券复合收益率平均值情况，经综合测算得出（根据产品类型不同，参考利率和评估利率上限的计算方式有一定差异），随市场利率持续下调而下调，这间接降低了人身险公司在负债端上的压力。

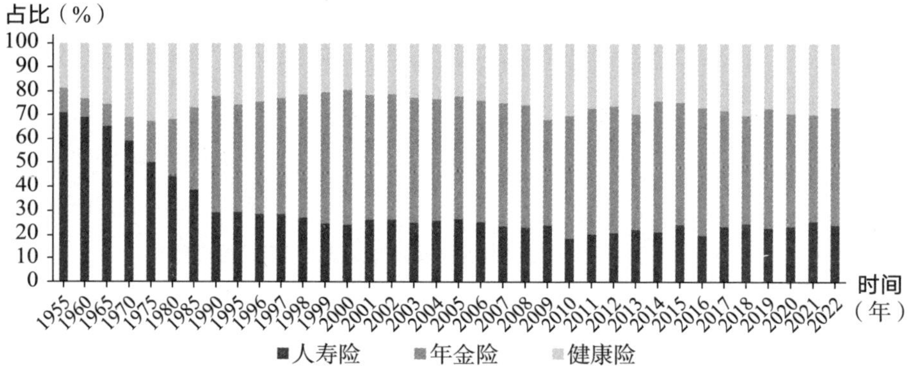

图 13-8　1955—2022 年美国保险业结构变化情况

资料来源：美国人寿保险公司理事会（ACLI）。

资产端：股票配置稳定在低位，加大了政府债和信用债配置

从历史变迁方面看，美国寿险业一般账户的资产配置呈现出两个特点：一是政府债和信用债配置比例提升。其中，政府债从 1975 年的 3.8% 提升到 2023 年末的 7.6%，在 20 世纪 90 年代中期甚至一度超过了 20%，而信用债投资比例则从 39.4% 提升至 44.2%，20 世纪 90 年代甚至一度在 50% 以上。二是权益配置比例不升反降。1975 年时权益配置比例约为 10%，到了 2023 年末，仅为 2.7%（见图 13-9）。

基于上述负债端和资产端的调整，美国保险业表内资产配置获取了稳定的相对收益，2008—2022 年，与 10 年期国债收益率相比，利差高出近 250 个基点（见图 13-10）。

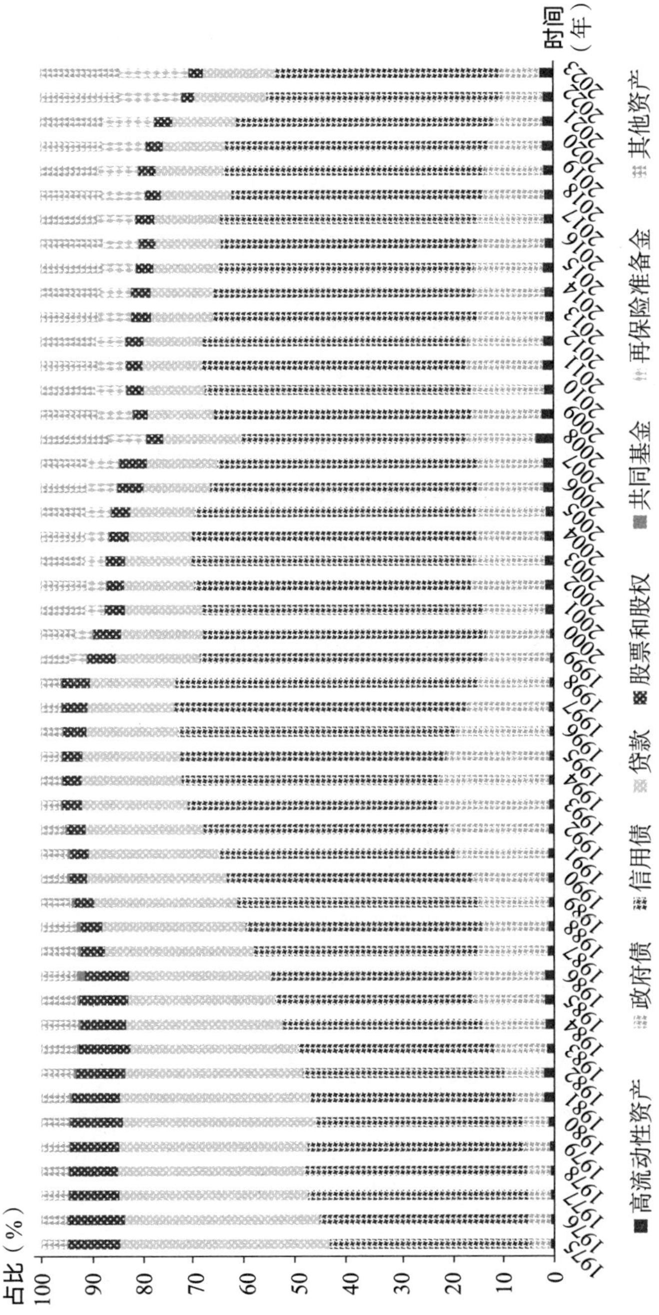

图 13-9　1975—2023 年美国寿险一般账户的资产配置情况

资料来源：美联储资金流量表。

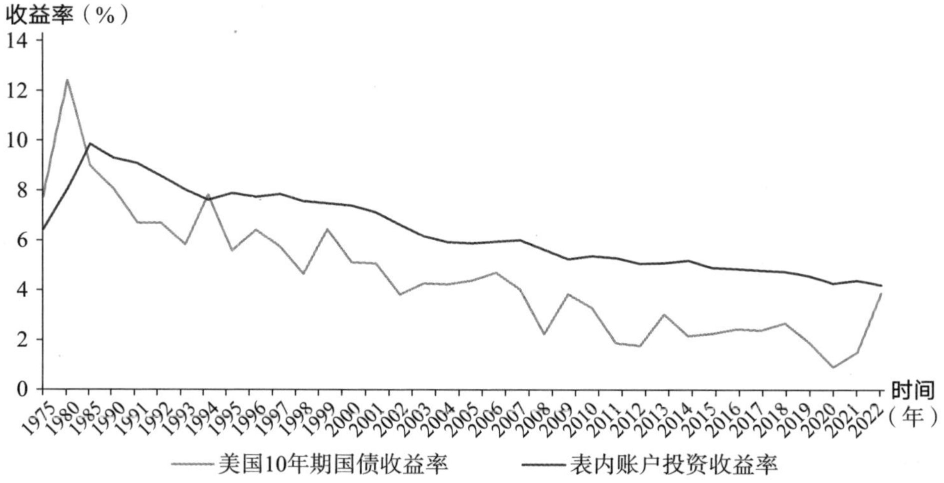

图 13-10　1975—2022 年美国保险业表内投资收益率相对更加稳定

资料来源：美国人寿保险公司理事会（ACLI）。

欧洲：降低最高利率，提升投连险产品比例，提升另类投资比例

欧洲的保险机构经历了较长时期的负利率市场环境。次贷危机（自 2007 年开始）和欧债危机（自 2009 年开始）后，欧洲央行购买政府债券的操作使其政策利率中枢大幅下移。2014 年 6 月，作为利率下限的欧洲央行存款工具的利率首次被设定为负值。在此情形下，欧洲头部保险机构优化资产负债管理的方式以及匹配成本收益的经验值得借鉴。

负债端：提升投资连结型产品比例，大幅调低最高利率

欧洲保险业主要从产品类型和准备金这两个角度切入，努力增加负债端灵活性，以此应对低利率环境。以德国寿险业为例，产品类型上，2007—2018 年，投资连结型保险产品的保费占比从 13.9% 提升为 18%，年金占比从 27.6% 提升为 31%。通过调整产品类型结构，整体提升了负债端成本弹性（见图 13-11）。

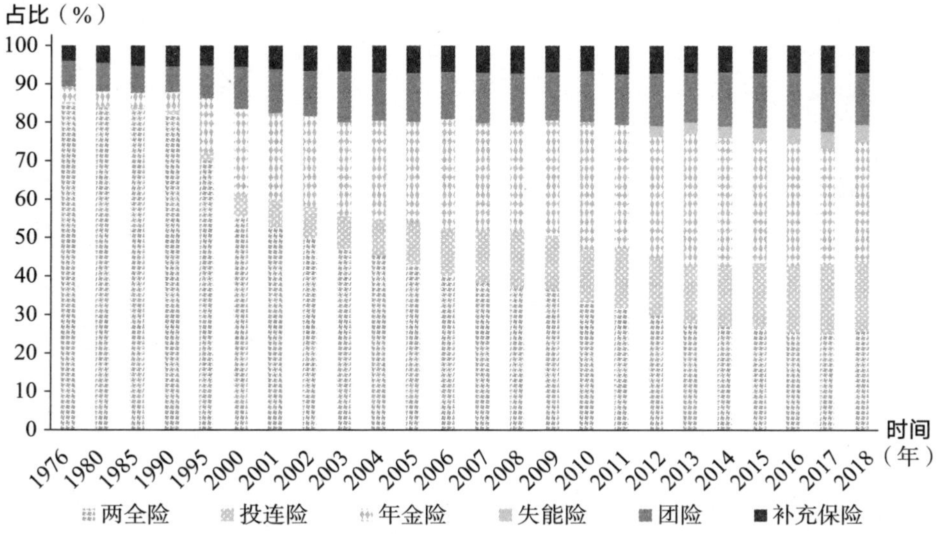

图 13-11　1976—2018 年德国寿险业构成情况

资料来源：德国保险业协会（GDV）。

德国寿险公司最高精算利率由精算师审慎确定，在 10 年期国债收益率震荡下行区间，最高精算利率随之同步下行，由 2007 年的 2.25% 降至 2023 年的 0.25%（见图 13-12）。

此外，2011 年，德国寿险业建立了 Z 准备金（Zinszusatzreserve，ZZR）制度，寿险公司需根据最高精算利率和参考利率（挂钩过去 10 年间 10 年期欧元掉期利率平均值）差额计提 Z 准备金。

2011—2018 年，在低利率环境中，Z 准备金增长非常快。2018 年，德国联邦财政部改变了 Z 准备金的计算方法，这使每年的参考利率有了上下限，从而控制住了 Z 准备金的增速。

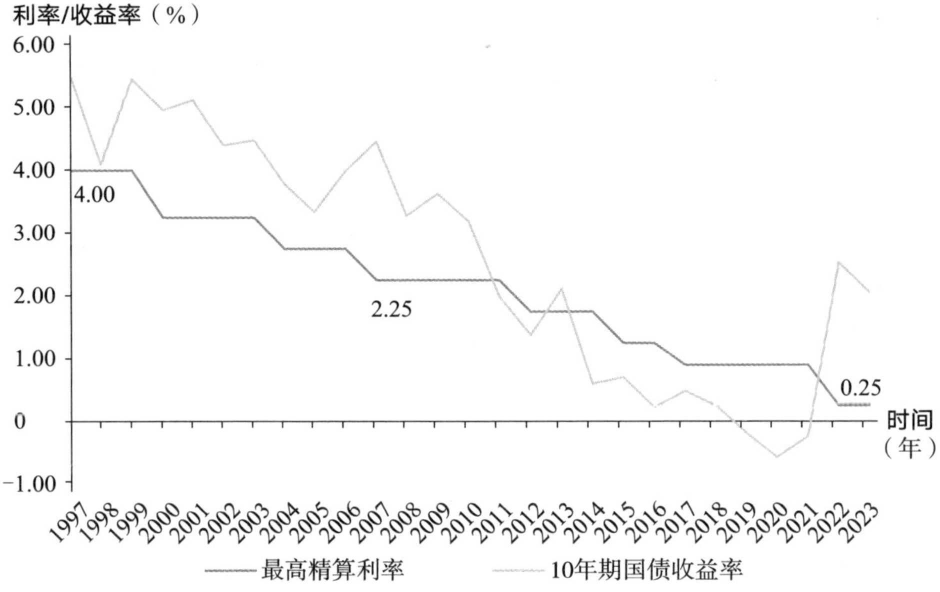

图 13-12　1997—2023 年德国保险业最高精算利率和 10 年期国债收益率走势

资料来源：MDPI、德勤、同花顺 IFinD。

资产端：降低债券配置比例，提升另类资产投资

我们没有找到欧洲保险业早年的数据，但从近年数据中能看到欧洲保险业资产配置的一些特点。欧洲保险业资产端非投连险账户配置结构整体呈现出债券和基金占比较高、股票占比较低的特点，近几年的配置结构会根据现实情况进行动态调整。2017—2023 年，政府债占比由 30% 降至 24%，公司债占比由 29% 降至 21%，现金类及固收类基金整体占比由 16% 提升至 18%，股票占比由 3% 提升至 7%，权益类基金占比基本稳定在 4%，非标股（含不动产类）占比由 9% 提升至 15%，非标债（主要为抵押贷款）占比由 7% 提升至 9%（见图 13-13）。

投连险账户资产配置以股票和权益基金为主，整体占比从 2017 年的 35% 提升至 2023 年的 42%。

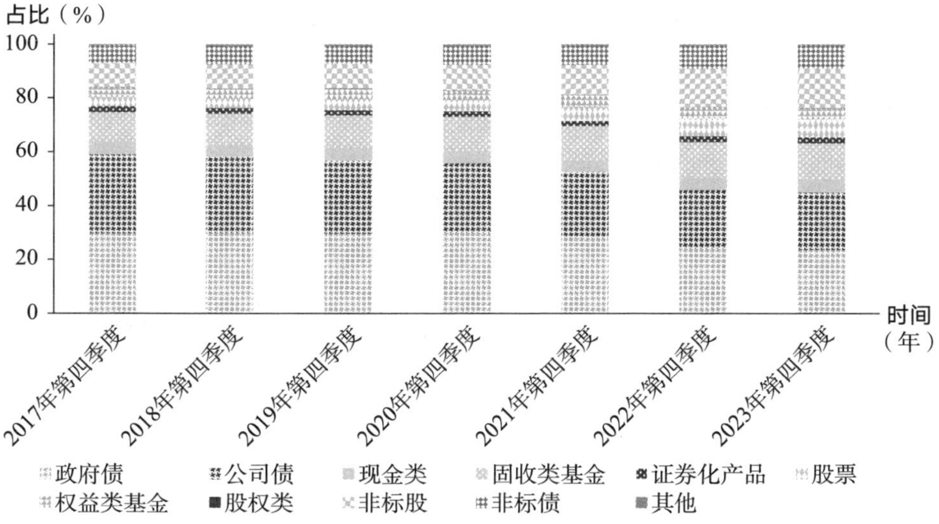

图 13-13　欧洲人身险（除投连险）资产配置加大了另类资产投资

资料来源：欧洲保险和职业养老金管理局（EIOPA）。

总体来看，要解决利差损问题，需要负债端、资产端互相配合。负债端，主要采取调整产品结构、下调预定利率等措施；资产端，往往会通过拉长久期、拓展海外投资和另类资产配置比例等方式来提升投资收益。

中国的解决办法

借鉴海外经验，我国寿险行业利差损问题的解决，也有赖于负债端和资产端同步发力。

负债端：回归保险本源

第一，保险产品应该厘清储蓄、保险、投资三个功能的边界。理论上，保险产品的储蓄功能，应该用存款的逻辑去定价。而投资功能，应该按照“卖者尽责，买者自负”的资管逻辑，由投资者在承担投资风险的前提下享受投资收益。因此，建议采取以下三方面举措：

1. 降低保险产品的预定利率，与同期限存款利率对齐。我国监管部门已经精准定位了问题，所以多次下调了保险预定利率。自 2023 年 8 月起，根据监管窗口指导，普通寿险、分红险、万能险的预定利率上限分别下调至 3%、2.5%、2%，这有效降低了保险公司负债成本。

2. 万能险结算利率、分红险的分红利率应该与投资收益相挂钩，真正浮动起来。2024 年以来，监管部门持续推动保险公司调低万能险结算利率。2024 年 1 月起，监管部门要求，万能险结算利率不得高于 4%。最近，一些保险公司又接到了窗口指导，大部分中小型保险公司的万能险结算利率不得超过 3.3%，大型保险公司不得超过 3.1%。对于保险公司而言，关键在于要严格落实监管要求，让浮动的部分真正浮动起来，与账户的投资收益率真正挂钩，而不是锚定同业报价。

3. 管控费率假设。2023 年以来，监管部门强力推行“报行合一”，有效降低了保险公司的费用成本。在继续大力推进报行合一的基础上，保险公司还要进一步管控费用率假设，将费用控制在合理范围内。

第二，保险公司需要回归保险本源，经营模式要从“以产品为中心”向“以客户为中心”转变。中央金融工作会议明确指出，要发挥保险业的经济减震器和社会稳定器的功能。这一定位为保险业的发展指明了方向，更提振了信心。

首先，保险公司应审视自身定位，明确自己能为客户创造的核心价值，就是为客户提供风险管理及保障服务。保险产品本质上是消费品，而不应是投资品。保险公司应坚守初心，回归保险本源，围绕客户全生命周期的风险管理，为客户打造保障基石。而非简单粗放地给产品贴上“保本”和“高收益”等标签，错配客户的综合保障需求。作为社会经济的减震器，保险要起到风险防范的效果，避免过度放大经营风险，成为风险制造者。在产品定价时应坚持稳健、审慎原则。不应采用过于激进的利差、死差和费差假设，将压力全部传导给投资端。竞争模式要从过往“降低价格、扩张规模、倒逼投资”的竞争，转变为“回归保障、提升服务、创造价值”的竞争。

其次，立足保障类需求这一主战场，持续升级“产品＋服务”综合解决方案，形成产品持续创新能力。一方面，保险公司应重视风险保障的持续升级。例如，将保障和储蓄功能进行合理组合，提供医养等生活服务保险模式。借助在医疗及康养领域的生态圈优势，针对细分客群，打造“产品＋服务”的差异化解决方案。另一方面，在保险产品的储蓄功能上，保险公司应积极发展分红险、万能险等弹性收益率产品，降低其中的保底收益水平，增加客户的实际收益随着投资的变化而变化部分，提升收益分配的弹性。

最后，提升销售队伍的专业力，重塑“以客户为中心”的客户体验。保险公司在“以客户为中心”的体验构建上，已具备关键优势：一是代理人线下展业的模式与客户建立起了长期的信任关系，能做到更全面、更深入地了解客户；二是保险所倡导的长期人生规划理念，贴合财富管理本质；三是全民风险管理意识不断提升，保险在家庭资产配置中的安全垫作用凸显出来。在此基础上，保险代理人应深度理解客户的个人与家庭综合需求，围绕其人生的不同阶段帮其定制规划，引入“产品＋服务”的综合解决方案，并长期提供顾问支持，引导客户树立起正确的保险理念并形成合理的预期，真正帮助客户量身定制保险配置方案。

然而，“寿险公司如何打造出高质量的队伍”一直是保险行业普遍面临的问题。传统代理人及其管理体系大多仍以“产品销售”为导向，队伍转型“知易行难”。保险公司应基于自身禀赋，探索差异化的实现路径。比如，积极推动代理人升级专业能力，打造综合的财富顾问模式，为客户提供专业的规划及咨询服务；探索与外部渠道的深度融合模式，共同挖掘客户需求，形成体系化的客户经营策略。此外，积极利用新技术赋能渠道和客户服务。例如，基于生成式 AI 的“代理人助手”，可真正实现“千人千面”的个性化服务体验。销售队伍和渠道决定了客户及资金的来源和特征，因此，销售队伍和渠道的升级是保险公司解决利差风险的核心抓手。

资产端：围绕金融“五篇大文章”，挖掘潜在优质资产，提升收益确定性

海外资产配置的应对经验我们无法完全照搬，需要结合中国实际，探索应对之道。在过去 20 年里，根据万得资讯全 A 指数，中国股票市场滚动 3 年的平均回报率为 11.4%，远高于债券市场 3.7% 的平均回报水平[①]。低利率环境有利于权益资产估值的提升，权益资产潜在回报的确定性显著提高。相较海外拉长久期、下沉信用、增配另类和布局海外的常见措施，国内保险公司应对措施的重点应为多维度加强权益类投资、适时把握固收类及海外投资机会，具体分为六点。

一是坚持走多元化资产配置的道路。我国保险资金投资的正道是资产负债管理框架下的长期、多元化资产配置。战略方面，应高度重视大类资产配置，并建立以资产配置为核心的投资管理体系。机制方面，要建立科学的资产负债联动及考核机制，拉长考核期限。能力方面，坚决夯实大类资产配置能力，建立起领先的宏观策略、中观行业研究能力，并将其打造为险资投资的核心能力之一。

二是把握我国产业转型发展投资机会。中国经济正加速向高质量迈进，产业由传统的“基建地产和外需出口”驱动向“科技创新和消费升级”驱动转型。保险资金长期、稳定的特性，有助于深入服务实体经济和国家重大战略。中央金

① 数据来源于中债总财富指数。

融工作会议特别提出，要做好科技金融、绿色金融、普惠金融、养老金融、数字金融五篇大文章。保险公司需要抓住战略机遇，转变过往过于依赖地产的投资模式，从国家战略部署中寻找潜在优质资产。要加大相应领域的股权投资力度，助力行业服务实体经济，分享国家产业转型发展的长期回报，对冲利率下行风险。重点可关注科技创新、绿色转型和数字经济等具备巨大市场潜力的投资领域。当然，如何在产业转型过程中挖掘出潜在优质资产，也非常考验投研和风控能力。因此，保险公司必须建立起与产业转型升级方向匹配的投资研究及风险管控体系。

三是坚持长期投资、逆周期投资不动摇。中国经济仍将维持中速增长，股市长期回报可期。保险公司应坚持左侧布局①，运用长期股权投资等方式，把握股市长期成长趋势。在估值底部，适时布局优质权益类资产，可以增强安全垫功能，提升权益类投资的收益及其确定性，这对化解利差损风险有着重要作用。

四是坚持对高质量、高股息企业的投资，积极探索多元化的权益类投资策略。一方面，适时投资高股息企业，把握优质企业分红收益的确定性。2013 年以来，中证红利指数全收益为 11.3%，明显优于沪深 300 指数全收益 5.9% 和中证 500 指数全收益 6.5%。另一方面，要创新策略投资，寻求波动交易的确定性。通过多种策略工具参与波动交易，比如，实施规则化仓位管理策略、波动交易策略、对冲套利策略等，将波动转化为收益。此外，创新股债混合类策略，充分运用股债双重优势，把握优质核心资产的根本，实现稳健收益的同时，获取一定上行弹性。

五是寻求固收类资产配置的有利时点，改善资产负债匹配状况。当前，保险行业普遍存在长久期优质资产荒的问题，久期及收益匹配问题很难通过短期措施显著改善，只能把握债券期限溢价的高点，或者抓住信用溢价补偿的较好机会，

① 左侧布局是有待拉升的意思，也就是逢低买入盈利能力较强或自己早已心仪的股票。——编者注

加大配置力度，逐步使负债期限和成本相匹配。这需要保险公司加强对利率中期趋势的前瞻研判，对可能的利率反弹做好准备并形成相应的预案，特别是在利率接近或高于负债成本的区间时，可以适度通过杠杆增配长债，匹配负债期限。此外，保险公司也可适时运用信用下沉策略，加强信用风险的识别和筛选，提升固收类投资收益。

六是有序开展境外投资，增加资产选择，分散投资风险。从海外经验看，低利率环境下，进行国别分散化投资，可以利用不同国家宏观经济与政策周期的不同步，寻求到更多的投资机会，这是保险公司扭转利差损问题的关键措施之一。2022年末，中国保险资金境外投资占比仅为2%左右，离境外投资比例上限15%还有较大空间。随着中国金融市场双向开放的深入发展，未来，海外资产配置的机会可能会逐渐增多。在国家政策框架内，可有序尝试加大海外资产配置的力度。适度的全球资产配置可以在一定程度上对冲国内利率下行风险，并取得较好的投资回报。

总之，保险公司应高度重视利差损问题，从负债端和资产端共同发力，回归保险本源。负债端应改变以往的粗放发展模式，真正做到“以客户为中心”，坚持保险的保障功能，优化业务结构，降低负债成本。这是解决利差损问题的前提和关键。资产端则应强化长期资产配置力度，加强风险管理，寻找优质资产的确定性投资机会，提升长期投资收益。

知之非难，行之不易。这需要中小型保险公司具备极强的战略定力，坚持做难而正确的事。虽然利差损问题严峻，但这个问题不是我们独有的，很多发达国家都经历过，并非无解。我们相信，只要中小型保险公司敢于直面问题，不惧挑战，在监管部门的指导和帮助以及行业的共同努力下，一定能够克服困难，迎来阳光灿烂的春天。

第 14 章

立足自身禀赋，服务高质量发展，做好社会财富的“管理者”

2023 年是党的二十大之后的开局之年，是全面建设社会主义现代化国家新征程的起步之年。然而这一年，全球经济增长动能减弱，地区分化不断加剧，外部环境对我国发展的不利影响持续加大。

2023 年，我国 GDP 增速为 5.2%，居世界主要经济体前列。对于资管行业而言，当下，挑战与机遇并存。一方面，风险隐患仍然较多，社会预期偏弱，我国经济持续回升向好的基础还不稳固，股票市场较为低迷；另一方面，存款利率持续走低，存款向理财转变的趋势不断加强，持续增长的财富管理需求为行业发展提供了动力。后资管新规时代，资管行业发生了深刻变化。券商资管应主动适应时代要求，推动行业走向高质量发展，充分发挥社会财富管理者功能。

后资管新规时代，券商持续推进资管业务转型

随着资管新规的全面实施，各类资管机构在监管之下加快整改，主动规范自己的经营，压降规模，去杠杆、去通道化，提升专业能力，提升行业整体服务实体经济的质效和能力。整个行业在优化监管规章制度的同时也强化了监管，逐步形成了“教科书式”的监管模式和行业标准，促进了行业的转型和持续健康的发展。

券商资管深度转型

根据波士顿咨询公司（BCG）发布的《2024 年全球资产管理报告：AI 与下一轮转型浪潮》，全球资管行业的资管规模（AuM）在 2023 年实现了惊人反弹，总额增至近 120 万亿美元，较 2022 年（当年资管规模大幅下降了 9%）增长了 12%。世界各地的资管规模在 2023 年都恢复了增长，但增速各不相同，北美市场为 16%，亚太市场（不包括日本和澳大利亚）则仅为 5%。尽管规模增长较快，但这种高速增长只能掩盖却不能解决资管行业的深层次问题。2023 年，资管行业收入仅增长了 0.2%，而全年成本却上升了 4.3%。两者相抵消，行业利润下降了 8.1%。全球资管行业的竞争更为激烈。

2023 年，在严峻的环境中，中国资管行业不同子行业的表现各不相同。其中，公募基金、私募基金、信托实现了增长，增速领先于其他子行业；银行理财规模略微下降；券商等证券资管的下降幅度最大。其中，银行理财的市场存续规模为 26.80 万亿元，较 2022 年的存续规模 27.65 万亿元下降了 3.07%。公募基金的存续规模为 27.60 万亿元，较 2022 年增长了 6.02%。私募基金的存续规模为 20.58 万亿元，较 2022 年增长了 2.75%。信托资产的存续规模为 23.92 万亿元，较上年同期增长了 2.79 万亿元，同比增幅为 13.17%。2023 年末，券商资管、期货资管、基金子公司等证券私募资管的存续规模为 12.41 万亿元，较 2022 年下降了 13.28%。根据中国证券业协会的数据，2023 年，券商的受托资管规模为 8.83 万亿元，较 2022 年下降了 9.50%。券商资管是大资管行业中规模下降较大的行业，深度转型仍然在路上。

总的来看，从资管行业发展阶段而言，中国资管行业仍属增量市场，中国资管市场的中长期前景仍然向好。从券商资管内部来看，2023 年，证券公司资管业务的发展分化更为明显。

一是后资管新规时代，券商资管持续增强主动管理能力，在明确专业分工的同时，加大投资研究、产品设计、渠道销售体系等方面的建设。分支机构能力较强、可以充分实现业务协同的综合性券商资管更具优势。特别是具备公募牌照的头部券商资管，公募、私募两条腿走路之下，向主动管理转型的着力点更多了，更有利于实现业务转型。

二是在新规的整改压力下，各家券商的资管规模波动较大，而总规模的下降，凸显的是头部券商受规模压降的影响更大，私募资管在规模上排在前 20 名的券商资管的集中度反而下降。2023 年，10 年期国债的收益率呈波动下行态势，而中小型券商资管因聚焦私募固收类业务，这令其实现了弯道加速，规模和收入快速增长。部分中小型券商由于资本金相对缺乏，这使其相较于头部券商而言，资管业务之外的投行、经纪等业务条线相对薄弱，因此，资管业务成为中小型券商业务转型的突破口，在证券公司体系内部，容易获得更多的支持。

三是券商资管发展公募业务的方向更加明确。一方面，陆续有证券公司发布公告称，拟设立资管子公司并申请公募牌照。2023 年是券商资管子公司获批高峰期，长城资管、国联资管、华安资管、国信资管、华福资管等 5 家企业均获得了批准。截至 2023 年末，全行业已有 30 家券商资管子公司。另一方面，早期完成大集合参公改造的产品面临着产品到期的问题，大集合产品的展期或到期清算对券商资管业务收入的影响较大。2023 年，招商资管、兴证资管这两家券商资管子公司获得了公募业务资格。然而，券商资管申请公募牌照的进度仍低于预期。能否获得公募牌照将是未来一段时间内决定券商资管竞争力的关键。其中，头部券商资管可能会因为获得公募业务牌照而出现分化。

监管政策演变

2023 年，金融监管体系迎来了重大改革。2023 年 3 月 7 日，《国务院关于提请审议国务院机构改革方案的议案》的出炉，标志着金融监管体系顶层设计在逐步完善。金融监管是“长牙带刺、有棱有角”的，证监会在不遗余力地加强资本市场“零容忍”制度建设。《关于依法从严打击证券违法活动的意见》的贯彻落实，使得打击证券违法活动工作取得了显著成果。中央金融工作会议和经济会议的相继召开，明确了金融工作的根本宗旨，为推动经济高质量发展指明了方向。

此外，证监会修订的《证券期货经营机构私募资产管理业务管理办法》已于 2023 年 3 月 1 日起施行，力求引导证券期货经营机构提升服务实体经济质效。2023 年 7 月 7 日，证监会公布了《公募基金行业费率改革工作方案》，指导公募基金行业稳妥有序开展费率机制改革，支持公募基金管理人及其他行业机构合理调降基金费率。2023 年 12 月 8 日，证监会发布了《关于加强公开募集证券投资基金证券交易管理的规定（征求意见稿）》，财富管理的制度建设或将成为下一阶段制度构建的重点。

券商资管向主动管理转型

券商资管着力推进转型发展，在严峻的市场环境下，虽然整体管理规模有所下降，但主动管理比重持续上升。2023 年，证券公司管理的资管规模下降了 9.50%①。私募产品方面，2022 年末，证券公司资管规模为 5.28 万亿元，较 2022 年初下降了 14.84%②；公募产品方面，2023 年末，公募产品合计受托资金规模为 9 869.68 亿元（含大集合参公改造产品），较 2022 年末增长了 2.21%③。在证券公司资管总规模下降的情况下，公募管理规模逆势增长。专项产品方面，2023 年末，证券公司管理的专项资管计划规模为 1.98 万亿元，较 2022 年增长了 3.61%。

私募资管业务结构进一步优化

2023 年，资管新规进入常态化实施阶段，整体规模虽有所下降，但主动管

① 数据来源：中国证券业协会。

② 数据来源：中国证券投资基金业协会。

③ 数据来源：根据万得资讯数据整理而来。

理规模逆势上升，内部结构处于更为合理的相对稳定状态。2023 年，主动管理规模占比已经达到 93.56%，较 2018 年大幅提高了 62.04%（见图 14-1）。整体而言，券商资管“去通道”任务取得了重大成果。

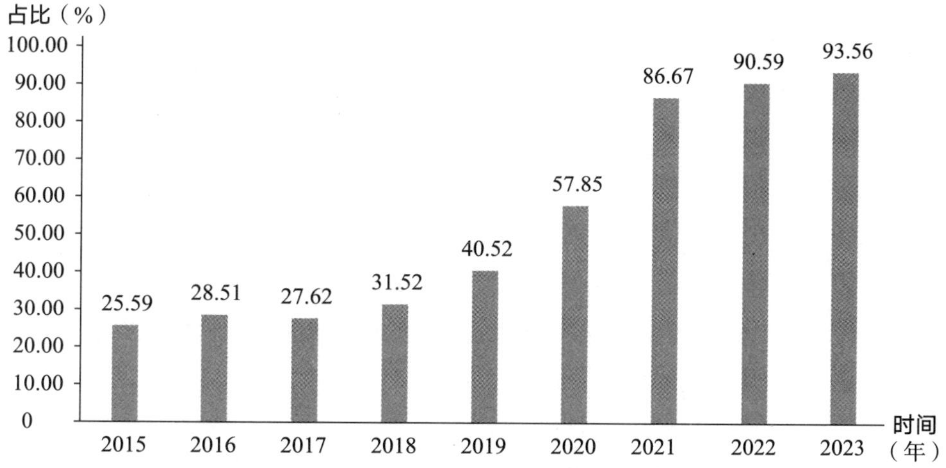

图 14-1　2015—2022 年证券公司私募资管业务主动管理规模占比

资料来源：中国证券投资基金业协会。

固收类仍是绝对主体

基于券商资管的传统优势，固收类产品的占比仍然最高。2023 年，证券公司固收类资管计划规模约为 4.25 万亿元，较 2022 年下降了 15.88%；权益类资管计划规模约为 0.47 万亿元，较 2022 年下降了 10.74%；混合类资管计划规模约为 0.52 万亿元，较 2022 年大幅下降了 11.45%；商品及金融衍生品类资管计划规模为 353 亿元，较 2022 年增长了 22.57%。从规模占比上看，2023 年，固收类资管计划规模占比达到了 80.43%，虽较 2022 年下降了 1.09%，但仍然是证券公司私募资管业务的绝对主体（见图 14-2）。2022 年，在 4 个类别的产品中，仅商品及金融衍生品类资管计划的规模实现了增长，这是因为，商品及金融衍生类产品规模基数小，增长快。商品及金融衍生品类资产的应用，体现了券商资管投资策略多元化的优势。

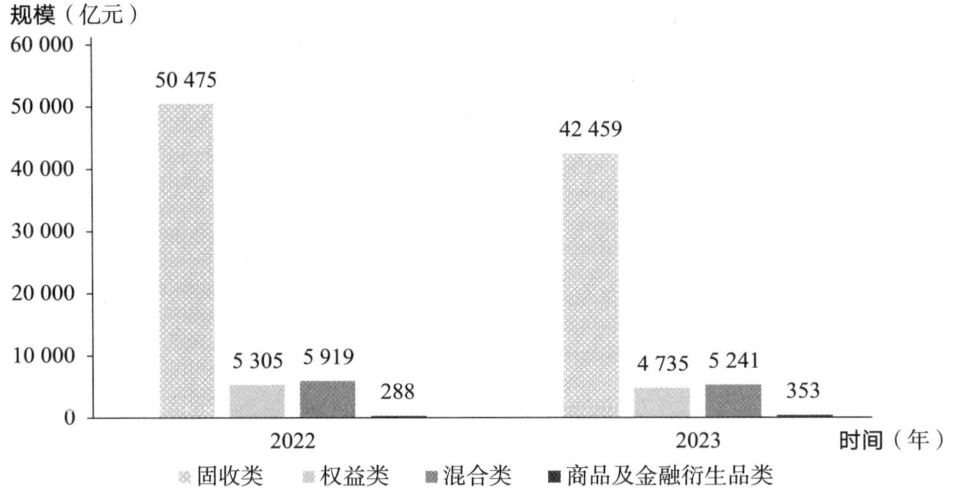

图 14-2　2022—2023 年证券公司私募资管业务不同类型产品规模占比情况

数据来源：中国证券投资基金业协会。

公募资管业务迎来较快发展

2023 年，证券公司大集合参公改造基本告一段落。在公募基金市场发展较快的大环境下，持有公募基金管理资质的证券公司也在积极做大公募基金管理规模。证券公司资管业务持续向公募化转型。相较于私募资管业务，公募资管业务实现了正增长，但整体增速低于公募基金。

根据万得资讯数据，从产品类型构成来看，债券型产品在证券公司公募产品中占据主体地位，2023 年末，由证券公司及其资管子公司管理的债券型公募产品共 266 只，较 2022 年末增加了 35 只，在证券公司公募产品数量中，占比达 41.56%；合计份额不低于 4 330.27 亿份，较 2022 年末增长了 2.03%，在证券公司公募产品合计份额中，占比达到 46.56%；合计资产净值不低于 4 483.39 亿元，较 2022 年末，增长了 23.84%，在证券公司公募产品合计资产净值中，占比达 45.43%。

紧随其后的是混合型产品。2023 年末，混合型产品数量共 233 只，较 2022 年末增加了 24 只，产品数量占比达 36.41%；合计份额不低于 1 391.09 亿份，较 2022 年末下降了 21.68%，在证券公司公募产品合计份额中，占比达 14.96%；合计资产净值不低于 1 773.82 亿元，较 2022 年末下降了 22.42%，在证券公司公募产品合计资产净值中，占比达 17.97%。

排在混合型产品之后的是货币市场型产品。2023 年末，货币市场型产品共有 51 只，较 2022 年末增加了 2 只，产品数量占比达 7.97%。货币市场型产品虽然数量不多，但规模较大，合计份额和资产净值均排在债券型之后。证券资管保证金大集合参公改造的完成，扩充了货币市场型产品规模。2023 年，在份额方面，货币市场型产品占比为 36.05%，而资产净值占比为 33.97%。

股票型、QDII 和 FOF 三类产品规模仍然不大，2023 年末，其规模相较 2022 年末变动不大。2023 年，市场中共存续 5 只公募 REITs 产品，由 3 家证券资管担任管理人（见表 14-1）。

表 14-1　2022 年末—2023 年末证券公司公募产品的数量和规模

产品类型	产品数量（只）		产品份额（亿份）		资产净值（亿元）	
	2023 年末	2022 年末	2023 年末	2022 年末	2023 年末	2022 年末
货币市场型	51.00	49.00	3 352.33	2 704.83	3 352.33	3 538.72
债券型	266.00	231.00	4 330.27	4 243.97	4 483.39	3 620.33
股票型	39.00	36.00	101.23	74.19	88.87	66.72
混合型	233.00	209.00	1 391.09	1 776.19	1 773.82	2 286.58
QDII	5.00	2.00	9.62	11.20	3.79	5.36
另类投资型	1.00	1.00	2.24	3.31	2.33	3.11
FOF	40.00	27.00	87.23	112.39	86.97	119.74
REITs	5.00	4.00	26.00	16.00	78.18	16.00
合计	640.00	559.00	9 300.01	8 942.07	9 869.68	9 656.56

资料来源：万得资讯、申万宏源资管。

银行仍然是券商资管最主要的资金来源

2023 年，证券公司私募资管业务的资金来源中，银行渠道仍为资金最主要的来源，但占比略有下降。根据中国证券投资基金业协会数据，银行渠道资金在证券公司私募资管业务资金中的占比从 2022 年的 69.65% 下降至 2023 年的 62.90%；个人投资者资金占比则从 2022 年的 11.12% 上升至 2023 年的 12.89%；非银金融机构资金占比从 2022 年的 12.56% 上升至 2023 年的 16.56%（见图 14-3）。虽然银行渠道资金在券商资管资金来源上的比重略有下降，但在资管业务的转型阶段，券商资管对银行等机构资金的依赖度仍然较高。所以券商资管会集中有限资源，重点突破银行等金融机构。但券商资管资金来源已呈现出多元化趋势，未来，直销、互联网等渠道的重要性将不断提升。

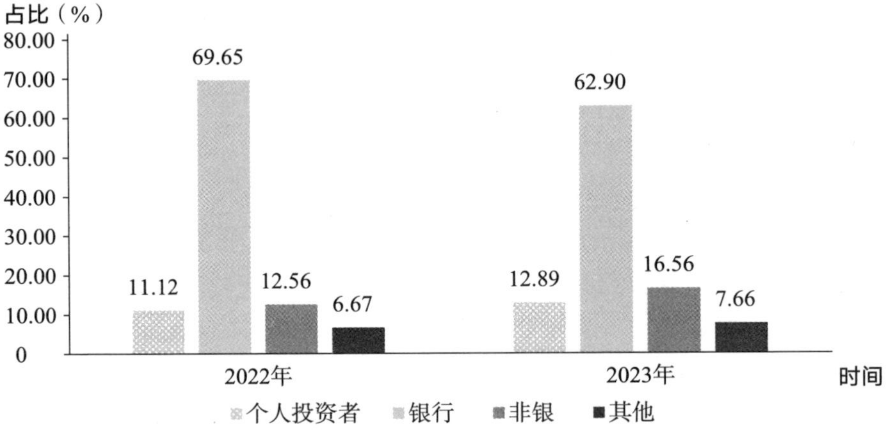

图 14-3　2022—2023 年证券公司私募资管业务的资金来源构成情况

资料来源：中国证券投资基金业协会。

标准化资产是最主要的投资方向

从资产配置结构来看，资管新规发布以来，标准化资产成为券商资管最主要的投资方向。根据中国证券投资基金业协会数据，截至 2023 年末，债券类资产、股票类资产和基金类资产合计在证券公司私募资管业务的资产配置中占比已达 70.47%，较 2022 年提升了 1.93%（见图 14-4）。在基础资产中，债券类资产的投资比例最高。信用风险和流动性风险防控是券商资管业务发展的关键环节。

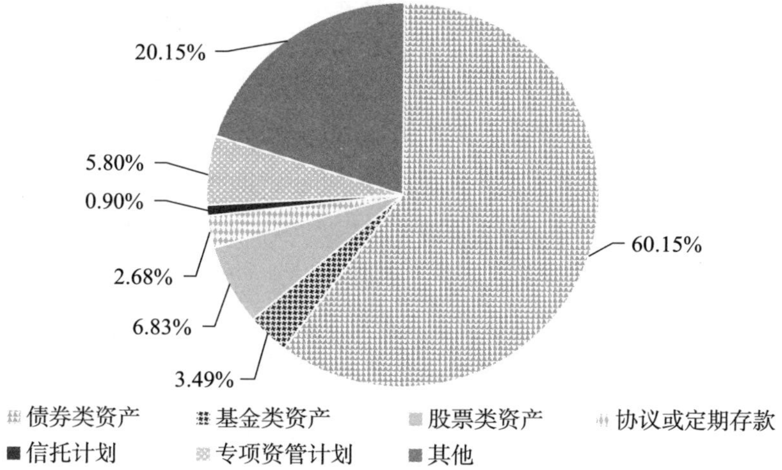

图 14-4　2023 年证券公司私募资管业务的资金来源构成情况

资料来源：中国证券投资基金业协会。

管理规模波动较大，行业集中度下降

根据中国证券投资基金业协会披露的私募资管月均规模数据，在资管新规全面落地的背景下，近两年来，券商私募资管规模排名变动较大。一方面，去通道的压力明显加大，2023 年，中信证券资管、中金公司资管、中银国际资管、光大证券资管、中信建投资管等企业管理的资产规模均较 2022 年大幅下降千亿元以上；另一方面，国君资管、财通资管等企业管理的资产规模稳中有升，管理规模排名上升。整体来看，行业资管规模排名前 20 的券商资管占券商私募资管规模的比重出现了下降。2023 年，券商资管行业私募资管月均规模排名前 20 合计下降了 25.81%，私募资管规模较 2022 年下降了 14.84%。2023 年，行业排名前 20 的券商资管规模集中度较 2022 年下降了 11.02%（见表 14-2）。

表 14-2　2022 年第四季度和 2023 年第四季度证券公司私募资管月均规模前 20 名

2022 年第四季度			2023 年第四季度		
序号	公司名称	月均规模（亿元）	序号	公司名称	月均规模（亿元）
1	中信证券股份有限公司	10 917.06	1	中信证券资产管理有限公司	7 478.83
2	中银国际证券股份有限公司	5 342.99	2	上海国泰君安证券资产管理有限公司	3 536.00
3	中国国际金融股份有限公司	4 088.02	3	中银国际证券股份有限公司	3 471.23
4	上海光大证券资产管理有限公司	3 934.19	4	中信建投证券股份有限公司	2 769.74
5	中信建投证券股份有限公司	3 763.76	5	上海光大证券资产管理有限公司	2 678.22
6	上海国泰君安证券资产管理有限公司	3 049.16	6	中国国际金融股份有限公司	2 428.88
7	广发证券资产管理（广东）有限公司	2 991.21	7	广发证券资产管理（广东）有限公司	2 018.19
8	申万宏源证券有限公司	2 585.77	8	华泰证券（上海）资产管理有限公司	1 813.67
9	招商证券资产管理有限公司	2 284.57	9	申万宏源证券资产管理有限公司	1 638.96
10	国金证券股份有限公司	2 000.06	10	平安证券股份有限公司	1 495.80
11	平安证券股份有限公司	1 964.93	11	安信证券资产管理有限公司	1 434.47
12	华泰证券（上海）资产管理有限公司	1 872.92	12	招商证券资产管理有限公司	1 422.82
13	中泰证券（上海）资产管理有限公司	1 614.77	13	财通证券资产管理有限公司	1 274.56
14	财通证券资产管理有限公司	1 211.19	14	国信证券股份有限公司	1 075.00
15	安信证券资产管理有限公司	1 184.15	15	首创证券股份有限公司	1 067.80
16	首创证券股份有限公司	929.42	16	国金证券资产管理有限公司	1 004.70
17	国信证券股份有限公司	923.01	17	中泰证券（上海）资产管理有限公司	778.38
18	五矿证券有限公司	826.66	18	国联证券股份有限公司	693.35

续表

2022 年第四季度			2023 年第四季度		
序号	公司名称	月均规模（亿元）	序号	公司名称	月均规模（亿元）
19	银河金汇证券资产管理有限公司	823.50	19	银河金汇证券资产管理有限公司	679.63
20	上海东方证券资产管理有限公司	684.72	20	华福证券有限责任公司	553.03
	前 20 名月均规模合计	52 992.06		前 20 名月均规模合计	39 313.26
	券商私募资管规模	61 987		券商私募资管规模	52 789
	前 20 名券商资管规模占比	85.49%		前 20 名券商资管规模占比	74.47%

资料来源：课题组整理。

注：季度月均规模指当季各月末证券公司私募资管规模的算术平均数，不含证券公司管理的养老金和已规范整改的大集合产品。

究其原因，一是头部券商资管受通道规模压降的影响更大，这使其不得不缩减规模，而中小型券商通道业务的绝对规模相对较小；二是 2023 年国债收益率下行，这为固收类市场创造了投资机会，于是中小型券商发力固收类业务，从而实现了追赶。

券商资管转型发展的挑战

券商资管业务结构仍在逐步优化

如前文分析，2023 年，券商资管整体规模下降，且排名前 20 的券商资管合计规模下降更大。这是因为，2023 年，资管业务面临多方面的压力。一是在存量产品方面，2023 年，资管新规严格实施，对通道业务的监管极为严格，券商资管面临很大的新规整改压力，这使大量产品被提前终止或清算；二是在新设产品方面，虽然 2023 年新设产品规模较 2022 年有所上升，但新增的主动管理业务尚未能完全弥补通道业务的萎缩；三是在市场环境方面，2023 年，整个市场波动较大，尤其是股票市场的震荡下行，对“固收 +”等含权类产品的业绩影响较大（见图 14-5）。未来，证券公司资管业务仍然会面临规模增长的压力。只有在通道接近完全出清、市场环境转好的情况下，券商资管业务的规模才有可能止跌回升。

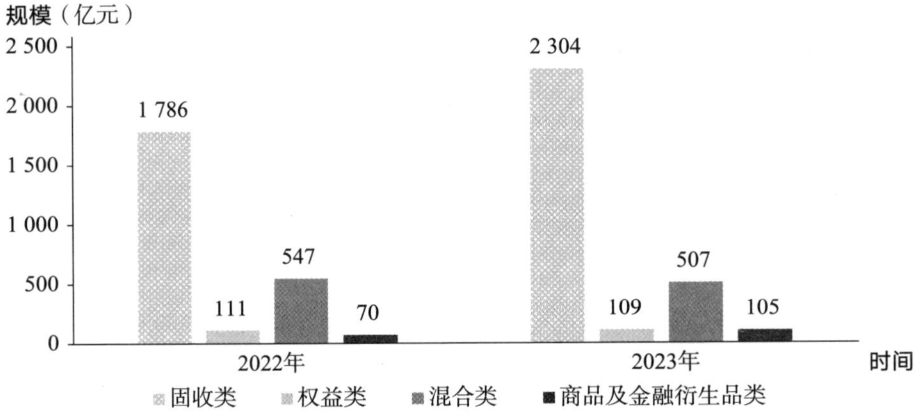

图 14-5　2022—2023 年证券公司新发行产品结构

资料来源：中国证券投资基金业协会。

突破公募业务转型的瓶颈难度较大

2023 年以来，仅两家券商资管获批公募牌照，仍有多家券商资管已递交了公募牌照申请，但进展缓慢。最早一批完成整改的大集合产品面临即将到期的窘境。公募牌照有可能成为券商资管之间竞争力差异的分水岭。相较于私募资管业务，2023 年，券商资管公募基金（含已完成整改的大集合产品）实现了正增长。证券公司公募基金业务份额增幅为 4.00%，净值增幅为 2.21%，根据中国证券投资基金业协会数据，同期公募基金行业整体份额增幅为 10.32%，净值增幅为 6.02%。证券公司公募业务增速低于公募基金行业整体水平。

券商资管与公募业务在投研体系、人员团队、销售渠道、考核激励机制与发展公募业务的需求等方面仍然有不少差距。公募基金行业的头部效应更加明显，非货规模排名前 10 的基金公司排名较为稳定且优势巨大。具有公募牌照的券商资管中，仅东证资管（排名第 27）、中银国际证券（排名第 34）、财通资管（排名第 46）跻身前 50 名；其他券商资管如中泰资管（排名第 83）、国泰君安资管（排名第 87）、浙商资管（排名第 91）、山西证券（排名第 95）、华泰资管（排名第 101）、渤海汇金资管（排名第 106）、长江资管（排名第 118）、招行资管（排名第 149）、国都证券（排名第 157）等都在 50 名以外（见表 14-3）。

表 14-3　2022 年末非货规模基金（含券商资管）排名一览

序号	公司名称	2022 年末非货规模（亿元）	序号	公司名称	2022 年末非货规模（亿元）
1	易方达基金	9 526.74	80	德邦基金	390.03
2	华夏基金	8 180.73	81	方正富邦基金	361.01
3	广发基金	6 352.97	82	英大基金	353.63
4	招商基金	5 756.01	83	中泰资管	353.43
5	富国基金	5 710.67	84	汇丰晋信基金	351.95
6	嘉实基金	5 477.96	85	圆信永丰基金	351.52
7	博时基金	5 337.62	86	中航基金	343.33
8	南方基金	4 888.91	87	国泰君安资管	337.52
9	汇添富基金	4 475.61	88	淳厚基金	324.22
10	鹏华基金	4 228.74	89	新华基金	322.06
11	工银瑞信基金	3 428.60	90	嘉合基金	319.52
12	景顺长城基金	3 369.65	91	浙商资管	317.34
13	华安基金	3 369.23	92	东兴基金	308.84
14	国泰基金	3 253.89	93	诺德基金	306.55
15	天弘基金	3 003.94	94	中庚基金	303.63
16	交银施罗德基金	2 997.70	95	山西证券	262.36
17	中银基金	2 858.03	96	泰信基金	259.27

续表

序号	公司名称	2022年末非货规模（亿元）	序号	公司名称	2022年末非货规模（亿元）
18	华泰柏瑞基金	2 849.37	97	华泰保兴基金	258.15
19	中欧基金	2 831.06	98	格林基金	236.27
20	兴证全球基金	2 753.04	99	华润元大基金	228.73
21	永赢基金	2 479.69	100	东海基金	220.70
22	平安基金	2 258.53	101	华泰资管	219.63
23	银华基金	2 148.75	102	金元顺安基金	216.45
24	建信基金	2 074.34	103	博道基金	207.93
25	兴业基金	1 928.47	104	摩根士丹利基金	198.19
26	大成基金	1 794.35	105	南华基金	172.40
27	东证资管	1 664.80	106	渤海汇金资管	169.64
28	万家基金	1 575.18	107	东吴基金	164.91
29	浦银安盛基金	1 559.86	108	泉果基金	150.73
30	国投瑞银基金	1 482.37	109	恒生前海基金	149.04
31	国寿安保基金	1 469.29	110	人保资管	142.42
32	华宝基金	1 338.90	111	朱雀基金	138.12
33	长城基金	1 333.12	112	长安基金	128.81
34	中银国际证券	1 210.77	113	北京京管泰富基金	123.30
35	中加基金	1 203.95	114	新疆前海联合基金	108.93
36	民生加银基金	1 196.97	115	红土创新基金	108.89
37	华商基金	1 143.32	116	博远基金	106.12
38	上银基金	1 140.38	117	金信基金	105.81
39	农银汇理基金	1 077.76	118	长江资管	104.32
40	国联安基金	1 049.96	119	路博迈基金	102.61
41	安信基金	1 043.52	120	中海基金	96.87
42	长信基金	1 032.11	121	富荣基金	89.90
43	海富通基金	1 025.96	122	西藏东财基金	84.36
44	国联基金	1 015.04	123	贝莱德基金	80.42

续表

序号	公司名称	2022 年末非货规模（亿元）	序号	公司名称	2022 年末非货规模（亿元）
45	鑫元基金	1 013.00	124	天治基金	79.84
46	财通资管	980.84	125	红塔红土基金	78.33
47	中信保诚基金	913.06	126	兴华基金	65.96
48	鹏扬基金	874.84	127	东方阿尔法基金	62.76
49	创金合信基金	870.84	128	同泰基金	60.88
50	信达澳亚基金	836.01	129	国新国证基金	58.05
51	前海开源基金	803.04	130	富达基金	57.78
52	东方基金	790.96	131	达诚基金	55.05
53	银河基金	774.81	132	百嘉基金	53.90
54	泰康基金	766.90	133	新沃基金	51.81
55	融通基金	760.63	134	恒越基金	49.98
56	摩根基金	718.22	135	湘财基金	40.75
57	申万菱信基金	710.45	136	国融基金	38.61
58	西部利得基金	675.03	137	尚正基金	37.95
59	光大保德信基金	640.43	138	富安达基金	32.96
60	兴银基金	638.56	139	北信瑞丰基金	30.00
61	财通基金	632.71	140	先锋基金	29.59
62	中金基金	627.30	141	汇泉基金	21.26
63	诺安基金	564.41	142	江信基金	20.17
64	长盛基金	563.85	143	弘毅远方基金	15.30
65	华富基金	546.08	144	九泰基金	13.99
66	中邮创业基金	527.30	145	施罗德基金	12.84
67	蜂巢基金	507.89	146	华宸未来基金	12.70
68	泓德基金	506.24	147	益民基金	10.79
69	宏利基金	499.30	148	明亚基金	7.00
70	中信建投基金	488.09	149	招商资管	5.84
71	太平基金	487.74	150	合煦智远基金	5.64

续表

序号	公司名称	2022 年末非货规模（亿元）	序号	公司名称	2022 年末非货规模（亿元）
72	惠升基金	482.81	151	中科沃土基金	5.45
73	国海富兰克林基金	458.06	152	易米基金	4.91
74	国金基金	452.13	153	华西基金	3.69
75	宝盈基金	433.66	154	兴合基金	2.44
76	睿远基金	428.12	155	凯石基金	2.17
77	金鹰基金	420.87	156	瑞达基金	0.94
78	汇安基金	404.72	157	国都证券	0.37
79	浙商基金	403.81	—	—	—

资料来源：万得资讯、《每日经济新闻》。

整体而言，券商资管的公募业务与传统的公募基金业务差距很大，未来仍有巨大发展空间。以东方红资管为例，早在 2013 年，它就已经成为业内首家获得公开募集证券投资基金管理业务资格的非基金管理类公司，但直到今天，它的管理规模仍然与公募基金公司存在着较大的差距。券商资管行业不能高估公募牌照带来的制度红利，公募化转型仍然需要夯实业务基础，建立长效机制，唯此方能久久为功。

证券公司资管向主动管理转型仍任重道远

证券公司资管向主动管理转型，一是要强化投研核心能力建设，完善投研能力评价指标体系，强化“平台型、团队制、一体化、多策略”投研体系建设。买方投研体系的建设需要久久为功，长期坚持。券商资管曾分别经历了以非标、通道、报价式固收类等业务为主的发展阶段，与长期从事主动管理的头部公募基金相比，头部券商资管投研体系建设还有很大不足，特别是在权益类研究体系方面，差距明显。因此，券商资管应当对标行业领先机构，基于自身资源禀赋与战略发展方向，完善投研体系，夯实向主动管理转型的基础。

二是合规风控能力仍有待加强。资管新规落地之前，券商资管通道和非标业务占比较大，券商资管合规风控能力建设与主动管理、标准化投资的需求存在差距。券商资管固收类产品以及债权类资产投资占比较高，信用风险、流动性风险管理的重要性凸显了出来。券商资管要确保组织架构设置、业务发展与合规风控水平、专业能力相匹配。

三是渠道销售能力对向主动管理转型的支持还需加强。部分券商资管主要依托于分支机构来协同开展业务，券商资管渠道销售在专业性、区域布局、内外部协同机制、客户分类分级体制等方面仍需细化和完善。

四是金融科技能力相对不足，数字化程度有待提升，数据治理能力还需加强。在对部分券商资管和公募基金的调研中发现，券商资管与主动管理能力相匹配的金融科技建设相对滞后。资管行业越来越注重金融科技能力。券商资管整体的金融科技对投研、风控、营销体系的赋能还需加强。

五是获得公募牌照的券商资管数量仍然较少，私募资管业务面向的客户群体较为有限，完成大集合参公改造的产品即将到期。公募牌照成为券商资管业务发展的瓶颈。随着时间的推移，具备公募牌照的券商资管与不具备公募牌照的券商资管将出现明显分化。

要基于客户需求和市场趋势不断优化产品体系

2023 年，证券公司资管产品结构进一步优化，主动管理规模占比持续上升，但仍有继续优化的空间。一是权益类产品占比有待进一步提高。根据美国投资公司协会《2022 年美国投资公司年报》数据，2023 年，美国股票型基金占基金总规模的比重为 58%。相对而言，目前权益类产品在券商资管产品中的占比仍然很低。截至 2023 年末，在私募资管产品中，权益类产品的受托资金占比仅为 8.97%，在私募资管产品的资产配置中，股票型产品仅占 6.83%；券商资管的公募资管产品中，股票型产品的份额占比和资产净值占比分别为 1.09% 和 0.90%，较 2022 年有微弱提升。权益类产品占比较低与股票市场行情有关。2023 年，A 股市场经历了较大波动，受风险情绪积累、全球宏观环境等因素拖累，A 股市场在上半年冲高回落后步入震荡行情，三大指数年内均出现了不同程度的回撤。在资管新规过渡期结束后，券商资管持续完善投研体系建设，权益类产品有望随着券商资管主动管理能力的增强而迎来较快发展，为吸引更多中长期资金参与资本市场投资贡献力量。

二是固收类产品体系有待丰富，以充分发挥理财产品的替代作用。2023 年，券商资管固收类产品线不断丰富，除了常规的定开型产品，中短久期的固收类产品不断丰富。一方面，私募产品“周开”“双周开”等 3 个月以下封闭期的产品陆续发行；另一方面，大集合整改也丰富了短债型产品的产品布局，短债、中短债、3 个月定开等公募产品数量日益丰富。固收类产品的久期分布变得更广了，这为广大机构投资者和个人投资者提供了更多的久期选择。

三是固收类产品的策略还需不断升级，债券投资策略还需更加丰富，“固收 +”产品策略需要更为多元，提升衍生品类、量化类策略的组合配置。2023 年，利率债继续维持窄幅波动格局，全年 10 年期国债收益率在 2.54% ～ 2.94% 之间波动，1 年期国债收益率在 1.73% ～ 2.40% 之间波动，大体呈现“N”形震荡下行走势。其中，信用债全年表现偏强，信用利差明显压缩。在固收类产品策略方面，品种选择、久期分布等还需要与市场趋势紧密结合。

四是 FOF 类产品在资产配置等方面的积极作用应进一步提升。FOF 类产品也是券商资管的一个大类特色产品，它是大类资产配置策略的主要载体，为高净值客户提供量化等私募产品配置工具。符合资管新规的 FOF 类产品在为客户提供资产配置工具等方面具有难以替代的积极作用，具备持续发展的空间。

五是大宗商品类和金融衍生品类产品受到关注，但需审慎监管、有序发展。近年来，以雪球结构为代表的大宗商品类和金融衍生品类资管产品继续获得市场关注，由证券公司及其资管子公司管理的大宗商品类及金融衍生品类资管产品的存续规模进一步增长，增幅达到 22.57%，是四大类产品中规模唯一增长的产品。金融衍生品类资产不但能单独作为产品发行，还可以在资产配置中发挥重要作用，“固收 + 衍生品”起到了固收增强的作用。

未来，金融衍生品类资产的重要性还将继续提升，在资产配置中发挥重要作用。监管层也提出，全面提升对场外衍生品等重点业务的监管，加强对底层资产、资金流向、杠杆水平的穿透式监管。这对券商资管的投研、资产定价、风控能力的要求会进一步提高。

以机构投资者为主，个人投资者占比逐步提升

自资管新规发布以来，证券公司资管业务的投资者结构仍然以机构投资者为主，2023 年个人投资者的占比有了一定提升。

根据中国证券业协会的数据，2023 年银行和非银金融机构资金在证券公司私募资管业务资金来源中的占比从 2022 年的 82.21% 略微下降到 2023 年的 79.46%，个人投资者资金占比则从 2022 年的 11.12% 上升至 2023 年的 12.89%。集合产品资金来源中银行和非银金融机构的资金占比从 2022 年的 77.44% 下降至 2023 年的 72.64%，个人投资者资金则从 2022 年的 18.98% 上升至 2023 年的 23.04%。券商资管长期以机构客户为主，机构资金较容易产生一致性行动，这会导致资管规模的波动较大。个人投资者占比的提升，以及更直接地为广大投资者提供产品和服务，这些因素将更有利于形成稳定的资管规模。

充分发挥券商资管的资源禀赋，推进一流投资机构建设

抓住行业发展机遇，充分发挥社会财富“管理者”的功能

新“国九条”、《关于加强证券公司和公募基金监管加快推进建设一流投资银行和投资机构的意见（试行）》的发布，体现出了监管层对资管市场和资管行业的高度重视。监管层不仅明确了推动行业高质量发展的实施路径和时间表，也为券商资管的业务转型、改革创新指明了新方向。

从发展的角度看，资管行业市场前景非常广阔。一是国内经济有望总体回升。虽然世界经济的不稳定性逐渐上升，国内经济恢复发展的基础尚不牢固，但我国经济韧性强、潜力大、活力足，长期向好的基本面没有变。另外，2024年的政府工作报告也指出，当年的GDP增速目标为5%左右。

二是政策环境更为清晰、明朗。新“国九条”与2023年10月召开的中央金融工作会议精神一脉相承，均践行“金融为民”的理念，坚持以人民为中心的价值取向，加快建设金融强国，将是金融机构未来开展工作的行动指南。

三是市场规模持续增长。近年来，我国居民收入持续保持较高增长，资管行业需要更好地满足人民群众日益增长的财富管理需求，为资管行业的快速发展奠定基础。大资管行业的增长速度快于同期GDP增速。

四是银行等机构具有庞大的资管需求。一方面，“净值化”加大了银行理财产品的波动，随着监管层叫停了银行“手工补息”操作，对信托“平滑机制”等加强了管理，银行理财旧有的管理模式难以为继；另一方面，中国人民银行统计数据显示，2023年，住户存款增加了16.67万亿元。与此同时，2023年末，工

农中建等国有大行在 2023 年内 3 次下调了存款挂牌利率。由存款向理财转移的趋势进一步加强。截至 2023 年末，银行理财市场相关产品的存续规模为 26.80 万亿元。据中信证券预计，2024 年末，银行理财存续规模有望突破 31 万亿元。银行理财管理模式的转型以及负债端巨大的压力，需要与资产端优秀的资管能力相匹配。这为包括券商资管在内的各类资管机构提供了发展机会。

锻长板、补短板，提升专业能力

发挥券商资管协同优势

与公募基金相比，券商资管的优势主要体现在资产获取能力、分支机构分布广泛等方面，券商资管及其母公司积累了较为丰富的资本市场投研能力，聚集了一大批优秀人才，其研究覆盖各个行业，这是银行等机构所不具备的。证券公司内部业务条线的协同也构成了券商资管独特的比较优势。

一是与分支机构的协同。综合性证券公司具有大量的分支机构，这些分支机构为属地客户提供综合性的金融服务，资管业务及产品是其中重要一环。分支机构还为资管业务拓展了属地银行资源，通过它们开展委外或代销服务。在为资管的资产证券化业务推荐项目资管的同时，分支机构也发挥了日常服务客户的作用。头部券商的分支机构数量众多，其专业能力不容小觑，分支机构的协同优势极为突出。

二是与证券公司零售条线的协同。零售条线的存量客户自然容易成为资管客户的服务对象，在这方面，券商资管具有自身渠道的天然优势。与银行客户相比，券商零售客户的风险偏好相对更高。券商资管权益类业务的起步发展往往较为困难，其权益类业务往往需要依托零售条线。因此，证券公司零售条线会将资管条线作为定制化的产品供应商，推动财富管理和资产管理协同发展。例如，财富条线与资管条线合作开展 FOF 业务，共同服务证券公司客户。

三是与证券公司其他业务条线的协同。证券公司具有研究、投行、债券销售、海外等业务板块，在资产端和资金端，均可以为资管业务推介资金来源和项目来源。例如，在资产证券化（ABS）业务的协同方面，投行业务排名靠前的证券公司，对应的资产证券化业务的规模更大。投行条线和资管条线协同发展，形成了“投行＋资管”体系化的优势。另外，头部券商的研究所实力较强，往往会为资管的投研力量提供重要补充；而投行业务、机构业务等更是可以发挥综合金融服务优势，使证券公司的资管业务具备银行和基金都没有的综合服务优势。投行板块善于挖掘资产，而券商资管善于筛选资产、匹配资产端和资金端的需求，两者可以碰撞出许多火花——REITs就是典型代表。

策略灵活的优势

券商资管与公募基金相比，一是更偏重绝对收益。券商资管起步于银行委外投资业务，发展初期，自带绝对收益基因。与公募基金相比，券商资管始终具备绝对收益的理念和基因。二是投资策略灵活。券商资管以私募业务为主，对投资的约束相对宽松，投资限制、仓位管理、策略组合等也更为灵活。例如，券商“固收＋”策略呈现多元化态势，利率债策略、转债策略、权益量化策略、FOF组合策略、衍生品策略、CTA策略[①]等各种组合较为丰富。

坚持守正创新，追求高质量发展

始终践行金融为民的理念，突出以人民为中心的价值取向

券商资管要不断丰富产品体系，加强投研能力建设，使券商资管业务在支持

① CTA策略，全称为Commodity Trading Advisor策略，是一种在期货市场中广泛应用的投资管理策略。核心在于利用期货市场的价格波动，通过系统化的交易模型和风险管理技术，为投资者提供多样化的投资机会和风险控制手段。——编者注

实体经济、服务人民群众理财需求方面具备较强能力。一是通过资产证券化业务，帮助实体企业盘活资产，做好科技金融、绿色金融、普惠金融、养老金融、数字金融等“五篇大文章”。二是通过创设主题 ESG 资管产品和优选 ESG 个股，助力优质企业发展，创造环境价值，推动低碳转型，更好地实现资本的社会效益。三是资管业务是证券公司最具“人民性”的细分行业之一，“受人之托、忠人之事”。

夯实向主动管理转型的基础

坚持长期主义，聚焦投研体系建设

向主动管理转型，需要具备更强的专业化能力，完善的投研体系是向主动管理业务转型的基石，也是资管机构的核心竞争力。券商资管要加强行业对标，完善专业投研人才的引进、培养、考核、激励等机制；要充实买方研究、加强投研互动，丰富投资策略；要优化投研部门的组织架构和分工，健全大权益、大固收、大类资产配置的研究和投资体系；要加强金融科技赋能，加快投研信息系统建设；要强化投研核心能力建设，完善投研能力评价指标体系，为向主动管理转型打好坚实基础，提供可以匹配中长期资金需求的产品和服务。

丰富产品体系，为投资者提供多元化选择

以满足客户财富管理需求为出发点，以风险可测可控、投资者有效保护为前提，加大产品和业务创新力度，切实提高金融产业服务实体经济的能力。不断完善“固收 +”、权益类、量化类、FOF 类等基础资产配置产品，满足不同客户各类风险下的收益需求，逐步形成多品种、全链条、全风险收益等级的产品线。加大 ABS、公募 REITs 等业务的布局，提升产品供给能力。加大中低波动型产品开发创设力度，开发适配个人养老金等中长期资金投资的资管产品，有效对接不同风险偏好下的资金需求，完善资管产品体系的风险收益曲线，丰富产品谱系。以偏绝对收益为方向的多策略产品体系可能是未来券商资管取得突破的关键。

加快公募牌照申请

随着“一参一控一牌”政策的正式落地，券商开始通过设立资管子公司的方式申请公募牌照，进一步拓宽业务边界。截至 2023 年末，共有 30 家券商设立了资管子公司，共有 14 家券商取得了公募牌照，但持有公募牌照的券商资管占比仍然较低。加快布局公募业务已成为证券资管行业的共识。

公募业务领先的券商资管中，东方红资管于 2013 年获批公募牌照，公募业务经过 11 年的发展，占比超过 70%，已基本完成向公募方向发展的转型。财通资管于 2015 年成立之初就获批了公募基金资格，其公募业务经过 9 年的积累和发展，占比已接近一半，形成了公募与私募双轮驱动的发展格局。以上两家资管子公司获得公募牌照后，公募业务的发展经过长期积累，才逐步取得转型成效。公募赛道的竞争十分激烈，券商资管公募化转型应当作好长期的准备和布局。目前，券商资管的公募牌照审批速度仍低于预期，未来，公募牌照或将成为决定券商资管竞争力的关键要素。

第 15 章

2023 年中国期货资管行业：转型升级与市场发展新趋势

2023 年中国期货市场发展概况

2023 年，中国期货市场的整体活跃度有所提升，受供应链限制、地缘政治冲突等事件影响，大宗商品价格波动加剧，导致部分期货品种价格出现连续单边甚至极端波动行情，国内期货交易所通过调整合约交易保证金、涨跌停板、手续费等一系列举措优化市场交易结构，为期货市场平稳运行提供了有利因素。同时，随着《中华人民共和国期货和衍生品法》（以下简称“《期货和衍生品法》”）的实施，中国期货市场的法治化建设和监管体系日益完善，期货市场助力实体经济和防范价格风险的功能得到了更有效的发挥。

2023 年，自期货新品种的上市实行注册制以来，国内期货市场的产品创新效率有所提升，全年累计上市了 7 个期货品种。其中，上海期货交易所推出了中国首个服务类期货品种——集运指数（欧线）期货，广州期货交易所上市了全球首个以实物交割的碳酸锂期货。

市场交易方面，2023 年，累计成交了 85.01 亿手，同比增长了 25.61%，成交额 568.51 万亿元，同比增长了 6.28%（见图 15-1）。

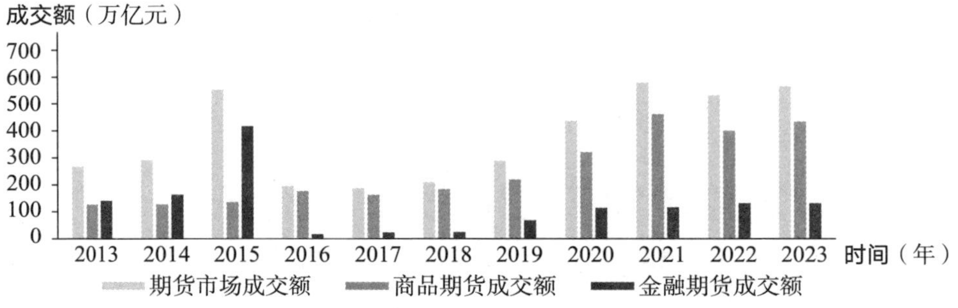

图 15-1　2013—2023 年期货市场、商品期货和金融期货成交额情况

资料来源：万得资讯，课题组整理。

从交易品种来看，在披露的 79 种期货交易品种中，原油、黄金、股指期货成交相对活跃。2023 年，累计成交额排名前五的期货品种分别为中质含硫原油、沪深 300 股指期货、黄金、纯碱、中证 500 股指期货，年度成交额分别为 28.78 万亿元、26.31 万亿元、23.85 万亿元、22.56 万亿元、20.30 万亿元。从交易品种的同比增速来看，2023 年，中证 1000 股指期货的累计成交额同比增速超 100%（见图 15-2）。

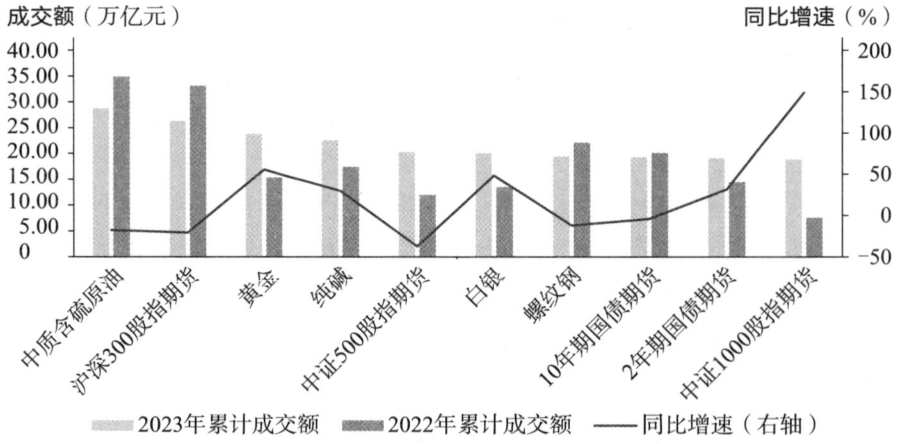

图 15-2　2023 年累计成交额排名前十期货品种

资料来源：万得资讯，课题组整理。

从期货行业分类指数成交额来看，化工板块以 100.28 万亿元位列成交额第一；贵金属及软商品成交额大幅增长，其中贵金属的成交额为 43.87 万亿元，同比增长了 52.01%；软商品的成交额为 25.73 万亿元，同比增长了 66.28%（见图 15-3）。

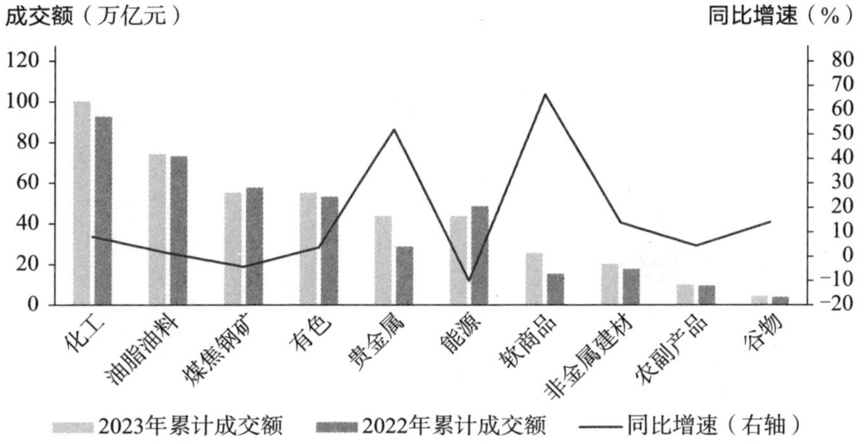

图 15-3　2023 年期货行业分类指数成交额与同比增速情况

资料来源：万得资讯，课题组整理。

2023 年期货资管私募产品新设立备案情况

期货资管规模总体呈趋势性恢复，但起伏较大

2006 年，随着商业银行理财业务的正式开始，大资管行业强势崛起。2012 年，证监会鼓励券商、基金公司创新改革，并放松了在净资本、投资范围方面的限制，资管行业迎来快速发展。此时，资产类型以投资非标产品为主。2018 年，资管新规的发布，意在全面整治之前存在的业务发展不规范、多层嵌套、刚性兑付、规避金融监管和宏观调控等问题。在此背景下，私募资管规模尤其是券商资

管发行的单一资管计划规模大幅下降。随着原有的业务模式无法持续，期货资管规模在 2018 年大幅下降，但近年来，期货公司积极探索，各尽所长，使规模在起伏中逐渐恢复至新规前水平。

近几年，大资管行业总体呈稳健发展态势，但细分来看，除公募类增长明显外，其余类型产品均没有维持长期上涨趋势。2023 年，资管行业业务存量规模为 67.06 万亿元，同比增长了 0.49%。但不同类型的资管产品之间存在显著差异，其中，养老金及公募基金规模增幅明显，分别同比增长了 14.49% 和 6.02%，而当私募资管相关的产品规模同比下降了 13.28%。从细项来看，证券公司及其子公司资管计划、基金管理公司资管计划、基金子公司资管计划、期货公司及其子公司资管计划分别同比下降了 13.80%、8.23%、25.12%、12.76%。此外，期货资管计划呈现出规模波动大、平均规模小、数量少的特点，平均每只资管计划的规模为 1.30 亿元，低于其他类型产品（见图 15-4）。

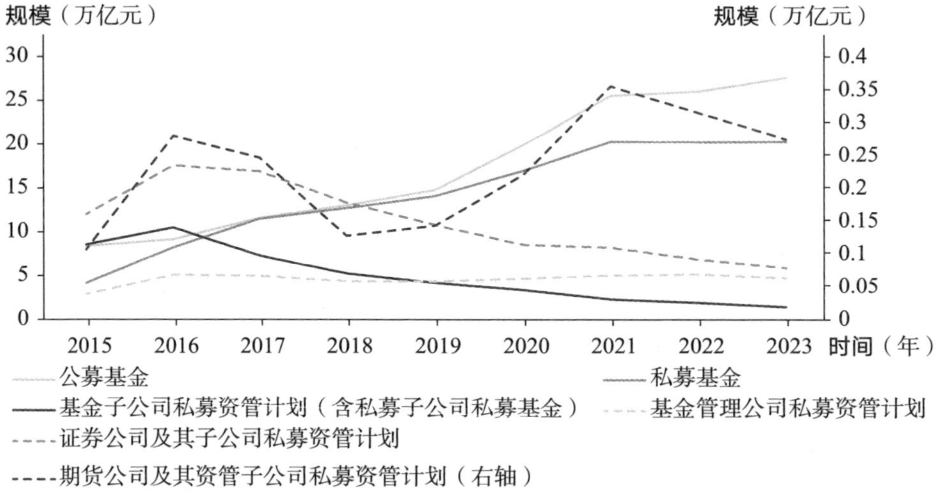

图 15-4　2015—2023 年证券期货经营机构不同的资管产品规模对比

资料来源：中国证券投资基金业协会，课题组整理。

2023 年新设期货资管计划在数量及规模上双降

根据证券期货经营机构私募资管产品备案月报，2023 年，期货资管平均每月新设的资管计划规模为 11.39 亿元，同比下降了 -25.88%，平均每只新设的产品规模为 0.17 亿元，同比下降了 21.39%。逐月来看，有 8 个月的备案数量均出现了下降的情况，只有 4 个月实现了同比上升。

从备案数量来看，由于 2023 年春节较早，导致 2 月备案数量同比大幅增加；从备案规模来看，有 10 个月均出现了下降的情况，仅 4 月、10 月有所增长，分别增长了 5.21%、5.76%（见图 15-5、图 15-6）。

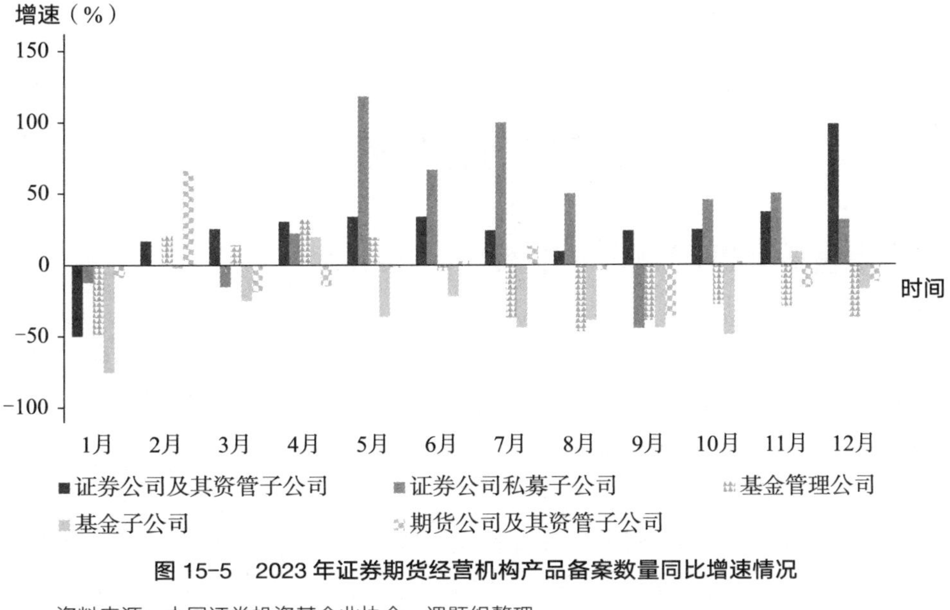

图 15-5　2023 年证券期货经营机构产品备案数量同比增速情况

资料来源：中国证券投资基金业协会，课题组整理。

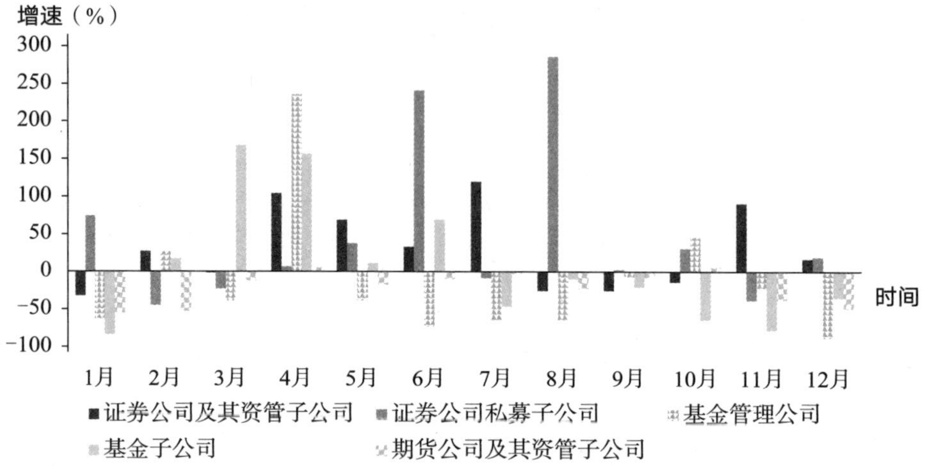

图 15-6　2023 年证券期货经营机构产品备案规模同比增速情况

资料来源：中国证券投资基金业协会，课题组整理。

期货资管行业发展情况

期货资管业务净利润大幅下滑

截至 2023 年 12 月末，全国共有 150 家期货公司，这些期货公司的注册资本总额为 1 157.08 亿元，中位数为 5 亿元，净资本约为 5.30 亿元，其中，有 129 家公司开展资管业务（10 家以子公司形式开展业务）。

全年期货经营机构的资管业务总收入约为 11.30 亿元，同比增长了 5.06%，总支出约为 9.14 亿元，同比增长了 11.84%，累计净利润约为 2.09 亿元，同比减少了 19.14%，净利润大幅下降（见表 15-1）。

表 15-1　2022—2023 年期货资管业务的收入、支出、净利润情况

分项	2022 年（万元）	2023 年（万元）	同比变化（%）
累计总收入	107 508.20	112 952.72	5.06
累计总支出	81 707.57	91 378.81	11.84
累计净利润	25 800.61	20 863.52	−19.14

资料来源：中国期货业协会，课题组整理。

期货资管行业集中度高

根据中国证券投资基金业协会资管业务的统计数据，2023 年第四季度末，期货公司及其子公司正在运营中的资管计划产品数量为 2 117 只，规模为 2 745.57 亿元，其中，前十大期货公司的资管规模为 2 023.81 亿元，占比高达 73.71%。近三年来，前十大、前二十大期货公司及其资管子公司的资管产品存量规模在总规模中的平均占比分别为 71.70% 和 84.01%。从行业集中度方面来看，前十大期货公司及其资管子公司的资管产品存量规模在 2022 年第四季度达到了峰值水平 80.87%，2023 年有所下降（见图 15-7）。

近几年来，头部期货资管公司规模排名变动较小，随着期货资管业务模式的逐渐成熟，业务可能会进一步向头部期货资管集中。与此同时，排名中段及后段的期货资管规模起伏较大，排名变化较为剧烈且频繁。

例如，银河期货有限公司在 2020 年年中的规模约为 37 亿元，排名为第 11 位，到 2021 年第二季度时，规模下降至 25 亿元左右，排名降至第 18 位，几个季度之后更是跌出前 20 名。2022 年，该公司的业务规模重新获得增长，最高时达 45 亿元，2023 年第四季度，又下降至 23 亿元。瑞达期货股份有限公司在 2021 年第三季度商品 CTA 策略表现良好时，规模最高达 46 亿元，但 2023 年初，由于商品市场环境的转变，规模大幅下降至 24 亿元，之后同样跌出前 20 名。

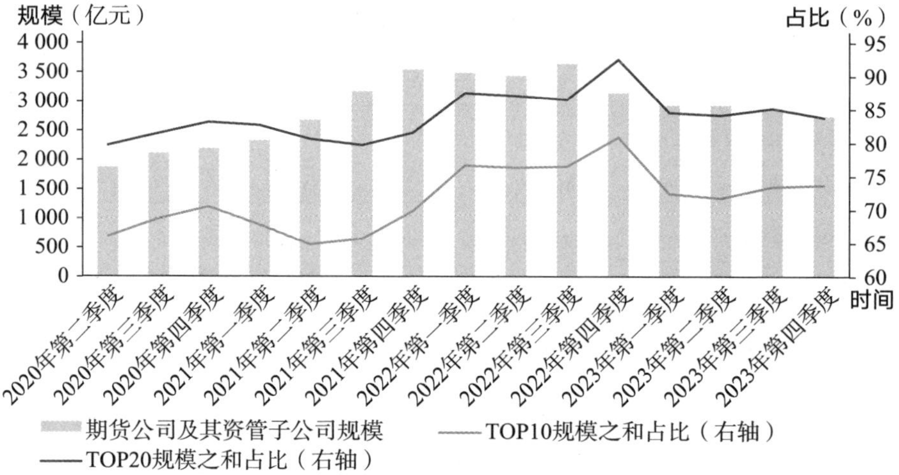

图 15-7　2020 年第二季度—2023 年第四季度期货公司及其资管子公司前 10 及前 20 的规模与占比

资料来源：中国证券投资基金业协会，课题组整理。

2023 年第四季度，规模排名前五的期货资管分别为：中信期货有限公司、中信建投期货有限公司、弘业期货股份有限公司、海通期货股份有限公司、光大期货有限公司（见表 15-2）。

表 15-2　2023 年第四季度前十名期货资管规模及排名变化情况

公司名称	排名	规模（亿元）	排名变化
中信期货有限公司	1	736.78	—
中信建投期货有限公司	2	244.41	—
弘业期货股份有限公司	3	217.71	—
海通期货股份有限公司	4	216.96	3 ↑
光大期货有限公司	5	173.12	—
国泰君安期货有限公司	6	136.96	2 ↓
兴业期货有限公司	7	117.63	1 ↓
中粮期货有限公司	8	81.07	4 ↑
建信期货有限责任公司	9	55.92	—
上海东证期货有限公司	10	43.25	2 ↓

资料来源：中国证券投资基金业协会，课题组整理。

主要收入来源为管理费，投资顾问服务初露头角

从期货资管收入支出角度来看，期货资管目前的主要收入来源为管理费，2023 年 1—11 月，平均来看，管理费占了总收入的 73.83%（12 月未披露）；主要支出项则是人员薪资，平均来看，人员薪资占了总支出的 63.98%（12 月未披露）；业绩报酬累计实现收入 21 339.36 万元，同比增长了 29.95%（见图 15-8）。

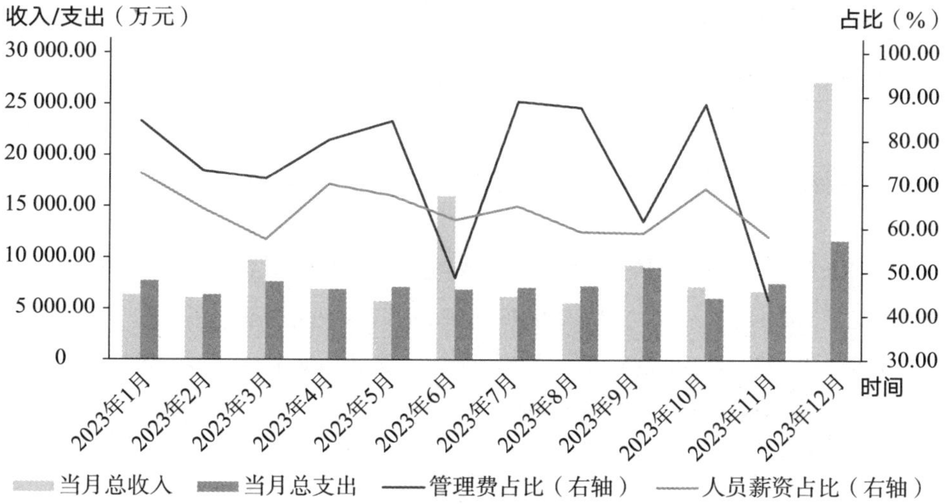

图 15-8　2023 年期货资管收入及支出情况

资料来源：中国期货业协会，课题组整理。

从投资顾问业务开展情况来看，2023 年末，共有 49 家期货经营机构为 296 只资管产品提供投资顾问服务，涉及产品管理人 69 个，其中为基金公司及其资管子公司提供的投资顾问服务规模为 1 191.25 亿元，占比为 85.74%。账户总规模为 1 389.35 亿元；期货及衍生品投资规模为 2.94 亿元，年度累计收入为 5 391.41 万元，占期货经营机构资产管理业务总收入的 5.90%（见表 15-3）。随着期货资管进入更多基金公司等机构“白名单”，投资顾问业务规模有望进一步增加。

表 15-3　2023 年期货资管投资顾问业务开展情况

投资顾问产品管理人类型	管理人数（人）	产品数量（只）	产品规模（亿元）	期货和衍生品投资规模（亿元）	产品规模占比（%）
基金公司及其资管子公司	11	52	1 191.25	1.76	85.74
信托公司	12	157	93.66	0.29	6.74
私募基金管理人	41	82	56.34	0.69	4.06
其他	2	2	47.14	0	3.39
期货公司及其资管子公司	1	1	0.65	0.21	0.05
证券公司及其资管子公司	2	2	0.29	0	0.02

资料来源：中国期货业协会，课题组整理。

主动管理产品增长，监管新规促进行业高质量发展

从管理方式来看，2023 年末，存量资管计划中，主动管理产品数量为 1 649 只，同比增长了 6.25%；外部投资顾问产品数量为 460 只，同比减少了 4.76%。2023 年，新设立的资管计划中，主动管理产品数量为 741 只，同比增长了 48.50%；外部投资顾问产品数量为 88 只，新设立的数量同比减少了 45.34%（见表 15-4）。

表 15-4　2022—2023 年期货资管主动管理及外部投资顾问产品数量及规模

类型	分项	主动管理产品数量（只）	主动管理产品净资产规模（亿元）	外部投资顾问产品数量（只）	外部投资顾问产品净资产规模（亿元）
存续产品	2022 年	1 552	2 010.51	483	1 138.32
	2023 年	1 649	1 752.13	460	991.33
	同比变化（%）	6.25	-12.85	-4.76	-12.91
新设立产品	2022 年	499	227.93	161	65.62
	2023 年	741	197.49	88	14.84
	同比变化（%）	48.50	-13.35	-45.34	-77.38

资料来源：中国期货业协会，课题组整理。

虽然期货资管业务整体规模有所下降，但是业务结构方面有积极调整，从存量和新设产品数量来看，期货资管主动管理产品的比例均有明显的提高。原因有两方面，一是期货公司经过多年发展，在主动管理、投研能力、人才队伍建设方面都有很大提升，在资管市场上形成了一定的竞争力；二是资管新规修订后，监管层为防范资管机构过度依赖投资顾问的情况出现，而不注重提高自身的主动管理能力建设，对投资顾问类型产品的发行提高了门槛。

产品类型：固收类产品占主流，MOM 产品重获关注

从新发产品投资类型角度来看，2023 年，期货公司新发行的资管计划中，固收类有 320 只，净资产规模为 119.9 亿元；期货和衍生品类有 242 只，净资产规模为 41.32 亿元；权益类有 48 只，净资产规模为 10.55 亿元；混合类有 230 只，净资产规模为 42.23 亿元（见表 15-5）。在近几年中，期货与权益市场表现不佳，这是因为，市场风险偏好下降，期货和衍生品类由于具有高杠杆、高波动属性，这使这类产品业绩表现较差，成立数量及规模均大幅下降，募集资金困难。

表 15-5　2022—2023 年期货资管新设立的不同类别的产品数量及规模

年份	类别	数量（只）	规模（亿元）	同比变化（%）
2022 年	固收类	356.00	136.57	-10.11
	期货和衍生品类	252.00	77.30	-3.97
	权益类	41.00	13.32	17.07
	混合类	203.00	81.06	13.30
2023 年	固收类	320.00	119.90	-12.21
	期货和衍生品类	242.00	41.32	-46.55
	权益类	48.00	10.55	-20.80
	混合类	230.00	42.23	-47.90

资料来源：中国期货业协会，课题组整理。

存量资管计划中，固收类产品数量为 618 只，净资产规模为 1 854.53 亿元，在期货资管计划总规模中的占比约为 67.60%。固收类产品在货币宽松的市场环境下表现稳定，如同大资管行业其他细分领域一样，是期货资管规模增长的重要来源。

另外，根据中国证券投资基金业协会数据，2023 年，期货公司发行的集合资管计划的名称中包含“量化”的有 13 只，包含“CTA”的有 6 只，包含“FOF”的有 87 只，包含“MOM”的有 15 只。MOM（Manager of Managers，管理人中管理人）类产品在 2018—2022 年期货资管仅备案了 1 只，导致该类产品在 2023 年大幅增加的原因主要有两点：一是下半年单一投资顾问类产品备案收紧，期货资管机构借助 MOM 产品与量化私募基金管理人合作展业；二是该类型产品将资产分为多个单元，通过优选不同领域的私募管理人作为产品的投资顾问，既可以发挥投资顾问在其领域的专业投资能力，又可以实现资产配置和分散风险，符合期货资管发展思路。

底层投向：债类资产主导，期货及衍生品投资持续低迷

在资管计划资金投向方面，截至 2023 年末，期货资管投向债权类资产的规模为 2 162.01 亿元，占比为 68.56%；投向股权类资产的规模为 262.66 亿元，占比为 8.33%；投向期货和衍生品类资产的规模为 65.41 亿元，占比为 2.07%；投向公募基金的规模为 173.49 亿元，占比为 5.50%；投向私募资管产品的规模为 208.21 亿元，占比为 6.60%；投向各类现金备付金及应收股利等其他资产的规模为 281.74 亿元，占比为 8.93%（见表 15-6）。

表 15-6　2021—2023 年期货资管计划底层资产投向占比

配置方向	2021 年（%）	2022 年（%）	2023 年（%）
债权类资产	57.05	66.74 ↑	68.56 ↑
股权类资产	11.39	8.15 ↓	8.33 ↑

续表

配置方向	2021 年（%）	2022 年（%）	2023 年（%）
期货和衍生品类资产	2.10	2.30 ↑	2.07 ↓
公募基金	15.34	7.50 ↓	5.50 ↓
私募资管产品	6.86	6.16 ↓	6.60 ↑
各类现金备付金及应收股利等其他资产	7.27	9.14 ↑	8.93 ↓

资料来源：中国期货业协会，课题组整理。

由于近三年期货资管规模变化很大，所以通过规模绝对值难以反映问题，我们以各类资金投向比例为研究对象，可以看到，债权类资产占比逐渐上升，公募基金占比逐年下降，其他配置方向的比例变化并不明显。权益类和大宗商品市场表现不佳，资金涌向了固收类资产。

期货和衍生品类资产投资比例较小的原因表现在两个方面。一方面，期货是通过保证金的方式进行交易的，为避免出现极端风险，期货策略通常不会使用过高的保证金，这就导致期货策略产品通常会有大量闲置现金，如果投向债权类资产进行收益管理，这会增加债权类资产配置比例；另一方面，当前期货市场体量不大，市场活跃度有待进一步增强。

银行资金占比下降，多元化资金来源成发展关键

从资管计划资金来源看，近三年，银行资金的占比呈下降趋势，来源于自然人、一般法人、信托公司的资金占比小幅上升。尽管如此，主要的资金来源仍为银行，2023 年，银行资金的规模为 1 319.77 亿元，占比接近 50%（见表 15-7）。资管计划资金来源的多元化有助于期货资管构建一个更加均衡和多元的业务模式，更好地管理和分散风险，实现资产的长期稳定增值，从而在激烈的市场竞争中保持竞争力，为客户提供更加稳健和全面的资管服务。

表 15-7　2021—2023 年期货资管计划资金来源占比情况

分项	2023 年规模（亿元）	2023 规模占比（%）	2022 规模占比（%）	2021 规模占比（%）
银行	1 319.77	48.11	54.00	57.28
自然人	509.21	18.56	15.53	14.95
信托公司	347.53	12.67	10.43	6.84
一般法人	274.22	10.00	6.92	8.37
私募基金	139.21	5.07	8.76	9.03
证券公司	75.87	2.77	2.63	2.33
期货公司	60.71	2.21	1.25	0.91
基金公司	7.52	0.27	0.41	0.17
QFII	1.27	0.05	0.04	0.01
保险公司	0.33	0.01	0.00	0.00
其他	7.82	0.29	0.06	0.11

资料来源：中国期货业协会，课题组整理。

证券托管已成主流，销售渠道朝着多元化方向发展

从托管机构方面看，目前存续期货资管计划的托管机构以证券公司为主，共有 1 359 只产品聘请证券公司作为托管机构，其余 742 只产品则选择银行为托管机构。证券公司作为托管机构已成期货托管主流。

从销售机构情况看，期货资管积极扩充销售渠道，截至 2023 年末，共有 1 214 只产品采用期货经营机构以外的销售机构，占期货资管产品数量的 57.34%，外部销售机构以银行、证券、基金销售公司为主，共计 132 家（见表 15-8）。

表 15-8　2021—2023 年期货经营机构代销渠道产品数量

分项	2021 年	2022 年	2023 年
产品数（只）	717.00	957.00	1214.00
同比变化（%）	—	33.47	26.85
期货公司以外的销售机构数（个）	89.00	103.00	132.00
同比变化（%）	—	15.73	28.16

资料来源：中国期货业协会，课题组整理。

资管新规修订稿发布，行业格局重塑

2022 年 4 月，《期货和衍生品法》正式颁布，旨在加强资本市场基础制度建设，引导期货市场健康发展，是确立期货交易和衍生品交易基本制度、发挥期货市场和衍生品市场服务实体经济作用的必然要求。为贯彻落实《期货和衍生品法》，2023 年 1 月，证监会对《证券期货经营机构私募资产管理业务管理办法》及《证券期货经营机构私募资产管理计划运作管理规定》进行了修订，未来会根据行业机构特点分类施策，进而延续监管宗旨，突出监管导向。

第一，去通道化：防范过度依赖投资顾问、不注重自身专业能力建设问题的出现，禁止让渡主动管理职责。

第二，头部拉平：分类监管、扶优限劣，适度放开符合规定条件的期货公司资管业务投资非标准化资产限制。

第三，回归本源：资管机构应持续提升专业能力，充分发挥资源配置功能，引导资本更多地投向实体经济。

2023 年 3 月，证监会发布的《期货公司监督管理办法（征求意见稿）》拓宽了期货公司业务范围，提高了期货公司业务门槛，强化了期货公司治理结构。该办法进一步突出了“扶优限劣”的监管导向，有利于增强期货行业风险防范能力，丰富期货公司业务模式及提高服务水平，促进期货行业实现长期、稳定的高质量发展。

2023 年 7 月，中国证券投资基金业协会结合资产管理业务原有的自律规则和服务指南，融合、吸收了其中的成熟内容后，结合备案监测实践经验，对《证券期货经营机构私募资产管理计划备案办法》进行了修订，对私募资管产品备案标准和核查要求进行了进一步明确和优化，同资管新规的修订做好了衔接，保护了投资者及相关当事人的合法权益，促进了私募资管业务规范发展。

期货市场规模局限与资管行业挑战

期货策略市场极为小众，无法满足宏观周期的配置需求

2023 年末，中国期货市场的客户权益总额为 1.42 万亿元人民币，虽然期货市场的活跃度和增长潜力逐渐提高，但与股票市场和债券市场相比，其规模仍然很小。具体来说，2023 年末，股票市场流通的市值为 67.43 万亿元人民币，债券市场余额为 155.78 万亿元人民币。这种规模上的巨大差异不仅反映了不同的金融工具在市场接受度和普及度上有所不同，还说明了目前的期货市场存在资金沉淀、客户规模以及市场影响力相对较小的现状。

仅围绕期货策略设计的产品，由于存在杠杆、风险、市场波动等特点，无法长期稳定为客户创造持续收益，造成很多期货资管机构的总体规模每年会随着市场的变动而剧烈起伏，既没有找到对冲周期波动、主动探索不同市场资产配置的机会，又没有办法稳定资产规模和投资团队，这让它失去了为客户提供长期优质资管产品的功能。因此，期货资管业务不能局限于期货市场，要研究好经济周期，广泛参与到股票、债券资产运营中来，共同提高多资产投资能力，积极寻求创新和转型，适应资管市场发展趋势。

行业规模下降，期货资管发展压力大

2023 年 12 月末，期货公司及其资管子公司平均管理的私募资管业务规模为 24 亿元，同比下降了 11.11%，管理规模的中位数为 4 亿元，与上一年持平。虽然管理规模中位数未发生变化，但是期货资管的平均管理规模下降较多。期货公司的资管规模主要集中于 2 亿～ 15 亿元之间，共有 47 家；规模大于 50 亿元的仅有 11 家，期货行业整体规模有所缩减，15 亿元以上的资管规模家数较 2022 年减少了 8 家，变化明显（见图 15-9）。

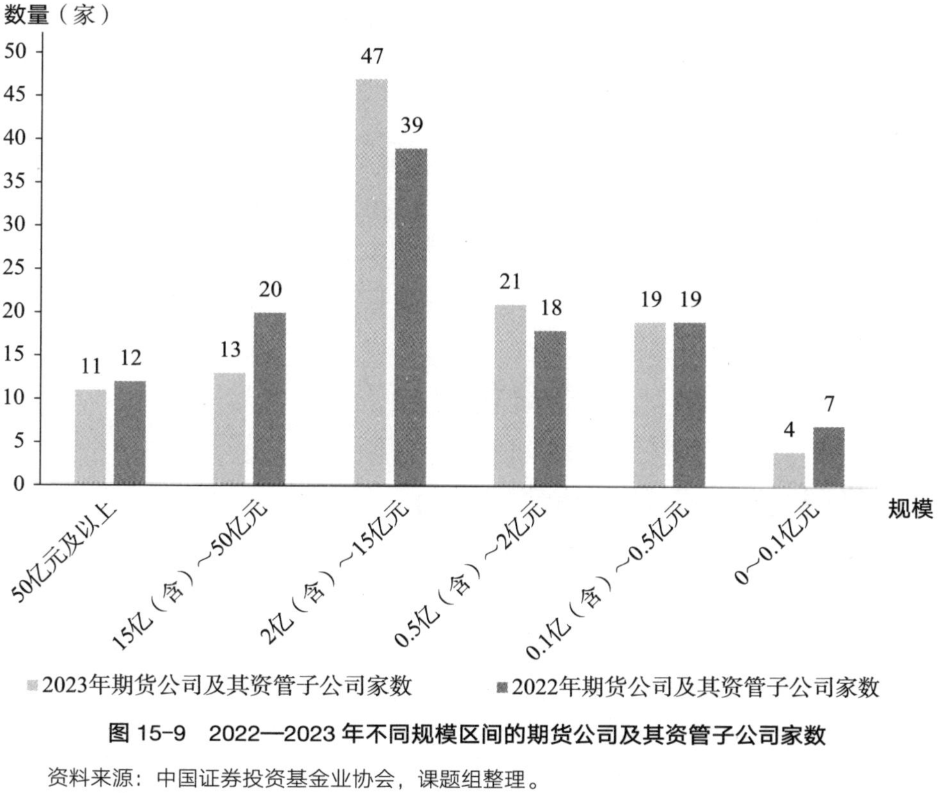

图 15-9　2022—2023 年不同规模区间的期货公司及其资管子公司家数

资料来源：中国证券投资基金业协会，课题组整理。

近几年，期货资管行业规模有所下降，展业较为困难，发展压力较大。从中国证券投资基金业协会披露的季度资管业务月均规模数据来看，排名前 10 ～ 20 名的期货资管规模波动巨大，特别是产品线比较单一的资管机构，当策略无法适应市场行情时，资管规模大幅上升，客户会大量赎回，导致资管规模大幅缩减。若市场行情持续低迷，管理规模会持续萎缩，可能导致资管业务出现入不敷出的状况，最终不得不解散团队，造成人才大量流失。对于一些资源禀赋较差的期货资管而言，由于市场竞争激烈而公司资源较少，这会导致其在风险控制方面放松要求。比如，部分期货资管为追求资管规模增长，最终沦为了结构化通道。这样的违规行为可能会造成行业舆论风险，使期货资管在展业的过程中被区别对待。

在当前监管趋严、扶优限劣的导向下，监管部门越发重视资管行业的规范性发展，因而会鼓励业务规范、风险控制能力强、服务水平高的优质期货资管获得更多的发展机会。监管部门通过提高行业准入门槛、加强业务合规性审查、加大违规行为的处罚力度等措施，来推动行业朝着更加规范和健康的方向发展。这对于那些业务操作不规范、风险控制措施不健全的期货资管公司来说，无疑是一个巨大的挑战。

期货资管发展方向

注重稳健经营，提升主动管理能力

自 2012 年《期货公司资产管理业务试点办法》实施后，期货资管业务才开始发展，与券商资管、公募基金、私募基金等业务相比，期货资管业务发展较晚，规模较小。作为资管行业的“后来者”，期货资管需要在多个方面加强自身建设，逐步缩小差距。首先，要加强公司治理，稳健经营，推动业务稳定增长。其次，要健全内部控制机制，对业务流程严格监督，减少违规行为的可能性。同时，要增强信息披露透明度，树立良好的行业口碑。最后，要提高主动管理能力，提供高质量资管服务。

根据中国证券投资基金业协会数据，截至 2023 年末，在私募资管产品存量中，从投资类型来看，权益类资产规模为 18 630.12 亿元，固收类资产规模为 91 605.24 亿元，期货和衍生品类资产规模为 929.72 亿元，混合类资产规模为 12 921.21 亿元。可见，低波动的固收类资产是资管投资的主要方向。

期货资管可以在固收类产品上增加投入，提高核心竞争力，如提高主动投资能力，建立完善的信用评价体系等。此外，期货资管可以设计期货、期权套利策略产品，发挥在大宗商品等领域的专业能力，为客户提供多种资产配置方案，降低产品组合波动，帮助客户分散风险，优化净值曲线，提升客户持有体验，满足风险厌恶型的机构客户和高净值个人客户需求。

完善人才培养机制，组建专业团队

从传统的通道业务向主动管理业务转型的过程中，期货公司相较于私募、券商资管等机构，在人才培养方面还有诸多不足，包括在产品开发设计、交易研究、风险控制、渠道销售等方面，期货资管应当抓住财富管理转型升级的契机，着力打造一支专业团队。

期货资管在人才战略上可以采取多管齐下的策略，以促进公司业务的持续发展和竞争力的提升。具体来说，期货资管应重视内部人才的发掘和培养，通过提供专业培训的机会，鼓励员工深化对资管业务的理解和实践经验的积累。公司可以设立激励机制，如职业发展路径规划、绩效奖励等，以激发员工的积极性和忠诚度，从而培养出一支具有高度认可公司文化的投资团队。同时，公司也可以从外部招聘具有丰富经验的投资人才。通过引进外部优秀团队，不仅可以迅速提升公司的业务能力，还能带来新的视角和创新思维，促进期货资管业务实现多元化发展。

努力寻求期货特色的同时，发展宏观周期配置的多元策略

2023 年，资本市场波动较大，以股票、期货为代表的高波动策略的业绩差强人意，面对存量市场，期货资管在坚守为实体经济服务的宗旨下，既要强调期货资管的特色化，又应当遵循市场周期的发展规律，开发多元配置的产品。目前，国内期货品种有 79 个，期权品种有 50 个。近年来，期货市场新品种的研发和上市脚步有所加快，期货资管可以积极参与其中，增加交易品种，如增加一些风险管理类产品和期权产品。除此之外，期货资管还可以发展固收类、FOF/MOM 策略等产品，提高产品线的丰富度，对冲大宗市场因波动性风险带来的策略失效。多元化资产投资及多元化策略有助于期货资管适应市场变化，提升自己在金融市场中的竞争力。

资管新规修订后，允许连续两年评级为 AA 级的期货公司投资场外衍生品等非标资产，期货资管计划的投资范围进一步扩大，期货资管可以为客户提供更多的定制化服务来满足风险管理需求，如“固收 + 场外衍生品”等。丰富的策略线还能避免因策略周期性表现不佳而造成的公司资管规模波动过大和人才团队流失的风险。

此外，期货资管可以发挥期货公司在产业链上下游的研究优势，将研究范围扩大到周期类行业股票上，通过深入分析产业链上的各个环节，识别行业周期特征，并利用期货市场对冲工具进行有效的资产配置，达到服务实体经济的目的。

加强机构合作，提升综合竞争力

机构品牌力的建设除了需要提升机构主动管理能力外，还需要拥有好的销售渠道。期货资管可以积极参与私募资管行业奖项评选，同各类资管机构同台竞技，打造机构品牌力和渠道认可度，并借此与银行、信托、私募基金、代销机构加强合作，实现优势互补，共同发展。其他金融机构在资管领域深耕多年，具有

丰富的资管经验，通过合作，一方面，期货资管可以更深入地了解理财客户需求，设计更受客户青睐的产品；另一方面，期货资管可以借助金融机构销售网络打开销售局面，提升客户知名度。

此外，期货公司在衍生品风险控制和实践方面具有丰富的经验和人才储备，期货资管可以加强与金融机构合作，如开展投资顾问业务等。根据中国期货业协会数据，2023 年末，共有 49 家期货经营机构为 296 只资管产品提供投资顾问服务，涉及产品管理人 69 个，期货资管在衍生品上的专业能力已逐渐获得市场认可。

第三部分

海外及中国香港地区资管篇

第 16 章

中国香港助力内地与全球资管市场的互联互通

全球经济前景不明朗、地缘政治情况不稳定、美联储可能“在更长时间内维持高利率”等宏观因素，持续给全球，以及中国内地和香港金融市场带来挑战。中国经济虽然持续复苏，但地方债务风险和房地产市场转型仍是受关注的焦点，加上三年疫情加深了中外沟通隔阂，国际金融市场投资中国的信心受到一定影响。

面对重重困难，中国内地展现出更高水平对外开放的信心和决心，坚定地推进改革。随着中国内地市场继续开放及经济改革持续推进，中国香港一如既往地发挥着连接中国与世界的独特优势。随着内地和香港股市互联互通（以下简称“互联互通”）机制持续优化和拓展，香港作为“超级联系人”的特殊角色只会更加稳固。

香港金融市场根基牢固，韧性十足，不少业务仍继续录得增长。香港资管行业也在宏观逆境中站稳了阵脚。长期而言，香港资产及财富管理业务管理的资产规模一直稳健增长，在过去 10 年录得 143% 的升幅，目前管理的资产规模逾 30 万亿港元。中国香港是亚洲最大的对冲基金中心，也是仅次于中国内地的亚洲第二大私募基金中心。波士顿咨询公司发布的《2023 年全球财富报告：重新规划路线》（*Global Wealth Report 2023: Resetting the Course*）指出香港 2017—2022

年管理的资产规模年均复合增长率为 13%，增长幅度为环球所有业务中心之首；预计香港的财富管理业务在 2022—2027 年，每年将录得 7.6% 的增长，香港有望在 2025 年末前成为全球最大的财富管理业务中心。

按香港证监会的统计数据，在香港注册成立的基金资金净流入增加，2023 年净流入达 871 亿港元，按年增长 92.6%。单计 2023 年第四季度就录得 335 亿港元净流入，按季度增长 180%。即使在疫情影响下，香港证监会持牌机构的数目在过去三年仍增长超过 4%，至大约 3 250 家。其中，持有第四类（就证券提供意见）及第九类（提供资产管理）牌照的机构数目均上升超过 13%。过去三年，香港的对冲基金管理公司、私募股权基金管理公司和家族办公室的总数目增长了 24%。

互联互通

与内地共同构建的互联互通机制是香港作为“超级联系人”的内核优势。香港作为连接中国内地和国际金融市场的枢纽，便利国际资金流入中国内地股市、债市，促进投资者结构更加多元化，更提供行之有效的风险管理机制，从而推动内地资本市场的稳步健康发展，实现内地与香港资本市场的双赢。

2024 年是互联互通开通十周年。业界及投资者一直见证并受惠于内地和香港金融市场互联互通方面的合作有序推进、逐步加深。就以沪深港通为例，它涵盖内地和香港证券市场 80% 的股票，已成为国际投资者投资中国内地股市的首选管道。截至 2024 年 3 月末，沪深港通北向交易为内地股市带来超过 1.8 万亿元人民币净资金流；南向交易则为香港股市带来超过 3 万亿港元净资金流入。

在债券方面也是如此，北向债券通自 2017 年推出以来，就成为境外投资者配置和买卖中国内地债券资产的主要途径。2023 年，国际投资者投资内地债券的交易总量超过 15 万亿元，其中约 10 万亿元通过债券通进行。债券通日均成交量也由 2017 年的 22 亿元增加至 2024 年第一季度超过 450 亿元，大幅增长约 20 倍。

至于 ETF 互联互通（以下简称“ETF 通”），自 2022 年 7 月推出以来成交活跃，为香港 ETF 市场带来了很强的增长动力和新的流动性。截至 2024 年 3 月，ETF 通南向交易累计成交额超过 8 000 亿港元，显示出内地投资者对香港 ETF 的需求十分急切。

10 年间，香港和内地金融监管机构之间建立了紧密的跨境监管合作关系，为进一步探索深化及扩容互联互通机制奠定了非常好的基础。随着互联互通机制的深化及扩容，内地和香港之间的投资便利性和效率将得到进一步提升，资本市场也将更高效地双向流动。

其中，粤港澳大湾区跨境理财通（以下简称“理财通”）就是近期最好的例证。作为粤港澳大湾区内最大的金融项目，理财通推出仅两年，于 2024 年 2 月落实多项重大优化措施，包括提高投资额度、扩大合资格产品范围、允许券商参与，以及对某些营销活动提供更清晰的规定。截至 2024 年 4 月，已有 6.3 万名内地投资者参与南向通，已用额度超过 332 亿元。

紧随其后，证监会在 2024 年 4 月进一步公布五项推进内地和香港金融市场双向流通的措施，其中包括放宽沪深港通机制下 ETF 合资格产品范围、将房地产投资信托基金纳入沪深港通、支持人民币股票交易柜台纳入港股通、优化内地与香港基金互认安排（以下简称“基金互认”），以及支持内地行业龙头企业赴香港上市。这五项措施加上较早之前推出的措施，如推动大宗交易纳入互联互通机制和推出国债期货，均证明互联互通机制与时并进，其重要性只会与日俱增。

香港投资基金公会（以下简称“公会”）和业界一直积极向中国内地和香港的主管部门提出意见，期望更进一步释放互联互通的巨大潜力，充分发挥香港作为“超级联系人”的作用。而要达到目标，公会认为其中一个重点是要在现行制度下进行创新。

以理财通及 ETF 通为例，计划虽然便利了中国内地和香港的投资者和产品跨境流动，但由于各自都有牌照制度和监管要求，因此在该机制下实现跨境推销产品存在一定难度。例如，香港设有临时牌照制度，允许持有临时牌照的人士在香港从事营销活动和提供投资咨询服务等受规管活动；而内地没有类似的机制，相关的基金投资咨询牌照制度仍处在发展的阶段。

鉴于很多内地理财通投资者首次投资离岸市场，我们认为投资能否成功，关键在于他们是否能够通过受规管的跨境投资顾问，了解有关海外投资的风险和回报概况、投资组合的构建和获得全球多元化的专业建议，从而作出明智的投资决策。内地和香港金融监管机构可以考虑进行试点，允许香港业界参与者在个别粤港澳大湾区的内地城市开展与理财通相关的活动，或允许由内地合作伙伴（如附属机构）作为代表进行活动。最终，我们希望做到内地和香港制度创新落地，实现粤港澳大湾区一体化的政策目标。

在基金互认方面，自 2015 年 7 月推出以来，公会一直争取优化基金互认安排，将更多基金纳入计划。公会欢迎证监会在 6 月发布《香港互认基金管理规定（修订草案征求意见稿）》，建议将互认基金客地销售比例限制由 50% 放宽至 80%，允许香港互认基金投资管理职能转授予与管理人同集团的海外资管机构。随着基金互认安排日趋成熟，公会建议能逐步缩短审批流程和时间、纳入非香港注册基金等，从而进一步优化基金互认安排，更好地满足内地和香港投资者多元化的投资需求。

同样，公会也欢迎 ETF 通 2.0 的落实。ETF 通 2.0 放宽对合资格股票 ETF 的平均资管规模的要求，降低对南向港股通 ETF 产品的港股权重和港股通股票权重的要求。展望将来，公会希望继续进一步降低资管规模的要求，放宽对产品范围、营销及运营的要求，将更多 ETF 纳入范围。

上述互联互通机制的关键意义在于其双向性，即同时拓宽境外投资者进入中国内地市场、境内投资者走向海外市场的通道。它有利于投资者构建全球性、多元化且能有效分散风险的投资组合，促进跨境资金更高效便捷地流动。

目前，国际投资者在中国的投资仍然有很大的上升空间，且有扩张趋势。从宏观来看，中国作为全球第二大经济体，将继续成为推动全球经济发展的主要引擎。中国内地债券市场规模仅次于美国，是国际投资者进行全球性资产配置、分散投资风险的重要部分。此外，中国经济正在经历重要的结构性转型，新能源、电动汽车、人工智能、生物科技等新兴行业为全球投资者提供了不少高增长的投资机会。与此同时，更多中国内地投资者也开始寻求多元化的全球资产配置，通过不同资产类别、地域、策略的产品构建投资组合，满足其投资需求。作为连接中国内地和全球市场的“超级联系人”，香港名副其实。它不仅为国内外资管行业提供巨大机遇，而且为中国内地和世界其他地区的投资者提供优质资产配置和投资服务。

从长远来看，深化及拓展互联互通机制将鼓励更多投资者在离岸市场提高人民币使用率。在美元融资成本上涨和地缘政治等多重因素的影响下，人民币作为国际投资及储备货币的吸引力只会进一步增强。中国香港作为首屈一指的离岸人民币中心，拥有全球最大的离岸人民币资金池，以及丰富多元的人民币投资产品，在推动人民币国际化进程中将继续发挥重要作用。

可持续金融和金融科技

香港正处于国际可持续金融和金融科技的前沿。香港特别行政区政府致力于将香港打造成绿色金融和金融科技的枢纽，为未来发展铺路。

基于大多数主要经济体定下的减碳目标，包括国家 2030 年前实现碳达峰和 2060 年前实现碳中和的“双碳”目标，企业在可持续发展方面的表现越来越受关注。香港已参照国际财务报告可持续披露准则，给香港上市公司制定气候相关信息的披露要求，包括温室气体范围 1 和 2 的排放量。该要求将于 2025 年 1 月 1 日起实施。此外，ESG 作为投资主题，也日渐受到投资者关注。香港证监会认可的 ESG 基金，在 2023 年的资管总值录得双位数增长。

在创新方面，香港推行以负责任的方式使用金融科技，通过提供稳健而透明的规管环境鼓励金融创新，在提高市场效率和透明度、降低运营商成本的同时，保障投资者的合法权益。由于虚拟资产本身和其市场存在各种风险，因此香港证监会在抓住其相关技术可带来的机遇的同时，也在 2018 年便提出“相同业务、相同风险、相同监管”的原则，成为最早引入全面框架以监管广泛的虚拟资产相关活动的主要金融监管机构之一。例如，2024 年 4 月在香港上市的 6 只虚拟资产现货 ETF，为亚洲首批的同类产品，3 月推出的黄金代币为首个获香港证监会认可、以分布式分类账技术为基础的零售产品；自 2023 年 6 月起，香港公众可在获得香港证监会发放牌照的虚拟资产交易平台买卖比特币和以太币；2022 年 12 月，比特币和以太币期货 ETF 获批上市。在基金层面，香港证监会于 2023 年末明确列出监管要求，认可基金投资现货虚拟资产，并制定了额外的投资者保障措施，例如避免在基金层面上使用杠杆投资虚拟资产。

退休保障

香港强制性公积金（以下简称“强积金”）制度自 2000 年 12 月 1 日起开始实施，是香港退休保障制度的第二支柱。截至 2024 年 3 月，强积金总资产净值已超过 11 000 亿港元。预计于 2024 年中启用、2025 年年末前全面运作的积金易平台，旨在把现行的强积金计划行政程序标准化、精简化及自动化，通过电子化及创新的解决方案，提升强积金计划运作效率及创造减费空间和改善用户体验。

香港强积金基金和零售基金市场经受住了过去几十年市场大起大落的考验，证明了监管框架的韧性和稳健性，被许多海外监管机构视为仿效的典范。我们相信，香港在支持内地养老金体系的发展及满足内地投资者退休需求方面处于最佳地位。香港在强积金和零售基金领域有着丰富的经验和人才，从如何制订稳健且适合目的的资产配置解决方案，到如何开发集成且面向未来的运营平台，再到投资海外市场的产品设计及选择等，可以给内地提供很多值得借鉴的经验。

全球联接

中国香港除了与内地互联互通，还积极持续地与全球市场对接，为资管行业带来更多机遇。

第一个例子为 2024 年 3 月推出的“新资本投资者入境计划”。按照该计划，在香港投资 3 000 万港元或以上于合资格资产，即可申请到港居住和发展。合资格资产范围包括逾 800 只香港证监会认可的基金、数十个与投资有关的保险计划（继而注入认可基金），以及其他类型的基金。在短短两个月的时间里，香港的主管部门已收到逾 3 000 宗与该计划有关的查询，申请逾 250 宗。

此外，香港的《2024/2025 财政年度特区政府财政预算案》中提到要积极争取更多家族办公室和资产拥有人落户香港，进一步推动资产及财富管理业的发展，包括进一步优化有关基金、单一家族办公室和附带权益的优惠税制，从而吸引更多有潜力的基金和家族办公室到香港落户，给香港带去更多资金并带动相关经济活动。

中国香港也着力于巩固与中东和东南亚市场的联系，并鼓励资管公司探索在这些市场分销基金。2023 年 11 月，中国香港市场见证了亚洲首只兼全球最大一只投资于沙特阿拉伯股票的 ETF 上市。

小结

中国香港作为国际金融中心的地位并非一蹴而就，而是根植于“一国两制”的独特优势，得益于政府、监管机构和业界的共同努力和长期耕耘，同时也离不开市场的广泛认可。在过去跌宕起伏的发展过程中，香港市场始终展现出强大的韧性，不断从逆境中汲取经验，重整旗鼓后愈发成熟和稳健。

作为连接中国与全球资本市场的重要桥梁，香港不仅是中国资本市场走向国际的重要窗口，也是国际资本进入中国市场的首选之地。展望未来，香港作为国际金融中心和资管行业的核心枢纽，只要保持其特有的韧性和灵活性，持续强化现有的市场联系并开拓新的合作机会，必将能够继续在国家经济的长远发展中再创高峰。

第 17 章

日本央行告别负利率时代的意义及其影响

在 2024 年 3 月举行的政策会议上，日本央行宣布，取消 -0.1% 的政策利率，停止风险资产购买，正式开启货币政策正常化之路。在同年 7 月的政策会议上，日本央行又宣布进一步上调基准利率，从 0 ～ 0.1% 上调 15 个基点至 0.15% ～ 0.25%。至此，日本央行已实施长达 11 年的量化质化宽松政策（Quantitative and Qualitative Easing, QQE），以及长达 8 年的负利率政策（Negative Interest Rate Policy, NIRP），正式落幕，全球也彻底告别了负利率时代。

日本央行是在怎样的时代背景和经济背景下开启的负利率政策？为了提振通胀水平和经济增长，实施负利率政策之前都做了哪些努力？日本告别负利率时代的具体含义有哪些？其对资本市场的影响，特别是对汇率和长期国债利率的影响，是否会对亚洲其他市场产生溢出效应？这些都是国际投资者高度关注的话题。

本文旨在回顾日本负利率时代的前世今生，梳理日本汇市和债市的历史走势，并分析日本告别负利率时代对亚洲其他国家的外溢效应。

日本央行的货币政策回顾

负利率时代的前身：零利率时代（1999 年 2 月—2000 年 8 月）

日本负利率时代的前身可追溯至 20 世纪 90 年代。1991 年，随着资产泡沫的破灭，日本股市和房市双双遭受重创，经济陷入低迷。亚洲金融危机的爆发进一步加剧了日本的经济衰退，其国内的失业率从 1992 年的 2% 攀升至 1998 年的 4% 以上。1997 年第四季度，日本 GDP 首次出现负增长，1998 年全年经济增速录得负值。经济的持续疲软拉低了通胀水平，从 1998 年 7 月开始，日本核心 CPI 持续录得负数，1999 年 CPI 通胀首次出现负值。持续的低通胀甚至通缩抬高了日本的实际借款成本。

面对严峻的经济形势，1999 年 2 月，日本央行采取了一系列措施来应对，并将当时的政策利率（无担保隔夜拆借利率）下调至 0.15%。在扣除货币经纪商佣金后，实际的利率已经相当于零，这意味着日本零利率时代的开启。在实际操作中，日本央行无法直接调控利率，而是通过对准备金账户进行调控，调节资金供给，影响资金供求关系，从而最终间接影响政策利率。同时，日本央行还采取公开市场操作的方式增加市场流动性，通过购买短期融资券、票据、国债等资产，向市场注入不同期限的资金，使准备金余额一直保持在 4 万亿日元以上。

日本央行首次零利率政策的效果立竿见影。2000 年第一季度，日本 GDP 增速从 1999 年第四季度的 -0.8% 反弹至 3.2%，摆脱了连续的负增长。当然，日本经济的复苏不能完全归功于其货币政策，在很大程度上也受益于全球经济的复苏。尽管当时日本的通胀水平和失业率仍然处于低迷状态，但当时的日本央行认为经济已经彻底摆脱了通缩的压力，符合解除零利率政策的条件，最终于 2000 年 8 月将政策利率提高至 0.25%，暂时结束了零利率政策。

量化宽松时期（2001 年 3 月—2006 年 3 月）

好景不长，短暂的经济复苏之路刚刚开启，日本经济就又受到了全球互联网泡沫破裂的冲击。全球经济的放缓使得日本的出口部门和企业利润受到严重拖累。2001 年第三季度，日本的 GDP 增速再次陷入负增长。与此同时，日本的工资—价格螺旋性通缩压力也卷土重来，日本核心通胀持续下行，再度踏入负值区间。为应对这一局面，日本央行于 2001 年 2 月召开会议，最终决定再次将政策利率下调回 0.15%。

紧接着，在 2001 年 3 月，日本央行对货币政策框架进行了调整，将货币政策操作目标从利率调整为准备金账户余额。实际上，当准备金账户余额大幅扩张时，金融机构之间借入资金的意愿就会显著下降，由市场决定的短期利率自然也趋向于零。但是这个转变在当时是具有历史性意义的，它标志着历史上首个量化宽松时期的开始。为了扩大准备金账户余额，日本央行扩大了资产购买的期限，纳入中长期国债的购买。最初，日本央行设定的准备金账户余额目标为 5 万亿日元，此后多次上调。2006 年，准备金账户余额目标已增至 34 万亿日元，所持国债规模扩大至 94 万亿元。

同时，为了避免市场利率波动过大，日本央行还创设了利率走廊，利率走廊下限（日本央行为商业银行准备金存款支付的利息）为零，利率走廊上限（日本央行借贷给商业银行索取的利息）设定为 0.25%，2001 年 9 月再次将上限下调至 0.1%，进一步压缩市场利率的波动区间。日本央行明确表示，在核心消费价格指数（CPI）同比增速稳定达到零或以上之前，将会维持量化宽松的货币政策。此举旨在通过央行通胀承诺来改变居民和企业通胀预期，进而影响实际利率水平。

本轮量化宽松政策在实施 5 年后取得了积极效果。随着全球经济的快速扩张，叠加日本央行长期宽松的货币政策，日本经济持续平稳增长。劳动力市场收紧的同时也推动了工资的上涨，带动核心通胀上涨。至此，日本摆脱了自 1998

年以来的持续通缩。2006 年 3 月，日本央行开始逐步退出量化宽松政策，并将货币政策操作目标调回到无担保隔夜拆借利率，回归量化宽松前的货币政策操作框架。最初，无担保隔夜拆借利率被设定为零，随后在 2006 年 7 月上调至 0.25%，并在 2007 年 2 月再次上调至 0.5%。与此同时，为避免流动性波动对金融稳定性造成干扰，国债购买仍然持续了一段时间。日本央行持有的国债规模从 94 万亿日元逐渐减少，2008 年减少至 66 万亿日元。

初步宽松时期（2008 年 10 月—2010 年 10 月）

2008 年，就在日本经济复苏蜜月期刚满两年之时，全球金融危机到来，再度对日本的出口部门和企业利润造成打击，将日本经济又一次拖入负增长和通缩的泥潭中。为此，日本央行在 2008 年 10 月启动了第二次量化宽松（初步宽松）。在初步宽松时期，日本央行下调了利率走廊的上限和下限，并明确通胀目标为 0 ～ 2%。在资产购买方面，日本央行大幅增加了国债购买规模，将每年的国债购买规模从每年 14.4 万亿日元增加至 21.6 万亿日元；并扩大了购买国债的期限和种类，将 30 年国债、浮动利率国债和通胀指数国债纳入购买范围。除此之外，日本央行还开始增加风险资产的购买，包括购买商业票据和公司债券，希望通过风险溢价的降低来改变实际利率水平。

全面宽松时期（2010 年 10 月—2013 年 4 月）

由于经济改善步伐有限，日央行于 2010 年 10 月进一步推出全面宽松货币政策（Comprehensive Monetary Easing, CME），再次下调利率走廊下限至 0 ～ 0.1%，承诺维持几乎零利率水平；同时，明确通胀目标为 1%，并承诺在通胀目标达到前，持续推行全面宽松货币政策。此外，日本央行设立资产购买计划（Asset Purchase Program, APP），不断扩大资产购买规模和风险资产购买范围，首次纳入 ETF 和房地产信托基金（J-REITs）的购买，并设立贷款支持计划，通过多种借贷便利工具，鼓励银行向私人企业和居民发放贷款。

量化质化宽松时期（2013 年 4 月—2024 年 3 月）

在全面宽松货币政策推行期间，由于受制于全球经济疲软等因素，日本央行所采取的措施并未能完全实现其目标，核心 CPI 始终在负区间，因此日本央行没有退出全面宽松货币政策。为了进一步刺激经济增长，2012 年末，时任日本首相安倍晋三提出了经济刺激政策组合的“三支箭”，即货币宽松、财政刺激政策和经济结构改革。作为“三支箭”之一，日本央行进一步加大宽松力度，将通胀目标从 1% 提升至 2%，并于 2013 年 4 月颁布了量化质化宽松政策。

在该阶段，货币政策操作目标由此前的无抵押隔夜拆借利率调整为基础货币的规模，明确其每年增加 60 万亿～ 70 万亿日元。为了实现基础货币投放目标，日本央行进一步加大资产购买力度。以国债为例，日本央行持有国债的规模从 2013 年的 130 万亿日元大幅攀升至 2016 年的 400 万亿日元。此外，日本央行还推出通胀超调承诺（Inflation-Overshooting Commitment），承诺将持续扩大基础货币，直至 CPI 同比增速超过并稳定在 2% 的通胀目标之上。在这一阶段，日本央行还引入了负利率政策和收益率曲线控制（Yield Curve Control，YCC）政策，对短期和长期利率进行更加精细的调控。量化质化宽松的货币政策框架，以及负利率和收益率曲线控制，这些政策组合拳存在诸多相互矛盾之处，自颁布实施以来所受的争议持续不断。

量化质化宽松下的负利率政策时期（2016 年 1 月—2024 年 3 月）

2016 年 1 月，日本央行在量化质化宽松的货币政策基础上添加了负利率政策，成为继瑞典央行（2009 年）、丹麦央行（2012 年）、欧洲央行（2014 年）和瑞士央行（2014 年）之后全球第五个引入负利率的央行。从概念上来看，负利率可以有很多种，如央行负利率和国债负利率，再衍生到其他资产，包括按揭贷款的负利率。此处所讨论的负利率，是商业银行把钱存在央行的名义利率。需要注意的是，日本央行将商业银行在央行存放的准备金划分了等级，不是所有准备金都是负利率。准备金账户被分为三类，分别是基本账户（利率为 0.1%）、宏观附加账户（利率为 0）和政策利率账户（利率为 -0.1%）。2015 年的准备金账户余额设为基本账户，宏观附加账户包括金融机构的法定准备金，其余部分则是政策利率账户。

量化质化宽松下的收益率曲线控制时期（2016 年 9 月—2024 年 3 月）

到了 2016 年年中，日本央行已经持有市场上 40% 的国债，陷入了无债可买的困境，难以实现每年购买 80 万亿日元国债的目标。日本国债的流动性和市场功能因此不断被质疑。为了用更少的债券购买量实现降低长期利率的政策目标，日本央行于 2016 年 9 月开启了收益率曲线控制政策。在收益率曲线的短端，继续维持经常账户利率为 -0.1%；在收益率曲线的长端，将 10 年期国债收益率向零推进，允许波动的目标范围从最初的围绕零附近的 0.1% 波动，逐渐变宽至 0.20% 和 0.25%。一旦 10 年期国债利率水平突破目标范围，日本央行将主动买入或者卖出国债，而在实际操作中，利率往往向上突破目标范围。这意味着，日本央行仍然需要不断买入国债。

货币政策正常化时期（2024 年 3 月至今）

疫情的外生冲击结束后，全球迎来通胀上行。2022 年 4 月以后，日本 CPI 和核心 CPI 均突破 2% 的目标水平。至 2024 年 3 月，日本通胀水平已连续两年保持在 2% 以上。通胀的持续上行，或许在其他大多数发达国家央行看来是一个棘手的问题，但在日本央行看来，却如同一场久盼的春雨。对于日本央行的政策制定者来说，通胀是求之不得的，打败通缩才是问题。自 2022 年起，美联储和欧洲央行为应对通胀而步入加息周期。日本央行却一直按兵不动，仍然维持了两年的负利率政策。

2024 年 3 月，日本央行正式开启了货币政策正常化，决议对货币政策框架进行调整，取消了负利率政策。也就是说，商业银行在日本央行存放的准备金从原来面临的三个利率（-0.1%、0 和 0.1%），减少成两个利率（0 和 0.1%）。同时，日本央行还宣布取消收益率曲线控制政策，并停止对 ETF 之类风险资产的购买。此时，距离量化质化宽松政策启动已过去了 11 年，距离负利率和收益率曲线控制也已经过去了 8 年。在 2024 年 7 月的货币政策会议上，日本央行决议进一步上调政策利率，将政策利率由原来的 0 ～ 0.1% 上调 15 个基点至 0.15% ～ 0.25%，并削减国债的购买规模。

我们之所以将这段时期称为“货币政策正常化”时期而非“货币政策紧缩”时期，是因为即使加息，当前的利率水平也远在中性利率水平之下。往前看，日本央行的货币政策正常化将会以什么样的速度、以何种方式推进，本文对此不进行预测。但值得肯定的是，在货币政策正常化之路上，日本央行的政策制定者们对待每一次加息的决策一定是小心谨慎的，绝不可能操之过急。任何过快的举动，都可能会造成意想不到的市场巨震，日本股市在 2024 年 8 月 5 日经历的“黑色星期一”或许能给日本央行的政策制定者们带来些许警示作用。

同时，在量化宽松的货币政策期内，日本央行向市场提供的 474 万亿日元的超额准备金，对日本央行来说是一种负债。若提高政策利率，日本央行所支付的利息将大幅提升。在日本政府本身已经背负巨额财政赤字的基础上，任何一点利率的提升都会加重政府的负担。

日本债市和汇市的简要回顾

长端国债利率

1990—1999 年：波峰下滑。回顾日本金融市场 30 年的历史，1990 年是重要分水岭。1990年以前，日本经济快速增长，10年期国债利率持续攀升，并于1990年一度触及8%的历史高位，如图16-1所示。然而，随着资产泡沫的破灭，日本经济陷入低迷，10年期国债利率就此进入漫长的下跌历程。在此期间，日本央行多次下调政策利率，从1991年的6%下调至1995年的0.5%。而10年期国债利率则从1991年初的6.5%一路下跌到1999年2月的2%。

图17-1　1989—2023年日本长期国债利率和汇率的走势

资料来源：万得资讯、野村国际研究部。

1999—2008年：低位震荡。进入21世纪后，日本央行开启了量化宽松之路，并将政策利率长期维持在零左右。10年期国债利率从2%的低位持续徘徊下行，并于2003年跌破0.6%，虽然在2004年和2006年出现短暂的回升，但在这期间多在1%和2%之间震荡。

2008—2016年：再次探底。受全球金融危机影响，2008年10月，日本央行启动了新一轮降息，并将政策利率从 0.5% 下调至 0.3%，随后在当年 12 月再次调降至 0 ～ 0.1%。10 年期国债利率从 2008 年 10 月的 1.5% 再次进入下行通道。随着日本央行货币宽松政策的持续加码，10 年期国债利率开始逐渐向零靠拢。2016 年 1 月，日本央行宣布负利率。同年 4 月，10 年期国债利率跌破零，正式进入长端利率的“零时代”。

2016—2020 年：“零时代”。2016 年 9 月，日本央行开始实施收益率曲线控制政策，将长端利率控制在接近零的水平。最初，长端利率的波动范围为正负 0.10%，之后于 2019 年扩大至正负 0.20%。总体而言，在这个阶段，10 年期国债利率在收益率曲线控制下，围绕零上下 20 个基点内波动。

2020—2024 年：小幅上行。疫情暴发后，在全球通胀和美联储加息预期的背景下，日元贬值，海外投资者预期日本央行难以承压，大量抛售日本国债，引发日本国债市场的剧烈波动。日本央行两次放宽长短收益率曲线控制范围，2021 年 3 月，将波动范围从正负 0.20% 扩大至 0.25%，2022 年 12 月又一次扩大至 0.5%。随着日本进口通胀压力明显上升，10 年期国债开始出现小幅上行，2023 年初突破了利率上限 0.5%，并持续上行。2024 年日本央行宣布开启货币政策正常化之后，突破 1%。

汇率走势

1990—1995 年：美联储降息周期下的日元升值阶段。这五年间，日元对美元汇率从 1990 年的 160 一路升至 1995 年的 80。本轮日元升值的最主要推动因素来自外部，随着美联储开启降息周期，美日利差迅速收窄。此外，日本通胀率显著下行，购买力平价支撑了日元对美元汇率；日本的贸易顺差在 20 世纪 90 年代初增长明显，出口企业的换汇需求也支撑了日元对美元汇率。

1995—1998 年：美联储加息周期下的日元贬值阶段。本轮日元贬值的主要推动因素依然来自美日货币政策的分化。美联储于 1994 年开启加息周期，而日本央行货币政策持续宽松，至 1995 年 9 月贴现率已下调至 0.5%。日元自 1995 年开始持续贬值，而 1997 年爆发的亚洲金融危机进一步加剧了日元贬值。1998 年，日元对美元汇率跌至 145。

1999—2011 年：零利率政策和美联储降息周期下的日元升值。这个阶段，日元整体处于震荡升值趋势，日元对美元汇率最终在 2011 年末升至 75。这一轮日元升值的主要推动因素还是美日货币政策。在此期间，虽然日本央行开启了零利率时代，并逐渐加码量化宽松政策，但美联储除了在 2004—2006 年为控制房地产泡沫进行加息外，其他时间也整体处于降息周期中，并在 2008 年金融危机后开启零利率，导致美日利差收窄。除此以外，支持日元升值的其他原因还有日本长期的通缩和贸易账户盈余。最后，日元的避险货币的属性，使得其在 2011 年的欧债危机和日本东京大地震背景下升值更为显著。

2012—2024 年：极宽松货币政策下的日元贬值。2012 年末，日本央行推出量化质化宽松货币政策，而美联储从 2013 年开启货币政策正常化进程，货币政策的分化推动了日元在 2012 年后持续贬值。特别是疫情结束后，各国央行均大幅提高政策利率，以遏制通胀高企，但日本央行却按兵不动。货币政策的两级分化使得日元对美元汇率从 2020 年末的 100 一路跌到 2024 年初的 150。此轮日元贬值周期在 2024 年 3 月日本央行开启货币政策正常化之路后结束。

日本走出负利率时代对亚洲市场的溢出效应

从理论上来看，日本政策利率的上升将会带来日本市场收益率的回升及日元的升值。然而，真实的资本市场是高度不确定的，短期内的波动更是风云莫测。自日本央行结束负利率政策以来，包括汇市、股市、债市在内的日本资本市场经历了巨幅震荡。从汇率来看，自 2024 年 3 月货币政策决议以来，日元兑美元先跌后升，先是从 150 一路跌到 1986 年以来的最低位 161，而后筑底反弹至 8 月初的 144。日本股市在 2024 年 7 月政策会议前温和震荡，但在 7 月 31 日日本央行宣布年内第二次加息后，经历了"黑色星期一"，仅 8 月 5 日单日就抹去了 2024 年以来的所有涨幅，尔后又峰回路转，在第二个交易日大幅回弹。10 年期国债利率亦然，从 2024 年 3 月的 0.75% 稳步上升，突破 1% 后持稳，但是又在"黑色星期一"大幅回调至 0.78%。

本书绝非对亚洲资本市场走势进行任何预测，而是从经济原理的角度，探讨在日本本土收益率回升的背景下，亚洲其他市场可能受到影响的渠道。由于此前很长一段时间内，日本本土市场都处在超低利率环境中，因此追求更高收益的日本投资者很早就将目光转向了海外市场。1996—2022 年，日本对外投资规模增长了 8 倍。截至 2023 年末，日本政府、企业和居民合计拥有的海外净资产总额达到 471 万亿日元（约合 3 万亿美元），占 2023 年日本国内生产总值的比重超过 70%，日本连续 32 年成为"世界最大的对外净资产国"。

从投资渠道来看，截至 2023 年末，日本对海外资产的直接投资（投资于一级市场）和证券市场投资（投资于包括股票和债券市场在内的二级市场）合计达到6.5万亿美元。从投资目的地来看，有1万亿美元进入了亚洲主要市场[①]，这一数据占日本全部海外投资的 15%。在这 1 万亿美元中，66% 用于直接投资，34% 用于投资组合投资。除此之外，日本的商业银行还通过银行贷款，向亚洲主要国家提供信贷支持，总额达 0.7 万亿美元。

随着日本利率摆脱负区间，收益率出现上行趋势，日本本土的投资预期回报率也随之提升。在这样的背景下，是否会出现海外资金大幅回流？其影响如何？是否会对其他亚洲国家产生显著的外溢效应？对这些问题本章尝试从宏观视角进行分

① 本文指日本在亚太地区的主要投资市场，共计 11 个国家和地区，分别为澳大利亚、新加坡、马来西亚、印度尼西亚、菲律宾、中国香港、泰国、韩国、印度、中国台湾和中国大陆。

析，从证券投资、直接投资、银行借贷及出口竞争这四个渠道，进行简要剖析。

证券投资渠道

就日本企业和居民的“出海”投资渠道而言，证券投资（包括股票、债券和衍生品投资）占比最高。根据日本央行披露，截至 2023 年末，日本持有的国外证券资产总额已达到 4.5 万亿美元，是 2008 年全球金融危机时的 2 倍，是 1996 年的 5 倍，可见其增长之显著。具体来看，日本对亚洲主要市场的投资中，债券投资占较大比重，投资规模为 1 728 亿美元，而股权投资规模则为 856 亿美元。

在债券投资方面，日本对亚洲主要市场的投资规模存在较大差异。通过将海外投资规模与当地市场规模相比较，我们可以分析潜在的撤资对不同市场的影响。但澳大利亚市场可能面临最大的冲击，因为日本投资者对澳大利亚债券市场的投资规模占当地市值的 5%。这意味着，如果日本政府债券的预期投资回报率进一步回升，就可能会造成澳大利亚债券市场产生一定的波动，推动澳大利亚政府债券收益率上升。这也意味着，一旦日本投资者大规模卖出澳大利亚债券，就可能会增加澳大利亚政府的借款成本。不过，由于企业部门的贷款通常期限较短，居民部门的住房贷款要么基于浮动利率，要么固定期限非常短（2 ～ 3 年），对实际的金融状况指数（Financial Conditions Index）松紧的影响有限。

除澳大利亚外，一些东盟国家也可能面临类似的债券抛售风险。其中，日本对新加坡的债券投资占当地市值的 1.8%，对马来西亚的债券投资占当地市值的 1.5%，接下来依次是印度尼西亚（占比为 1.0%）、菲律宾（占比为 0.9%）和泰国（占比为 0.7%）。不过，与澳大利亚相比，东盟国家所受的潜在影响相对较小。

在股权投资方面，日本对亚洲主要市场的股票投资规模相对较小，平均来看，其投资规模占亚洲主要市场股票市值的百分比不到 1%（见图 17-2）。虽然日本对澳大利亚的股票投资占当地市值百分比超过对亚洲其他市场的股票投资，但也仅有 1.2%。日本对新加坡的股票投资占当地市值的 1.0%。最后，值得一提的是，日本投资者对港股的投资规模占港股市值的 0.2%，而对 A 股的投资规模仅占 A 股市值的 0.1%。因此，日本投资者在我国股票市场投资的潜在撤资，对我国股票市场的影响几乎可以忽略不计。

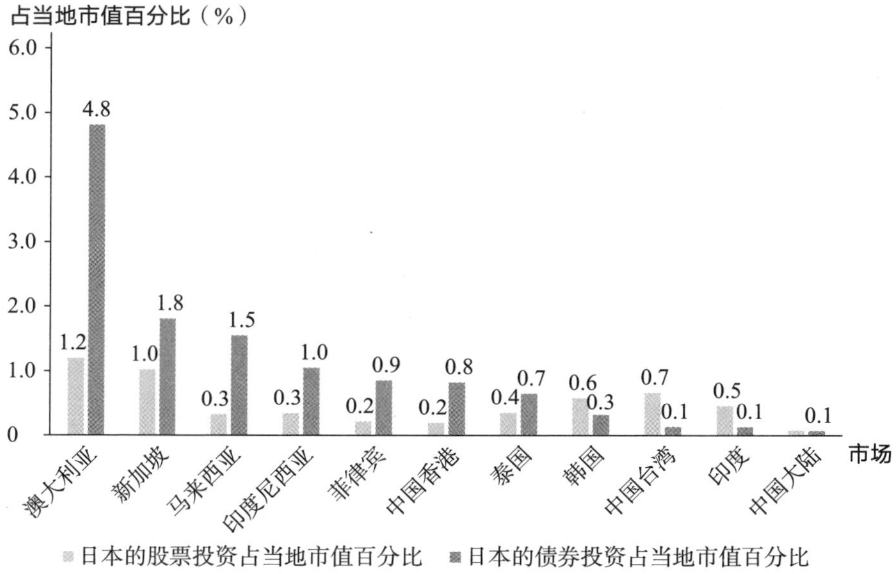

图 17-2　日本对亚洲主要市场的股票和债券投资规模占比

注：数据截至 2022 年末。排列顺序按照日本债券投资（占当地市场已发行债券市值的百分比）的降序排列。

资料来源：日本财务省、CEIC、国际清算银行、彭博社、野村国际研究部。

直接投资渠道

根据日本贸易振兴机构的数据，日本对外直接投资存量从 1996 年的 0.26 万亿美元增长至 2023 年的 2.14 万亿美元。日本企业很早就开始采取并实施业务全球化的战略，通过设立海外全资子公司从海外获取利润。根据日本经济产业省的数据，日本制造业企业有超过 25% 的收入源自海外子公司。而在 20 世纪 90 年代，仅有 5% 的收入来自海外，到 2000 年初，这一比例增长到 10%，增长幅度显著。

美国是日本最主要的对外直接投资目的地。截至 2023 年末，日本对美国的直接投资存量达到 0.73 万亿美元，约占其全部对外投资存量的 34%。除了美国，日本对亚洲市场的投资也非常引人瞩目。截至 2023 年末，日本对亚洲国家的直接投资存量达到 0.56 万亿美元，约占其全部对外投资存量的 26%。日本在亚洲的直接投资主要集中在中国、新加坡和泰国（见图 17-3）。特别是中国，吸引了大量日本企业直接投资。日本企业在中国内地和中国香港的直接投资存量接近 2 000 亿美元。新加坡是日本企业“出海”投资建厂的第二大热门地区。日本企业在新加坡的直接投资存量超过 1 100 亿美元。紧随新加坡之后的是澳大利亚和泰国。日本企业在这两个地区的直接投资存量分别为 90 亿美元、78 亿美元。

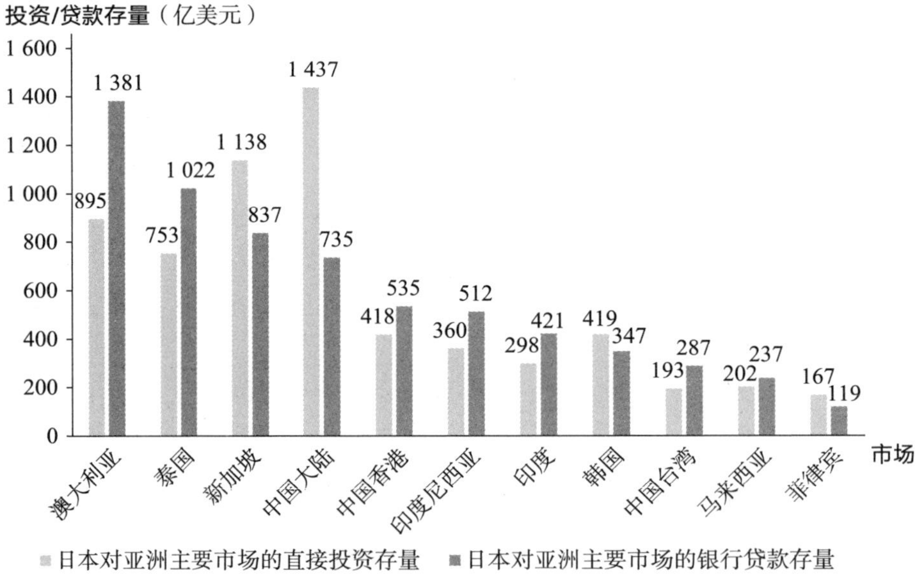

图 17-3　日本对亚洲主要市场的直接投资和银行贷款存量

注：银行贷款数据截至 2023 年第三季度，直接投资数据截至 2022 年末。本图各市场按照日本银行向亚洲提供的银行贷款的降序排列。

资料来源：CEIC、野村国际研究部。

近年来，东南亚国家对日本企业“出海”设厂的吸引力逐步增强。以印度尼西亚为例，其凭借充沛的劳动力和丰富的自然资源，仅 2023 年一年就吸引了来自日本的直接投资额 46.3 亿美元，该数据位于印度尼西亚吸引外国直接投资的第四位。除东盟国家以外，印度也是日本企业进行海外投资的热门地区。在信息技术行业蓬勃发展的推动下，商业房地产、建筑材料、电气设备和卫生洁具等行业的增长潜力得以显现，而日本企业恰恰在这些领域具备比较优势。

随着日本央行告别负利率及收益率曲线政策，开启货币政策正常化道路，日本本土的预期收益率有抬升趋势。这是否会影响日本企业对外直接投资的决策？是否会导致日本企业从海外撤资？直接投资是否会像证券投资那样直接受市场收益率波动驱动？在这里，我们认为日本企业进行海外直接投资决策的主要影响因素很多。从市场因素来看，它不仅受到债券市场收益率影响，还受到日元汇率的影响。历史经验表明，日元升值可能促使日本企业更加积极地进行海外直接投资。这也意味着，汇率和债券市场收益率对日本企业对外投资的影响可能会相互抵消。除市场因素以外，日本企业对外直接投资更多受到中长期增长机会和经济因素的驱动，而不是受资本市场短期波动的影响。可能影响日本企业对外直接投资的因素包括两国间的贸易结构、被投资国家的经济发展、基础设施、营商环境和劳动力成本等。考虑到目前日本劳动力市场的紧缩情况和名义工资的上涨趋势，日本企业撤资回国建厂的意愿可能会进一步降低。整体而言，亚洲国家在供应链转移、劳动力成本和人口结构方面仍然具备优势，因而仍然具备相对显著的增长优势。

银行借贷渠道

自 1990 年以来，日本居民和企业修复资产负债表的意愿强烈，贷款需求持续疲弱。日本央行持续实行低利率政策，试图降低实体经济的借贷成本，这使得银行的利润空间受到挤压。同时，即使贷款成本很低，日本本土私人部门的信贷需求仍然不足。在贷款收益率过低和贷款需求不足的双重驱动下，日本的商业银行不得不将目光投向海外市场，以保护银行利差。而亚洲地区是日本商业银行向海外市场投资贷款的主要目的地。国际清算银行的数据显示，日本商业银行对主要亚洲地区（中国、印度、印度尼西亚、马来西亚、菲律宾、新加坡、韩国、泰国）所提供的信贷资金持续高涨，从 2004 年的 1 000 亿美元一直增加至 2021 年的 8 000 亿美元。虽然这一数据近两年有所下降，但是整体的信贷资金支持体量依然处于历史高位。

即使日本对亚洲其他地区的信贷支持规模较大，我们也依然认为，在中短期内，日本央行货币政策正常化并不会对银行的海外贷款造成显著影响。我们之所以有此观点，主要依据有两点，一是历史经验，二是机制渠道。从历史经验来看，日本自 1990 年以来经历了两个货币政策正常化时期，第一个时期是 2000—2001 年，第二个时期是 2006—2008 年，本书第 1 章已经对此进行了详细描述。我们观察到，在这两个窗口期，虽然日本央行上调了政策利率，市场收益率有所上行，但是日本的商业银行对亚洲国家的贷款余额并未有显著下降趋势。当然这很有可能是因为这两个仅有的利率正常化窗口期都较短，日本央行很快便回归了宽松的货币政策。这至少说明，在中短期内，银行的外币贷款出现大幅收缩的可能性较低。从机制渠道来看，商业银行对外币贷款减少，需要一个前提条件，那就是本土的信贷需求有显著回暖。日本央行政策正常化带来了二级市场收益率上升，在中短期内并不一定同时带来私人部门的信贷需求恢复。在日本国内贷款需求的量价复苏之前，日本商业银行依然有向海外市场投放贷款的足够动机。

货币和贸易渠道

正如本书对汇率走势的描述中所提到的，日元汇率市场直接受到日本央行的货币政策影响，而汇率市场又可能通过贸易渠道对其他实体经济造成潜在影响。日本央行刚刚进入加息周期，而随着市场对 2024 年下半年亚洲央行开启降息周期的讨论逐渐增多，亚洲货币对日元贬值的可能性也在逐渐增大。由于日本与其他亚洲国家有密切的贸易关联，日元相对其他亚洲货币汇率的波动可能会对亚洲国家的进出口造成一定影响。汇率市场对贸易的影响渠道有很多，由于受篇幅限制，本书在此重点讨论出口竞争渠道。

与亚洲其他许多经济体一样，日本也是一个出口导向的经济体。日本和亚洲其他国家出口的商品存在一定相似性和可替代性。本书通过联合国商品贸易统计数据库的 97 个二位 HS 编码分类出口数据，构建日本与亚洲其他国家的出口相似度指数，用以衡量各国与日本出口结构的相似度，从而评估出口竞争力。该指数定义为 0 到 1 之间，0 代表出口的商品编码完全互补，1 代表出口的商品编码完全重合。如图 16-4 所示，在亚洲所有主要经济体中，韩国与日本的出口相似度指数最高，达到 0.70。接下来按与日本出口相似度指数从高到低排列，依次是泰国（0.69）、中国大陆（0.63）、中国台湾（0.59）、新加坡（0.59）、马来西亚（0.51）、印度（0.45）、菲律宾（0.44）、中国香港（0.42）、印度尼西亚（0.36）。重合的商品主要来自机电设备、通用设备和汽车制造领域。而以出口资源型大宗商品为主的澳大利亚与日本的出口相似度指数最低，仅有 0.17。

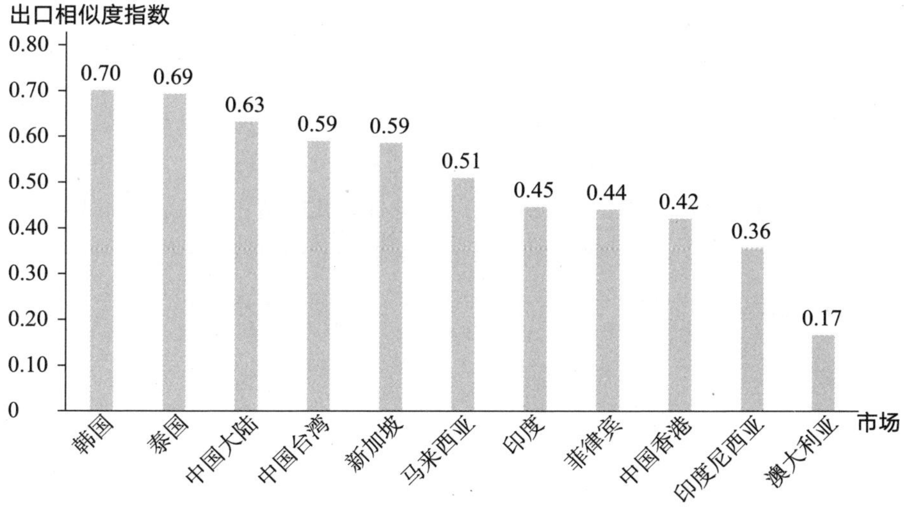

图 17-4　日本与亚洲主要市场的出口相似度指数

注：本图使用的是各个市场 2022 年出口的商品数据，采用 HS 二位编码。

资料来源：联合国商品贸易统计数据库、CEIC、野村国际研究部。

如果日元相对亚洲其他国家货币升值，那么日本出口的竞争力和吸引力可能会受到负面影响。从出口相似度的宏观视角来看，首先可能获益的亚洲其他国家依次是韩国、泰国、中国、新加坡。从行业来看，电机设备、通用设备及汽车制造这些相似度高度重合的赛道可能受到的影响最大。当然，上述讨论的前提是日元相对亚洲其他国家货币显著升值。日本银行的加息幅度、其他亚洲国家央行和美联储的决策，都会影响日元走势。截至本文撰写时，并未观察到日元升值的趋势。恰恰相反，日元在日本央行结束负利率政策 3 个月后就创下了 34 年来的新低。这表明，汇率市场的波动是高度不确定的。

小结

日本央行政策的货币政策正常化对亚洲其他经济体的影响是一把“双刃剑”。一方面，通过证券投资渠道，特别是债券投资渠道，对亚洲其他国家的资本市场，特别是债券市场，造成一定的抛售压力，从而加大亚洲其他国家债券市场的波动；另一方面，在日元升值的情况下，日本企业“出海”投资的意愿有可能进一步增强，与此同时，其他经济体的出口竞争力也可能有所提升。当然，本文讨论的所有可能的正面或负面的影响，仅仅是边际上的且可控的。正如前文所述，即日本央行在加息时会特别小心谨慎，以避免日本政府负担加重，从而导致经济再次陷入通缩。最后，需要特别提示的是，本书旨在对日本央行退出负利率的外溢效应的潜在影响和渠道提供分析框架，并不是预测，更不是提供投资建议。

第 18 章

美欧资管市场跟踪：
高利率背景下的产品分化

2023 年美国资管市场：被动首次超过主动

2023 年，美国资管行业面临的最大挑战是利率居高不下。根据美联储公布的数据，美国联邦基金的目标利率从 2022 年末的 4% 提升到 2023 年的 5.5%，这一较高的利率水平一直维持到 2024 年上半年。根据高盛资管的预测，虽然美联储在 2024 年上半年走到了加息周期的终点，但通胀与就业数据维持韧性，降息预期一再延后，市场仍保持较高的利率水平。高利率的持续也使得 2023 年美国资管市场的产品发展呈现分化态势。

共同基金：不同类型基金的资金流入呈分化态势，被动管理基金规模首次超过主动管理基金规模

2023 年，美国共同基金的管理规模回升，数量下降。美国投资公司协会的数据显示，2023 年末，美国共同基金管理规模为 25.5 万亿美元，如图 18-1 所示，同比增长约 15%；基金数量为 7 222 只，同比减少 199 只。从结构来看，股票型共同基金仍是美国共同基金市场的主要组成部分，2023 年末占共同基金总管理规模的比例为 52%；货币型共同基金和债券型共同基金为次要组成部分，

占比分别为 23%、19%。从基金数量来看，2023 年末，美国股票型、债券型、混合型及货币型共同基金数分别为 4 290 只、2 021 只、636 只及 275 只，数量占比分别为 59%、28%、9% 及 4%。

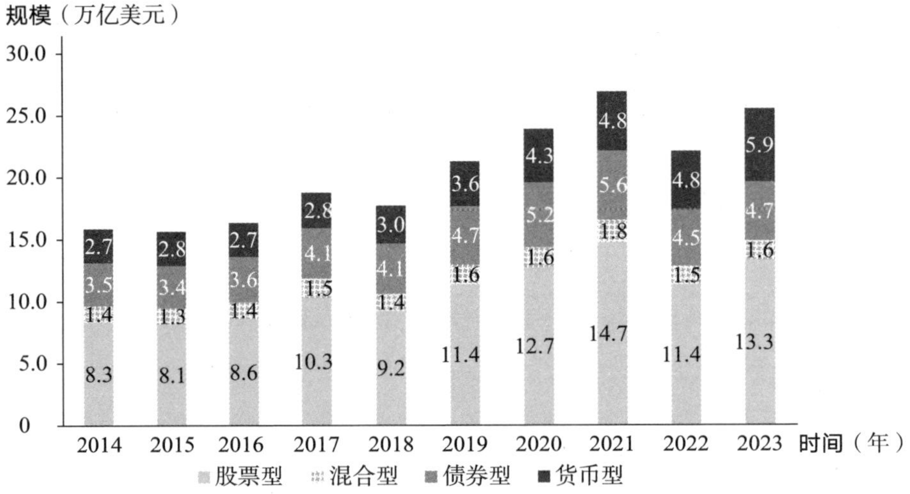

图 18-1　2014—2023 年美国共同基金管理规模变化趋势

资料来源：美国投资公司协会。

2023 年，美国共同基金市场中，被动管理基金规模首次超越主动管理基金规模。根据美国投资公司协会统计，如图 18-2 所示，截至 2023 年末，美国被动管理基金规模为 13.81 万亿美元，超越同期非货币型主动管理基金 13.74 万亿美元的规模[①]。根据晨星统计，截至 2023 年末，美国被动管理基金规模为 13.29 万亿美元，也超越同期主动管理基金 13.23 万亿美元的规模。按投资类型来看，被动及主动管理基金均以股票型基金为主。2023 年末，美国主动型股票基金总规模为 5.37 万亿美元，而被动型股票基金总规模为 8.01 万亿美元。被动管理基金规模的持续增长离不开 ETF 的迅速发展。根据 ETFGI 的统计数据，2019—

① 在美国投资公司协会的计算方法中，长期共同基金管理规模减去指数基金的规模为非货币型主动管理基金的规模，而指数基金和 ETF 两者管理规模之和为被动管理基金的规模。

2023 年，被动 ETF 累计吸引资金净流入达 2.5 万亿美元，而同期 ETF 之外的被动开放式基金吸引资金净流入仅为 3 860 亿美元。

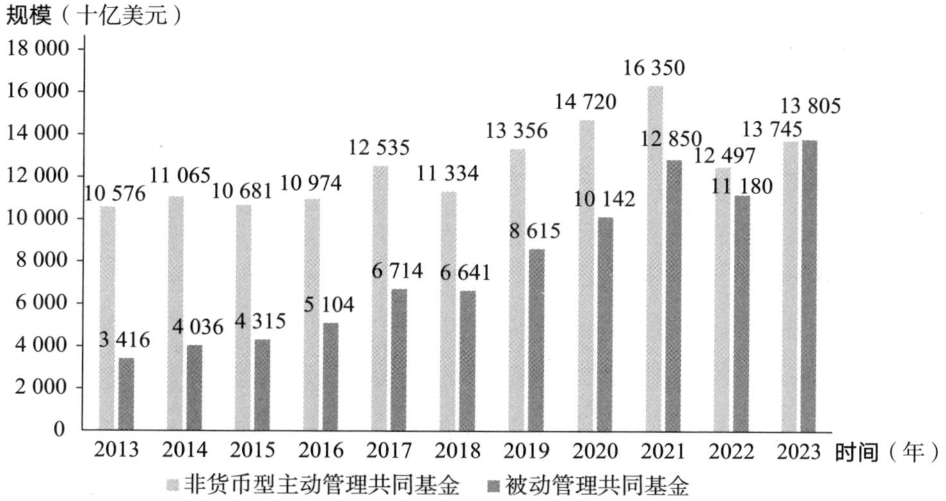

图 18-2　2013—2023 年美国非货币型主动管理共同基金及被动管理共同基金规模

资料来源：美国投资公司协会。

在高利率市场环境中，2023 年，美国股票型和混合型共同基金资金持续流出，而货币型共同基金资金则持续流入。具体来看，2023 年，美国共同基金市场累计净流入资金 0.32 万亿美元。其中，股票型共同基金和混合型共同基金资金净流出分别为 0.52 万亿美元和 0.11 万亿美元；货币型共同基金在美联储持续加息的影响下经历了持续的资金流入，2023 年累计流入约 0.99 万亿美元；债券型共同基金的资金流动状况整体较为稳定，2023 年资金净流入约 0.04 万亿美元。从管理规模来看，2023 年，美国各类共同基金的管理规模均同比上升。股票型共同基金管理规模比 2022 年增长了 17%，货币型共同基金管理规模同比增长 24%，混合型和债券型共同基金管理规模分别同比增长 4% 和 6%。

美国共同基金的持有人结构延续了近年来的稳定趋势。其中，长期共同基金

（指股票型、债券型和混合型共同基金）的持有人主要是美国居民，但 2023 年其持有规模占比略有下降，而养老金持有长期共同基金的规模占比有所上升（见图 18-3）。货币型共同基金的主要持有人是美国居民和非金融企业。

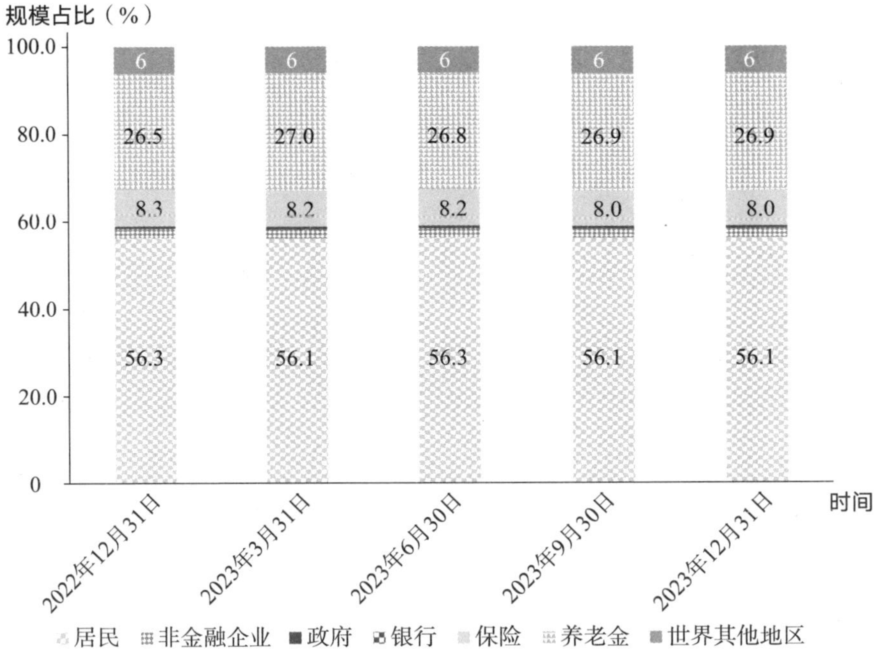

图 18-3　2022 年 12 月 31 日—2023 年 12 月 31 日美国长期共同基金持有人结构分布

资料来源：美联储。

具体来看，截至 2023 年末，美国居民持有长期共同基金的规模占比为 56.1%，占比较 2022 年同期略降 0.2%；养老金持有规模占比为 26.9%，占比较 2022 年同期略升 0.4%；其余机构持有长期共同基金的规模占比相对较低，非金融企业、政府、银行及保险持有的规模占比分别为 2.1%、0.6%、0.1% 和 8.0%。货币型共同基金方面，截至 2023 年末，美国居民持有的规模占比最大，为 59.9%，占比较 2022 年同期提升 0.87%；非金融企业持有的规模占比排在其后，为 16.6%，占比较 2022 年同期下降 0.19%。

从资产配置角度来看，2023 年美国长期共同基金配置股票和债券资产的规模同比上升。根据美联储统计数据，截至 2023 年末，美国长期共同基金总资产规模为 19.6 万亿美元，较 2022 年同期增长 13%。其中，配置股票资产规模为 13.79 万亿美元，同比增长 16%，占总资产规模比重的比例约为 70%，较 2022 年同期提升 2%；配置债券资产规模为 5.18 万亿美元，同比增长 8%，占总资产规模的比重约为 26%，较 2022 年同期下降 1%。

2023 年，在高利率的环境中，美国货币共同基金配置债券资产的规模增幅明显，而配置回购协议的规模明显下降。截至 2023 年末，美国货币共同基金规模为 6.36 万亿美元，较 2022 年同期增长 22%。其中，配置债券资产规模同比增长 69% 至 3.41 万亿美元，而配置证券回购协议资产规模则同比下降 10% 至 2.67 万亿美元。从结构角度来看，债券和证券回购协议是美国货币共同基金资产端的主要组成部分。2023 年末，这两类资产在货币共同基金资产端的规模占比分别为 53.7% 和 41.9%（见图 18-4）。

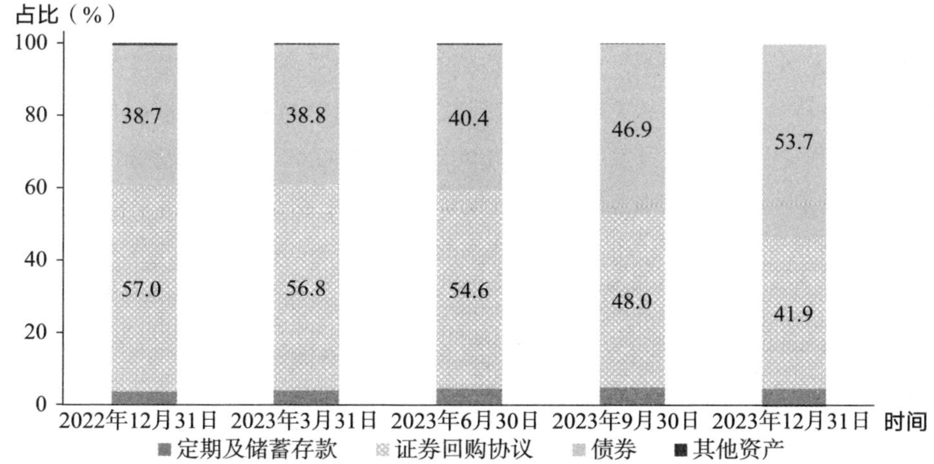

图 18-4　2022 年 12 月 31 日—2023 年 12 月 31 日美国货币共同资产配置结构分布

资料来源：美联储。

ETF：管理规模和基金数量同增，行业维持高集中度竞争格局

2023 年，美国 ETF 数量延续了近年来的增长趋势，同时管理规模回升。彭博的统计数据显示，截至 2023 年末，美国 ETF 的数量由 2022 年的 2 847 只增加至 3 108 只，管理规模为 8.09 万亿美元，较 2022 年同期的 6.48 万亿美元大幅增长约 25%。从标的资产类型来看，股票型 ETF 是美国 ETF 市场管理规模最大的品种，规模为 6.42 万亿美元，占比为 79%；紧随其后的是债券型 ETF 和混合型 ETF，管理规模分别为 1.5 万亿美元和 0.03 万亿美元（见图 18–5）。从投资风格来看，美国 ETF 市场仍然以被动指数型 ETF 为主。截至 2023 年末，被动指数型 ETF 管理规模为 7.45 万亿美元，占比为 92%，主动型 ETF 规模为 0.52 万亿美元。

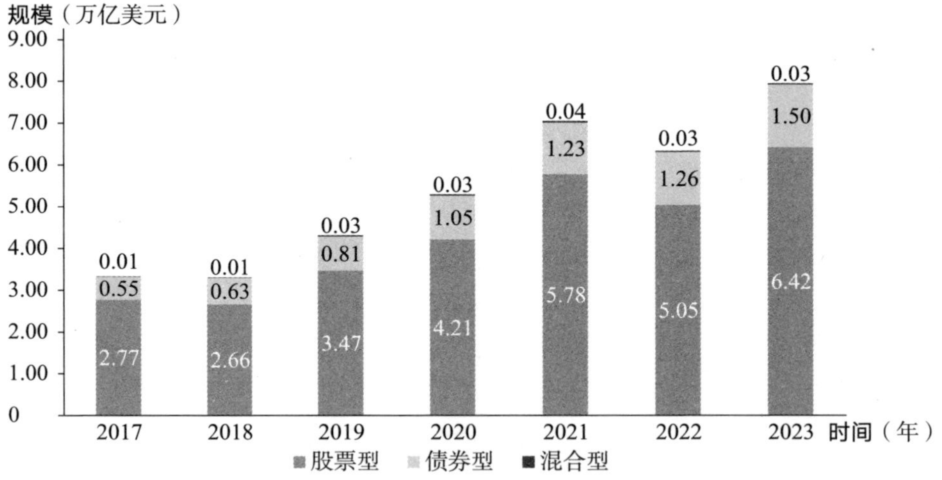

图 18-5　2017—2023 年美国 ETF 管理规模

资料来源：彭博。

2023 年，美国 ETF 市场净发行规模下滑，但数值仍然为正，维系资金流入的态势。全年 ETF 净发行规模为 5 972 亿美元，较 2022 年同期的 6 093 亿美

元下滑约 2%。其中，总发行规模为 36 927 亿美元，同比略降约 3%；总赎回规模为 30 954 亿美元，同比略降约 3%（见图 18-6）。按类型来看，股票型 ETF 2023 年的净发行规模为 4 023 亿美元，较 2022 年同期下滑 4%；债券型 ETF 净发行规模为 2 015 亿美元，同比略增 2%。按投资风格划分来看，指数型 ETF 和主动管理型 ETF 在 2023 年均维持资金净流入，净发行规模分别为 4 673 亿美元和 1 356 亿美元，较 2022 年同期分别下滑 9%、增长 31%。从资产配置来看，股票和债券是美国 ETF 资产端的主要组成部分。截至 2023 年末，美国 ETF 总资产中公司股票、债券、货币市场基金及其他资产规模占比分别为 79%、18%、0.5% 及 2%。

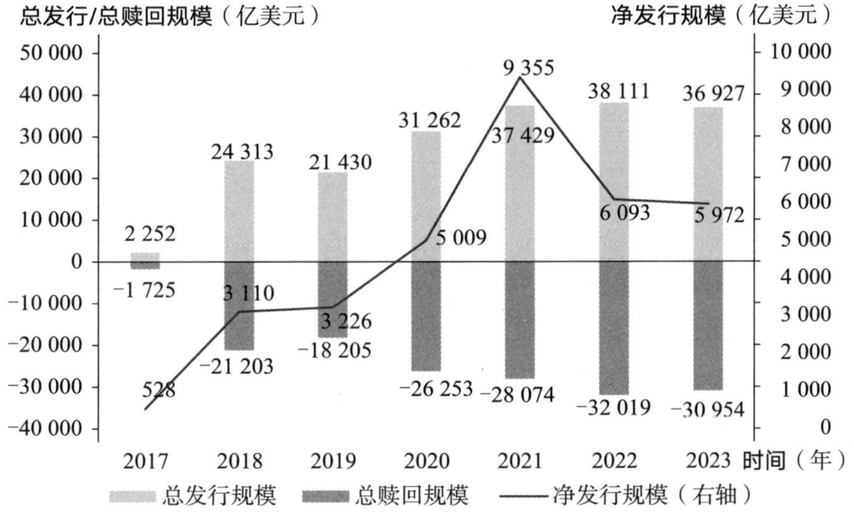

图 18-6　2017—2023 年美国 ETF 累计总发行、总赎回及净发行规模

资料来源：彭博。

美国 ETF 市场的行业竞争格局高度集中，头部机构占据了市场中绝大部分的管理规模，同时也吸引了较多的资金流入。2023 年，美国 ETF 市场中管理规模排名前三的发行人分别为贝莱德、先锋领航及道富环球，管理规模约为 2.6 万亿美元、2.4 万亿美元及 1.2 万亿美元，市场份额分别为 32%、29%、15%，合计 77%（见表 18-1）。2023 年，这三家发行人合计管理规模的市场份额较 2022 年同期下降 2%。根据彭博的预测，越来越多的共同基金公司将在未来 10 年内通过基金转换、克隆及新设份额类别等方式，将现有资产和客户转移到 ETF 市场，而这或许将对当前排名前三的发行人的市场份额造成冲击。

表 18-1　2023 年美国前十五大 ETF 发行人概况

排名	公司名称	管理规模（亿美元）	管理规模同比（%）	市场份额（%）	市场份额同比（%）
1	贝莱德	25 932	18	32	-1.7
2	先锋领航	23 530	25	29	0.1
3	道富环球	12 191	24	15	0.0
4	景顺	4 581	39	6	0.6
5	嘉信理财	3 194	23	4	0.0
6	第一信托	1 490	12	2	-0.2
7	摩根大通	1 314	47	2	0.3
8	德明信基金	1 166	61	1	0.3
9	智慧树	718	30	1	0.0
10	ProShares	690	20	1	0.0
11	范达	673	30	1	0.0
12	Global X	422	18	1	0.0
13	富达投资	422	40	1	0.1
14	高盛	318	19	0	0.0
15	Direxion	370	67	0	0.1
	前三大合计	61 653	22	77	-1.6
	前五大合计	69 428	23	87	-1.0
	41 家发行人合计	80 197	24	100	0.0

资料来源：彭博。

在资金流动方面，2023 年，美国 ETF 市场前三大基金发行人贝莱德、先锋领航和道富环球的资金流入量分别为 1 068 亿美元、381 亿美元和 -12 亿美元。相比 2022 年，这三大发行人的资金发行量在 2023 年分别减少 626 亿美元、增加 193 亿美元和增加 6 亿美元，合计吸引的资金流入在全市场中的份额为 26%（见表 18-2）。

表 18-2　2023 年美国前十五大 ETF 总资金流量

排名	公司名称	总资金流量（亿美元）	市场份额（%）	同比变动（亿美元）
1	贝莱德	1 068	19	-626
2	先锋领航	381	7	193
3	道富环球	-12	0	6
4	景顺	167	3	124
5	嘉信理财	37	1	-16
6	第一信托	77	1	105
7	摩根大通	-38	-1	-36
8	德明信基金	-11	0	-46
9	智慧树	-48	-1	-88
10	ProShares	-60	-1	-70
11	范达	27	0	0
12	Global X	62	1	24
13	富达投资	51	1	18
14	高盛	-42	-1	57
15	Direxion	20	0	52
	前三大合计	**1 437**	**26**	**-427**
	前五大合计	**1 641**	**29**	**-318**
	41 家发行人合计	**5 601**	**100**	**-263**

资料来源：彭博。

另类资管：规模增长停滞，成交额下降明显

在宏观经济不确定性加大、美联储加息等多种因素的影响下，2023 年美国另类资管整体规模较年初基本保持不变，数量小幅提升，融资额下降。分类型来看，美国私募股权基金净资产规模及基金数量较年初基本保持不变，但成交额下降明显；对冲基金净资产规模较 2022 年末略有回升，也经历了资金的净流出；风险投资基金规模和数量较年初基本保持不变，但融资成交额和成交量均出现下滑。

另类资管行业概览

2023 年，美国另类资管规模较年初基本保持不变，私募基金数量小幅提升。2022 年第一季度，美国另类资管的净资产规模和总资产规模均达到历史高点，分别为 14.1 万亿美元和 20.4 万亿美元。

随着美联储在 2022 年 3 月 15 日正式开启加息周期，美国另类资管市场受到较为明显的冲击，私募基金的总数量虽然仍有提升，但净资产规模增长停滞不前。截至 2023 年第三季度末，另类资管的净资产规模和总资产规模分别为 14.06 万亿美元和 21.24 万亿美元，较年初仅分别增长了 0.1% 和 3.7%，私募基金数量合计 47 536 只，较年初增长了约 0.7%（见图 18-7）。

从细分产品来看，相较于 2022 年，美国大多数另类资管产品的规模在 2023 年基本保持不变。根据美国证交会数据，以净资产计，截至 2023 年第三季度末，美国另类资管市场规模最大的私募股权基金的净资产规模为 5.99 万亿美元，相较于 2022 年末下降 0.6%；对冲基金净资产规模为 4.94 万亿美元，相较于 2022 年末增长 2.4%（见表 18-3）。总体来看，截至 2023 年第三季度，美国另类资管市场的净资产规模较 2022 年末增长 0.1%，至 14.06 万亿美元。

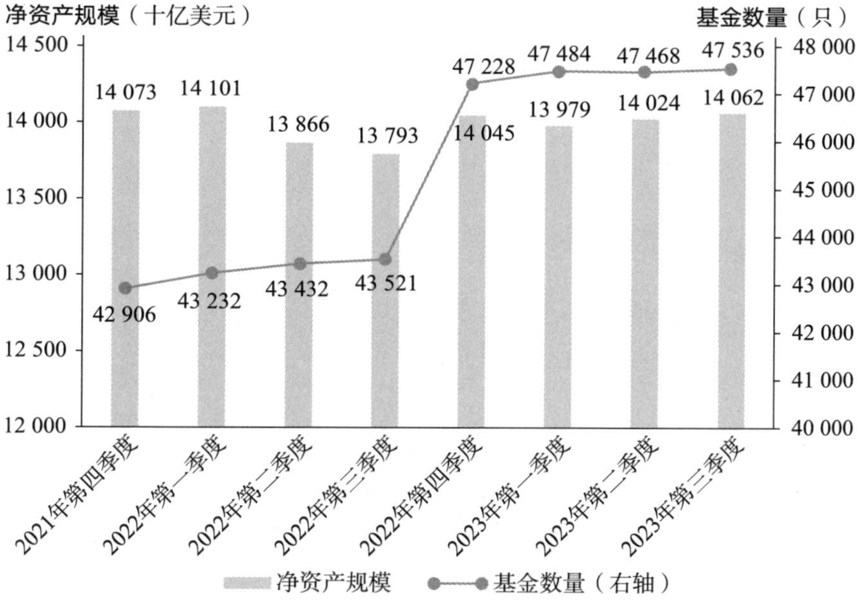

图 18-7　2021 年第四季度—2023 年第三季度美国另类资管的净资产规模和私募基金数量变化趋势

资料来源：SEC。

表 18-3　2022 年末和 2023 年第三季度美国另类资管净资产规模对比

分项	2022 年末（万亿美元）	2023 年第三季度（万亿美元）	增速（%）
对冲基金	4 824	4 939	2.4
私募股权基金	6 026	5 987	-0.6
房地产基金	858	848	-1.2
证券化资产基金	264	264	0.0
风险投资基金	342	341	-0.3
流动性基金	318	346	8.8
总计	14 045	14 062	0.1

注 1：表中仅显示 SEC 统计主要另类资管产品规模及行业总规模；各类资管产品间并不互斥，因此无法简单加总计算。

资料来源：SEC。

从投资者结构来看，美国另类资管市场延续了近年来较为稳定的投资者结构。私募基金、州 / 市政府养老金计划仍然是另类资管市场的主要投资者。截至 2023 年第三季度，这两类机构的投资规模占比分别为 18.7% 和 13.6%。值得注意的是，自 2018 年以来，养老金计划对另类资产的投资比例正在逐步降低，而主权财富基金及保险公司对美国另类资产的配置比例则在不断增长。

私募股权基金

2023 年，美国私募股权基金净资产规模及基金数量较年初基本保持不变，但成交额下降明显。根据 SEC 统计数据，截至 2023 年第三季度，美国私募股权基金的净资产约为 5.99 万亿美元，较 2022 年同期增长约 4%，较 2023 年初下降约 0.6%；私募股权基金数量为 20 956 只，相较 2022 年同期增加 10%，较年初增长 0.3%（见图 18-8）。根据 Statista 的统计数据，2023 年美国私募股权基金成交额为 4 588 亿美元，较 2022 年 8 351 亿美元的成交额下降明显。

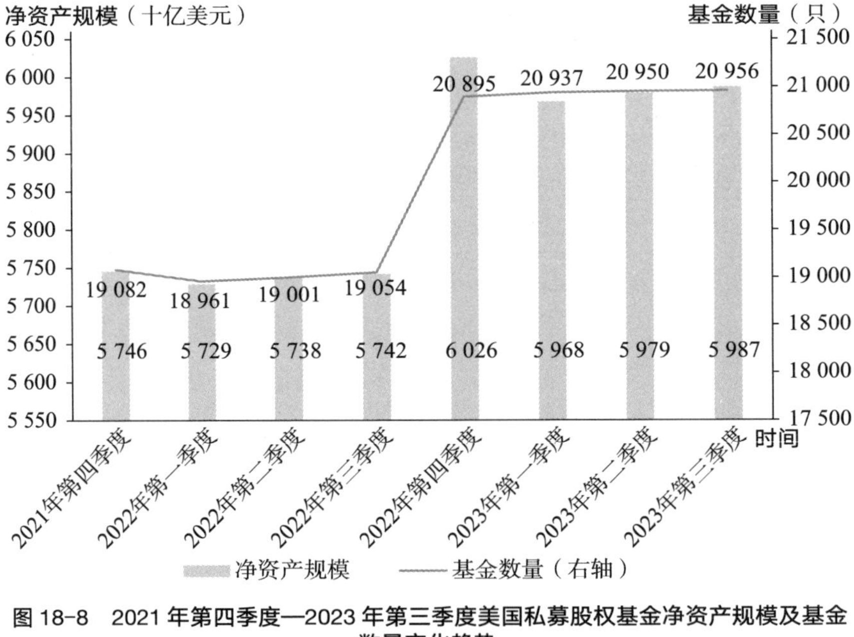

图 18-8　2021 年第四季度—2023 年第三季度美国私募股权基金净资产规模及基金数量变化趋势

资料来源：SEC。

从行业竞争格局来看，黑石集团、KKR 及 Thoma Bravo 是美国排名前三的私募股权基金公司，其世界排名也位居前列。黑石集团、KKR 及 Thoma Bravo 是美国排名前三的私募股权基金公司，其世界排名分别为第一、第二及第四。以 2018—2023 年的募资额计，三家基金公司的募资规模分别达 1 256 亿美元、1 037 亿美元及 1 017 亿美元左右（见图 18-9）。从基金退出来看，顶峰投资（Summit Partners）、奥博资本（OrbiMed）及 Technology Crossover Ventures（TCV）是 2023 年美国退出次数最多的私募股权基金公司，年内退出次数分别为 260 次、219 次及 197 次。

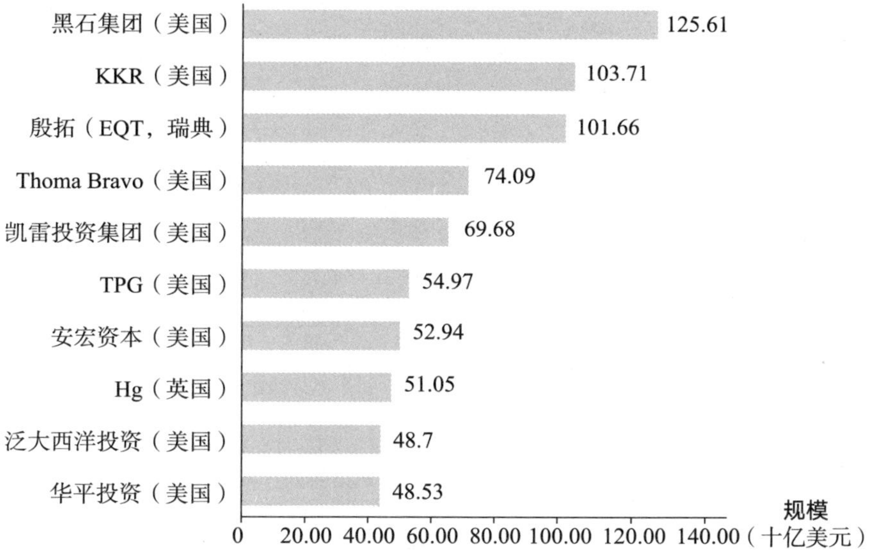

图 18-9　2023 年全球排名前十的私募股权基金公司募资规模

资料来源：Statista。

对冲基金

2023 年，美国对冲基金的净资产规模较 2022 年末出现回升。在 2020 年之前，美国对冲基金的净资产规模常年维持在 3 万亿美元到 4 万亿美元之间。从 2020 年开始，在宽松货币政策环境的影响下，美国对冲基金的净资产规模显著增长。但在美联储加息及资本市场表现不佳等因素的影响下，2022 年美国对冲基金规模下滑明显。从 2023 年第一季度开始，美国对冲基金净资产规模回升，同时数量小幅增长。截至 2023 年第三季度，美国对冲基金净资产规模约为 4.94 万亿美元，较 2022 年同期略增约 1.7%，较 2023 年初的规模增长约 2.4%；对冲基金数量为 9 958 只，较 2022 年同期略增约 1.8%，较 2023 年初的数量增长约 1.6%（见图 18-10）。

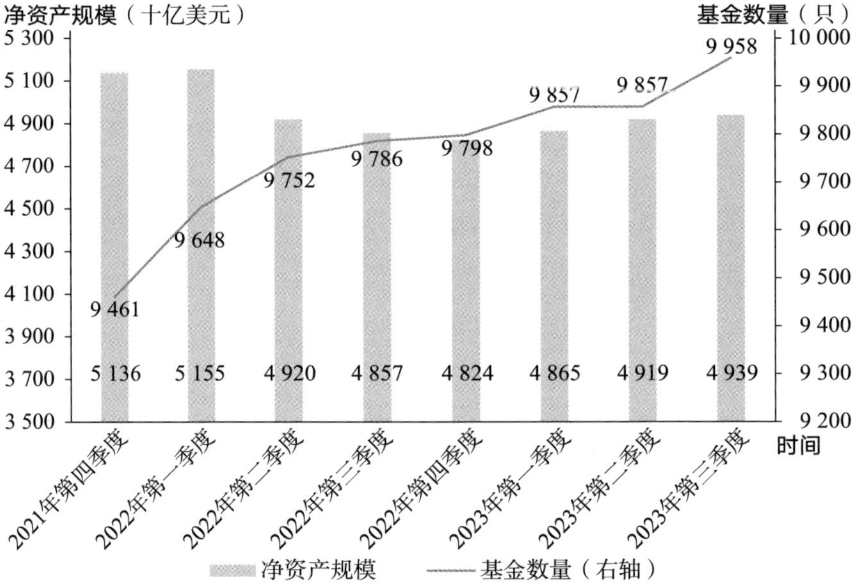

图 18-10　2021 年第四季度—2023 年第三季度美国对冲基金净资产规模和基金数量变化趋势

资料来源：SEC。

从行业竞争格局来看，桥水投资、文艺复兴科技及 AQR 资本管理是美国最大的三家对冲基金公司。根据福布斯的统计数据，截至 2023 年末，美国最大的三家对冲基金公司分别为桥水投资、文艺复兴科技及 AQR 资本管理，管理的资金规模分别为 1 243 亿美元、1 060 亿美元及 945 亿美元左右（见图 18-11）。

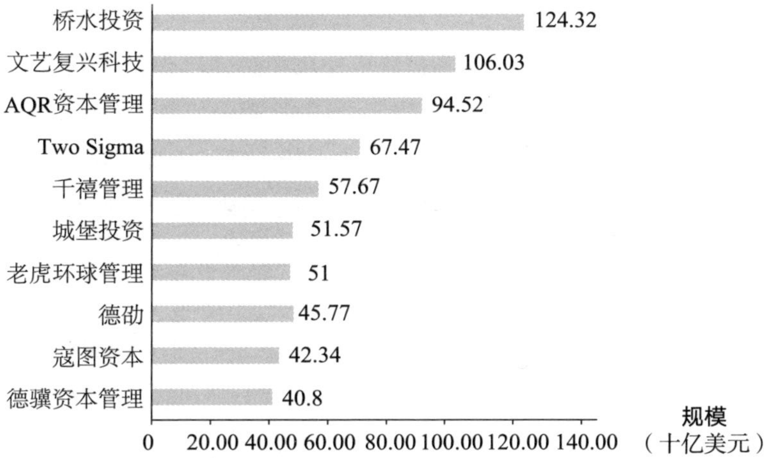

图 18-11 2023 年美国最大的十家对冲基金公司管理的资金规模

资料来源：福布斯、Statista。

从投资类型来看，对冲基金以多资产为主。根据 Statista 的统计数据，2023 年全球对冲基金中多资产、股票型及债券型对冲基金规模分别为 12 893 亿美元、11 621 亿美元及 9 565 亿美元。从策略分布角度来看，对冲基金策略以股票多空、多策略及事件驱动为主。截至 2023 年末，这三种策略管理的资金规模分别为 7 077 亿美元、6 800 亿美元及 5 720 亿美元左右（见图 18-12）。

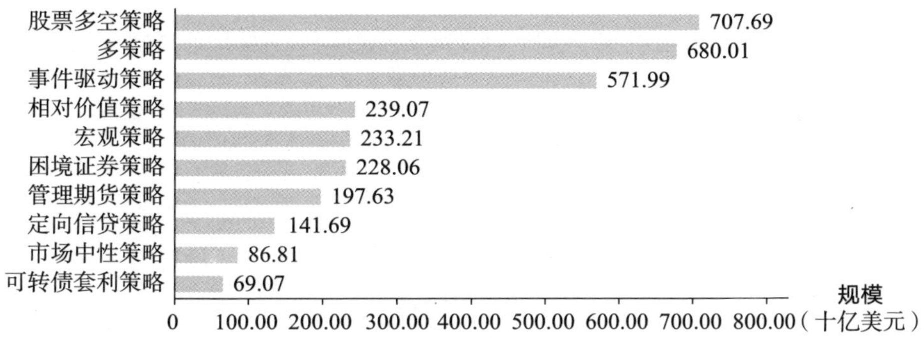

图 18-12 2023 年全球对冲基金不同策略管理的资金规模

资料来源：Statista。

风险投资基金

2023 年美国风险投资基金规模和数量相较年初基本保持不变。截至 2023 年第三季度，美国对冲基金的净资产为 3 410 亿美元，较 2022 年同期增长约 9%，较年初下降约 0.3%；总资产规模为 3 740 亿美元，较 2022 年同期增长 12%，较年初下降 0.3%；风险投资基金数量为 2 998 只，较 2022 年同期增长约 31%，但较年初仅增长约 0.3%（见图 18-13）。

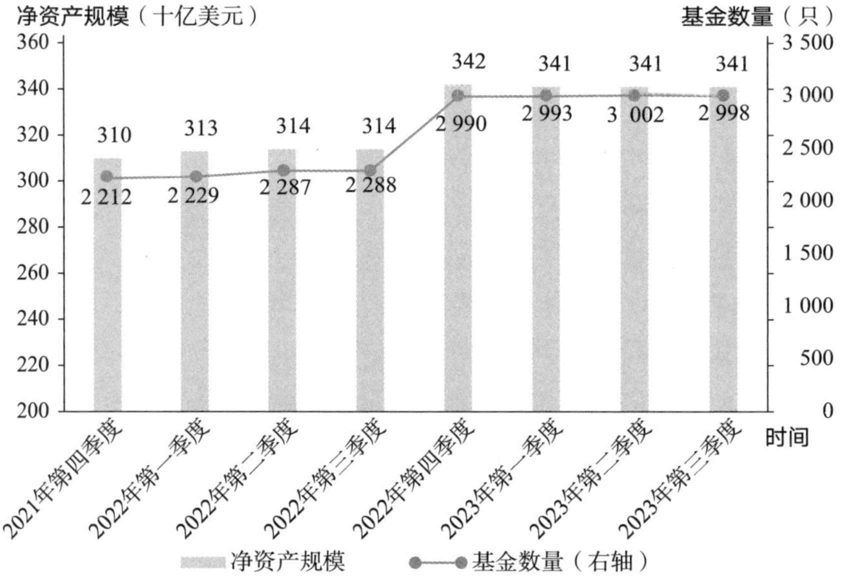

图 18-13　2021 年第四季度—2023 年第三季度美国风险投资基金净资产规模和基金数量变化趋势

资料来源：SEC。

2023 年美国风险投资基金成交额和成交量均出现下降。受加息的影响，美国投资者对经济增长疲软的担忧日益加深，同时较高的利率环境也阻碍了美国部分经济领域的发展。随着流动性压力的持续提升，2023 年美国风险投资基金成交量和成交额较 2022 年出现了下降。2022 年第一季度和第二季度美国风险投资基金成交量分别达 805 亿美元、768 亿美元，自 2022 年第三季度开始下滑。

截至 2023 年末，美国风险投资基金成交量降至 375 亿美元。分阶段来看，2023 年早期、成长期及后期，风险投资成交额均出现下降，中位数口径下三者成交额分别为 500 万美元、1 280 万美元及 590 万美元。

2023 年欧洲资管市场：高利率下的复苏韧性

2023 年，由于地缘政治冲突持续，因此全球金融市场面临更高的不确定性，高通胀成为欧洲各国央行面临的普遍挑战。截至 2023 年第三季度，欧洲的资管规模（AUM）达到 28.6 万亿欧元，与 2022 年同期的 28.4 万亿欧元基本持平。2023 年，欧洲经济内生动力不足，进而使得整体经济规模增长乏力。在这一因素的影响下，欧洲资管规模占 GDP 的比重显著上升，2023 年第三季度达到 270%（见图 18-14）。

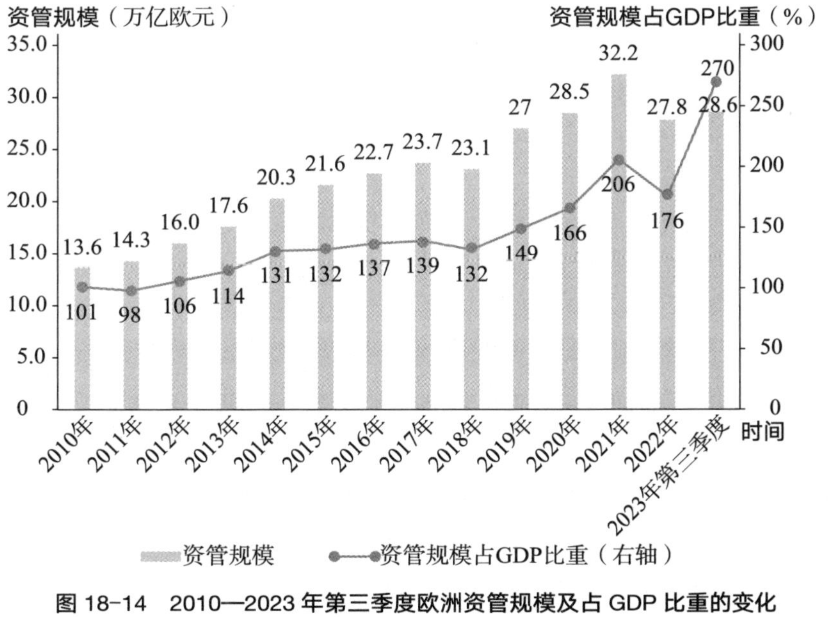

图 18-14　2010—2023 年第三季度欧洲资管规模及占 GDP 比重的变化

资料来源：欧洲基金和资产管理协会。

在经济增长放缓的背景下，欧洲资管行业的重要性与日俱增。欧洲资管行业经历了长期规模显著的扩张，并形成了成熟且稳健的市场结构。根据欧洲基金和资产管理协会的数据，2013—2021 年，欧洲的投资基金净资产规模从 10.4 万亿欧元增加至 21.8 万亿欧元，增幅显著。然而，2022 年，在俄乌冲突和能源危机等外部因素的影响下，欧洲股市债市双双走弱，进而导致欧洲的投资基金净资产规模下降至 19.1 万亿欧元。

2023 年，尽管地缘冲突和经济增长相对低迷等因素仍在，但欧洲的投资基金净资产规模重新恢复了增长，表现出较强的市场韧性。根据欧洲基金和资产管理协会的数据，2023 年，欧洲资管行业的投资基金净资产规模同比增长 8%，达到 20.68 万亿欧元（见图 18-15）。这种复苏趋势表明，即使面临多重挑战，欧洲资管行业依然凭借其坚实的基础和灵活的应对能力，展现出积极的发展态势。这和欧洲完善的资管行业监管框架密不可分。

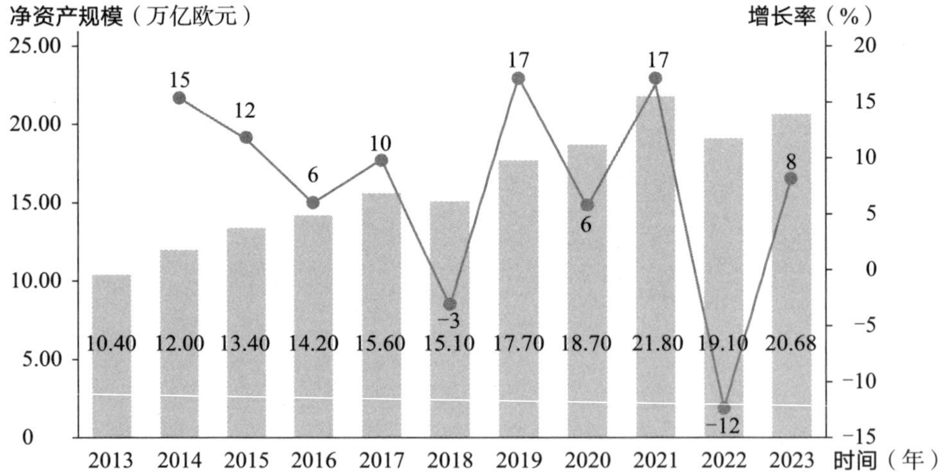

图 18-15　2013—2023 年欧洲投资基金的净资产规模和增长率变化

资料来源：欧洲基金和资产管理协会。

国别集聚效应明显：英法瑞德荷意六国占据 85% 的资管规模

欧洲资管市场呈现出显著的国别集聚效应，其中英国、法国、瑞士、德国、荷兰和意大利这 6 个国家占据了 85% 的资管规模，如图 18-16 所示。英国是欧洲最大的资管市场，也是全球最重要的资管中心之一。2023 年，英国资管规模占欧洲全行业资管规模的 36%。截至 2023 年末，英国的投资基金净资产达到 1 909.43 亿欧元，拥有 3 374 只基金。得益于伦敦作为全球金融中心的影响力，英国的资管市场聚集了一批世界闻名的资管公司，包括施罗德集团、励正集团、汇丰环球投资管理有限公司等。

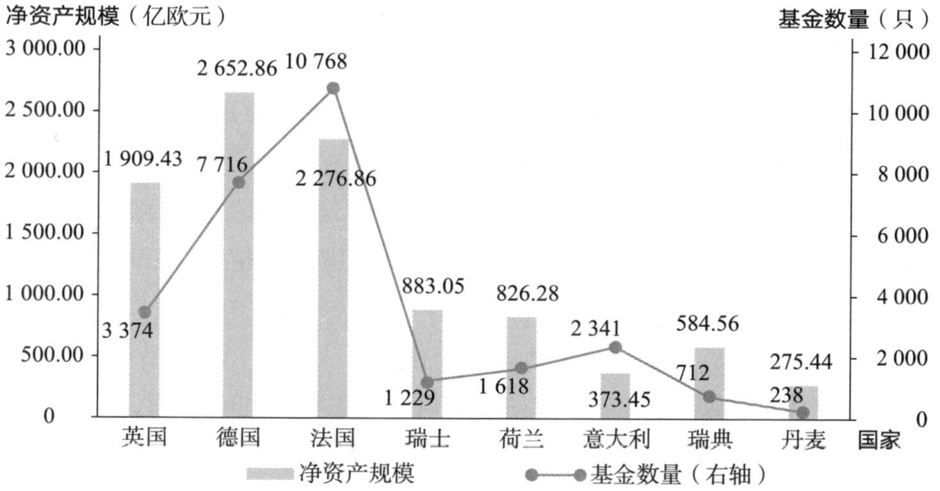

图 18-16　欧洲主要国家投资基金的净资产规模及基金数量变化

资料来源：欧洲基金和资产管理协会。

法国是欧洲第二大资管市场。2023 年，法国资管规模占欧洲全行业资管规模的 16%。法国资管行业的蓬勃发展受益于其成熟的金融市场，并且依赖于监管框架的支持。法国金融市场管理局是法国资管行业的主要监管机构，致力于确保市场的透明度和投资者保护。法国也是欧洲投资基金数量最多的国家之一，截至2023年末，基金数量达到10 768只，投资基金净资产规模达到2 276.86亿欧元。

德国是欧洲第三大资管市场。2023年，德国资管规模占欧洲全行业资管规模的10%。德国的资管市场以多样化的另类投资基金（Alternative Investment Fund，AIFs）产品为特色。截至2023年末，德国的投资基金净资产规模为2 652.86亿欧元，其中AIFs规模为2 166.19亿欧元，总基金数量为7 716只，包括4 851只AIFs产品和2 865只可转让证券集合投资计划（Undertakings for Collective Investment in Transferable Securities，UCITS）产品。

机构投资者：欧洲资管市场的主要资金支柱

从投资者类型来看，保险公司和养老基金是欧洲资管市场最主要的两类机构投资者，为欧洲资管市场提供了长期且稳定的资金来源。2022年以来，保险公司和养老基金持有欧洲的UCITS和AIFs的净资产规模约为6万亿欧元，截至2023年第三季度，这两类投资者持有的投资基金净资产规模约为5.9万亿欧元。

欧洲保险公司和养老基金的投资组合中，相当一部分资金用于投资长期债券和股票，以满足其长期需求。2023年，在持续高利率的影响下，欧洲地区的保险公司和养老基金调整了其投资组合，增加了对低风险的固定收益资产的投资，并且减少了对风险更高、流动性更差的资产的投资。

居民投资者同样在欧洲资管市场中发挥着重要作用，其持有的资产净值位居第二。截至2023年第三季度，居民投资者持有基金规模约为3.7万亿欧元，较2022年同期增加了3 390亿欧元，如图18-17所示。这主要是由于居民投资者在共同基金中的投资规模持续增长。

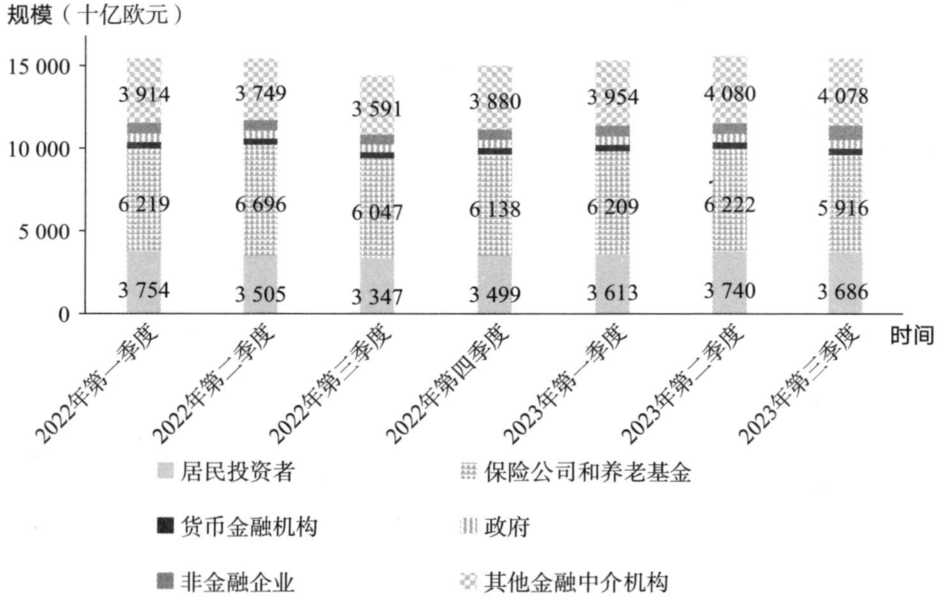

图 18-17　2022 年第一季度—2023 年第三季度欧洲资管行业不同类型投资者持有的基金规模

资料来源：欧洲基金和资产管理协会。

欧洲资管市场资金风向：低风险债基货基规模增长，股票基金的资金流出减缓

2023 年，债券基金和货币市场基金是欧洲资管市场吸引最多资金流入的两类产品，同时权益类产品的资金流出趋势有所减缓（见图 18-18）。在持续的高利率水平影响下，债券基金展现出可观的交易空间和高回报潜力。2023 年，欧洲债券基金的净销售额有所回升，全年达到 1 330 亿欧元。货币市场基金由于其较短的到期期限和较低的价格波动，受到更多寻求避险的投资者的青睐。2023 年全年，欧洲货币市场基金的净销售额达到 1 790 亿欧元。其中，第四季度货币市场基金的表现尤为强劲，净流入达到 1 210 亿欧元。同时，股票基金全年录得 190 亿欧元的净流出，但相较于 2022 年 2 890 亿欧元的净流出已有所减缓。这

说明投资者对高利率环境下股市的表现持谨慎态度。

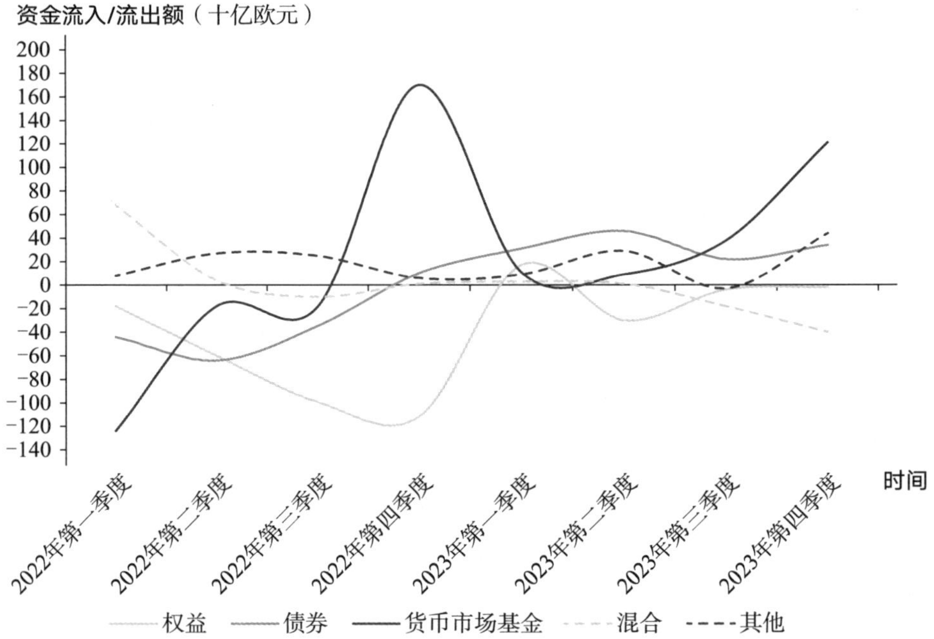

图 18-18　2022—2023 年欧洲资管市场资金流动状况

资料来源：欧洲基金和资产管理协会。

主要资管产品分化显著：欧洲 UCITS 基金、AIFs 与 ETF 的差异化发展趋势

UCITS 基金

UCITS 基金在欧洲及全球范围内仍然是一种极为重要的投资工具。UCITS 基金的净资产规模和净销售额变动趋势通常反映了股票和债券市场的变化情况。比如，2021 年，受到全球资本市场强劲表现的影响，欧洲 UCITS 基金净销售额创下历史最高的净流入金额，达到 8 120 亿欧元。然而，2022 年，股票和债券市场经历重创，欧洲 UCITS 基金净流出金额达到 1 670 亿欧元，与 2021 年

形成了鲜明对比。2023 年，尽管欧洲持续的高利率影响了 UCITS 基金的整体表现，但其净资产规模和净销售额仍然取得了可观的增长。截至 2023 年末，欧洲 UCITS 基金净资产规模为 13.1 万亿欧元，比 2022 年末增长约 9.17%，全年净销售额为 1 810 亿元（见图 18-19）。

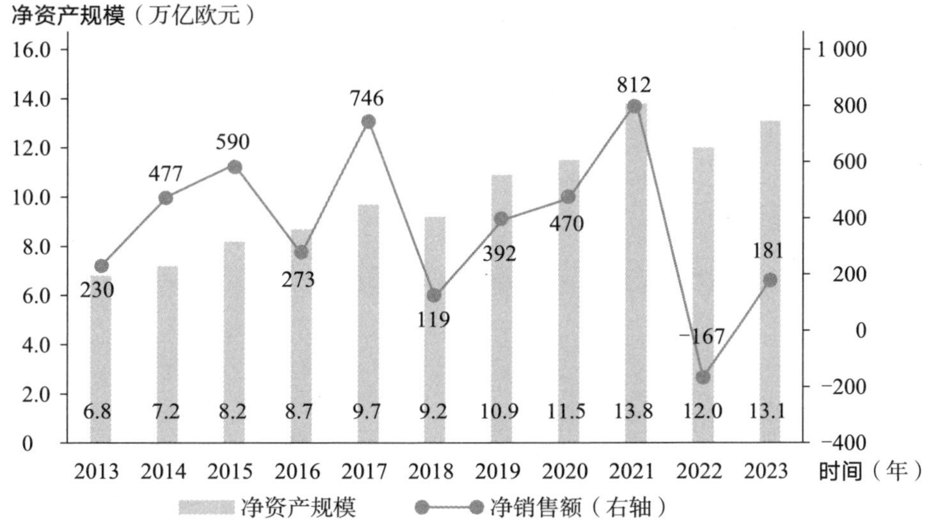

图 18-19　2013—2023 年欧洲 UCITS 基金净资产规模和净销售额变化状况

资料来源：欧洲基金和资产管理协会。

2021—2023 年，在市场环境和投资者偏好的影响下，欧洲 UCITS 基金不同标的资产流动状况差异明显，表现出分化状况。2021 年，全球股市表现良好，欧洲权益类基金表现强劲，吸引了大量资金流入。然而，2022 年全球股市下跌，导致这些基金的资金吸引力也同步下降，直至 2023 年才逐渐恢复资金净流入。

得益于稳定的投资者机构，欧洲养老金和保险公司为固定收益类资产提供了相对稳定的资金来源。债券类 UCITS 基金在 2021 年表现出色，但在 2022 年受债市下跌的影响而出现资金持续流出的状况。直至 2023 年，在高利率水平的加持下，欧洲债券类基金重新受到投资者青睐。

此外，货币市场类 UCITS 基金在 2022 年出现资金净流出的状况，但在 2023 年资金净流入有所回升。值得注意的是，多资产类 UCITS 基金自 2021 年以来持续吸引投资者，2023 年净流入金额显著增加。这表明，在高不确定性的市场环境中，欧洲投资者更偏好于跨资产类别和多样化的配置（见图 18-20）。

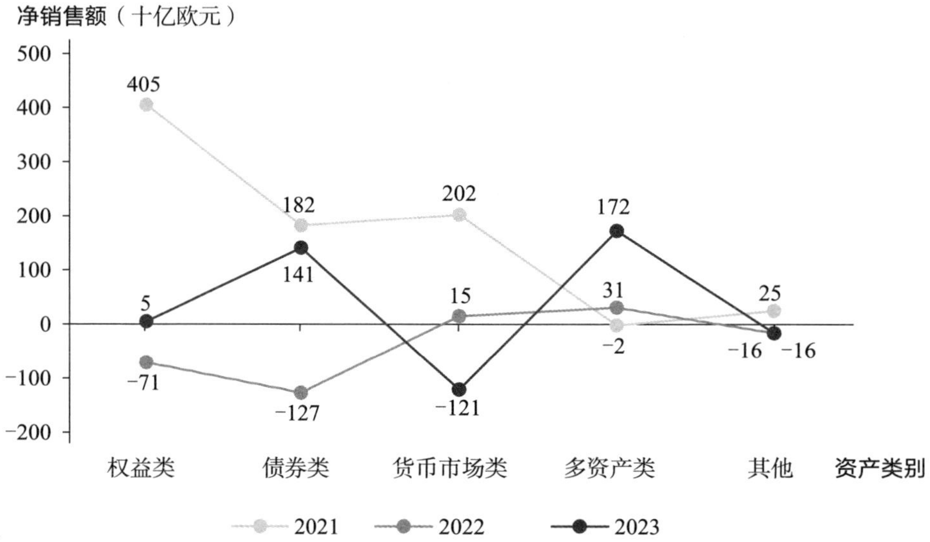

图 18-20　2021—2023 年 UCITS 基金不同标的的资产净销售额变化状况

资料来源：欧洲基金和资产管理协会。

AIFs

AIFs 是包含对冲基金、私募股权基金、房地产基金、商品基金和基础设施基金等多种类型的基金，也是欧洲资管市场管理规模第二大的产品。

从中长期的时间轴来看，欧洲 AIFs 净资产规模从 2013 年的 2.9 万亿欧元增长至 2021 年的 8.0 万亿欧元，呈现稳步发展态势。在全球经济不确定性增强的背景下，投资者更偏好于寻求非传统类别的资产以规避风险。

2022 年，在新的《投资公司条例》和《投资公司指令》的审慎监管规则下，荷兰和丹麦的部分养老金由 AIFs 转向独立托管模式，这是导致 AIFs 净资产规模降至 7.1 万亿欧元的重要原因。2023 年，在股票和债券市场复苏的助力下，AIFs 净资产规模较 2022 年同期增长了 5.6%，年末达到 7.5 万亿欧元（见图 18-21）。

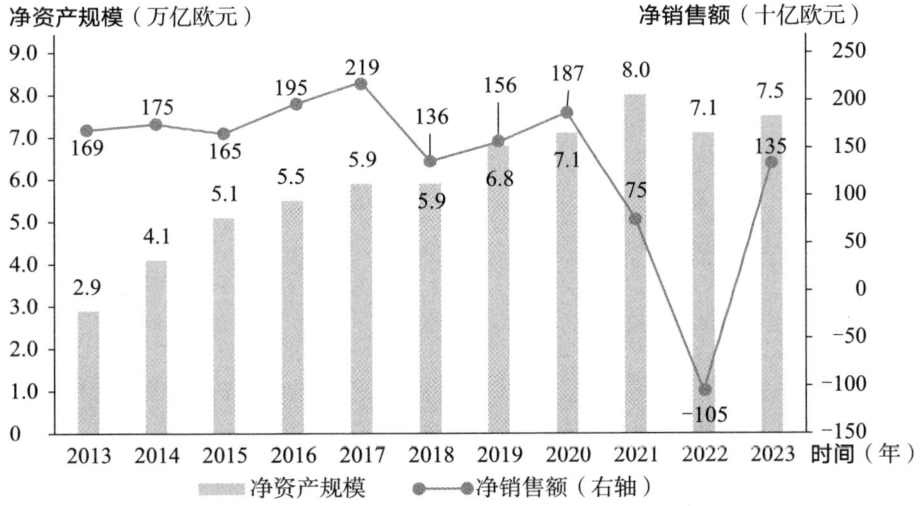

图 18-21　2013—2023 年欧洲 AIFs 净资产规模和净销售额变化状况

资料来源：欧洲基金和资产管理协会。

虽然净资产持续增长显示出 AIFs 对投资者的吸引力，但宏观经济状况和市场情绪等因素也会直接影响到欧洲 AIFs 净销售额的波动。受到经济停滞和市场动荡影响，2020—2022 年 AIFs 净销售额大幅下降。2023 年，欧洲 AIFs 净销售额有所回升，全年录得 1 350 亿欧元的资金净流入。从 2023 年欧洲 AIFs 资产配置情况来看，其他 AIFs 是主导类型，在 AIFs 资产配置中的占比为 39%，多资产类 AIFs 占比为 25%，房地产类 AIFs 占比为 13%，债券类 AIFs 占比为 12%，权益类 AIFs 占比为 11%（见图 18-22）。

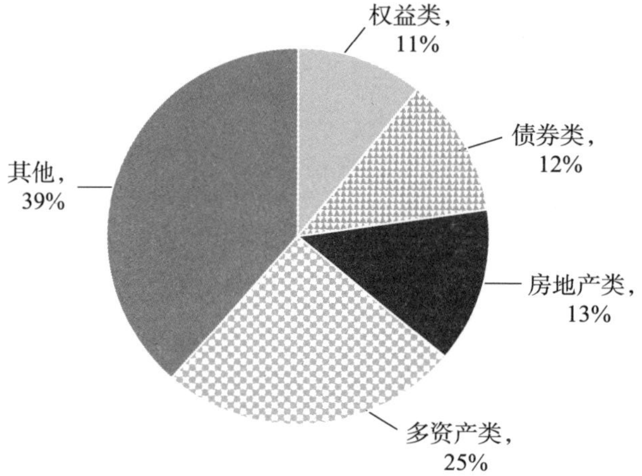

图 18-22　2023 年欧洲 AIFs 资产配置占比情况

资料来源：欧洲基金和资产管理协会。

ETF

由于欧洲大多数 ETF 都是以 UCITS 的形式创建的，因此欧洲 ETF 行业具备相对健全的监管框架。2023 年欧洲资管市场 ETF 管理规模和数量显著上升。根据 ETFGI 的数据，截至 2023 年末，欧洲资管市场共有 2 200 只 ETF 产品，管理规模为 1.86 万亿欧元，达到历史最高水平（见图 18-23）。

随着 ETF 市场蓬勃发展，欧洲 ETF 的数量稳步上升，但 2023 年在全球 ETF 数量中的占比有所下降，占比为 20.38%。整体来看，欧洲仍是全球第二大 ETF 市场。欧洲 ETF 管理规模占全球 ETF 总规模的 15.18%。2019—2023 年，欧洲的 ETF 市场也迎来了长足的发展，ETF 市场净资产规模从 2019 年的 0.9 万亿欧元增加到 2023 年的 1.59 万亿欧元。同时，ETF 在长期 UCITS 净资产中的份额稳步增长，从 2019 年的 8.9% 增长至 2022 年的 11.9%。从资金流动看，截至 2023 年第四季度，欧洲 ETF 产品资金累计净流入 5.81 万亿欧元，同样处于历史较高位。

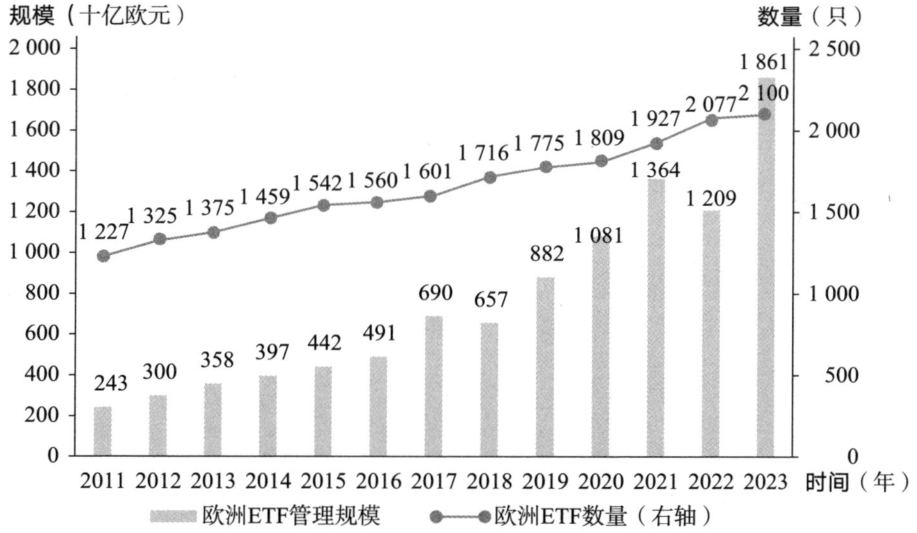

图 18-23　2011—2023 年欧洲 ETF 管理规模和数量变化

资料来源：ETFGI。

第 19 章

新兴市场资管跟踪：资本外流压力下的行业新突破

2022—2023 年，新兴市场由于一直面临着严峻的外部环境，诸如发达经济体货币政策的不稳定、地缘政治的不确定性及全球投资者风险偏好的收紧等，因此资产表现弱于全球发达市场，同时新兴市场也遭受了资本流动大幅波动。尤其在 2022 年 3—9 月和 2023 年 8—10 月，新兴市场的非居民投资组合出现资金净流出，呈现外部资金逃离新兴市场的态势，这对新兴市场的资产管理而言并非一个积极的信号。

但在上述背景下，新兴市场的资管行业仍展现了较强的韧性，这主要受益于各新兴经济体内生的原动力（见图 19-1、图 19-2）。例如，印度共同基金行业在其国内投资格局和权益市场繁荣的双重推动下继续扩张，创造了历史最高规模；拉美市场近些年掀起了新一轮养老金改革潮，养老基金规模重回增长轨道；中东市场则以主权财富基金的表现最为亮眼，沙特公共投资基金（以下简称沙特 PIF）逆势而上，成为全球主权财富基金最主要的增量来源。

整体来看，面对不确定性下的全球环境和外部挑战，新兴市场资管行业不再过于被动，反而是靠着近几年在体系改革、投资者教育、金融创新等方面的努力，强化资管行业的内生定力和各经济体发展特色。新兴市场的投资行为也对全球资管行业产生着越发重要的影响。

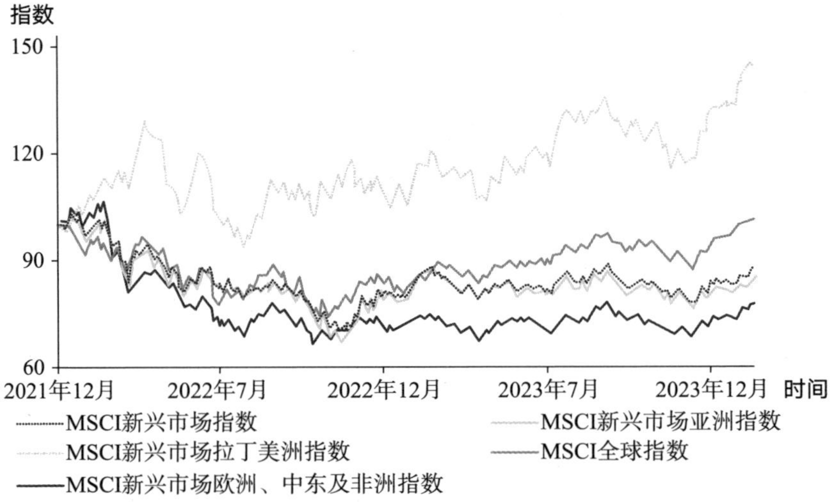

图 19-1　新兴市场的资产表现

资料来源：MSCI、国际金融协会。

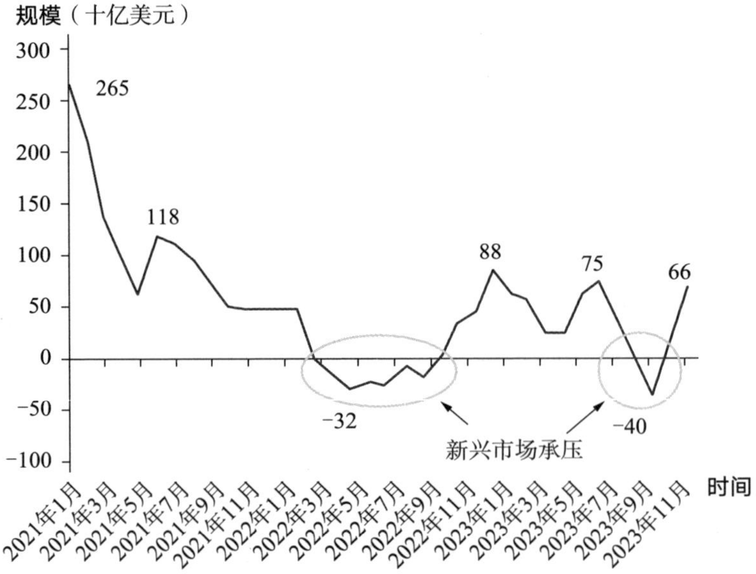

图 19-2　新兴市场的资产流动

资料来源：MSCI、国际金融协会。

印度共同基金：规模再创历史新高，金融产品创新紧随其后

印度共同基金快速发展 10 年后，在 2023 年依旧迎来了多个里程碑式跨越。从资产类别、管理方式到投资者结构的角度，印度共同基金均录得了显著的正向涨幅。纵向来看，2023 年，印度共同基金止住了此前两年增速连续下滑的趋势。横向比较，印度共同基金的规模增速不仅跑赢了以中国为代表的其他新兴经济体，也高于美国、日本这些发达经济体。

2023 年印度共同基金行业迎来了全面上涨

截至 2024 年 3 月，印度共同基金全行业的资管规模达到创纪录的 53.4 万亿卢比（见图 19-3），同比[①]净增约 14 万亿卢比，增速约为 35%，是自 2021 年 3 月以来的最高水平（彼时增速约为 41%）。

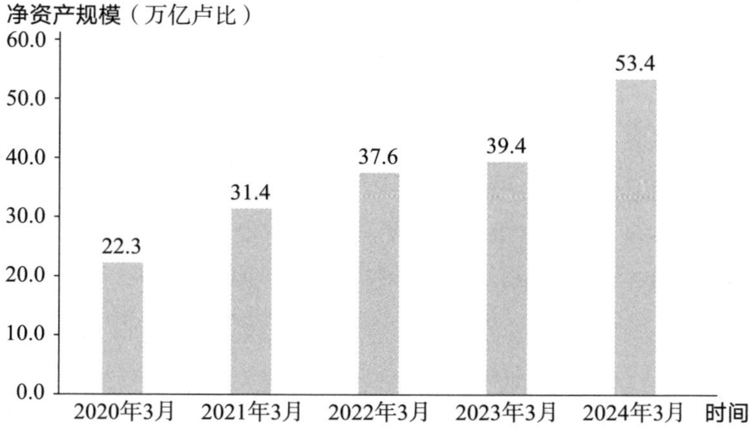

图 19-3　印度共同基金行业的净资产规模

资料来源：印度共同基金协会。

① 本小节所指的同比数据范围为 2023 年 3 月末—2024 年 3 月末，下文同。

从印度国内来看，自 2020 年以来，印度共同基金的规模增速在大多数时间都高于印度的银行存款增速，并且与印度 BSE SENSEX 指数[①]的走势高度一致（见图 19-4）。一方面，这体现了印度居民资产配置意识的转变，印度投资者越来越了解除银行存款等传统选择之外的各种投资途径；另一方面，与股票指数的高度趋同也意味着印度共同基金对权益市场的关注之高，过去几年出色的股市投资回报也帮助基金行业吸引了更多投资者进场。

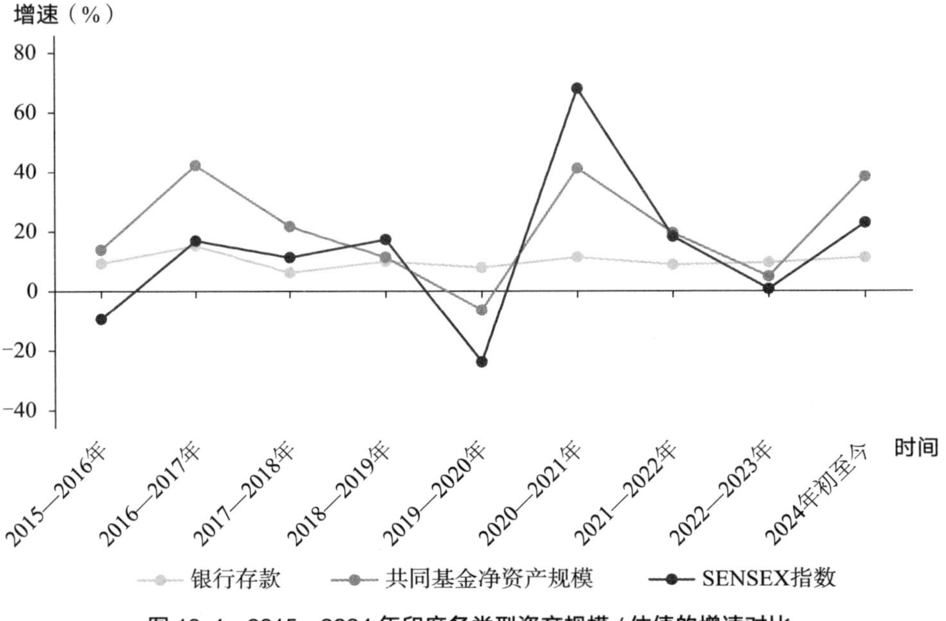

图 19-4　2015—2024 年印度各类型资产规模 / 估值的增速对比

资料来源：印度共同基金协会、印度储备银行、印度经济监测中心。

细分来看，得益于印度股市的强劲表现，印度权益型共同基金的资管规模达到 23.5 万亿卢比，增长 55%，在 2023—2024 财年（即 2023 年 4 月—2024 年

① 即印度 SENSEX 指数（又称孟买敏感 30 指数）由孟买证券交易所发行，为印度被使用最广泛的指数，是投资印度的重要参考指标。

3 月，下同）录得 1.84 万亿卢比的资金净流入，而上一财年的资金净流入为 1.47 万亿卢比。从占比来看，权益型基金在全市场所占的比重从 2023 年 3 月末的 38.6% 大幅升至 2024 年 3 月末的 44.1%。但需注意，共同基金在权益市场的深度参与也引发了投资者对印度股市估值泡沫的担忧，印度共同基金或面临市场调整的考验。

债券型基金净资产规模在经历了两年的连续下滑后，于 2023—2024 财年录得 6.8% 的增长，规模约为 12.6 万亿卢比（见图 19-5）。其中，货币基金和流动型基金的绝对增量为主要增量，分别增加了 0.4 万亿和 0.3 万亿卢比。从增速来看，长久期债券基金规模同比增长 45.1%，而隔夜基金下跌 35.9%，是债券型基金的最大拖累。

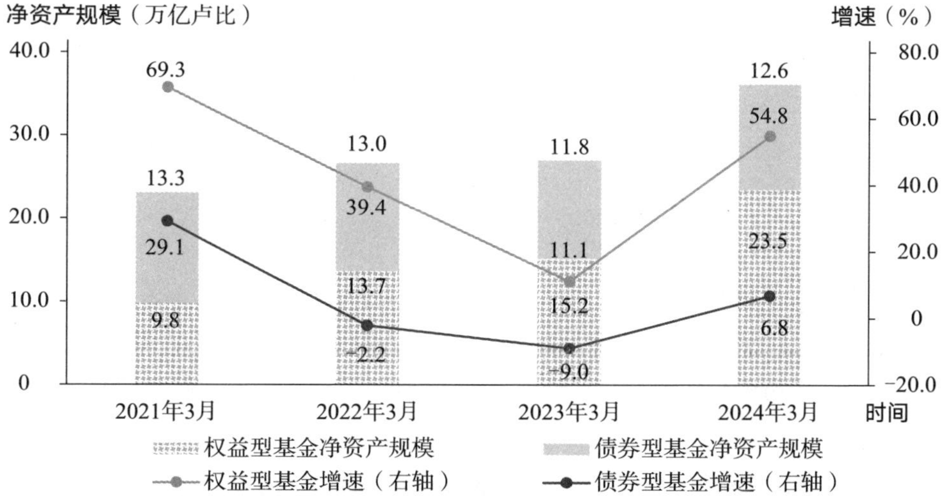

图 19-5　2021 年 3 月—2024 年 3 月印度权益型基金和债券型基金净资产规模及增速

资料来源：印度共同基金协会。

此外，混合型基金规模在 2024 年 3 月末也突破了 7 万亿卢比的关卡，录得约 7.23 万亿卢比，同比增速约为 50.9%。其中，套利基金（Arbitrage Funds，也称套汇基金）录得最高额的资金净流入，约为 0.9 万亿卢比，增幅达 126.9%，排在混合型基金中的第二位。而多资产配置基金（Multi Asset Allocation Fund）、股票储蓄基金（Equity Savings Fund）、动态资产配置 / 平衡基金（Dynamic Asset Allocation/Balanced Advantage Fund）分别录得 153%、85% 和 30% 左右的增幅（见表 19-1）。

表 19-1　2023 年 3 月和 2024 年 3 月印度混合型基金规模及增幅

分项	2024 年 3 月（千万卢比）	2023 年 3 月（千万卢比）	增幅（%）
动态资产配置 / 平衡基金	248 798	191 810	29.70
平衡型混合基金 / 激进型	197 197	153 899	28.10
套利基金	153 009	67 435	126.90
多资产配置基金	67 280	26 591	153.00
股票储蓄基金	29 567	16 012	84.70
保守混合基金	26 871	23 170	16.00

资料来源：印度共同基金协会。

综上可以看出，伴随印度共同基金规模的扩张，其业务范围、产品丰富度也不断扩大。权益型基金的崛起，长久期债券型基金的逆势发展，以及混合型基金的全线增长，体现了印度共同基金投资者对收益的追求和对风险的偏好在不断加强，而共同基金的发展也契合了投资者行为与偏好不断演变的需求。

以 SIPs 为代表的个人投资者成为行业基本盘

行业规模快速增长的背后，是投资者基础的不断扩大及共同基金渗透率的提高。其中，印度持续推行的 SIPs 贡献了最主要的资金来源。2023—2024 财年，SIPs 为行业带来了近 2 万亿卢比的资金净流入（上一财年约为 1.56 万亿）。

截至 2024 年 3 月，SIPs 的资管规模为 10.71 万亿卢比，占全行业资管规模的 20% 以上。与 2019 年 1 月 10.3% 的占比相比，SIPs 的渗透率已大幅上升（见图 19-6）。

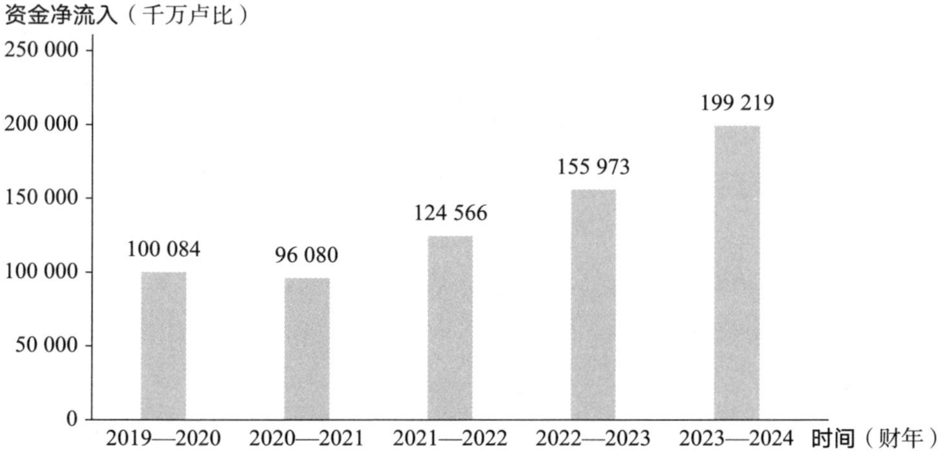

图 19-6　2019—2024 财年印度 SIPs 的资金净流入

资料来源：印度共同基金协会。

截至 2024 年 3 月 24 日，印度共同基金行业共有 177 856 760 个账户，其中 91.4% 为个人投资者，如图 19-7 所示。恰恰是这些个人投资者主导的股票型、混合型和带有特殊目的的共同基金成为行业扩张的主力。

2021—2023 年，个人投资者通过这三类产品在共同基金行业得到充足发展。截至 2024 年 3 月，印度共同基金行业个人投资者账户规模在行业总规模中占比近 58%，个人投资者主导的三类基金产品的账户数占比约为 80%（见图 19-8）。

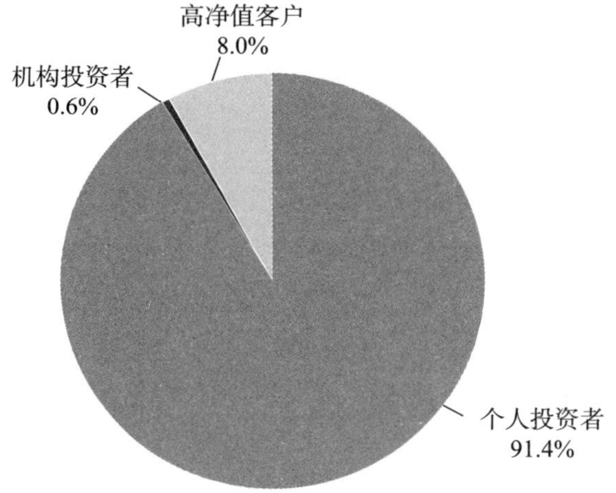

图 19-7　印度共同基金行业不同类型投资者的账户数占比

资料来源：印度共同基金协会。

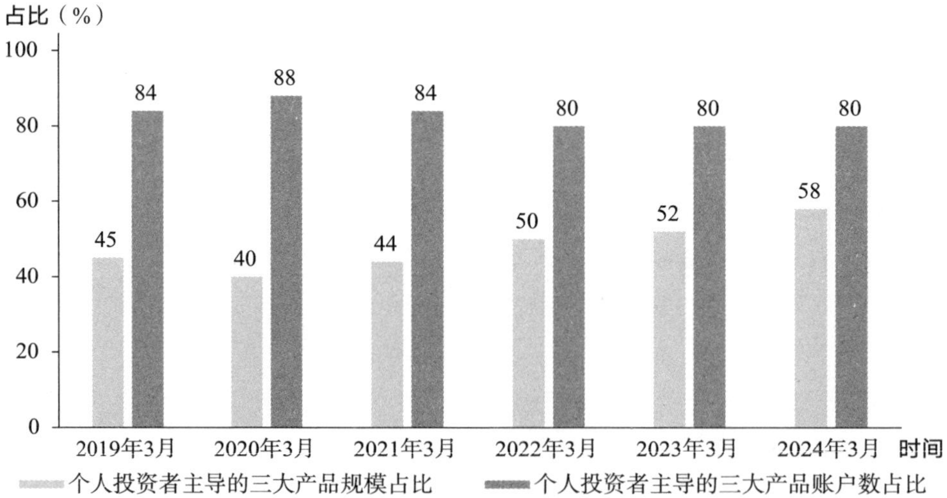

图 19-8　印度共同基金行业个人投资者所主导的三大产品的市场占有率（2019 年 3 月—2024 年 3 月）

资料来源：印度共同基金协会。

同时，机构投资者的作用也不容忽视，尤其是对 ETF 的带动作用。截至 2024 年 3 月，印度 ETF 的规模为 6.64 万亿卢比，在 2023—2024 财年录得 0.42 万亿卢比的资金净流入，占所有被动型基金资金净流入量的 69%（见图 19-9）。这主要受益于印度公积金等机构投资者的关注。

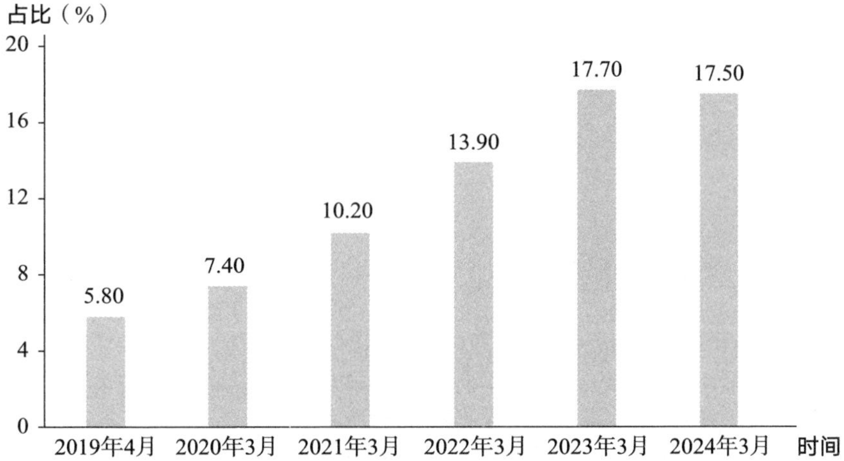

图 19-9　2019—2024 财年印度被动型基金占比

资料来源：印度共同基金协会。

金融科技的支持，提供服务于共同基金的创新产品

印度共同基金行业快速增长的关键因素之一是投资者意识的提高，而在这背后也离不开金融科技的支持。金融科技主要从渠道创新和配套金融产品的创新两方面来影响共同基金。

渠道创新体现在共同基金的获客方面。数字平台和线上投资网站改变了投资者了解和申购共同基金的方式，让资产配置对于普通民众来说也变得触手可及。投资者可以通过线上平台进行无缝申赎、实时监控基金组合，并获得个性化的财务建议。数字化的改革也带来了更易普及的投资趋势，印度城市、农村的个人投资者及年轻一代的劳动力，对共同基金的参与度都在日益上升。2023 年 4 月—2024 年 4 月，印度下沉市场共同基金的资管规模增速高于全行业资管规模增速（见图 19-10）。

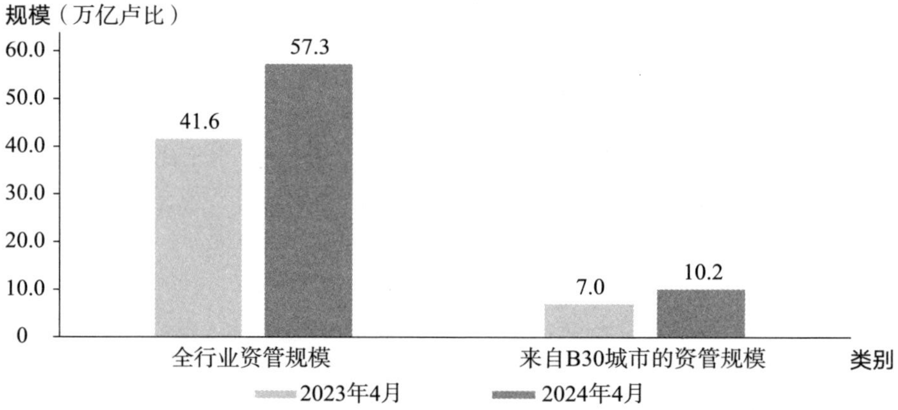

图 19-10　2023 年 4 月—2024 年 4 月印度下沉市场共同基金的资管规模增速与全行业资管规模增速

注：T30 是指印度排名前 30 的区域，B30 是指排名前 30 之外的区域。

资料来源：印度共同基金协会。

从分销渠道来看，金融科技公司成为印度共同基金的主要分销商之一。Groww、AngelOne 和 PhonePe① 是该行业的关键参与者，为每月 SIPs 增量作出了重大贡献。据印度共同基金协会估计，2023 年 11 月，印度共新增 300 多万个 SIPs 账户，其中约 43% 在金融科技平台上开设。仅 2023 年 11 月单月，Groww 平台就开设了约 70.1 万个 SIPs 新账户，AngelOne 和 PhonePe 分别开设了约 21.7 万个和 12.2 万个 SIPs 新账户（见图 19-11）。

配套金融产品创新是基于共同基金的配套金融服务，最具代表性的便是共同

① Groww 是印度的金融科技独角兽企业，成立于 2017 年，是一家专注于千禧一代年轻人和投资新手的财富管理平台；AngelOne 是印度经纪业务服务商；PhonePe 是印度移动支付行业的龙头。

基金抵押贷款。这是一种以共同基金份额作为质押物的贷款方式，允许个人客户在不赎回共同基金的前提下，既能享受共同基金的收益，又能向金融机构质押换取流动性。

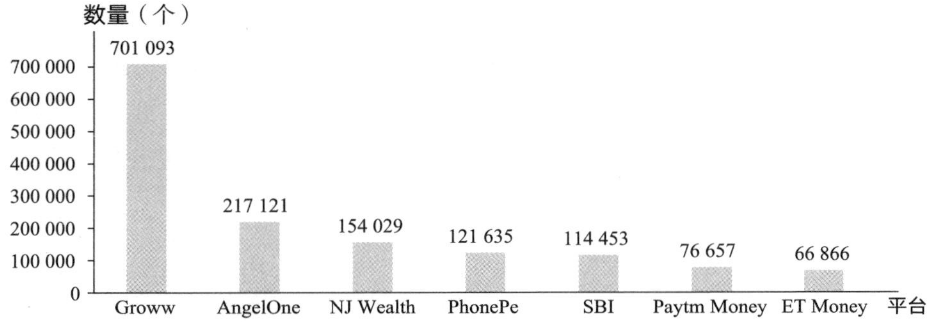

图 19-11　2023 年 11 月印度不同渠道发行的 SIPs 账户数

资料来源：印度共同基金协会。

从贷款业务的角度看，随着印度共同基金市场的连续扩张，这一低杠杆率的资产为传统资金借贷行业注入新的潜力。印度已有头部银行提供此类服务，如印度国家银行、印度最大的民营银行 HDFC 等。除了传统银行的参与，印度的金融科技公司也参与到共同基金贷款业务中。这些新兴的非银机构往往有着更低的费率、更便捷的申请流程、更高的贷款额度，并且支持线上办理，大大节约了借款人的摩擦成本，从普惠金融的角度也补充了传统银行难以覆盖的客群，如农村区域的客户、中小微企业家、女性客户和其他低收入边缘化群体等。

从借款人的角度看，这一贷款模式打通了个人投资者从资产配置到实现资产流动性的关键一环。该金融产品允许投资者出于各种目的（从支付医疗费用和教育成本到业务扩张和债务置换等）申请资金，具体用途也取决于金融机构。同时，并非所有基金都可用于质押贷款，这取决于贷款方所能提供的服务范围，例如，印度国家银行仅提供其基金公司发行的基金产品用于质押贷款，HDFC 银行和印度爱西爱西爱银行提供针对在印度最大的共同基金交易服务商 CAMS 注册的资管公司管理的共同基金贷款。与传统贷款类似，共同基金贷款额度也有上限，每笔贷款的额度会根据所提供的共同基金品种决定，例如，债券型基金的质押率往往会高于权益型基金。

从共同基金的角度来看，共同基金贷款是对基金长线投资策略的推动。有了它，个人投资者可以免去紧急情况下的不必要赎回，享受共同基金长期的价值回报，稳定的资金反过来又有助于基金行业的规模积累和价值实现。此外，将共同基金作为质押物获取贷款也会促使投资者更深入地了解其基金配置组合，投资者教育便自发地在此过程中完成，国民金融素养因此得到提升。

需要注意的是，共同基金贷款也是一把“双刃剑”，尤其在行业下行、净值回撤期间，不仅影响个人投资回报，也会通过抵质押物的价值波动传导至金融体系，诸如次贷危机的系统性风险往往由此而来。因此，印度的共同基金贷款还需周期检验。尽管如此，但至少这一金融创新为信贷服务提供了更多选择，推动了普惠金融的发展，因此仍是一次有意义的尝试。

养老基金：规模重回增长轨道，拉美养老金制度再改革

养老金规模重回增长轨道

2023 年，全球养老金市场规模重新回归到增长轨道。咨询公司韦莱韬悦（Willis Towers Watson）在《2023 年全球养老金资产研究》（*Global Pension Assets Study — 2023*）中的统计显示，全球 22 个主要养老金市场[①]的养老金规模

① 全球 22 个主要养老金市场为澳大利亚、巴西、加拿大、智利、中国、芬兰、法国、德国、中国香港、印度、爱尔兰、意大利、日本、马来西亚、墨西哥、荷兰、南非、韩国、西班牙、瑞士、英国、美国。

从 2022 年末的 50.2 万亿美元回升至 2023 年末的 55.7 万亿美元，同比增速达到 11.0% 左右。

总体来看，发达经济体和新兴经济体[①]养老金规模较 2022 年普遍有所上升，但国别之间差异显著。从绝对指标来看，美国依然是全球最大的养老金市场，规模约为 35.6 万亿美元，占全球养老金市场规模的 63.9%。从相对指标来看，发达经济体与新兴经济体的养老金规模渗透率（养老金规模与 GDP 的比率）普遍下降，并且发达经济体的平均降幅更大（见表 19-2）。

表 19-2　2021—2022 年发达经济体与新兴经济体的养老金规模渗透率对比

单位：%

	养老金规模渗透率				养老金规模渗透率		
发达经济体	2021 年	2022 年	增长率	新兴经济体	2021 年	2022 年	增长率
加拿大	165.0	152.8	-7.4	南非	—	—	—
美国	172.2	137.5	-20.1	智利	60.4	57.7	-4.4
澳大利亚	148.1	131.4	-11.3	哥伦比亚	30.8	24.1	-21.8
英国	122.8	85.2	-30.6	巴西	24.7	23.9	-3.0
比利时	—	—	—	秘鲁	15.2	11.1	-26.7
日本	30.7	30.2	-1.6	墨西哥	22.7	20.5	-9.5
意大利	12.6	11.3	-10.0	印度	10.7	—	—
挪威	10.8	7.9	-27.5	泰国	8.3	—	—
法国	11.1	10.9	—	俄罗斯	—	—	—
德国	7.9	6.5	-18.5	埃及	1.7	1.6	-6.5
平均值	**75.7**	**63.7**	**-15.8**		**25.9**	**23.2**	**-10.6**

资料来源：经济合作与发展组织（以下简称“经合组织”）。

① 在发达经济体的样本选择上，基于人口老龄化的程度和养老金制度的完备性，选择加拿大、美国、日本、法国、意大利、德国、英国、澳大利亚、比利时和挪威。一方面，人口老龄化问题会迫使相关国家的政府更加重视养老金的储备和管理；另一方面，养老金制度完备的国家有更多先进经验。在新兴经济体的样本选择上，首先考虑代表典型新兴市场的“金砖国家”——巴西、俄罗斯、印度和南非，其次选择摩根士丹利新兴市场指数中的样本——智利、哥伦比亚、埃及、墨西哥、秘鲁。

从经合组织披露的自2018年起的5年内的养老金投资收益来看，近年来新兴市场养老金的投资收益表现占据上风。2022年，受全球金融市场波动的影响，发达市场的养老金投资收益大多录得负收益，其中英国和美国这两个全球大型养老金市场更是分别录得 -18.5% 和 -12.8% 的名义亏损。相比之下，新兴市场的养老金亏损相对可控，部分新兴市场如埃及和智利逆势增长，分别录得 11.3% 和 3.0% 的投资收益（见表19-3）。这展现了新兴市场在波动环境下的韧性与投资价值。

表19-3　2018—2022年发达市场与新兴市场的养老金投资收益率

单位：%

分项	市场	2018年	2019年	2020年	2021年	2022年
发达市场	加拿大	3.1	9.1	6.3	10.1	-3.1
	美国	-4.7	12.3	9.3	9.3	-12.8
	澳大利亚	8.5	7.6	0.3	16.6	-1.9
	英国	—	—	—	5.3	-18.5
	比利时	-3.2	14.3	4.1	7.7	—
	日本	1.6	-1.3	12.3	2.9	—
	挪威	-0.1	9.6	7.5	8.1	-5.7
	意大利	-1.7	6.0	2.8	4.3	-7.3
	法国	—	—	—	—	—
	德国	1.9	4.7	2.9	4.1	-1.2
新兴市场	南非	4.4	5.2	0.1	16.0	—
	智利	1.5	15.2	5.7	3.7	3.0
	哥伦比亚	0.1	15.2	9.0	9.2	-4.2
	巴西	5.9	—	—	—	—
	秘鲁	-2.4	12.1	8.6	4.5	-8.2
	墨西哥	-0.3	13.3	12.7	7.1	-4.1
	泰国	-1.4	3.1	-1.1	4.2	—
	俄罗斯	2.8	8.1	5.1	—	—

续表

分项	市场	2018 年	2019 年	2020 年	2021 年	2022 年
	印度	—	7.6	13.4	7.1	3.6
	埃及	13.0	13.3	14.3	12.0	11.3

注：为保证数据口径统一，未列示经合组织未披露的国家数据。

资料来源：经合组织《聚焦养老金市场 2023》。

养老金改革专题：拉美的平衡与挑战

1981 年，智利率先引入养老金个人账户制度，取代了传统的现收现付制。在“智利模式”的带动下，众多拉美国家纷纷效仿，因而拉美在过去的几十年里一直处于养老金改革的前沿。受益于养老金个人账户制度的引进，拉美国家预算中养老金的财政成本得以降低，经济体的储蓄率提高，并产生了积极的溢出效应。然而，随着这些制度的成熟，新的挑战出现。

联合国经济和社会事务部在《全球人口展望 2022》（*World Population Prospects 2022*）中的统计显示，拉美①65 岁以上人口的比例预计将从 2022 年的 9% 增长到 2050 年的 19%。在生育率方面，从 2018 年起，拉美平均每位妇女生育子女数量跌破 2 个。人口结构变化趋势的拐点开始给拉美地区的养老金

① 拉美国家的统计口径包括：29 个加勒比国家和地区，分别为安圭拉、安提瓜和巴布达、阿鲁巴、巴哈马、巴巴多斯、博纳尔，圣尤斯特歇斯和萨巴、维尔京群岛（英属）、开曼群岛、古巴、库拉索、多米尼克、多米尼加、格林纳达、瓜德罗普、海地、牙买加、马提尼克、蒙特塞拉特、波多黎各、圣巴泰勒米、圣基茨和尼维斯、圣卢西亚、圣马丁（法属）、圣文森特和格林纳丁斯、圣马丁（荷属）、特立尼达和多巴哥、特克斯和凯科斯群岛、维尔京群岛（美属）；8 个中美洲国家和地区，分别为伯利兹、哥斯达黎加、萨尔瓦多、危地马拉、洪都拉斯、墨西哥、尼加拉瓜、巴拿马；16 个南美洲国家和地区，分别为阿根廷、多民族玻利维亚国、布维岛、巴西、智利、哥伦比亚、厄瓜多尔、马尔维纳斯群岛（福克兰群岛）、法属圭亚那、圭亚那、巴拉圭、秘鲁、南乔治亚岛和南桑德韦奇岛、苏里南、乌拉圭、委内瑞拉玻利瓦尔共和国。

体系带来收支可持续性的挑战，覆盖率、养老金水平、投资收益等问题也陆续浮出水面。在这一背景下，拉美国家开始掀起了新一轮的养老金改革浪潮。

本节将以智利、墨西哥、巴西、哥伦比亚、秘鲁和乌拉圭这 6 个较有代表性的拉美国家为例，对新一轮养老金改革的背景、主要目的及措施进行总结（见表 19-4）。

表 19-4　拉美代表性国家养老金体系对比

国家	养老金体系	老龄人口抚养比（%）	养老金支出比（%）	退休年龄（岁）	
				男性	女性
智利	个人账户制为主，有政府主导的补充性社会保障体系	20.9	3.0	65	60
墨西哥	个人账户制为主，有政府主导的补充性社会保障体系	14.2	3.8	65	65
巴西	社会统筹制为主，有私人养老金体系	15.8	9.8	65	62
哥伦比亚	平行模式，劳动者在社会统筹制和个人账户制之间选择一种	14.5	3.5	62	57
秘鲁	平行模式，劳动者在社会统筹制和个人账户制之间选择一种	14.8	0.2	65	65
乌拉圭	混合模式，社会统筹、个人账户与商业保险三大支柱相结合	26.7	7.5	65	65

注：数据截至 2022 年 12 月 31 日。老龄人口抚养比 = 老龄人口与劳动年龄人口的比值（按照本国劳动年龄与退休年龄口径）。养老金支出比养老金支出金额与 GDP 的比值。

资料来源：S&P Global。

按照养老金顶层制度设计进行分类，大致可以将拉美国家的养老金体系分为单一模式、平行模式和混合模式三种。采用单一模式养老金体系的代表国家为智利、墨西哥和巴西，其中智利和墨西哥实施以个人账户制度为基础、公共保障为补充的个人养老模式，而巴西则实施以社会统筹为主导、私人养老金体系为补充的公共养老模式。采用平行模式养老金体系的代表国家包括哥伦比亚和秘鲁，劳动者可以在社会统筹制和个人账户制之间自由选择一种，但两种制度互不相通。采用混合模式养老金体系的代表国家为乌拉圭，其养老金体系由社会统筹、个人账户与商业保险三大支柱共同支撑。

智利在 1981 年率先实施了个人账户制度，劳动者将 10% 的薪资存入个人养老金账户，由市场化竞争的私人养老基金管理公司投资运营，政府立法并负责监管。1992 年，墨西哥出台《社会保障法》，批准并成立了退休金储蓄系统 SAR，规定员工、雇主和墨西哥联邦政府向员工拥有的个人账户中缴款，效仿智利建立起个人账户养老金制度。在改革后的几十年间，“智利模式”一度被世界银行作为养老金改革模板向其他国家进行推广。直到 2008 年，资本市场的波动导致智利的养老金资产规模大幅下降。

据经合组织数据，智利的养老金资产规模从 2007 年末的 1 112.8 亿美元缩水到 2008 年末的 743.1 亿美元。对养老金投资收益和待遇水平早有不满的民众爆发了百万人的游行抗议，智利政府被迫改革引入“新团结支柱”团结基金（Solidarity Fund），为没有养老金、养老金水平较低及灵活就业的人员提供政府托底的养老保障。智利养老金体系自此逐步转向政府和私人混合型，曾经辉煌的“智利模式”也黯然谢幕。

“智利模式”的失败在某种程度上已经成为共识。国际劳工组织研究过“智利模式”的经验教训，并总结出养老金覆盖率低、管理费用高、养老金待遇水平和替代率低、财政成本高、缺乏社会对话等主要弊端。与“智利模式”形成对比的“巴西模式”——社会统筹制为主的单一模式，在人口老龄化趋势下也暴露出财政收支难以持续的矛盾。

巴西养老金体系素来以慷慨著称，根据 S&P Global 统计数据，巴西的养老金支出在 GDP 中的占比达到 9.8%，是智利、墨西哥和哥伦比亚的 3 倍左右。据宏观经济情报提供商 FocusEconomics 的数据，在庞大的公共支出压力下，巴西的公共债务与 GDP 的比值在 2015 年就达到了 65.5%，超过了 60% 的危机预警线。尽管政府面临巨大的财政压力，但养老金福利易升难降，巴西政府多次改革养老金体系的尝试都遭遇了大规模罢工的抵抗。直到 2022 年 11 月，巴西才正式通过养老金改革法案，提高最低退休年龄，延长最低缴费期限。

哥伦比亚和秘鲁的养老金体系采用平行模式，这一模式允许劳动者在现收现付制和个人账户制度之间进行选择，但两种制度的账户互不相通。在运行了数十年后，哥伦比亚和秘鲁的养老金体系各自出现了不同的问题，并不约而同地选择了整合或打通公共和私人养老金系统。哥伦比亚的公共养老金资金由公共机构 Colpensiones 负责管理和分配，私人养老金系统则由多个私人养老基金组成。据 Econlib 网站 2024 年 2 月发布的消息，2020 年和 2021 年，Colpensiones 每年的收支差额高达数十亿比索。2023 年 3 月，哥伦比亚总统古斯塔沃 · 佩特罗宣布养老金改革提案，允许将私人养老基金中的部分储蓄转移到公共养老基金，提升养老金覆盖率。

秘鲁的公共养老金系统和私人养老金系统分别简称为 ONP（养老金统一管理办公室）和 AFP（即秘鲁私营养老金管理机构的总称）。2020 年 4 月起，秘鲁国会批准劳动者从个人养老金账户中提取资金用于缓解因疫情导致的居民生活困难，截至 2021 年 6 月已提取 333.6 亿秘鲁索尔（约合 83.7 亿美元），约占养老金总规模的 20%。据 The Dialogue 网站 2021 年 2 月发布的消息，为了应对收支冲击，秘鲁计划建立一个新的公共实体来整合现有的公共和私人养老金系统，并鼓励秘鲁的非正式就业人员（约占劳动人口的 70%）参与养老金计划。

乌拉圭的养老金体系采用混合模式，由强制缴纳的公共养老金和私人养老金及自愿缴纳的商业保险共同组成。雇员需将工资的 7.5% 缴纳至乌拉圭社会保障银行（Banco de Previsión Social, BPS）管理的公共养老金账户，7.5% 缴纳至私人管理的养老金储蓄管理机构 AFAP 管理和投资的私人养老金账户。收入较高的人群还可自愿购买商业保险作为退休收入的补充。

尽管乌拉圭的养老金体系在制度设计上相对成熟和完善，但人口老龄化和财政压力、较低的养老金覆盖率及分配公平性等问题日益严重，使得乌拉圭政府不得不考虑进行养老金改革。2023 年，乌拉圭正式通过养老金改革法案，将退休年龄从 60 岁提高到 63 ～ 65 岁，将 BPS 和 AFAP 的分配比例调整为 10% 和 5%，并调整了退休工资的计算方法以提升公平性。乌拉圭的改革并没有改变养老金制度的顶层设计，而主要是做了参数上的调整，旨在确保养老金体系的可持续性，提高养老金覆盖率和公平性。

总体而言，近年来拉美国家的养老金改革旨在应对养老金覆盖面不足、待遇水平较低、收支可持续性压力较大等问题。各国的改革经验体现了制度与经济发展阶段相匹配的重要性，证明了提高养老金制度的效率和公平性需要综合考虑国家的具体情况，包括经济状况、劳动力市场结构、社会福利需求等。同时，养老金改革的成功实施也需要政府、企业和个人之间的协作，以及持续的政策评估和调整。拉美国家在养老金改革方面的努力和经验，也将继续为全球养老金制度的发展提供重要的参考和启示。

主权财富基金：沙特公共投资基金的经验与启示

沙特 PIF 是沙特最大的主权财富基金，成立于 1971 年，最初职能主要是负责管理沙特政府在国内上市公司持有的股权。近年来，在全球能源转型的大趋势下，中东国家逐渐意识到依赖石油的经济发展方式亟待改革。沙特于 2016 年提出了《沙特阿拉伯 2030 年愿景》（*Saudi Arabia Vision 2030*，以下简称“2030 愿景”），旨在通过多元化产业布局助力沙特的经济和金融实现可持续发展。在这一背景下，沙特 PIF 开启了一系列改革和国际化、多元化投资实践，并逐渐成为中东乃至全球范围内具有较大影响力的主权财富基金和机构投资者。

根据全球主权财富基金数据平台 Global SWF 统计，2023 年沙特 PIF 在管资产规模约为 7 000 亿美元，在中东地区主权财富基金中规模仅次于阿布扎比投资局（ADIA）和科威特投资局（KIA），在全球主权基金排行榜中位列第七。在加拿大和新加坡地区的养老金和主权财富基金投资额显著下降的背景下，沙特 PIF 逆势而上，成为当前全球增量资本的主要来源，其投资行为也对全球资管行业产生着越发重要的影响。

沙特 PIF 的体系构成

自 2015 年起，沙特 PIF 对其发展战略和组织架构进行了较大改革，促使其更好地适配并服务于“2030 愿景”的实施。改革后的沙特 PIF 由董事会和下辖的投资、执行、审计与合规、薪酬、风险五个委员会及一名理事组成，各自承担主权财富基金投资和运营的不同职能。为更好地服务于“2030 愿景”，沙特 PIF 还制定了三个投资原则：一是通过投资平衡且广泛的投资组合来实现资产的多元化配置和保值增值；二是通过为四个国内投资池（即沙特股权控股池、沙特行业发展池、沙特房地产和基础设施开发池和沙特超级项目池）的项目和公司提供基石投资，从而支持沙特经济发展；三是在全世界范围内投资最具创新性和变革性的行业和公司。

根据沙特 PIF 2022 年年报披露的信息，沙特 PIF 的投资组合主要由八个不同规模、策略投向和功能的资产池组成（见表 19-5）。

表 19-5　2022 年沙特 PIF 的投资组合概况

资产池	投资范围	2022 年资管规模（十亿美元）	资管规模占比（%）
沙特股权控股（Saudi Equity Holdings，SEH）	主要投资于沙特本土核心行业内的领先企业	191	32.2
沙特行业发展（Saudi Sector Development，SSD）	主要投资于沙特本土新兴行业和公司	125	21.1

续表

资产池	投资范围	2022 年资管规模（十亿美元）	资管规模占比（%）
沙特房地产和基础设施开发（Saudi Real Estate and Infrastructure Development，SREID）	主要投资于沙特本土房地产和关键基础设施项目	54	9.2
沙特超级项目（Saudi Giga-Projects，SGP）	由四个超级项目 NEOM、ROSHN、Qiddiya 和 Red Sea Global 组成，旨在支持有利于沙特发展的新行业与商业机会	32	5.4
国际战略投资（International Strategic Investments，ISI）	在全球范围内进行战略投资	62	10.5
国际多元化投资池（International Diversified Pool，IDP）	在全球范围内投资流动性和非流动性资产，在给定的风险偏好下进行配置	29	4.9
国际资本市场计划（International Capital Markets Program，ICMP）	在全球范围内投资于选定的电信、能源、消费品、金融、医疗保健、信息技术等行业	45	7.6
国债池（Treasury Pool，TP）	投资于国债或其他本金损失概率较低的资产，充当沙特 PIF 流动性缓冲池	54	9.2
合计		**592**	**100**

资料来源：沙特 PIF 2022 年年报。

截至 2022 年，沙特 PIF 的投资组合由 23% 的海外资产、68% 的沙特本土资产及 9% 的国债组成。从管理方式的角度来看，83% 的资产由沙特 PIF 负责管理和投资，17% 的资产交由外部管理人进行投资。

沙特 PIF 的投资行为

Global SWF 的统计数据显示，2023 年全球主权财富基金新增投资约 1 247 亿美元，其中 66% 来自中东地区。2023 年，沙特 PIF 在 49 笔交易中投入了 316 亿美元，较 2022 年增长了 33%，约占 2023 年全球主权财富基金支出的

1/4，首次超越新加坡政府投资公司（GIC），成为最活跃的主权投资者。2023 年全球最大的三笔大型交易均由沙特 PIF 完成，包括 4 月以 49 亿美元收购美国游戏公司 Scopely、8 月以 36 亿美元收购渣打银行的飞机租赁业务，以及 9 月以 33 亿美元收购沙特钢铁公司 Hadeed。此外，还有 4 只中东主权财富基金与沙特 PIF 一同跻身 2023 年全球十大主权投资者排行榜。

中东主权财富基金的增量资本主要来源于石油收入的持续注资和油价持续处于高位所带来的额外收益，以及对国内外优质资产的投资所带来的可观回报。例如，2023 年，沙特 PIF 在美国股市的投资组合因所持股票市值上涨而增长了 18%。其中，作为沙特建设电动汽车产业计划的一部分，沙特 PIF 向美国豪华汽车制造商 Lucid 投资了数十亿美元。Lucid 是沙特 PIF 持股比例最高的企业（见图 19-12）。

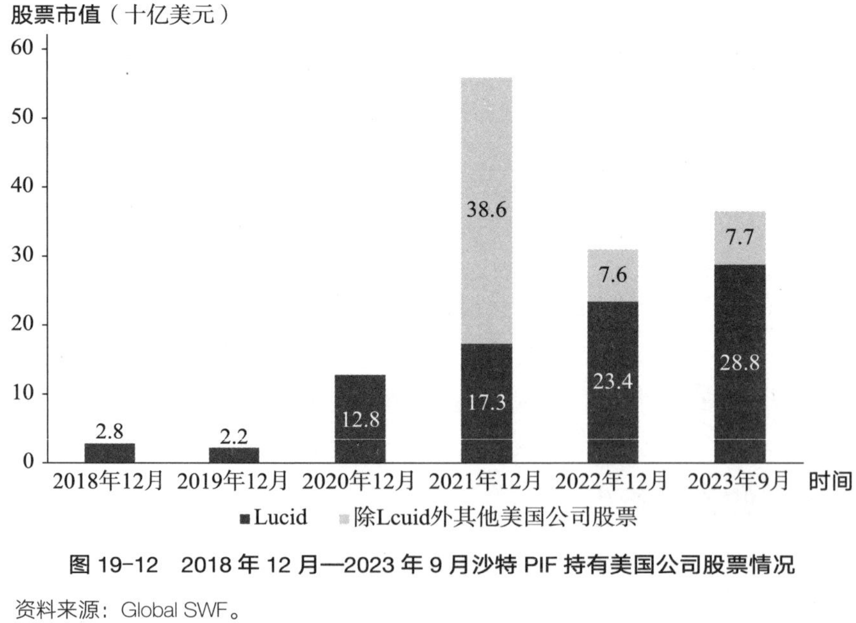

图 19-12　2018 年 12 月—2023 年 9 月沙特 PIF 持有美国公司股票情况

资料来源：Global SWF。

自 2015 年进行改革后，沙特 PIF 的投资风格发生了明显变化。从资产大类来看，2015 年及以前沙特 PIF 的资产主要配置于股票和固定收益产品，在另类资产上配置较少。自 2016 年起，沙特 PIF 大力增配另类资产。2017—2022 年，沙特 PIF 在另类资产上的配置占比一直超过 55%，2023 年受到所持股票市值大幅增长的影响，占比有所下降（见图 19-13）。

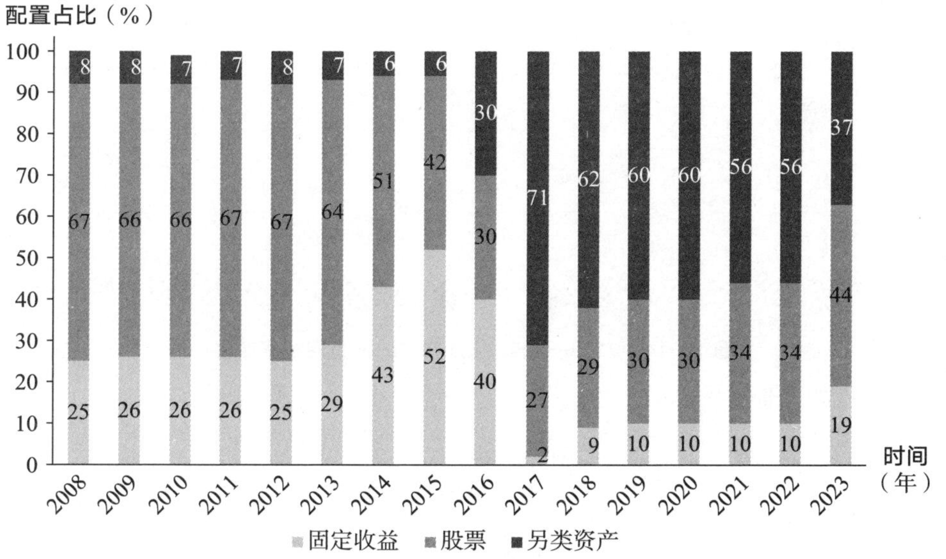

图 19-13　2008—2023 年沙特 PIF 资产配置情况

资料来源：Global SWF。

沙特 PIF 资产配置策略的变化同样反映在投资回报率上，2016—2020 年，沙特 PIF 年度投资回报率持续稳健增长，2021 年受益于疫情结束后的经济复苏，投资回报率大幅上行至 25%，2022 年受全球市场拖累跌至 -6.5%，2023 年再度反弹至 19.2%（见图 19-14）。

在行业方面，沙特 PIF 的投资范围较广且相对分散。根据 Global SWF 的数据，沙特 PIF 主要投资于技术、媒体和电信，房地产和基础设施，工业产品，以及金融领域（见图 19-15）。

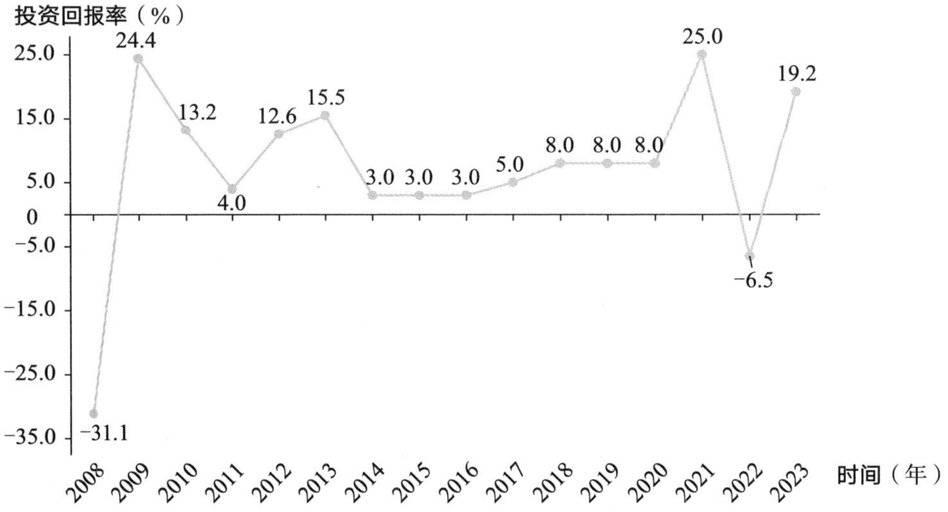

图 19-14　2008—2023 年沙特 PIF 投资回报率变化

资料来源：Global SWF。

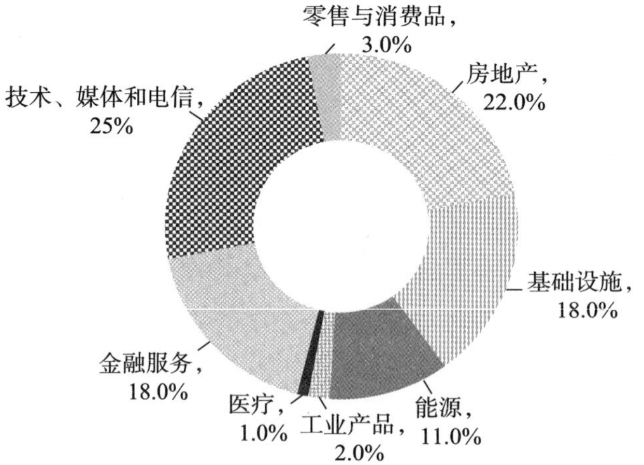

图 19-15　沙特 PIF 的资产按行业配置情况（截至 2023 年 12 月 31 日）

资料来源：Global SWF。

沙特 PIF 在这些行业上的大举投资，也是为了更好地服务于“2030 愿景”，推动沙特经济结构转型与本土产业的多元化发展。

在区域配置方面，沙特 PIF 偏爱新兴市场的投资机会。根据 Global SWF 统计的数据，沙特 PIF 在新兴市场的资产配置占比达到 69%，在中东地区前六大主权财富基金中排名第二，仅次于迪拜投资公司（ICD）。沙特 PIF 的资产规模大约是 ICD 的两倍（沙特 PIF 资产规模约为 7 000 亿美元，ICD 的资产规模约为 3 410 亿美元），因而沙特 PIF 实际上是在新兴市场中投资规模最大的中东主权财富基金。

近年来，沙特 PIF 在印度和埃及两个新兴市场中的投资表现尤为活跃。印度与中东在宗教文化和石油贸易等方面存在悠久的历史渊源。据 Invest India 网站发布的最新消息，印度 17% 的原油从沙特进口，沙特更是印度第四大贸易合作伙伴（前三大合作伙伴依次为中国、美国和日本）。

印度经济的长期增长潜力也使其备受沙特 PIF 青睐。2020 年 6 月，沙特 PIF 投资 15 亿美元收购印度的电信运营商 Reliance Jio 2.32% 的股份，同年 11 月以 13 亿美元收购印度石油和电信集团信实工业的零售部门信实零售风险投资有限公司 2.04% 的股份。埃及由于其重要的地理位置及丰富的石油和天然气储量，也成为沙特 PIF 拓展在非洲地区投资时的首选目的地。

2022 年 8 月，沙特 PIF 成立了沙特埃及投资公司（SEIC），旨在对埃及当地有前景的行业进行投资。据阿拉伯新闻网发布的消息，2022 年 8 月，SEIC 斥资 13 亿美元收购了四家涉足化肥、运输和金融领域的埃及上市公司的少数股权。这四家上市公司分别为阿布基尔化肥和化学工业公司、亚历山大集装箱及货物装卸公司、埃及电子金融科技公司 E-Finance，以及 Misr 化肥生产公司（MOPCO）。基金在全球主要市场的配置情况如图 19-16 所示。

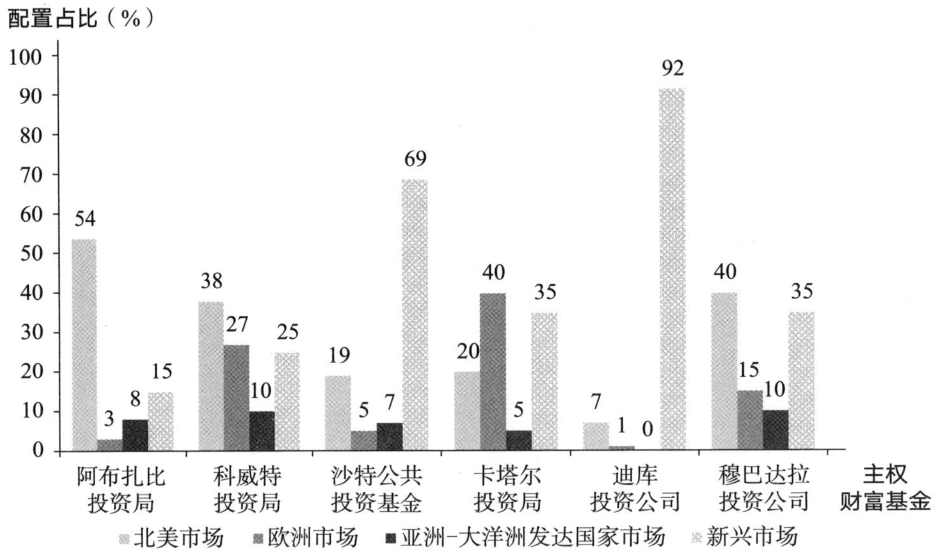

图 19-16　中东六大主权财富基金的区域配置情况（截至 2023 年 12 月 31 日）

资料来源：Global SWF。

中东主权财富基金对资管行业的影响

以沙特 PIF 等机构为代表的中东主权财富基金在过去几年间已经成为全球最活跃的机构投资者之一。根据 Global SWF 的数据，在主权财富基金行业合计 11.2 万亿美元的全球资管规模中，约有 40%（即 4.6 万亿美元）投资于各自的经济体，剩余的 6.6 万亿美元被定义为“国际火力”（firepower），意为投资于本国以外市场的资金，这也是国际资管公司的主要募资来源之一。2023 年，42%（约 2.8 万亿美元）的“国际火力”来自中东主权财富基金。目前，大多数资管公司在考虑融资或出售资产时，会转向中东地区寻求机会。与此同时，国际资管公司开始选择在中东地区设立办事处，以便更好地接近并服务这些大型投资者，谋求募资先机。例如，法国埃菲尔投资集团和美国 Vibrant Capital Partners 宣布在阿布扎比设立办公室，美国联博和 GoldenTree 则在迪拜开设办事处。

以沙特 PIF 为代表的中东主权财富基金的多元化和国际化战略，特别是对新兴市场和另类资产的偏好，正促使资管公司重新评估和调整其投资组合，提供更多的共同投资机会和定制化服务，并接受中东主权财富基金提出的其他要求。据英国《金融时报》消息，2023 年 11 月，法国私募股权投资公司 Ardian 宣布与沙特 PIF 达成协议，以 24 亿英镑的价格共同收购了伦敦希斯罗机场 25% 的股份。据 Glowbal SWF 的数据，2023 年 9 月，穆巴达拉投资公司承诺与美国资管公司蓝猫头鹰资本（Blue Owl Capital）建立定制化战略合作伙伴关系，并投资 10 亿美元，这一模式实质上是根据中东主权财富基金的投资需求和目标制定投资策略，此前蓝猫头鹰资本在与加州教师退休基金（CalSTRS）合作时便使用该模式取得了成效。

展望未来，中东主权财富基金有望继续作为中东地区乃至全球资管行业的重要参与者。随着其资产规模的增长和投资策略的成熟，中东资本在全球资本市场的影响力将进一步扩大。这标志着以沙特和阿联酋为代表的中东地区正迈开经济转型的步伐。与此同时，它也为全球资管行业的发展提供了新的动力和方向。资管公司和政策制定者需密切关注中东市场的发展趋势，把握与之合作的机遇，并应对可能出现的挑战。

后 记

10 余年前，资管行业的多个细分领域从最初的公募基金行业拓展出来，彼时资管行业聚焦资产创新、牌照竞合等行业本身的演变；而今中国资管行业总规模已逾 130 万亿元，与中国全年 GDP 总量大体相当。宏观经济的变化牵动着资管行业的每一个细分领域：全球全要素生产率处于百年底部，新质生产力的提出重塑了投资框架；宏观政策聚焦固本培元，市场波动加强了投资者对于红利低波资产的关注；境内外错位的利率环境形成了跨境资产配置的需求。

过去 18 年的日积月累，资管行业年度报告系列已经成为海内外观察中国资管行业的窗口，也成为持续时间最长的资管行业跟踪研究报告之一。这个发端于 19 年前的研究项目，随着时间的推移，越来越彰显出独特的价值。这一系列年度报告如同一块一块累积起来的基石与一圈一圈扩展的年轮，记录了中国资管行业变革前行的历史进程。第 19 年的资管行业发展报告，我们仍然邀请了一些在特定领域做出卓越成绩的机构和专家与我们共同研究。今年的报告由我负责整体研究框架的确定以及统稿、修订等工作，周冠南、禹路协助我进行组织研究和出版等相关事宜。为了提高书稿质量，在我的主持下，先后有周冠南、禹路、吴培、许洪波、陈晋元等对全书进行了多次修订和校对。各章起草人员包括：

巴曙松、周冠南、许洪波起草第 1 章；夏碧莹、陶小敏起草第 2 章；刘蕾蕾、周锦鹏起草第 3 章；李成林、王紫宇、田震起草第 4 章；方云龙、王彬、邵磊起草第 5 章；姚沁雪、韩毓、陈焕燃起草第 6 章；苏华清、徐亮、薛皓元起草第 7 章；葛建宇、李思源、陈晓隆起草第 8 章；朱茜月、何家榕、徐安娜草第 9 章；张昌林、王宇哲起草第 10 章；姚文强起草第 11 章；任志强、何超起草第 12 章；杨峻起草第 13 章；李琦、朱胜勇起草第 14 章；沈长征、董昊、王骏起草第 15 章；黄王慈明、黄夕起草第 16 章；陆挺、刘宇璠起草第 17 章；黄文礼、邵杨楠、亓良宸、曾好起草第 18 章；江雅好、余梦舸起草第 19 章。

十分感谢湛庐的编辑团队为本书的出版所付出的持续专业努力，以及董寰女士多年与我们就这个主题的研究所形成的良好合作。

我们还要特别感谢民生理财有限责任公司总裁张昌林、金鹰基金管理有限公司董事长姚文强、海富通基金管理有限公司总经理任志强、百年保险资产管理有限责任公司董事长杨峻、申万宏源证券资产管理有限公司董事长李琦、光大期货有限公司首席风险官沈长征，香港投资基金公会行政总裁黄王慈明、野村证券中国首席经济学家陆挺，他们在各自不同领域的深厚积累必定有助于读者加深对资管行业的认识。

当然，尽管我们在本书的写作过程中投入了大量的精力，但是由于专业水平有限，错误和不足在所难免，恳请各位专家指正，以期在今后的追踪研究中不断改进和深入。

未来，属于终身学习者

我们正在亲历前所未有的变革——互联网改变了信息传递的方式，指数级技术快速发展并颠覆商业世界，人工智能正在侵占越来越多的人类领地。

面对这些变化，我们需要问自己：未来需要什么样的人才？

答案是，成为终身学习者。终身学习意味着永不停歇地追求全面的知识结构、强大的逻辑思考能力和敏锐的感知力。这是一种能够在不断变化中随时重建、更新认知体系的能力。阅读，无疑是帮助我们提高这种能力的最佳途径。

在充满不确定性的时代，答案并不总是简单地出现在书本之中。“读万卷书”不仅要亲自阅读、广泛阅读，也需要我们深入探索好书的内部世界，让知识不再局限于书本之中。

湛庐阅读 App：与最聪明的人共同进化

我们现在推出全新的湛庐阅读 App，它将成为您在书本之外，践行终身学习的场所。

- 不用考虑“读什么”。这里汇集了湛庐所有纸质书、电子书、有声书和各种阅读服务。
- 可以学习“怎么读”。我们提供包括课程、精读班和讲书在内的全方位阅读解决方案。
- 谁来领读？您能最先了解到作者、译者、专家等大咖的前沿洞见，他们是高质量思想的源泉。
- 与谁共读？您将加入优秀的读者和终身学习者的行列，他们对阅读和学习具有持久的热情和源源不断的动力。

在湛庐阅读 App 首页，编辑为您精选了经典书目和优质音视频内容，每天早、中、晚更新，满足您不间断的阅读需求。

【特别专题】【主题书单】【人物特写】等原创专栏，提供专业、深度的解读和选书参考，回应社会议题，是您了解湛庐近千位重要作者思想的独家渠道。

在每本图书的详情页，您将通过深度导读栏目【专家视点】【深度访谈】和【书评】读懂、读透一本好书。

通过这个不设限的学习平台，您在任何时间、任何地点都能获得有价值的思想，并通过阅读实现终身学习。我们邀您共建一个与最聪明的人共同进化的社区，使其成为先进思想交汇的聚集地，这正是我们的使命和价值所在。

CHEERS

湛庐阅读 App
使用指南

读什么

- 纸质书
- 电子书
- 有声书

怎么读

- 课程
- 精读班
- 讲书
- 测一测
- 参考文献
- 图片资料

与谁共读

- 主题书单
- 特别专题
- 人物特写
- 日更专栏
- 编辑推荐

谁来领读

- 专家视点
- 深度访谈
- 书评
- 精彩视频

图书在版编目（CIP）数据
2024年中国资产管理行业发展报告 / 巴曙松等著 . 北京 : 中国财政经济出版社, 2024. 12. -- ISBN 978-7-5223-3542-1
Ⅰ. F832
中国国家版本馆CIP数据核字第20248VE078号

责任编辑：郁东敏　　责任校对：张　凡
封面设计：张志浩　　责任印制：张　健

2024年中国资产管理行业发展报告
2024 NIAN ZHONGGUO ZICHAN GUANLI HANGYE FAZHAN BAOGAO

中国财政经济出版社 出版
URL：http://www.cfeph.cn
E-mail:cfeph@cfemg.cn

社址：北京市海淀区阜成路甲28号　邮政编码：100142
营销中心电话：010-88191522
天猫网店：中国财政经济出版社旗舰店
网址：https://zgczjjcbs.tmall.com
河北鹏润印刷有限公司印装　各地新华书店经销
成品尺寸：170mm×230mm　16开　28印张　439 040字
2024年12月第1版　2024年12月河北第1次印刷
定价：149.90元
ISBN 978-7-5223-3542-1
（图书出现印装问题，本社负责调换，电话：010-88190548）
本社图书质量投诉电话：010-88190744
打击盗版举报热线：010-88191661　QQ：2242791300